D1665749

Wilfried Loth

Geschichte Frankreichs im 20. Jahrhundert

Verlag W. Kohlhammer
Stuttgart Berlin Köln Mainz

CIP-Kurztitelaufnahme der Deutschen Bibliothek

Loth, Wilfried:

Geschichte Frankreichs im 20. Jahrhundert / Wilfried Loth. –
Stuttgart ; Berlin ; Köln ; Mainz : Kohlhammer, 1987.
  ISBN 3-17-009594-3

Umschlag: Paul Colin »La libération« (Ausschnitt)
(© by A.D.A.G.P, Paris & Cosmos Press, Genf)

Inhalt

Vorwort

Die französische Geschichte im 20. Jahrhundert ist voller überraschender Entwicklungen und bemerkenswerter Leistungen: Ein Bauernvolk setzt seinen Ehrgeiz in die Entwicklung technologischer Spitzenleistungen; ein Land von Individualisten entwickelt eine präsidiale Regierungsform; eine Gesellschaft der Klassengegensätze findet immer wieder zum nationalen Konsens; eine europäische Großmacht muß vor dem deutschen Expansionsdrang kapitulieren und kann doch im Zeitalter der Supermächte eine gewisse Eigenständigkeit behaupten.

In diesem Buch wird der Versuch unternommen, diese Prozesse in ihrer Wechselwirkung darzustellen und so den spezifischen französischen Weg zum modernen Industriestaat herauszuarbeiten, von der „Belle Epoque" des beginnenden Jahrhunderts bis zur „Cohabitation" unserer Tage. Wie jede Darstellung dieser Art verfolgt es zwei Ziele zugleich. Es will erstens in die französische Zeitgeschichte einführen, die Ergebnisse der einschlägigen Forschung in komprimierter und übersichtlicher Form präsentieren und dem Leser so ein rasches Zurechtfinden in den verschiedenen Bereichen dieser Geschichte ermöglichen. Und zweitens möchte es auch zur Interpretation dieser Geschichte beitragen: die Ergebnisse der Detailforschung der letzten Jahre in größere Zusammenhänge einordnen, Entwicklungen und Probleme thematisieren, die erst in der Zusammensicht deutlich werden, und Vorgänge skizzieren, die in der Einzelforschung bislang unterbelichtet geblieben waren.

Ein solches Unternehmen ist von Zeit zu Zeit notwendig, um die Orientierung zu erleichtern und der Forschung neue Impulse zu vermitteln. Für die französische Zeitgeschichte steht es schon seit längerer Zeit aus; es liegen wohl Überblicke zu einzelnen Abschnitten vor (insbesondere in der Reihe der „Nouvelle histoire de la France contemporaine"), aber keine Gesamtdarstellung, die das gesamte Jahrhundert umfaßt, und erst recht keine Einführung in den Forschungsstand in deutscher Sprache. Diese Lücke zu füllen, schien mir umso dringlicher, als die politische Kultur Frankreichs hierzulande trotz vielfacher Anstrengungen doch noch ziemlich wenig bekannt ist und wenig verstanden wird und die Diskussion über die Besonderheiten der deutschen Geschichte im 20. Jahrhundert zumeist in nationaler Blickverengung geführt wird. Der Blick in die jüngste Geschichte des französischen Nachbarn kann gewiß helfen, sowohl das gegenwärtige Frankreich in seinen Eigenheiten und Problemen besser zu verstehen als auch manche Probleme der deutschen Geschichte durch den Vergleich treffender zu erfassen.

Um einen umfassenden Überblick zu ermöglichen, ist die Darstellung bewußt sehr knapp gehalten worden. Dadurch treten wohl die Grundlinien der Interpretation recht klar hervor; es unterbleibt aber auch manche wünschenswerte Differenzierung und nähere Begründung für die vorgetragenen Thesen. Der Leser, der das ebenso als einen Nachteil empfindet wie der Autor, sei auf das ausführliche Literaturverzeichnis am Ende des Bandes verwiesen: Er findet dort thematisch gegliederte und meist mit knappen Kommentaren versehene Literaturhinweise, die ihm ein gezieltes Weiterarbeiten ermöglichen. Wenn das Buch auf diese Weise dazu anregen könnte, sich noch eingehender mit der französischen Zeitgeschichte zu beschäftigen, dann hätte es seinen Zweck mehr als erfüllt.

Die Entstehung dieses Buches fiel in eine turbulente Phase meiner beruflichen Existenz, die mich von Saarbrücken über Berlin nach Münster und schließlich nach Essen geführt hat. Ich habe in dieser Zeit viel freundliche Unterstützung und Ermunterung erfahren und möchte dafür einer großen Zahl von Kollegen, Freunden und Mitarbeitern danken. Ebenso danke ich meiner Familie, die diese Turbulenzen nicht nur ertragen, sondern auch mitgetragen hat. Ein besonderer Dank gilt Frau Monica Wejwar für das außergewöhnlich hohe Maß an Verständnis und Geduld, das sie als Lektorin für dieses Unternehmen aufgebracht hat. Meinem Mitarbeiter Michael Gaigalat danke ich sehr herzlich für Umsicht und Engagement bei der Erstellung eines aufwendigen Registers. Bei Stefanie Goßens, Christine Heim und Birgit Hientzsch bedanke ich mich für zuverlässige und kritische Unterstützung bei den Korrekturarbeiten.

Essen, im März 1987   *Wilfried Loth*

Einleitung: Die republikanische Synthese

Der Weg zur französischen Republik war lang und schwierig. Die erste Republik, die sich nach dem Scheitern der Bemühungen um die Errichtung einer konstitutionellen Monarchie 1792 etablierte, wandelte sich unter dem Druck der feindlichen Koalitionsheere und gegenrevolutionärer Aufstände rasch zu einem diktatorischen Terrorregime und mußte nach dem Abflauen einer äußeren Bedrohung einem bürgerlichen Direktorium Platz machen, das dann in die Herrschaft Napoleons mündete. Auf den Zusammenbruch der napoleonischen Herrschaft folgte die Restauration der Monarchie, freilich nun mit konstitutionellen Zusätzen, die die bürgerliche Rechtsordnung und die politische Mitbestimmung der Notabeln konservierten. Der Versuch der Revolutionäre von 1830, dieses Restaurationsregime durch eine neue Republik abzulösen, führte nur zur Bekräftigung der konstitutionellen Elemente in der »Julimonarchie« des Herzogs von Orleans, Louis Philippe. Ein neuerlicher revolutionärer Anlauf 1848 brachte wohl eine zweite Republik zustande; doch sorgte die Angst der Bauern und des Bürgertums vor einer sozialen Revolution bald dafür, daß Napoleon III. mit plebiszitären Mitteln ein Regime errichten konnte, das partielle Zugeständnisse an die unterschiedlichen gesellschaftlichen Gruppierungen mit der Unterdrückung offen republikanischer Kräfte verband.

Auch nach dem deutsch-französischen Krieg von 1870/71 stand die Republik noch nicht auf der Tagesordnung. Gewiß proklamierten die liberalen Abgeordneten des Parlaments nach der Gefangennahme Napoleons III. durch die Deutschen am 4. September 1870 eine neue Republik; aber sie taten das unter dem Druck eines Arbeiteraufstands in Paris und sahen ihre Aufgabe zumeist nur darin, gegen die Gefahr einer sozialen Revolution, die in den großen Städten drohte, die Ordnung zu wahren. Die Nationalversammlung, die im Februar 1871 im ganzen Land gewählt wurde, wies eine deutliche Mehrheit von monarchistisch gesinnten Abgeordneten auf; und als eine neue Stadtversammlung in Paris (die »Kommune«) der drohenden Restauration durch die Bildung einer föderalistischen Republik zuvorkommen wollte, gingen die Ordnungskräfte der Nationalversammlung mit Waffengewalt gegen die Hauptstadt vor. Als der provisorische »Chef der Exekutive«, Adolphe Thiers, einst Minister unter Louis Philippe, nach dem Sieg über die Kommune erkennen ließ, daß er bereit war, eine gemäßigte Form der republikanischen Ordnung zu akzeptieren, wurde er von der Versammlung gestürzt. Sein Nachfolger, General Mac-Mahon, verstand sich als Statthalter des künftigen Monarchen.

Nur ganz allmählich verschoben sich die Gewichte zur Republik hin. 1873 scheiterte der Versuch, einen neuen Monarchen zu etablieren, am Gegensatz zwischen Anhängern des traditionellen Königshauses, die auf eine Rückkehr zum Ancien Régime hinarbeiteten, und »Orleanisten«, denen eine Restauration der Notabeln-Herrschaft der Julimonarchie vorschwebte. Der Thronerbe des Bourbonenhauses, Graf Henri Charles von Chambord, weigerte sich, durch einen Verzicht auf das Lilienbanner den Anhängern der Julimonarchie Entgegenkommen zu signalisieren. Notgedrungen wurde daraufhin das Mandat von Mac-Mahon um sieben Jahre verlängert. 1875 verabschiedete die Nationalversammlung eine Reihe von Verfassungsgesetzen, die Mac-Mahon zum Präsidenten der Republik beförderten, dabei aber noch offen ließen, ob die Regierung allein dem Parlament oder auch dem Präsidenten verantwortlich war. Bei den Wahlen zur Abgeordnetenkammer im März 1876 errangen die Anhänger der Republik eine breite Mehrheit. Die Kraftprobe zwischen dem Präsidenten und dem Parlament, die sich daraus ergab, ging zum Nachteil Mac-Mahons aus: Im Dezember 1877 erklärte er sich nach einem vergeblichen Versuch, das Wahlergebnis durch Neuwahlen zu korrigieren, zur Anerkennung der parlamentarischen Regierungsweise bereit; und als die republikanische Mehrheit daraufhin auch noch die Zustimmung zur Ablösung monarchistischer Kräfte in der Verwaltung, der Justiz und der Armee von ihm verlangte, trat er am 30. Januar 1879 zurück. 1880 schließlich gaben die Republikaner ihrem Sieg symbolischen Ausdruck, indem sie die Marseillaise zur Nationalhymne erklärten und den 14. Juli, den Tag der Erstürmung der Bastille im Revolutionsjahr 1789 zum Nationalfeiertag bestimmten.

Schwierigkeiten und Sieg der Republik hingen eng mit den besonderen Umständen der Industrialisierung Frankreichs zusammen. Obwohl die industrielle Produktion im Textilgewerbe und im Bergbau schon in den 60er Jahren des 18. Jahrhunderts begann, überwog noch während des gesamten 19. Jahrhunderts der landwirtschaftliche Produktionsbereich und schritt die Industrialisierung auch danach nur langsam fort. Der Anteil der Landwirtschaft an der Gesamtproduktion, der 1825 76% betragen hatte, ging bis 1890 nur auf 65% zurück und betrug zu Beginn des Ersten Weltkrieges immer noch 44%. Über 80% der Bevölkerung lebten zu Beginn des 19. Jahrhunderts auf dem Land. 1870 waren es noch 70% und 1911 56%. Die Masse der Bevölkerung aber, insbesondere die zahlreichen selbständigen Kleinbauern und Pächter, orientierten sich nach der Befreiung von den Feudallasten in konservativer Richtung, aus Abneigung gegen die bürgerlichen Honoratioren ebenso wie aus Furcht vor einer sozialen Revolution, und zum Teil, besonders im Westen, auch noch aus Anhänglichkeit gegenüber der katholischen Kirche. Und die grundbesitzende Bourgeoisie, politisch und ökonomisch nach der Revolution von 1789 die einflußreichste Klasse, blieb mit Blick auf den Konservatismus der Bauern wie auf den revolutionären Unmut der Stadtbevölkerung darauf bedacht, die breite Masse der Bevölkerung vom politischen Entscheidungsprozeß fernzuhalten.

Daß sich die Republik nach 1870 mit der Zeit dennoch durchsetzen konnte, war danach auf zwei Faktoren zurückzuführen: Zum einen war die Industrialisierung nach einem Wachstumsschub in den Jahren des zweiten Kaiserreichs jetzt doch schon soweit fortgeschritten, daß die Industriebevölkerung – die Arbeiter ebenso wie die zahlreichen Angehörigen der bürgerlichen und kleinbürgerlichen Zwischenschichten – politisch stärker ins Gewicht fiel. Zum anderen verstanden es die gemäßigten Republikaner um Thiers, einem Teil der Bauern und der großbürgerlichen Notabeln begreiflich zu machen, daß auch eine republikanische Ordnung sozial konservativ sein konnte. Allein schon die Niederschlagung der Kommune wirkte hier als eindrucksvoller Anschauungsunterricht; und dann sorgten eine Reihe von Verfassungsbestimmungen dafür, daß die Interessen der Landbevölkerung und der Notabeln auch bei weiterem Fortschreiten der Industrialisierung großes Gewicht behielten. So wurde neben der Abgeordnetenkammer der Senat als zweite Kammer eingeführt; dieser wurde durch Wahlkollegien auf Departementsebene gewählt, in denen die Mandatsträger der kleinen Gemeinden überproportional vertreten waren, und war der direkt gewählten ersten Kammer in der Gesetzgebung gleichgestellt; im Unterschied zu dieser konnte er aber vom Präsidenten nicht aufgelöst werden. Die erste Kammer, von deren Vertrauen die Minister abhängig waren, wurde nach dem Mehrheitswahlrecht auf der Ebene von Arrondissements gewählt, deren Zuschnitt regelmäßig hinter der tatsächlichen Bevölkerungsentwicklung zurückblieb. Der Präsident wurde nicht etwa vom Volk gewählt, sondern von einer Nationalversammlung, die aus den beiden Kammern bestand.

Angesichts dieser Rückversicherungen sahen die Bauern ihre Interessen in einer republikanischen Ordnung immer noch besser aufgehoben als bei einer Rückkehr zur Notabelnherrschaft der Julimonarchie. Das Großbürgertum, mit dem die Aristokratie unterdessen mehr und mehr verschmolzen war, fand sich zum Verzicht auf die politische Dominanz bereit, nachdem sichergestellt war, daß das allgemeine Wahlrecht nicht zur Bedrohung seiner wirtschaftlichen Macht führte und sein Einfluß in der Verwaltung nicht wesentlich gemindert wurde. Und die bürgerlichen Mittelschichten, die nun das Gros des politischen Führungspersonals stellten, ohne über eine starke Exekutive zu verfügen, nahmen die Einschränkungen des republikanischen Gleichheitsideals hin, um der Republik wenigstens grundsätzlich die nötige Massenbasis zu verschaffen. So wurde ein dreifacher Kompromiß der besitzenden Klassen zur eigentlichen Grundlage des neuen Regimes und die Verteidigung des Besitzes zu seinem grundlegenden Prinzip. Bei der großen Zahl bäuerlicher Kleineigentümer, selbständiger Gewerbetreibender, Angehöriger freier Berufe, kleiner Anleger und Immobilienbesitzer und der Macht der großen Bourgeoisie in Wirtschaft und Verwaltung ergab sich daraus eine stabile Ordnung, die nicht mehr so leicht in Frage gestellt werden konnte.

Die Stabilität der Republik war um so größer, als sich die überwiegende Mehrheit der Besitzenden ökonomisch konservativ verhielt. Wohl gab es einzelne Unternehmer, die den technischen Fortschritt mit Energie in industrielle Innovation umsetzten. Die meisten Besitzer von industriellen Unternehmen blieben jedoch ängstlich darauf bedacht, den Status quo zu wahren und schreckten vor riskanten Neuerungen zurück. Kleine und große Anleger investierten eher in gewinnträchtige Unternehmungen im Ausland als in die nationale Produktion; Bürger jeder Kategorie sparten eher als zu konsumieren. Die Geburtenrate lag, Ursache und Folge des wirtschaftlichen Malthusianismus zugleich, kaum über der Sterblichkeitsrate; und ein vielfältiges System von Außenzöllen schützte Kleinbauern wie Großgrundbesitzer, Landwirtschaft wie Industrie vor unliebsamer auswärtiger Konkurrenz. Die mangelnde Dynamik des Industriebürgertums bewahrte die Bauern und Kleinbürger vor dem wirtschaftlichen Abstieg und sorgte so für eine Fortdauer der gesellschaftlichen Kräfteverhältnisse. Gleichzeitig eröffnete die Beteiligung am Finanzkapital der Masse der kleinen Eigentümer grundsätzlich die Aussicht auf einen Aufstieg in höhere Gesellschaftsschichten und beugte so etwaigem Unmut über die äußerst ungleiche Einkommensverteilung vor. Der Kompromiß der Besitzenden, der die Republik trug, wurde damit noch bekräftigt und verlor auch über längere Zeit hinweg nichts von seiner Bedeutung.

Außerdem verwandten die Republikaner nach ihrem Sieg erhebliche Anstrengungen darauf, die große Masse der Bevölkerung, auf dem Land wie in den unterbürgerlichen Schichten, auch ideologisch für die republikanische Ordnung zu gewinnen. Unter der Führung von Jules Ferry, 1879 bis 1885 in wechselnden Kabinetten Unterrichts- und Premierminister, beseitigten sie Schritt für Schritt den bis dahin dominierenden Einfluß der Kirche auf das Schulwesen und etablierten ein laizistisches Schulsystem, das wissenschaftlichen Rationalismus mit der Vermittlung bürgerlicher Tugenden verband. Insbesondere die Lehrer an den Primarschulen (die »Instituteurs«) verbreiteten nun, von der Aufsicht des Klerus und der lokalen Honoratioren befreit, bis ins letzte Dorf hinein ein einheitliches Nationalbewußtsein, in dem die Republik als Inkarnation der Nation, Vollendung der Revolution von 1789 und Garantin für die Verwirklichung der universalen Ziele der Menschheit erschien. Neben ihnen wirkten die Freimaurer mit der Fülle ihrer Organisationen, Zeitungen und überparteilichen Verbindungen als Multiplikatoren der aufklärerischen und republikanischen Ideale, die die dritte Republik über pragmatische Nützlichkeitserwägungen hinaus auch emotional fest in den Herzen einer wachsenden Mehrheit der Nation verankerten und einen nationalen Konsens stifteten, der über die Solidarisierungseffekte der Revolution oder der beiden napoleonischen Unternehmungen hinausging.

Über die affektive Zustimmung zu den republikanischen Idealen hinaus wirkte ein militanter Patriotismus integrationsfördernd, der an die Tradition der Revolutionskriege anknüpfte und damit Bedürfnisse abdeckte, die sich auch schon die beiden Napoleons zunutze gemacht hatten. Er kristallisierte sich insbesondere um die Sorge um die 1871 verlorenen Provinzen Elsaß und Lothringen und den daraus resultierenden Gegensatz zum Deutschen Reich. Die Armee, die diese Provinzen einst zurückbringen sollte, wurde zum Objekt allgemeiner Begeisterung und, besonders seit der Einführung der allgemeinen Wehrpflicht 1889, zu einer weiteren »Schule der Nation«; ihre Aufmärsche und Paraden nahmen den Charakter von nationalen Feiertagen an. Daneben fanden nationales Prestigedenken und Hochschätzung der »zivilisatorischen Mission« Frankreichs auch in der Unterstützung für die koloniale Expansion Ausdruck, die Ferry mit Vorstößen nach Tunesien, Madagaskar und Indochina in Angriff nahm. Diese Politik blieb nicht unumstritten, vor allem weil sie zu einer Annäherung an das Deutsche Reich führte; nachdem aber eine Militärkonvention mit Rußland 1892 die Position Frankreichs gegenüber Deutschland gestärkt hatte, wurden weitere Erwerbungen in West- und Äquatorialafrika sowie das Vordringen nach Marokko von einer breiten Zustimmung zur Vergrößerung des französischen »Rangs« in der Weltpolitik getragen.

Missionarischer Republikanismus und Patriotismus reichten freilich nicht aus, um den Republiken in der gesamten Nation die nötige Legitimität zu verschaffen. Die katholische Kirche, die die Bemühungen um eine Rückkehr zur Monarchie nach Kräften unterstützt hatte, blieb unter dem Einfluß ultramontaner Kreise auch nach dem Sieg der Republikaner die Wortführerin einer Wiederherstellung des Ancien Régime und wurde damit zum Kristallisationspunkt für jede Art reaktionärer Bewegung. Die ideologische Offensive der Republikaner nahm darum auf weite Strecken den Charakter eines antiklerikalen Feldzuges an, der nicht nur der Verbreitung der Aufklärung galt, sondern auch der Beseitigung des kirchlichen Zugriffs auf den Staat. Sie hatten damit aufs Ganze gesehen Erfolg – zum einen, weil sie in der Kräftekonstellation, die sich Ende der 1870er Jahre herausgebildet hatte, über die stärkeren Bataillone verfügten; zum anderen aber auch, weil ihr Programm der allgemeinen Säkularisierungstendenz des Jahrhunderts entsprach. Dennoch konnten sie nicht verhindern, daß sich Zentren des Widerstands gegen die Vereinnahmung für die Republik bildeten und diese infolge der Defizite der republikanischen Ordnung auch wieder neue Unterstützung fanden.

Daneben hatte die Republik auch Schwierigkeiten, in den Reihen der Arbeiter genügend Unterstützung zu finden. Mit fünf bis sechs Millionen ein knappes Drittel der Aktivbevölkerung, lebten die Arbeiter in dieser Republik unter sehr unterschiedlichen Bedingungen: häufig noch in Betrieben mit einigen wenigen Beschäftigten, in den großen Städten in Kontakt mit dem Kleinbürgertum, in den neuen Industrieagglomerationen teils brutal ausgebeutet und teils paternalistisch kontrolliert. Eine einheitliche Arbeiterbewegung konnte unter diesen Voraussetzungen nur sehr schwer zustandekommen; in der Regel ließen aber die ständige Unsicherheit des Arbeitsplatzes, die ununterbrochene Erschöpfung in einem Zwölf-Stunden-Tag, der Ausschluß vom kulturellen Leben und das Fehlen jeglicher Perspektive auf einen sozialen Aufstieg die Distanz zu den übrigen Klassen deutlich hervortreten. In diese Welt konnte der republikanische Diskurs wohl grundsätzlich vordringen, insofern er die Gleichheit der Individuen betonte und die Macht der Feudalherren und Notabeln attackierte. Da sich die Republikaner im Interesse an der Konsolidierung des bürgerlichen Kompromisses aber hüteten, ihre Kritik an den Mächtigen auch auf die neuen Herren der Industriegesellschaft auszudehnen, und die Koalition der Besitzenden folglich kaum Anstalten traf, die materielle Situation der Arbeiter zu verbessern und ihre gesellschaftliche Isolation abzubauen, blieben die Beziehungen der Republik zu diesem Teil der Gesellschaft prekär.

Die Schwächen der republikanischen Synthese wurden erstmals 1887 deutlich, als die gemäßigten Republikaner einen militanten Kriegsminister, der zur Konfrontation mit dem Deutschen Reich drängte, aus dem Amt entließen: Binnen kurzem sammelte dieser General Georges Boulanger soviele Stimmen nicht nur fanatischer Nationalisten, sondern auch von oppositionellen Arbeitern und enttäuschten Kleinbürgern, daß er mit Unterstützung monarchistischer und bonapartistischer Kreise zu einer Herausforderung für das noch wenig gefestigte Regime wurde. Auf eine Reihe spektakulärer Erfolge in Nachwahlen gestützt, forderte er eine Stärkung der Exekutive auf Kosten der Parlamentsherrschaft, verbunden mit grundlegenden sozialen Reformen und dem Übergang zu einer offen revanchistischen Außenpolitik. Nachdem er im Januar 1889 einen triumphalen Wahlsieg in Paris errungen hatte, schien vielen Beobachtern schon das Ende der Republik gekommen. Boulanger widersetzte sich freilich den Abenteurern, die ihn zu einem Staatsstreich drängten; und in den allgemeinen Wahlen im September des gleichen Jahres zeigte sich dann, daß die Koalition seiner Anhänger doch zu heterogen war und der Einfluß des Republikanismus auf dem Lande schon zu weit fortgeschritten, um die republikanische Mehrheit wirklich zu gefährden.

Mit der Beschleunigung des industriellen Wachstums in der Hochkonjunkturperiode, die Mitte der 1890er Jahre begann und mit Unterbrechungen im ersten Jahrfünft nach der Jahrhundertwende bis zum Jahr 1913 dauerte, wuchsen die oppositionellen Strömungen weiter an. Die Arbeiter, zahlenmäßig nun etwas stärker, empfanden die Diskrepanz zum bürgerlichen Wohlstand trotz allmählicher Besserung der Einkommensverhältnisse stärker denn je. Ein kleiner Teil von ihnen – fünf bis sechs Prozent – engagierte sich in einer Gewerkschaftsbewegung, die sich zunehmend den Thesen des revolutionären Syndikalismus verschrieb; andere begannen, statt der Republikaner, sozialistische Abgeordnete zu wählen. In den kleinbürgerlichen Kreisen griff die nationalistische Erregung weiter um sich, oft verbunden mit antisemitischen Attacken und antiparlamentarischer Frontstellung. Und auch in den oberen Gesellschaftsklassen bekam der Nationalismus jetzt manchmal eine antiparlamentarische Färbung und fand der Katholizismus als defensive Ordnungsideologie neue Resonanz. Eine einheitliche Oppositionsbewegung entwickelte sich daraus allerdings nicht mehr; vielmehr eilten die Sozialisten und mit ihnen viele Arbeiter der Republik gegen die Bedrohung durch eine neue Rechte zu Hilfe.

Zum Katalysator dieser Entwicklung wurde von 1897 an die Affäre um einen jüdischen Offizier, Alfred Dreyfus, der zu Unrecht wegen Spionage verurteilt worden war: Der Versuch, Dreyfus zu rehabilitieren, führte auf der einen Seite zu einem Ausbruch nationalistischer und antisemitischer Agitation, die sich bald auch gegen die Republik und ihre Repräsentanten richtete, und auf der anderen Seite zu einer Bekräftigung des republikanischen Idealismus, für den sich nun, beginnend mit einer fulminanten Attacke des Schriftstellers Emile Zola gegen die Vertuschungsmanöver der Exekutive, eine große Zahl von Intellektuellen engagierte. Vor dem Hintergrund der erbitterten Auseinandersetzung fand sich ein Teil der bürgerlichen Republikaner bereit, zur Verteidigung republikanischer Prinzipien auch mit den Sozialisten zusammenzuarbeiten, und entschlossen sich die parlamentarischen Wortführer der Sozialisten, meist selbst bürgerlicher Herkunft, die republikanische Ordnung gegen die Allianz der militanten Rechten und der Ordnungskräfte in Armee und Kirche zu verteidigen. Im Juni 1898 bildete der gemäßigte Republikaner René Waldeck-Rousseau ein Kabinett, dem mit Alexandre Millerand zum ersten Mal ein sozialistischer Minister angehörte.

Das Bündnis aus Sozialisten, radikalen Republikanern und einem Teil der gemäßigten Republikaner, das damit begründet wurde, setzte die Autorität des Staates ein, um die Agitation der rechtsextremen Ligen unter Kontrolle zu bringen, beseitigte Widerstände in der Armee gegen eine Revision des Dreyfus-Falles und nahm dann den Kampf gegen den Einfluß der Kirche auf Staat und Gesellschaft wieder auf. Die religiösen Kongregationen, deren Vermögen und Aktivität im höheren Schulwesen beträchtlich zugenommen hatten, wurden einer staatlichen Genehmigungspflicht unterworfen, die restriktiv gehandhabt wurde; dann, nach der Ausweisung zahlreicher nichtzugelassener Ordensleute, wurde ihnen die Erteilung von Unterricht ganz verboten; und schließlich wurde 1905 ein Gesetz über die Trennung von Kirche und Staat beschlossen, das die Mitwirkungsrechte des Staates bei der Berufung des Klerus beseitigte und zugleich die finanzielle Unterstützung der Kirche durch den Staat abschaffte. Parallel dazu wurden einige Sozialgesetze verabschiedet, die der Ausbeutung der Arbeiter erste Grenzen setzten: So wurde die tägliche Arbeitszeit auf zehn Stunden begrenzt, ein wöchentlicher Ruhetag verpflichtend eingeführt, eine staatliche Unterstützung für die Altersversorgung beschlossen und eine bescheidene Versicherung für den Krankheitsfall organisiert.

Infolge der Zusammenarbeit der laizistischen Linken im sogenannten »Block« – an dessen Spitze die wachsende Zahl der radikalen Republikaner stand, seit 1901 in einer lockeren »Parti radical et radical-socialiste« organisiert – konnte die republikanische Ordnung gefestigt werden, insbesondere in der Verwaltung und im öffentlichen Bewußtsein. Sie reichte jedoch nicht hin, die Kluft zwischen den bürgerlichen Kreisen und den Arbeitern wirklich zu überwinden. Was an Sozialgesetzen verabschiedet wurde, blieb weit hinter den Erwartungen der Sozialisten zurück; Anläufe zur Durchsetzung eines generellen Schlichtungsverfahrens für Arbeitskämpfe und zur Einführung einer Einkommenssteuer scheiterten ganz. Die Widerstände eines Teils der Sozialisten gegen eine Beteiligung an einer »bürgerlichen« Regierung konnten folglich nicht überwunden werden; die Gewerkschaftsbewegung rückte weiter vom parlamentarischen Sozialismus ab; und von 1904 an erschütterten zunehmend heftigere Streikbewegungen das Land. Als dann die Wahlen vom Mai 1906 den radikalen Republikanern und ihren gemäßigten Verbündeten eine Mehrheit auch ohne die Stimmen der Sozialisten einbrachten, zerbrach der Block an den wachsenden Klassenspannungen: Ministerpräsident Georges Clemenceau, einer der historischen Wortführer des radikalen Republikanismus, ging mit allen Mitteln staatlicher Macht gegen die Streikbewegungen vor und trieb die Sozialisten damit in die Opposition.

Die Kluft zwischen der bürgerlich-republikanischen Mehrheit und der Arbeiterbewegung wurde noch vertieft durch die Zuspitzung der internationalen Lage. Während die revolutionäre Linke eine heftige antimilitaristische Agitation entwickelte und die republikanischen Sozialisten mit einer Minderheit der radikalen Republikaner auf Verständigung und internationale Schiedsgerichtsbarkeit drängten, betrieb die Regierungsmehrheit, zur Kraftprobe mit dem Deutschen Reich bereit, die Stärkung der Armee und fand darüber auch wieder zur Zusammenarbeit mit den gemäßigt-konservativen Republikanern zurück, die die Wende zum laizistischen »Block« nicht mitvollzogen hatten. Im Juli 1913 wurde die Militärdienstzeit mit den Stimmen der Rechten und gegen einen Teil der Linken von zwei auf drei Jahre verlängert. Danach konnten die Gegner der dreijährigen Dienstzeit in den Wahlen vom April/Mai 1914 beträchtliche Stimmengewinne erzielen und wurde es für die regierenden Republikaner immer schwieriger, zwischen Antirepublikanismus auf der einen und Pazifismus auf der anderen Seite eine solide Basis für die Regierungsarbeit zu finden.

Damit war eine Fortentwicklung der Republik über die Festigung des

Status quo hinaus auf absehbare Zeit blockiert: Die prekären Mehrheits-verhältnisse erlaubten weder einen antiparlamentarischen Rechtsruck noch energische Schritte zur Integration der Massen der Industriegesell-schaft in das republikanische Gemeinwesen. Die Republik blieb auf die gesellschaftlichen Verhältnisse ihrer Gründungsära fixiert: Gegründet auf den Kompromiß der Besitzenden und am Zielbild einer vorindustriel-len Bürgergesellschaft orientiert. Angesichts der geringen Dynamik der französischen Industrialisierung ließ sich damit gewiß für längere Zeit leben. Auf Dauer stellte sich freilich die Frage, wie lange sich die Repu-blik gegen die Klassenspannungen behaupten konnte, die zu überwinden sie nicht in der Lage war.

1. Frankreich im Ersten Weltkrieg

Als das Deutsche Reich am 3. August 1914 der Französischen Republik den Krieg erklärte, glaubten viele zeitgenössische Beobachter zunächst an einen gewaltsamen Ausbruch der Klassengegensätze zwischen französischer Bourgeoisie und französischen Arbeitern. Die Arbeiter-Organisationen hatten die Spannungen zwischen den Großmächten als Ausdruck imperialistischer Ambitionen des großen Kapitals verstanden und in ihrem Kampf gegen den Imperialismus auch die Kapitalistenklasse des eigenen Landes nicht geschont; sie hatten sich in Kontakten mit der deutschen Sozialdemokratie um die Entwicklung einer gemeinsamen Kriegsverhütungsstrategie bemüht und sie hatten vor allem die Ausrufung des Generalstreiks als Mittel gegen die Entfesselung eines Krieges ernsthaft ins Auge gefaßt. Im Verlauf der Juli-Krise 1914 hatte ihre Partei, die sich seit 1905 demonstrativ internationalistisch »Französische Sektion der Arbeiter-Internationale« nannte (»Section Française de l'Internationale Ouvrière« oder abgekürzt SFIO), das Bekenntnis zum Generalstreik auf einem Parteitag noch einmal bekräftigt; und der Parteiführer Jean Jaurès hatte die Kraft der pazifistischen Bewegung bei den Regierungsverantwortlichen zur Geltung zu bringen versucht. Die Staatsmacht hatte die organisierte Arbeiterbewegung als ersten Feind ausgemacht, der im Falle eines Krieges auszuschalten war; und sie hatte darum als Teil der Mobilmachung die Verhaftung aller bedeutenden Partei- und Gewerkschaftsführer (aufgelistet in dem berüchtigten »Carnet B«) vorgesehen. Ein nationalistischer Fanatiker war darüber hinausgehend schon zur Tat geschritten: Er hatte Jaurès am Abend des 31. Juli erschossen.

1.1 Die »Union sacrée«

Tatsächlich erwies sich aber die nationale Solidarität als stärker als die Klassenspannungen. Beide Seiten, Regierung und Arbeiterführer, schreckten vor der vorgesehenen Konfrontation zurück und verbündeten sich stattdessen zur Abwehr des äußeren Feindes. Nachdem Innenminister Malvy am 1. August im Kabinett die Suspendierung der Verhaftungsdekrete durchgesetzt hatte, rief Gewerkschaftsführer Léon Jouhaux am

4. August die Arbeiter am Grabe von Jaurès zum Kampf gegen den deutschen Militarismus und Feudalismus auf; gleichzeitig stimmten die sozialistischen Abgeordneten in der Nationalversammlung der Übertragung aller Vollmachten zur Kriegsführung an die Regierung zu. Am 26. August traten zwei führende Sozialisten, Marcel Sembat und Jules Guesde als Minister in die Regierung Viviani ein, die damit den Charakter einer überparteilichen Notstandsregierung annahm. Die Angst vor der Konfrontation mit den Klassenfeinden wich einer ungeheueren nationalen Begeisterung, in der sich die Erleichterung über die Versöhnung der Klassen ebenso widerspiegelte wie die Hoffnung, die gesellschaftlichen Konflikte nun endlich im Sinne der eigenen Klasse lösen zu können.

Bei der Entscheidung der Arbeiter-Organisationen für die »Union sacrée« bildete die Wahrnehmung der akuten internationalen Krise eine wichtige Rolle: Die Verhandlungen, die Jaurès mit den Regierungsverantwortlichen geführt hatte, hatten den Eindruck hinterlassen, daß die eigene Regierung nicht um jeden Preis kriegslüstern war, während die deutsche Führung nach der Kriegserklärung des Reiches an Rußland und dem Einmarsch deutscher Truppen in Belgien umso aggressiver erschien; am defensiven Charakter der französischen Kriegsanstrengungen herrschte folglich kein Zweifel. Gleichwohl verbliebene Bedenken gegen eine Mitwirkung an dem Krieg des bürgerlichen Staates zerstreuten sich, als die deutschen Sozialdemokraten am 3. August ihrer Regierung Kriegskredite bewilligten: Auf eine wirkungsvolle Aktion des internationalen Proletariats war danach definitiv nicht mehr zu hoffen. Wichtiger als die Revision des Bildes vom eigenen Staat wie von der internationalen Arbeiterbewegung war indessen das Ausmaß der Integration der Arbeiterklasse in die bürgerlich dominierte Gesellschaft, das trotz aller verbliebenen Spannungen unterdessen erreicht war und nun im Moment der Entscheidung sichtbar wurde. Die Arbeiterbewegung stand nicht mehr unter dem Druck einer gewaltsamen Repression über nationale Grenzen hinweg, wie sie in der Entstehungsphase des Arbeiter-Internationalismus 1848 und 1871 vorgekommen war; sie konnte sich die Organe des bürgerlichen Staates für ihre Interessen zunutze machen; und ihre Anhänger waren auf vielfältige Weise in die bestehenden gesellschaftlichen Verhältnisse eingebunden. Das Konzept des Reformismus, das in dieser Situation ohnehin nahelag, gewann nun durch die Erfahrungen der ersten August-Tage rasch an Plausibilität; gleichzeitig trugen reformistische Hoffnungen dazu bei, die Hinwendung zur »Union sacrée« zu bekräftigen: Was an sozialer Emanzipation und gesellschaftlichem Aufstieg bis zur Gleichberechtigung noch fehlte, sollte nun durch die Demonstration nationaler Unentbehrlichkeit und Zuverlässigkeit erreicht werden.

Die gesellschaftliche Entwicklung in den ersten Kriegsmonaten schien dieses Kalkül zu bestätigen: Der kriegsbedingte Aufschwung der Industrie führte zur Vollbeschäftigung und damit zur Stärkung der strategischen Position der Arbeiter im Arbeitskampf. Entsprechend stiegen die

Arbeiterlöhne und verbesserte sich die materielle Lage der Arbeiter; das wirtschaftliche Überleben wurde spürbar leichter. Die Arbeiter in den kriegswichtigen Produktionsbereichen brachten es sogar zu einem bescheidenen Wohlstand; auch wurden sie zumeist vom Militärdienst freigestellt, häufig sogar, nachdem sie in den ersten Kriegswochen zunächst an die Front geschickt worden waren. Die Angehörigen der Mittelklassen, insbesondere Angestellte und Rentenempfänger, mußten demgegenüber beträchtliche materielle Verluste einstecken: Hier fiel durch Einberufung zu den Truppen vielfach der Ernährer aus; und die steigenden Preise wurden nicht durch entsprechend oder gar überproportional steigende Gehälter ausgeglichen. So verlor die Trennungslinie zwischen Arbeitern und Mittelklassen materiell an Bedeutung und stieg zumindest ein Teil der Arbeiter auch gesellschaftlich nach oben.

Die Integration der Arbeiter kam noch einen gewaltigen Schritt weiter voran, als der Jaurès-Schüler Albert Thomas im Mai 1915 das Amt eines Staatssekretärs für die Kriegsproduktion übernahm. Thomas hatte diese Berufung dem Umstand zu verdanken, daß die Arbeiter unterdessen erhebliche strategische Bedeutung für den Kriegserfolg gewonnen hatten; und er suchte diesen strategischen Wert der Arbeiterklasse nun dazu zu nutzen, unter Hinweis auf die Erfordernisse des Krieges partnerschaftliche Sozialstrukturen durchzusetzen. Er widersetzte sich mit Erfolg allen Versuchen der Unternehmerseite, bestehende Arbeiterrechte im Zuge der Kriegsanstrengungen einzuschränken, sorgte für sozialstaatliche Eingriffe in das Wirtschaftleben, die den bislang herrschenden wirtschaftsliberalen Prinzipien strikt zuwiderliefen, und richtete auf allen Ebenen kooperativ angelegte Institutionen ein. Über die Regelung der Arbeitsbedingungen wurde unter seiner Vermittlung in gemischten Kommissionen von Unternehmern und Gewerkschaftsvertretern verhandelt. Neue Produktionsstätten für die Kriegsproduktion wurden, beginnend mit einer Modellfabrik in Roannes, nach Mitbestimmungsgrundsätzen organisiert. Und zur Bekämpfung der Konsumverteuerung unterstützte er nach Kräften die Errichtung von Kooperativen, die er als Keimzellen einer künftigen sozialistischen Gesellschaftsordnung verstand.

Der Umbau des bürgerlich dominierten Klassenstaats zu einem Sozialstaat, den Thomas auf diese Weise Schritt für Schritt vornahm, blieb nicht ohne Widerspruch. Auf der einen Seite warnten Unternehmer und liberale Ideologen vor einem Ausverkauf der bürgerlichen Freiheiten an den Kollektivismus; auf der anderen Seite wurde in den Reihen der Arbeiter wiederholt der Verdacht geäußert, der sozialistische Staatssekretär betreibe letztlich doch das Geschäft der Kapitalistenklasse. Diese Widerstände schränkten Thomas' Aktionsmöglichkeiten ein, so daß er insbesondere das Problem einseitiger Kriegsgewinne nicht in den Griff bekam; sie waren aber lange Zeit nicht stark genug, um die »Union sacrée« ernsthaft zu erschüttern. Bis ins Jahr 1917 hinein wirkte der Krieg auf die französische Gesellschaft eher integrierend als desintegrierend.

1.2 Erschütterungen des nationalen Konsens

Die Erosion der »Union sacrée« begann, als deutlich wurde, daß der Krieg bedeutend länger dauern und bedeutend mehr Opfer verlangen würde, als ursprünglich angenommen worden war. Die französische Kriegsplanung war darauf abgestellt gewesen, den Deutschen in den ersten Kriegswochen erfolgreiche Abwehrschlachten in Lothringen und nördlich von Verdun zu liefern; danach sollte der Einbruch der russischen Armeen im Osten die Deutschen zwingen, einen Teil ihrer Truppen von der Westfront abzuziehen und dann in kurzer Frist vor der Übermacht der Flügelmächte zu kapitulieren. Tatsächlich waren es aber zunächst die Deutschen, die die Kämpfe im Nordosten Frankreichs gewannen; am 2. September 1914 floh die Regierung aus der bedrohten Hauptstadt nach Bordeaux. Als die Deutschen Truppen an die Ostfront verlegen mußten, kam der deutsche Vormarsch zwar in der zweiten Septemberwoche zum Stillstand (das »Wunder an der Marne«); die Deutschen standen aber nun tief in französischem Territorium, und die Franzosen waren nicht stark genug, sie aus eigener Kraft wieder hinauszudrängen. Von Mitte September bis Mitte November lieferten sich die feindlichen Armeen von der Marne aus zunächst nach Nordwesten und dann immer weiter nach Norden vorstoßend eine ganze Serie von Schlachten; dann war im Norden das Meer erreicht und insgesamt von Belfort bis Nieuport eine Front errichtet, die sich auch unter großen Anstrengungen nicht mehr wesentlich verschieben ließ.

Im Winter 1914/15 erstarrte der Krieg auf französischem Boden so zum Stellungskrieg, in dem beide Seiten unter ungeheurem Einsatz von Material und Menschenleben versuchten, eine Entscheidung zu ihren Gunsten zu erzwingen. Trotz der Fülle der Attacken und Materialschlachten gab es jedoch das ganze Jahr 1915 über keinerlei Frontbewegung; und auch die großen Offensiven des Jahres 1916 brachten keine Entscheidung, weder die deutsche Offensive vor Verdun im Februar, noch die Offensive der Franzosen und ihrer britischen Verbündeten an der Somme im Juli. Dabei kostete allein die letzte Schlacht die Alliierten 615000 Tote, während die Deutschen 650000 Opfer zu beklagen hatten. Ein Ende des mörderischen Ringens war aber auch danach noch nicht abzusehen.

Das schreiende Mißverhältnis zwischen Einsatz und Ergebnis ließ im Laufe des Jahres 1915 erste Stimmen aufkommen, die einem Abbruch der Kriegsanstrengungen ohne durchschlagendes Ergebnis das Wort redeten. Im bürgerlichen Lager sammelte der frühere Ministerpräsident Joseph Caillaux Befürworter eines Verhandlungsfriedens, die bereit waren, auf eine Rückgewinnung Elsaß-Lothringens zu verzichten, und weitgehende, auf den Erwerb des linken Rheinufers zielende Expansionspläne scharf bekämpften. Ihre Initiativen fanden jedoch vorerst wenig Echo; der bür-

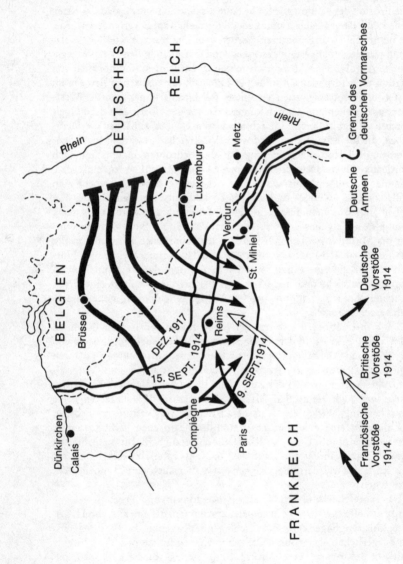

Karte 1: Truppenbewegungen 1914–1918

DEUTSCHES REICH

Rhein

Rhein

Luxemburg

Metz

Verdun

St. Mihiel

BELGIEN

Brüssel

DEZ. 1917

Reims

15. SEPT. 1914

Compiègne

9. SEPT. 1914

Paris

Dünkirchen

Calais

FRANKREICH

Grenze des
deutschen Vormarsches

Deutsche
Armeen

Deutsche
Vorstöße
1914

Britische
Vorstöße
1914

Französische
Vorstöße
1914

gerliche Pazifismus blieb auf kleine intellektuelle Zirkel beschränkt. Wichtiger wurden die Sammlungsbemühungen des revolutionären Syndikalisten Alphonse Merrheim in den Reihen der Arbeiterbewegung: Als er im September 1915 an der internationalen Sozialistenkonferenz in Zimmerwald teilnahm, war er zwar noch relativ isoliert; im April 1916 stimmten auf einem SFIO-Parteitag aber schon ein Drittel der Delegierten gegen die Fortführung der »Union sacrée« und für einen Frieden ohne Annexionen.

Verstärkt wurde die Anti-Kriegs-Bewegung in den Reihen der Linken dadurch, daß der Krieg mit der Zeit neue gesellschaftliche Ungleichheiten produzierte und das Regime nicht in der Lage, zum Teil auch gar nicht willens war, die spektakulären Ungleichheiten wieder abzubauen. Die Kriegsanstrengungen wurden nicht durch neue Steuern finanziert, sondern durch Auslandsanleihen und vor allem durch kurzfristige Schatzanweisungen, die denjenigen, die über genügend Kapital verfügten, die Möglichkeit verschafften, am Krieg noch zu verdienen. Gleichzeitig ermöglichten die besonderen Umstände der Kriegsproduktion bestimmten Produzenten geradezu phantastische Profite: Für die Herstellung kriegswichtiger Produkte erhielten sie staatliche Finanzhilfen; sie konnten ihre Preise nach oben treiben, weil ihnen die staatliche Absatzgarantie die Sorge nahm, auf ihren Produkten sitzen zu bleiben; ihre Gewinne aber blieben im wesentlichen unversteuert. Der Entwurf eines allgemeinen Einkommenssteuergesetzes blieb in den Parlamentsausschüssen hängen; und von einer besonderen Kriegsgewinnsteuer war erst gar nicht die Rede. Viele Kriegsgewinnler stellten ihren neuen Reichtum demonstrativ zur Schau; und so entwickelte sich Paris (das seit Ende 1914 wieder Regierungssitz war) bald zur mondän-anrüchigen »Hauptstadt des Vergnügens«, deren Frivolität in einem bitter empfundenen Kontrast zu den Leiden und Opfern stand, die an der Front und zum Teil auch draußen im Land erbracht werden mußten.

Das Handeln der zivilen und der militärischen Führung wurde unterdessen durch vielfältige Querelen behindert: Es gab Spannungen zwischen der Zivilregierung und dem militärischen Hauptquartier unter Generalstabschef Joseph Joffre, das die Mitsprache der Zivilisten am liebsten ganz ausschalten wollte; es gab offen ausgetragene Rivalitäten zwischen den militärischen Führern; und es gab, je größer die Unzufriedenheit mit der Exekutive wurde, immer mehr parlamentarische Initiativen, die der Zivilregierung das Leben schwer machten, die meist de facto bestimmenden Militärs aber nicht erreichten. Ministerpräsident Viviani kapitulierte im Oktober 1915 vor den Kritiken aus den Reihen der Nationalversammlung; aber auch seinem Nachfolger Aristide Briand, der seine Politikerkarriere ursprünglich als Sozialist begonnen hatte, gelang es nicht, größere Autorität zu erringen. Als die Kritik nach dem Fehlschlag der Somme-Schlacht stark anwuchs, unternahm Briand Ende 1916 den Versuch einer Stärkung der Regierungsgewalt: Joffre sollte in ein vierköpfiges

Kriegskomitee eingebunden werden, das dem Kabinett die Entscheidungen abnahm; und das Parlament sollte der Regierung die Vollmacht erteilen, kriegswichtige Entscheidungen per Dekret durchzusetzen. Das Vorhaben schlug jedoch fehl: Die Nationalversammlung zeigte sich so feindlich, daß Briand erst gar nicht wagte, um die außerordentlichen Vollmachten zu bitten; und Joffre demissionierte. Im März 1917 mußte auch Briand seinen Abschied nehmen, nachdem sein Kriegsminister Lyautey öffentlich die Verschwiegenheit der Abgeordneten in kriegswichtigen Angelegenheiten in Frage gestellt hatte. Nachfolger wurde das älteste Mitglied des bisherigen Kabinetts, Alexandre Ribot, der nun noch weniger in der Lage war, eine effektive Kriegsregierung aufzubauen.

1.3 Die Krise des Jahres 1917

Wie brüchig der nationale Konsens unterdessen geworden war, zeigte sich im Frühjahr 1917, als sich die militärische Lage des Landes deutlich verschlechterte und ein Sieg der Deutschen in den Bereich des Möglichen rückte. Der deutsche Rückzug um 15 bis 40 km hinter die Befestigungen der »Siegfriedlinie« brachte die alliierten Offensivpläne durcheinander, so daß eine Entscheidung an der deutsch-französischen Front auf unabsehbare Zeit nicht mehr zu erzwingen war. Gleichzeitig setzte der uneingeschränkte U-Boot-Krieg voll ein; und es war zu befürchten, daß er seine Wirkung tun würde, ehe die USA, die die deutsche Entscheidung für den uneingeschränkten U-Boot-Krieg erwartungsgemäß mit der Kriegserklärung beantwortet hatten, den Alliierten wirkungsvoll zu Hilfe kommen konnten. Hinzu kam dann noch, daß der russische Verbündete de facto ausfiel: Seit der russischen Februarrevolution war die russische Armee in Auflösung begriffen. Entsprechend ließ die Kampfmoral bei den französischen Truppen nach, und die parallele Entmutigung auf Seiten der Briten verstärkte dann noch die allgemeinen Ermüdungserscheinungen.

Die offensichtliche Sinnlosigkeit der vielen Kleinattacken, bei denen Menschenleben ohne erkennbaren Erfolg geopfert wurden, führten im Mai und Juni 1917 zu einer Reihe von Meutereien, an denen insgesamt 30 000 bis 40 000 Soldaten beteiligt waren. Am 29. Juni marschierten sogar zwei Regimenter entgegen ihren Befehlen von Soissons nach Paris, um von der Nationalversammlung eine Entscheidung für einen unmittelbaren Friedensschluß zu erzwingen. Im Landesinnern kam es zu zahlreichen Arbeitsniederlegungen: Nachdem es 1915 im Zeichen der »Union sacrée« so gut wie keine Streikbewegungen gegeben hatte und 1916 immerhin schon 41 000 Arbeiter in den Ausstand getreten waren, zählte man nun im Laufe des Jahres 1917 nicht weniger als 696 Streikaktionen mit insgesamt 293 800 Beteiligten. In den Gewerkschaftsorganisationen waren die revolutionären Syndikatisten um Merrheim gegenüber den Reformisten um Generalsekretär Jouhaux im Vormarsch; und auch in der sozialistischen Partei gerieten die Verteidiger der »Union sacrée« zusehends in die Defensive. Seit der Petersburger Sowjet im März 1917 zu einem »Frieden ohne Annexionen und Kontributionen« aufgerufen hatte, war in der Arbeiterbewegung keine Mehrheit für eine offensive Kriegsführung mehr zu finden.

Die Meutereien fanden ein rasches Ende, als Philippe Pétain, der Verteidiger von Verdun, am 15. Mai zum neuen Oberkommandierenden der beiden Nordarmeen berufen wurde und Ferdinand Foch das Amt des Generalstabschefs übernahm. Die neue militärische Führung entschied sich, die sinnlos gewordenen Attacken zugunsten einer defensiven Strategie aufzugeben: Damit fiel der wesentliche Grund für die Auflehnung weg. Außerdem ergriff Pétain energische Maßnahmen zur Wiederherstellung der Disziplin. Etwa ein Zehntel der Meuterer wurden von Kriegsgerichten verurteilt, davon 554 zum Tode. Ausgeführt wurden aber schließlich nur 49 Todesurteile; und dann kümmerte sich Pétain persönlich um erträglichere Kampfbedingungen für seine Soldaten, was ihm persönlich große Popularität unter den Kämpfenden einbrachte und allgemein zur Beseitigung vieler Unzulänglichkeiten des militärischen Apparats führte. Damit war die militärische Krise entschärft; die Nordarmeen stärkten ihre Kräfte in der Defensive und warteten im übrigen die Entscheidungen auf anderen Kriegsschauplätzen ab.

Die »Union sacrée« im politischen Bereich war dagegen nicht mehr zu retten. Bei den Sozialisten konnten die militanten Kriegsgegner zwar noch nicht die Mehrheit erringen; jedoch verloren die Verfechter der »Union sacrée« die Kontrolle über die Partei an eine dritte Gruppe, das »Zentrum« um den Marx-Schwiegersohn Jean Longuet und Marcel Cachin, die sich den russischen Vorschlägen gemäß mit den Sozialisten aller kriegführenden Länder über einen Friedensschluß verständigen wollten. Ende Mai beschloß der Nationalrat der SFIO einstimmig die Entsendung von Delegierten zu der sozialistischen Verständigungskonferenz, die auf Initiative der niederländischen Parteifreunde nach Stockholm einberufen worden war. Unter dem Druck der Militärs und der nationalistischen Kräfte, die in dem Vorhaben ein Manöver zur Destabilisierung der eigenen Front sahen, entschied sich die Regierung Ribot jedoch dafür, den sozialistischen Delegierten die erforderlichen Pässe vorzuenthalten. Damit war die »Union sacrée« zerbrochen: Die Mehrheit der Sozialisten war nicht bereit, sich länger an einer Regierung zu beteiligen, die offensichtlich expansionistische Kriegsziele verfolgte und damit die Kriegsleiden unnötig verlängerte. Als die parlamentarische Rechte die Regierung Ribot wegen zu großer Nachgiebigkeit gegenüber Streikenden und Meuterern Anfang September zu Fall brachte, mußte Thomas sehr gegen seinen Willen das Amt des Rüstungs-Staatssekretärs aufgeben; in der neuen Regierung unter dem Vorsitz von Paul Painlevé waren die Sozialisten nicht mehr vertreten.

Damit rückte, ohne daß der militärische Erfolg schon gesichert war, die Gefahr eines Zusammenbruchs der inneren Front näher. Die alten Klassenspannungen brachen nicht nur wieder auf; sie nahmen unter dem Eindruck der allgemeinen Anspannung der Kräfte noch schärfere Dimensionen an als zuvor. Auf der Rechten hielt man nun vielfach den Zeitpunkt für gekommen, die Zugeständnisse an die Arbeiterbewegung, die durch die Kriegssituation erzwungen worden waren, wieder zurückzunehmen, während auf der Linken der Prozeß der Desolidarisierung vom Regime fortging und beide Seiten im Verhalten der Gegenseite genügend Anlaß fanden, ihren Kurs bestätigt zu sehen. Zwischen den Extremen hindurchzulavieren, wurde immer schwieriger: Das mußte Painlevé erfahren, als er die Spannungen reduzieren wollte. Nach nur zweimonatiger Amtszeit wurde er von einer heterogenen Mehrheit aus Rechten und Linken zugleich gestürzt. Um die Tendenz zur Polarisierung abzufangen, war eine Stärkung der Exekutive nötiger denn je; tatsächlich aber war die Exekutive gerade aufgrund des bereits erreichten Ausmaßes an Polarisierung schwächer denn je, und es war nicht zu sehen, wie die innere Polarisierung noch aufgehalten werden sollte.

1.4 Die Aktion Clemenceaus

Daß Staatspräsident Raymond Poincaré in dieser Situation Mitte November 1917 einen alten Intimfeind, den 76jährigen Georges Clemenceau zum Ministerpräsidenten berief, deutete zunächst nicht auf eine Korrektur der bisherigen Entwicklung hin.

Clemenceau hatte sich im Laufe seiner langen, bis in die Tage der Pariser Kommune zurückreichenden Politikerkarriere einen Namen als militanter Republikaner, laizistischer Nationalist und autoritärer Gegner der Arbeiterbewegung gemacht und war während des Krieges wiederholt als scharfer parlamentarischer Kritiker der Regierungen hervorgetreten; aber das qualifizierte ihn nicht unbedingt für die Führung eines Landes in einer kritischen Situation. Poincaré verband mit seiner Berufung in erster Linie das Kalkül, auf diese Weise einem unbequemen Parlamentarier den Wind aus den Segeln zu nehmen; außerdem hoffte er, der neue Ministerpräsident werde sich in dem schwierigen Amt rasch kompromittieren und damit auf Dauer an politischem Gewicht verlieren.

Tatsächlich nutzte Clemenceau das Mißtrauen, das man ihm entgegenbrachte, als Grundstein für eine ganz außerordentliche Machtstellung: Weil niemand unter den führenden Politikern das Risiko eingehen wollte, sich an seiner Seite zu kompromittieren, konnte er ein Kabinett aus Männern des zweiten Gliedes bilden, das ihm ein effektives Regieren ermöglichte. Die Verbindungen zu den verschiedenen politischen Lagern blieben erhalten, aber das Hineinregieren unverantwortlicher Kräfte hörte auf und das Kabinett wandelte sich zu einer Regierungsmannschaft unter straffer Leitung. Die Appelle an Opferbereitschaft und Patriotismus, mit denen sich Clemenceau an die Öffentlichkeit wandte, wirkten unter diesen Voraussetzungen deutlich glaubwürdiger als zuvor; und mit dem Erfolg wuchs seine Autorität bald soweit, daß er Parlamentarier und Militärs unter Berufung auf die Erwartungen der Öffentlichkeit unter Druck« setzen konnte. Schritt für Schritt nahm er die Entscheidung über die militärischen Aktionen in die Hand, baute er eine neue Kriegswirtschafts-Administration auf und profilierte er sich als Sprecher eines jakobinischen Kriegs-Nationalismus, der an die Tradition der Französischen Revolution anknüpfte. Im Februar 1918 stattete ihn das Parlament mit außerordentlichen Vollmachten zur Sicherung der Ernährung und des kriegswichtigen Handelns aus; und im Juni kam es sogar seiner Forderung nach Sanktionen gegen Foch und Pétain nach, die für militärische Fehler beim Vormarsch der Deutschen im Mai verantwortlich gemacht wurden.

Die Aktivierung patriotischer Emotionen verband Clemenceau mit heftigen Attacken auf Defaitisten und Pazifisten. Das brachte ihm viel Beifall in den Reihen der Rechten ein und entsprechenden Zorn in den Reihen der Linken; es führte aber nicht zu einer Radikalisierung der Arbeiterschaft in großem Umfang, wie sie nach dem Bruch der »Union sacrée« zu erwarten war. Die Beseitigung zahlreicher Mißstände, die Clemenceaus energische Aktion ermöglichte, und die Kriegserfolge bremsten die Verzweiflung in den Reihen der Arbeiter ab und verschafften dem neuen Ministerpräsidenten zum Teil auch hier Respekt. Die Regierungs-Sozialisten, d. h. die verbliebenen Befürworter der »Union sacrée«, die innerparteilich in die Minderheit geraten waren, fanden sich sogar zu offener Unterstützung bereit: Abgeordnete ihrer Couleur übernahmen die Leitung von Regierungskommissionen und neutralisierten damit die sozialistische Parlamentsopposition. Die Angriffe gegen den Pazifismus fanden hier ebensoviel Zustimmung wie bei den offiziellen Regierungsparteien. In der sozialistischen Partei blieb folglich das »Zentrum« majoritär, das die »Union sacrée« verdammte, ohne deswegen gleich der Vorbereitung einer Revolution das Wort zu reden. Auf dem SFIO-Nationalrat Ende Juli 1918 gab es 1544 Stimmen für einen Text, der jede Intervention der Alliierten im bolschewistischen Rußland ablehnte und die nochmalige Bewilligung von Kriegskrediten von der Erlaubnis zur Teilnahme an einer internationalen Sozialistenkonferenz abhängig machte. Die Befürworter eines neuen Engagements an der Ostfront, das den deutsch-sowjetischen Frieden von Brest-Litowsk zunichte machen sollte, erhielten nur 1172 Stimmen und mußten bald darauf die Kontrolle über die Parteizeitung aufgeben.

Im Frühjahr 1918 kam es zu einer neuen Streikwelle, die sich im Umfang durchaus mit der Streikbewegung des Jahres 1917 messen konnte. Die Ursache war diesmal jedoch nicht eine allgemeine Erbitterung über die Leiden des Krieges, sondern eine Kombination sehr spezifischer Forderungen junger Facharbeiter und politischer Manöver: Die jungen Arbeiter sahen sich um ihre Zukunftschancen gebracht, weil sie nun doch noch zum Militärdienst eingezogen wurden und ausländische Arbeiter in ihre Plätze in den Fabriken einrückten; und eine Minderheit »revolutionärer« Gewerkschaftsfunktionäre glaubte, diese Unzufriedenheit zur Entfachung einer allgemeinen Revolutionsbewegung nach russischem Vorbild nutzen zu können. Die Streikbewegung blieb jedoch begrenzt; es kam nicht zu einer allgemeinen Solidarisierung der Arbeiter mit den Streikenden. Selbst Merrheim, der mit der Sammlung der pazifistischen Kräfte begonnen hatte, war nun nicht bereit, eine Revolution zu verantworten, die auf einer militärischen Niederlage beruhte. Die richtige Dosierung staatlicher Zwangsmittel – Verhaftung von Rädelsführern, aber keine Einführung allgemeinen Arbeitszwangs – trug dann noch zusätzlich dazu bei, der Bewegung den Wind aus den Segeln zu nehmen. Mitte Mai wurde überall die Arbeit wieder aufgenommen. Die Mehrheit der Arbeiter blieb in kritischer Distanz zum Regime; sie wagte es aber nicht (und hielt es zum Teil auch gar nicht für notwendig), zur offenen Opposition überzugehen.

Unterdessen zeichnete sich allmählich auch eine Wende in der militärischen Auseinandersetzung ab. Im März hatte die deutsche Oberste Heeresleitung noch einmal eine Offensive an der Westfront eingeleitet, darauf bedacht, den definitiven Durchbruch zu erzielen, ehe die amerikanischen Truppen in voller Stärke auf dem französischen Kriegsschauplatz eingreifen können. Diese Offensive war im Laufe des Aprils von Alliierten, die nun einheitlich unter dem Oberbefehl Fochs kämpften, zunächst aufgehalten worden; Ende Mai, Anfang Juni stürmten die Deutschen an der Aisne noch einmal vor; dann aber, nach einem Frontgewinn von 60 km, blieb ihre Offensive am 11. Juni stecken. Nachdem amerikanische Anleihen schon seit Frühjahr 1917 die beträchtlichen Finanzierungslücken der französischen Kriegsmaschinerie abgedeckt hatten, machte sich nun auch das Eintreffen amerikanischer Waffen auf den Kampfplätzen bemerkbar. Am 18. Juli begannen die Alliierten bei Villers-Cotterêts, die Deutschen hinter die Linien zurückzudrängen, die ihnen die Mai-Offensive eingebracht hatte. Damit war der Punkt erreicht, von dem an ein deutscher Sieg nicht mehr möglich war: Die Alliierten entschlossen sich im Vertrauen auf die Wirkung des bevorstehenden massivem Eingreifens der Amerikaner zur Gegenoffensive großen Stils. Am 8. August – die deutsche Seite empfand ihn als den »schwarzen Freitag« – gelangen ihnen mehrere Einbrüche in die deutschen Linien. Die Deutschen leisteten zwar noch hartnäckigen Widerstand an mehreren Rückzugslinien; aufs Ganze gesehen verloren sie jedoch unaufhaltsam an Terrain.

Die letzte Phase des Krieges wurde von einem Ringen um möglichst günstige Ausgangsbedingungen für die Friedensverhandlungen bestimmt. Ende September, nach dem Zusammenbruch Bulgariens und der damit erreichten Gefährdung des österreichischen Verbündeten, setzte General Ludendorff bei der deutschen Reichsleitung den Entschluß durch, die Alliierten um einen Waffenstillstand zu ersuchen. In der Nacht vom 3. zum 4. Oktober schickte die soeben erstmals auf parlamentarischer Grundlage gebildete Regierung des Prinzen Max von Baden eine Note an den amerikanischen Präsidenten ab, in der dieser aufgefordert wurde, einen Waffenstillstand auf der Grundlage der »14 Punkte« herbeizuführen. Durch den Appell an das Selbstbestimmungsrecht, für das sich Präsident Wilson stark gemacht hatte, sollte der Zusammenschluß des deutschen Staatsverbands, nach Möglichkeit unter Einschluß von Elsaß-Lothringen, über die Niederlage hinweg gerettet werden; ebenso durch das Einlenken zu einem Zeitpunkt, da die deutschen Truppen noch weit im gegnerischen Territorium standen und noch beträchtliche alliierte Anstrengungen nötig waren, um das französische Territorium freizukämpfen. Auf der französischen Seite plädierte Pétain für eine Offensive in Lothringen, um die Rückkehr der 1871 verlorenen Gebiete auf jeden Fall militärisch zu sichern und die französische Ausgangsposition für Verhandlungen generell zu verbessern. Er konnte mit dieser Forderung jedoch nicht sogleich durchdringen: Weil Oberbefehlshaber Foch die Widerstandskraft der deutschen Truppen nach wie vor als außerordentlich hoch einschätzte, wurde die lothringische Offensive auf Mitte November verschoben, einen Zeitpunkt, für den man sich eine volle Entfaltung des amerikanischen Truppenpotentials erhoffte.

Tatsächlich wurden Pétains Pläne dann überhaupt nicht mehr verwirklicht, weil sich die Alliierten unterdessen auf einen kompromißlosen Kurs gegenüber dem Deutschen Reich verständigten und die deutsche Regierung von einer Fortsetzung des Widerstands zu Recht nur weitere Verschlechterungen der deutschen Position erwartete. Am Morgen des 11. November unterzeichnete Matthias Erzberger im Auftrag der deutschen Regierung in Compiègne das Waffenstillstandsabkommen, das Foch der deutschen Delegation vorgelegt hatte. Danach mußten nicht nur die besetzten Gebiete einschließlich Elsaß-Lothringens sofort geräumt werden; in einer zweiten Phase mußten sich die deutschen Truppen auch aus dem linksrheinischen Gebiet und einer neutralen Zone sowie aus drei Brückenköpfen rechts des Rheins (um Mainz, Koblenz und Köln) zurückziehen. Außerdem mußte die deutsche Hochseeflotte einschließlich aller U-Boote ausgeliefert werden, ebenso Tausende von Lokomotiven, Eisenbahnwaggons und Lastwagen sowie Kriegsmaterial aller Art. Die Friedensverträge, die das Deutsche Reich zu seinen Gunsten im Osten abgeschlossen hatte, wurden für hinfällig erklärt, die alliierten Kriegsgefangenen entlassen, die Geltung des Waffenstillstands zeitlich befristet. Eine Wiederaufnahme der Kampfhandlungen durch die

Deutschen sollte danach nicht mehr möglich sein und war auch nicht mehr möglich. Gleichwohl war Frankreich nicht in der Lage, ungehindert über die Zukunft der internationalen Ordnung zu bestimmen: Da die Entscheidung über den Ausgang des Krieges vom Engagement Großbritanniens und mehr noch der USA abgehangen hatte, waren die angelsächsischen Mächte in die Rolle von Schiedsrichtern hineingewachsen, die über die künftige Verteilung der Macht auf dem europäischen Kontinent zu entscheiden hatten.

In Frankreich wurde der Ausgang des Krieges dagegen überwiegend als französischer Sieg verstanden und gefeiert. Nachdem man lange um den Sieg gebangt und schon einer Niederlage ins Auge gesehen hatte, war die Erleichterung über den schließlichen Erfolg ungeheuer; und nachdem man von allen Verbündeten am meisten unter diesem Krieg zu leiden gehabt hatte, glaubte man nur zu gern, auch den größten Anteil an diesem Sieg zu haben. Entsprechend groß waren die Erwartungen, die man in die Friedensverhandlungen setzte. Der Friedensvertrag sollte nicht nur sichere Garantien gegen einen erneuten deutschen Angriff und damit gegen eine Wiederholung der Kriegsleiden enthalten; die Deutschen sollten auch für alle erlittenen Verluste aufkommen und sie sollten darüber hinaus durch ihre Kontributionen ein Wiederanknüpfen an den Vorkriegsverhältnissen ermöglichen, die unterdessen in der Erinnerung vielfach zur »belle époque« verklärt worden war. Die Überzeugung, daß »Deutschland alles zahlen wird«, tröstete über die Misere der Kriegserschöpfung hinweg und entschärfte zugleich die innergesellschaftlichen Auseinandersetzungen. Ein antideutsch bestimmter Nationalismus wurde zum wichtigsten Integrationsmittel einer Gesellschaft, deren innere Friktionen durch die Kriegserfahrung eher verstärkt und vermehrt als eingeebnet worden waren.

2. Kriegsfolgen und Stabilisierung 1919–1928

Die nationale Begeisterung, die Frankreich bei Kriegsende erfaßt hatte, war in doppelter Hinsicht oberflächlicher Natur: Zum einen waren die Hoffnungen, die die verschiedenen sozialen Gruppen in den Sieg gesetzt hatten, bei dem tatsächlichen Substanzverlust, den Frankreich durch diesen Krieg erlitten hatte, weit übertrieben; zum anderen war über die Verteilung der Kriegskosten angesichts der Fragwürdigkeit der Hoffnungen auf deutsche Zahlungen noch nicht wirklich entschieden. Zu den traditionellen Interessenkonflikten kamen also neue Verteilungskämpfe hinzu; und es war sehr die Frage, ob der Staat genügend Steuerungsinstrumente entwickeln würde, um einen Übergang zur Friedensordnung ohne nachhaltige Erschütterungen des Sieg-Konsenses zu ermöglichen.

2.1 Der Sieg des Nationalen Blocks

In den Reihen der Arbeiter hielt man vielfach den Zeitpunkt für eine Kraftprobe mit dem bürgerlichen Staat für gekommen. Dort, wo man an der reformistischen Perspektive der »Union sacrée« festgehalten hatte, glaubte man, nunmehr den Lohn für die Rettung des Vaterlandes einfordern zu können; und wo man über fortdauernde Klassendiskriminierung und sinnlose Kriegsleiden erbittert war, setzte man auf eine Wiederaufnahme des Klassenkampfes von – gemessen an den Vorkriegsverhältnissen – günstigeren Ausgangspositionen aus. Die Kampfbereitschaft, die sich aus diesen, wenn auch zum Teil gegensätzlichen Einstellungen ergab, wurde noch dadurch verstärkt, daß das Mißverhältnis von Siegeserwartungen und Nachkriegsrealität sehr rasch deutlich wurde: Die Reallöhne lagen bei Kriegsende bei 15–20 % unter dem Stand von 1914; die Preise galoppierten davon; und die Wiedereingliederung der Kriegsteilnehmer in das zivile Erwerbsleben nahm auf weite Strecken den Charakter einer regelrechten Deklassierung an. Entsprechend wuchs der Organisationsgrad der Arbeiter. Die Gewerkschafts-Dachorganisation CGT (»Confédération Générale du Travail«) erhöhte ihre Mitgliederzahl von 700 000 zu Beginn des Weltkrieges auf eine Million; weitere 150 000 Arbeiter sammelten sich in der neuen, katholisch orientierten »Confédération Française des Travailleurs Chrétiens« (CFTC). Die Sozialistische Partei wuchs von nur 36 000 Mitgliedern 1914 auf 133 000 im ersten Nachkriegsjahr und 180 000 im zweiten.

Die Kombination von Siegeshoffnungen, Enttäuschung und Begeisterung über die revolutionären Bewegungen in Rußland, Deutschland und Ungarn führte bei der großen Mehrheit der Sozialisten zu einer revolutionären Grundstimmung. Dabei ging es den wenigsten um ein Nachahmen des russischen Beispiels, das in seinen Einzelheiten auch gar nicht bekannt war. Auf der extremen Linken bildete sich zwar ein »Komitee für die Dritte Internationale«, aber dieses stand weit mehr in der Tradition des revolutionären Syndikalismus als unter bolschewistischen Vorzeichen, und es fand zudem in der Partei wenig Echo. Die überwiegende Mehrheit hoffte auf die baldige Herbeiführung einer »wahren«, emanzipatorischen Demokratie, ohne über eine klare Revolutionsstrategie zu verfügen; sie ging auf Distanz zum bürgerlichen Parlamentarismus, wollte aber die Errungenschaften der bürgerlichen Freiheitskämpfe nicht preisgeben. Der Parteitag vom April 1919 bestätigte folglich die Führungsrolle der »Zentristen« um Longuet und Cachin, die zwischen Revolution und Republik schwankten; er sprach sich für die Beteiligung an den bevorstehenden Wahlen zur Abgeordnetenkammer aus, verbot aber zugleich jede Wahlallianz mit Vertretern bürgerlicher Parteien. Die Reformisten der »Union sacrée« hatten fürs erste ausgespielt: Teils bewegten sie sich, wie etwa Albert Thomas am Rande der Partei; teils resignierten sie; und manche versuchten es auch mit einer Partei-Neugründung, der »Sozialistischen Partei Frankreichs«, für die freilich bei der Zuspitzung der Klassenauseinandersetzungen wenig Entfaltungsmöglichkeiten blieben.

Die Regierung Clemenceau bemühte sich, der revolutionären Bewegung die Spitze zu nehmen, indem sie sich zu Zugeständnissen auf sozialpolitischem Gebiet bereit fand. Vor allem ließ sie nun, einer langjährigen Forderung der Syndikalisten entsprechend, in aller Eile ein Gesetz über die Einführung des Acht-Stunden-Tags verabschieden. Daneben wurde die Einführung kollektiver Arbeitsverträge gesetzlich geregelt, gab es Steuererleichterungen und Schuldenmoratorien für die Masse der heimkehrenden Soldaten und wurde den Demobilisierten eine ansehnliche Abfindung gewährt. Indessen blieben die Reformanstrengungen auf halbem Wege stecken: So war die Einführung kollektiver Arbeitsverträge nicht zwingend; und von der Acht-Stunden-Regelung gab es zahlreiche Ausnahmen. Vor allem aber scheiterten die Pläne des Handelsministers Etienne Clémentel, die Instrumente, die dem Staat im Laufe des Kriegs auf wirtschaftlichem und sozialem Gebiet zugewachsen waren, zur Entwicklung eines Systems kontinuierlicher wirtschaftlich-sozialer Globalsteuerung zu nutzen, die die sozialen Dissonanzen der liberalen Wirtschaftspraxis einzuebnen versprach. Ein Generalstreik, wie ihn die Wortführer der revolutionären Minderheit wieder erhofften, blieb unter diesen Umständen zwar aus; doch gab es vom Frühjahr 1919 an massive Streikbewegungen, Demonstrationen und zum Teil blutige Zusammenstöße mit den Ordnungskräften. Als die Regierung ein Expeditionskorps gegen die Bolschewisten ins südliche Rußland losschickte, brach in der Flotte eine Meuterei los, die schließlich die Aufgabe der Interventionspläne erzwang.

Die offensichtliche Radikalisierung der Arbeiterbewegung ließ die verschiedenen Fraktionen des bürgerlichen Lagers noch enger zusammenrücken, als es der Krieg ohnehin schon bewirkt hatte. Vor dem Krieg war die Haltung zum Erbe von 1789 noch eine Haupttrennlinie in der innenpolitischen Auseinandersetzung gewesen; die bürgerliche Mitte hatte mit den Sozialisten für die laizistische Republik und gegen die klerikale Reaktion gekämpft. Vor dem Hintergrund des gemeinsamen Kriegserlebnisses waren diese Gegensätze jedoch verblaßt: Royalisten hatten sich für die Rettung der Republik engagiert und antiklerikale Eiferer hatten ihre Vorurteile gegen die katholische Minderheit revidiert; der offizielle Republikanismus war hinter die Bekundungen des gemeinsamen Nationalismus zurückgetreten. Nun ließ die Furcht vor einer proletarischen Revolution, die unter dem Eindruck der auswärtigen Beispiele viel nachhaltiger empfunden wurde, als es vom tatsächlichen Zustand der französischen Arbeiterbewegung her gerechtfertigt war, den Antibolschewismus zum zusätzlichen Integrationsmittel werden, das die Kräfte der politischen Mitte und der bisherigen Rechten zusammenband und die Sozialisten aus dem nationalen Konsensbereich wieder hinausdrängte. Bis auf eine Minderheit der extremen Rechten, die an ihrer Ablehnung der Republik festhielt, verabredeten sich die Politiker der Rechten und der Mitte für die Wahlen vom 16. November 1919 in den meisten Wahlkreisen auf eine gemeinsame Liste des »Nationalen Blocks«, der die bolschewistische Gefahr in den Mittelpunkt des Wahlkampfes rückte.

Nationalismus, Antibolschewismus und das Prestige Clemenceaus verhalfen dem Nationalen Block zu einem überwältigenden Wahlsieg. In der neuen Kammer verfügte er über nicht weniger als 417 von 619 Sitzen. Die SFIO hatte zwar noch an Stimmen hinzugewonnen (von 1,4 auf 1,7 Millionen, nicht zuletzt infolge des Votums der erstmals wieder beteiligten elsässischen Wähler); die Zahl ihrer Sitze ging jedoch infolge der Verweigerung aller Wahlbündnisse von 101 auf 68 zurück. Aus dem gleichen Grund verloren auch die Radicaux, die linke Fraktion des bürgerlichen Republikanismus, die bisher auch auf Unterstützung durch sozialistische Wähler rechnen konnte, an politischem Gewicht; ihre Sitzzahl reduzierte sich von 136 auf 88. Der Schwerpunkt der neuen Kammer lag damit soweit rechts wie seit den 1890er Jahren nicht mehr, und die Mehrheit für eine konservativ-bürgerliche Politik war von geradezu erdrückender Breite. Mit Blick auf die Uniform der zahlreich vertretenen ehemaligen

Frontkämpfer – von deren Aufstellung man sich in vielen Wahlkreisen zurecht einen Popularitätsgewinn erhofft hatte – nannte man die neue Kammer bald »la Chambre bleu horizon«; und diese Charakterisierung verstärkte noch den Eindruck, daß nunmehr ein rechter Nationalismus regierte, der seine Integrationskraft zur Linken hin verloren hatte.

Nachdem so die Aussicht geschwunden war, in absehbarer Zeit auf parlamentarischem Wege etwas für die Arbeiterbewegung zu erreichen, setzte sich in der CGT gegen den Widerstand der Führungsgruppe um Jouhaux die Forderung nach Ausrufung des Generalstreiks durch. Am 1. Mai 1920 begann die Gewerkschaft der Eisenbahner mit der entscheidenden Kraftprobe; und in den folgenden Tagen forderte die CGT-Zentrale eine Berufssparte nach der anderen auf, sich dem Generalstreik anzuschließen. Der Erfolg blieb jedoch aus. Regierung und Eisenbahndirektionen hatten sich durch Mobilisierung von Schülern, Auffüllen der Kohlelager und dergleichen auf die Konfrontation vorbereitet, und in den Reihen der Arbeiter zögerte man, der Generalstreikparole Folge zu leisten. Die Beteiligung an der Streikbewegung ging nirgendwo über 50 % hinaus; in den zur Unterstützung herangezogenen Sektoren wie Bergbau, Metallindustrie, Energieversorgung blieb sie sogar noch erheblich hinter diesem Quorum zurück. Am 28. Mai beschlossen die Eisenbahnarbeiter als letzte die Wiederaufnahme der Arbeit, ohne daß irgendwelche Streikforderungen erfüllt waren. Um das Ausmaß der Niederlage vollzumachen, wurden 18 000 aktive Gewerkschaftler von den Eisenbahndirektionen entlassen und setzte die Regierung ein Verfahren zum Verbot der CGT in Gang, das im Januar 1921 zum Erfolg führte. Der Auflösungsbeschluß wurde dann zwar nie vollstreckt; dennoch war die Gewerkschaftsbewegung für lange Zeit nachhaltig geschwächt.

Doppelt enttäuscht, vom parlamentarischen Reformismus wie vom revolutionären Syndikalismus, die augenscheinlich beide in die Irre führten, konzentrierte die große Mehrheit der organisierten Arbeiterbewegung nun ihre Hoffnungen auf eine baldige Weltrevolution unter sowjetischer Führung. Von ihrer Begeisterung für die III. Internationale ließ sie sich auch dadurch nicht mehr abbringen, daß die Moskauer Führung um Lenin auf Beitrittsbedingungen bestand, die auf eine völlige Unterordnung der französischen Arbeiterbewegung unter die Moskauer Zentrale hinausliefen. Auf dem Parteitag von Tours Ende Dezember 1920 wurden 3247 Stimmen für den Anschluß an die kommunistische Internationale abgegeben. Die Gegner einer unmittelbaren Unterordnung unter die bolschewistische Führung brachten es nur auf 1398 Stimmen; und auch von diesen hatte die Mehrheit um Longuet bis zum Schluß auf einen Kompromiß mit der neuen Internationalen gehofft. Die bislang sozialistische Partei firmierte fortan als französische Sektion der kommunistischen Internationale (SFIC), während die Führer der Minderheit von Tours, an ihrer Spitze nunmehr der Intellektuelle Léon Blum, den Versuch unternahmen, die diversen Funktionen der Gegner einer Unterwerfung unter die »21 Bedingungen« Moskaus in einer neuen SFIO zu sammeln. Ein Jahr später führten die Spannungen zwischen Anhängern und Gegnern der III. Internationale auch in der Gewerkschaftsbewegung zum Bruch: Die kommunistisch orientierten Kräfte konstituierten, zunächst noch von einem Teil der revolutionären Syndikalisten unterstützt, eine eigene »Confédération Générale Du Travail Unitaire« (CGTU).

Mit der Spaltung wurde die Arbeiterbewegung freilich nur noch weiter geschwächt. Während die Kommunistische Partei nach einer Phase der Desorientierung über das Ausbleiben der Revolution bald unter bolschewistische Kontrolle und damit in die gesellschaftliche Isolation geriet, schwankte die Rest-SFIO zwischen fortdauernder Distanz zum bürgerlichen Staat (die insbesondere bei den engagierten Parteimitgliedern beträchtlich blieb) und Anläufen zur Erneuerung der reformistischen Strategie (zu der naturgemäß vor allem die Parlamentarier der Partei neigten) hin und her. Eine parlamentarische Alternative zur regierenden Mitte-Rechts-Koalition kam unter diesen Umständen nicht in Sicht; Arbeitgeber und Regierung sahen aber auch keine Notwendigkeit mehr, revolutionären Tendenzen durch weiteren sozialstaatlichen Umbau des liberalkapitalistischen Gesellschaftssystems zu begegnen.

2.2 Vom Nationalen Block zum Kartell der Linken

Dennoch konnte der Nationale Block seine Mehrheit nicht auf Dauer behaupten. Dazu waren die Gegensätze innerhalb des Blocks zu groß und die Integrationskraft, die sie entwickelte, zu gering.

Die führende Rolle innerhalb des Nationalen Blocks hatten die Politiker der rechten Mitte und des Zentrums inne, die Erben des Orleanismus und der gemäßigten Republikaner, deren Bündnis dem republikanischen Prinzip einst zum Sieg verholfen hatte. Ihre Wortführer wie Raymond Poincaré, Louis Barthou, Aristide Briand, André Tardieu, Pierre Laval, Paul Reynaud oder Pierre-Etienne Flandin waren zugleich die politischen Führer des gesamten Blocks. Parteipolitisch waren sie nur locker organisiert – in Gruppierungen, deren linke Etikettierung (»Demokratische Allianz«, »Linksrepublikaner«, »Linksunabhängige«) deutlich das Bemühen um Gewinnung einer Massenklientel verriet; ihr tatsächlicher Einfluß beruhte auf ihrer Rolle als lokale Notabeln und auf ihren Verbindungen zur liberalen Geschäftswelt und zum Honoratioren-Bürgertum. Neben dieser regierenden Rechten stand auf der einen Seite ein breiter Block von Konservativen, die ihren Frieden mit der republikanischen Staatsform gemacht hatten, meist Vertreter ländlicher Regionen, in denen der Einfluß der katholischen Kirche groß geblieben war, und auf der anderen Seite eine Minderheit laizistischer Radicaux, die es in der nationalen Begeisterung des Kriegsendes für klüger gehalten hatten, sich dem rechten Wahlbündnis anzuschließen. Wollten die bürgerlichen Führer ihre Hegemonie auf Dauer sichern, so kamen sie nicht umhin, sich um tragfähige Kompromisse zwischen agrarischen und industriellen Interessen, zwischen Honoratioren und Unterschichten, großem Kapital und Kleinbürgertum, katholischen und antiklerikalen Emotionen zu bemühen.

Ein erster Grund für den schließlichen Machtverlust des Nationalen Blocks ist darin zu sehen, daß es ihm nicht gelang, eine Führungsstruktur zu entwickeln, die den Bedingungen einer Massendemokratie entsprach. Clemenceau, der sich nach der Bewältigung der Kriegskrise auf dem Wege zum cäsaristischen Integrator befand, stieß gerade wegen seines überwältigenden Erfolgs auf das Mißtrauen der Notabeln, die es gewohnt waren, im Zentrum der Entscheidungsprozesse zu stehen. Als er sich anschickte, als Nachfolger von Poincaré für das Amt des Staatspräsidenten zu kandidieren, und dabei direkt an die Interessen breiter Bevölkerungsschichten appellierte, sah man in den Reihen der Notabeln eine Neuauflage des bonapartistischen Regimes auf sich zukommen und verabredete sich daher zum Sturz des »Tigers«. Am 16. Februar erhielt Clemenceau in einer Probeabstimmung der Kammer nur 389 Stimmen; 408 gingen an den eher farblosen Kammerpräsidenten Paul Deschanel. Clemenceau verzichtete daraufhin auf eine offizielle Kandidatur, trat am nächsten Tag vom Amt des Ministerpräsidenten zurück und schied aus dem politischen Leben aus.

Einen zweiten Anlauf zur Modernisierung der Führungsstruktur gab es, als Deschanel schon im September des gleichen Jahres das Präsidentenamt infolge einer Geisteskrankheit aufgeben mußte und Alexandre Millerand, einst der erste sozialistische Abgeordnete, der in ein bürgerliches Kabinett eingetreten war, und nun Nachfolger Clemenceaus im Ministerpräsidentenamt, neuer Staatspräsident wurde. Millerand suchte zwar nicht die direkte Bestätigung durch die Wählermassen; er bemühte sich aber, das Amt des Staatsoberhaupts zum tatsächlichen Entscheidungszentrum der Exekutive auszubauen und damit zugleich die politische Führung des Blocks in die Hand zu bekommen. Ihm gelang es in den ersten Amtsmonaten tatsächlich, den Kurs der Exekutive zu bestimmen; doch gewannen dann Briand und Poincaré, die nacheinander das Amt des Ministerpräsidenten übernahmen (Briand während des Jahres 1921, Poincaré vom Januar 1922 bis zum Mai 1924), Kompetenzen an die Kabinettsführung zurück. Als er 1923 eine Verfassungsänderung zugunsten der Exekutive forderte, stieß er bei den Notabeln des Blocks auf wenig Gegenliebe, so daß sich das Vorhaben im Sande verlief. Die Kabinette blieben de facto Ausschüsse der parlamentarischen Mehrheit, die sich als Inkarnation der Volkssouveränität betrachtete; und die permanente Konkurrenz unter den Mehrheitsführern verhinderte weiterhin das Zustandekommen eines Integrationszentrums, langfristiges politisches Planen und effektives Handeln der Exekutive.

Der Mangel an Führungsinstrumenten trug dann dazu bei, daß der Block einen wirtschaftspolitischen Kurs steuerte, der die Bezieher mittlerer und kleinerer Einkommen deutlich zugunsten des großen Kapitals benachteiligte und damit kleinbürgerliche, aber auch viele bäuerliche Wähler abstieß. Mit Rücksicht auf die Interessen der bürgerlichen Führungsschichten schreckte man auch jetzt davor zurück, die enormen Kriegskosten durch eine Besteuerung des Kapitals zu finanzieren, und begnügte sich stattdessen mit neuen Anleihen und im übrigen mit der Hoffnung auf die deutschen Reparationszahlungen. Die Folge dieses finanzpolitischen Immobilismus war ein rascher Währungsverfall, der die Bezieher staatlicher Gehälter und die zahlreichen kleinen Besitzer von Staatspapieren erneut überproportional traf, während die Großanleger beträchtliche Spekulationsgewinne einstecken konnten. 1922 begann Poincaré mit einer Steuererhöhung gegenzusteuern, doch hielt er sich dabei weit mehr an die indirekten Steuern als an die Einkommensbesteuerung und machten dann der Stopp der deutschen Reparationszahlungen und die Kosten der Ruhrbesetzung den Stabilisierungseffekt dieser Maßnahme wieder zunichte. Erst als der Währungsverfall im Winter 1923/24 dramatische Ausmaße annahm – der Gegenwert für einen Dollar, der vor dem Kriege bei 5 Francs gelegen hatte, fiel von 11 Francs 1919 auf 28 Francs im März 1924 –, rang man sich zu einschneidenden Maßnahmen durch: Der Haushalt wurde zusammengestrichen und die Besteuerung generell um 20 % erhöht. Zusammen mit einer amerikanischen Anleihe genügte das, um die Situation vorübergehend zu entspannen; aber an der generellen Verarmung weiter Teile der Mittelschichten änderte das nichts mehr.

Die spürbare Verarmung trug wiederum dazu bei, daß der Glanz des Sieges-Nationalismus von 1918/19 verblaßte und damit das wichtigste Integrationsmittel des Blocks an Wirkung verlor. Die Enttäuschung über den Ausgang der Friedensverhandlungen, über das Ausbleiben von Reparationen und Garantien und schließlich über die bescheidenen Ergebnisse des Ruhrkampfes (über all dies wird noch ausführlicher zu berichten sein) hatte bei immer mehr Franzosen Zweifel geweckt, ob man mit dem Streben nach einer französischen Vormachtstellung auf dem Kontinent wirklich den richtigen Weg eingeschlagen hatte; und diese Zweifel fanden nun bei der Betrachtung der materiellen Realität des alltäglichen Lebens breiter Bevölkerungskreise zusätzliche Nahrung. An die Stelle der Großmachtträume und der damit verbundenen individuellen Aufstiegshoffnungen traten zum Teil Resignation und Apathie, vielfach aber auch eine neue Begeisterung für pazifistische Ideale, Hoffnungen auf die Schaffung kollektiver Sicherheitsstrukturen und auf den Erfolg gemeinsamer Wiederaufbauanstrengungen von Deutschen und Franzosen anstelle der offensichtlich ruinösen Konkurrenz.

Die Enttäuschung der Mittelklassen über die ökonomischen Ergebnisse der Blockpolitik und der Stimmungswandel in Fragen der internationalen Politik brachten Radicaux und Sozialisten neuen Zulauf und näherten sie zugleich einander an. Die Sozialisten konnten ihre Klientel auf kleinbürgerliche Schichten, Bauern, Lehrer und die unteren Beamtengruppen ausdehnen und damit den Verlust an Arbeitern kompensieren, die kommunistisch geworden waren; zugleich fanden sie in der Idee der kollektiven Sicherheit ein neues, an den sozialistischen Internationalismus der Vorkriegsjahre anknüpfendes Integrationsmittel. Ihre Mitgliederzahl, die im ersten Jahr des Neuaufbaus mit Mühe 39 000 erreicht hatte, stieg bis 1924 wieder auf 110 000 an. Mit der Verschiebung der soziologischen Zusammensetzung verlor auch die Distanz gegenüber dem bürgerlichen Staat an Bedeutung: Auf dem Parteitag vom Januar 1924 erreichten die Reformisten zwar noch nicht die Zustimmung der Delegiertenmehrheit zu einem Regierungsbündnis mit den Radicaux, aber immerhin ein Votum für Wahlbündnisse zwischen bürgerlichen und sozialistischen Linken, das eine Wiederholung des Desasters von 1919 verhindern sollte. Parallel dazu profilierte sich die Radikale Partei unter dem Eindruck der Enttäuschungen ihrer kleinbürgerlichen Klientel nach links hin; ihr neuer Vorsitzender Edouard Herriot, Literat und erfolgreicher Bürgermeister von Lyon, betrieb den Wiederaufbau der durch den Krieg weithin desintegrierten Honoratiorenpartei in gezielter Ausnutzung pazifistischer Emotionen und scharfer Frontstellung gegen Poincarés deutschlandpolitischen Kurs. Im Februar 1924 hatte er die Mehrheit der Parteiverantwortlichen soweit, daß auch sie für ein Wahlkartell »der Linken« stimmten.

Vereint konnten Radicaux und Sozialisten am 11. Mai 1924 einen knappen Wahlsieg erringen. Der Nationale Block erhielt zwar immer noch mehr Stimmen als das Linkskartell; er blieb aber, da Spannungen zwischen Katholiken und Antiklerikalen mancherorts die Erneuerung von Wahlbündnissen der Rechten verhinderten, in der Sitzzahl hinter den Kartellparteien zurück. Die Radicaux stiegen auf 140 Sitze, die Sozialisten auf 104; der Block aber fiel von den imponierenden 417 Sitzen des Jahres 1919 auf 220 zurück. Zusammen mit der Mitte-Links-Gruppierung der »Gauche radicale« ergab das eine eindeutige, wenn auch wegen der inneren Gegensätze prekäre Mehrheit für eine Regierung der Linken.

2.3 Die Regierung Herriot

Bis Edouard Herriot als Führer der stärksten Fraktion der Linken eine Regierung bilden konnte, mußte freilich noch ein Machtkampf mit Staatspräsident Millerand ausgestanden werden. Dieser hatte im Wahlkampf mit ungewöhnlicher Deutlichkeit gegen das Kartell Stellung bezogen und dabei die Stärkung des Präsidentenamtes auch als Mittel zur Konterkarierung eines linken Wahlerfolges dargestellt. Während die neue Mehrheit ihn aufgrund dieser Parteinahme nach dem Wählervotum zum Rücktritt aufforderte, versuchte er, eine parlamentarische Mehrheit für ein neues Kabinett der Rechten zu finden. Die Abgeordneten der Mitte, die der Entscheidung der Radicaux-Führung für ein Bündnis mit den Sozialisten nur zögernd gefolgt waren, blieben jedoch standhaft. Millerand mußte eine Abstimmungsniederlage hinnehmen und verfügte danach über keine Möglichkeit mehr, sein Präsidentenamt politisch wahrzunehmen; um seine Ehre zu retten, blieb ihm nur noch der Rücktritt. Damit war der Weg zur Bildung der Regierung Herriot frei; gleichzeitig waren aber die Schwäche der Exekutive und die Vorherrschaft des Parlaments noch einmal gründlich besiegelt worden. Neuer Staatspräsident wurde der bisherige Senatspräsident Gaston Doumergue, ein eher konservativer Radikaler, der keine Ambitionen hatte, dem Ministerpräsidenten die Führung der Exekutive streitig zu machen.

Die nach Lage der Dinge unvermeidbare Entscheidung für die dauerhafte Schwächung der Exekutive war um so problematischer, als die neue Regierung auch sonst wenig gerüstet war, sich nach dem Wahlerfolg an der Macht zu behaupten. Die Sozialisten weigerten sich nicht nur, Regierungsämter zu übernehmen; an der Parteibasis verblieb auch ein großes Maß an Skepsis gegenüber der parlamentarischen Unterstützung der Kartellregierung. Umgekehrt sahen manche radikale Honoratioren das Bündnis daher ständig vom Auseinanderbrechen bedroht. Zudem war weder in den Reihen der Sozialisten noch bei den Radikalen eine Verständigung darüber erzielt worden, mit welchen Maßnahmen man den antikonservativen und pazifistischen Emotionen Rechnung tragen wollte, die dem Kartell zum Sieg verholfen hatten. Folglich war auch das Regierungsprogramm denkbar vage, und konnten divergierende Klasseninteressen und gegensätzliche ideologische Traditionen, insbesondere der Gegensatz zwischen liberalem und kollektivistischem Gesellschaftsverständnis, rasch zum Sprengpulver des Kartells der Linken werden.

Die meisten Erfolge erzielte die Regierung Herriot noch in der Außenpolitik. Hier gab es wenig Gegensätze in der Interessenlage und ein breites Maß an Übereinstimmung in den Vorstellungen. Maßnahmen wie die Reduzierung der Militärausgaben, der Abbau der Militanz gegenüber Deutschland und die Aufnahme diplomatischer Beziehungen mit der Sowjetunion mochten wohl manchen militanten Anhängern des Projekts einer kollektiven Sicherheitsorganisation noch zu zaghaft erscheinen; sie entsprachen aber dem allgemeinen Verlangen nach einem ruhigeren, weniger ambitionierten außenpolitischen Kurs. Hinzu kam, daß Herriot mit Briand einen Außenminister fand, der es mit einem erstaunlich sicheren Gespür für Emotionen und Situationen verstand, einen außenpolitischen Kurs zu entwickeln, der an die pazifistischen Emotionen der Kartellklientel anknüpfte und zugleich den machtpolitischen Realitäten in Europa Rechnung trug. Briand war im Januar 1922 aus freien Stücken vom Amt des Ministerpräsidenten zurückgetreten, nachdem er gemerkt hatte, daß der bisherige nationalistische Kurs der französischen Außenpolitik in eine Sackgasse führte, eine Revision aber nicht mit dem Nationalen Block zu bewerkstelligen war. Seither hatte er sich für einen Kurswechsel in Reserve gehalten; und die neue Regierungsformation bot ihm nun die Gelegenheit, ihn in die Wege zu leiten. Die Erfolge, die er dabei erzielte (auch darauf wird noch zurückzukommen sein), kamen der Regierung Herriot natürlich auch innenpolitisch zugute.

Dagegen wurde die Sozialpolitik rasch zum Ausgangspunkt für die Schwächung und schließliche Desintegration des Kartells. Die Regierung fand zwar die Kraft zu einigen Reformmaßnahmen wie der Wiederherstellung von Staatsmonopolen, der Einführung von Mieterschutzbestimmungen und der Schaffung eines beratenden »Nationalen Wirtschaftsrats«, in dem Gewerkschaften und Unternehmer repräsentiert waren. Doch ging das der sozialistischen Basis bei weitem nicht weit genug, während man in den Reihen der Radikalen darin vielfach schon einen Sieg des verhaßten Kollektivismus sah. Zum Kernpunkt der Auseinandersetzung wurde das Projekt einer massiven Besteuerung des Kapitals, das die Sozialisten mit besonderem Nachdruck betrieben, während es auf der Seite der Radicaux nicht nur von den bürgerlichen Honoratioren, sondern auch von der Masse der kleinen Anleger gefürchtet wurde. Die Regierung hoffte, durch den Gegensatz hindurchlavieren zu können, indem sie lautstark entsprechende Reformmaßnahmen ankündigte und zugleich diskret Vorkehrungen gegen wirklich einschneidende Steuerbeschlüsse traf. Tatsächlich führte diese Taktik aber nur zu weiterer Desintegration: Die bürgerliche und kleinbürgerliche Klientel erschrak über die Ankündigungen, während der Anhang der Sozialisten mit zunehmender Erbitterung das Ausbleiben ihrer Verwirklichung registrierte.

Darüber hinaus löste die ungeschickte Taktik in der Steuerfrage eine neue Finanzkrise aus, und diese bot dann der 1924 unterlegenen Rechten die ersehnte Gelegenheit, die Regierung Herriot zu stürzen. Aus Furcht vor der Kapitalsteuer weigerten sich die Besitzer von Staatspapieren in großer Zahl, ihre Schatzanweisungen zu erneuern, und rissen damit, da sich die vorherigen Regierungen zunehmend auf diese Finanzierungsart gestützt hatten, in kurzer Frist ein Loch in die Staatskasse. Im Frühjahr 1925 sah sich Herriot genötigt, um höhere Vorschüsse der Banque de France zu bitten. Dafür gab es jedoch im Parlament keine Mehrheit mehr, weil Abgeordnete der linken Mitte unter dem Eindruck der Steuerängste ihrer Wähler und einer heftigen ideologischen Kampagne der Rechten am Kurs Herriots zu zweifeln begannen. Mehrheiten für neue Steuern waren ebensowenig in Sicht und die Erfolgsaussichten für eine neue Staatsanleihe fragwürdig. Nachdem der Senat seine Zustimmung zu einer

Kapitalabgabe mit den Stimmen einiger Radicaux verweigert hatte, reichte Herriot am 10. April 1925 seine Demission ein.

2.4 Stabilisierung im Zeichen der »Nationalen Union«

Nach dem Sturz Herriots fand sich zwar eine parlamentarische Mehrheit für die Erhöhung des Vorschuß-Plafonds, so daß ein Staatsbankrott fürs erste verhindert werden konnte; eine dauerhafte Sanierung der Finanzen war damit aber noch nicht erreicht. Im Gegenteil: Die Finanzwelt heizte nun mit Währungsspekulationen erneut die Inflation an und diskreditierte damit das Kartell noch weiter. Ein Kabinett nach dem anderen scheiterte bei dem Versuch, neue Steuerquellen zu erschließen oder das Vertrauen der Anleger zurückzugewinnen – bis schließlich im Juli 1926 die Staatskasse leer war, die Banque de France sich weigerte, neue Mittel ohne gesetzliche Deckung zur Verfügung zu stellen, und die Inflation einen neuen Höchststand erreichte. Für einen US-Dollar mußten nun nicht weniger als 40 Francs gezahlt werden, fast viermal soviel wie bei Kriegsende. Nach einem letzten Versuch Herriots – vorangegangen waren zwei Kabinette Painlevés und drei unter dem Vorsitz von Briand – mußte sich die Radicaux-Führung eingestehen, daß die Finanzkrise ohne Beteiligung der Rechten nicht zu bewältigen war. Am 23. Juli gewann Poincaré die Unterstützung der Radicaux für ein Kabinett der »Nationalen Union«, das die große Mehrheit des vormaligen Nationalen Blocks (bis auf einige extreme Nationalisten, die Briands neuen Kurs in der Außenpolitik nicht akzeptierten) an die Macht zurückführte und die Sozialisten erneut isolierte.

Poincaré bekam nun, worum sich seine Vorgänger vergeblich bemüht hatten: parlamentarische Mehrheiten für Einsparungen und Steuererhöhungen und das Vertrauen der Kapitalbesitzer. Der Franc begann sich gleich nach Poincarés Regierungsantritt rasch zu erholen, und die Staatspapiere gewannen durch den steigenden Franc-Kurs und eine Erhöhung des Diskontsatzes wieder an Attraktivität. Gleichzeitig wurden Teile der direkten und der indirekten Steuern beträchtlich erhöht, eine Immobilien-Gewinnsteuer eingeführt, die Einkommensteuer aber reduziert und die Umsatzsteuer nivelliert – eine Maßnahmenkombination, die nirgends große Begeisterung hervorrief, aber die Lasten doch so verteilte, daß sich die Unzufriedenheit in Grenzen hielt und die Unternehmer zu neuen Aktivitäten ermutigt wurden. Zum Schutz vor den Folgen neuer Anleiheverweigerungen wurde zudem eine gesonderte Amortisationskasse geschaffen, die eine Begleichung fälliger Staatsschulden aus Steuereinnahmen sicherstellte. Bis Ende 1926 konnte auf diese Weise der Franc zu einem Kurs stabilisiert werden, der doppelt so hoch lag wie auf dem

Höhepunkt der Krise in der Mitte des Jahres, freilich immer noch so niedrig wie auf dem Höhepunkt der Krise des Frühjahres 1924 (25 Francs pro Dollar).

Die Stabilisierungsbemühungen der Regierung Poincaré wurden noch dadurch begünstigt, daß die für Frankreich wichtigen Weltmärkte gerade jetzt deutlich prosperierten: Das ermöglichte es, trotz der Deflationsmaßnahmen eine Produktionskrise im eigenen Land zu verhindern und das Ansteigen der Arbeitslosigkeit in gerade noch erträglichen Grenzen zu halten. Um gleichwohl aufkommendem Unmut vorzubeugen, wurden Gesetze zur Arbeitslosenunterstützung und zur obligatorischen Einführung der Sozialversicherung der Arbeitnehmer verabschiedet; und wenn die Unternehmer dann auch die Realisierung des letzteren bis zum Ende des Zweiten Weltkrieges sabotierten, so war doch damit den Kritikern der konservativen Stabilisierungspolitik fürs erste der Wind aus den Segeln genommen. Poincaré konnte für seine Stabilisierungserfolge einen solchen Popularitätsgewinn verbuchen, daß der Kurswechsel der Parlamentarier der Mitte im Sommer 1926 bei den nächsten Parlamentswahlen Ende April 1928 von den Wählern bestätigt wurde. Bei den Radicaux überwog nun die Zahl der Mitte-Rechts-Wahlbündnisse die Zahl erneuter Bündnisabsprachen mit den Sozialisten; und dann brachten Poincarés Erfolge in der Finanzpolitik und Briands außenpolitische Erfolge zusammengenommen den Kandidaten der Nationalen Union leichte Stimmengewinne ein. In der Kammer ergab sich daraus ein Sitzvorsprung von 390:220 für die Nationale Union; Poincaré konnte gestärkt in die Regierungsverantwortung zurückkehren.

Nach dem Wahlerfolg konnte Poincaré es wagen, die Finanzsanierung mit einer offiziellen Franc-Abwertung abzuschließen. Am 25. Juni 1928 wurde der neue Wert des Franc auf ein Fünftel des Vorkriegs-Standards festgesetzt, etwas niedriger, als es der seitherige Kaufkraftverlust erforderte. Damit wurde ein Schlußstrich unter die Hoffnungen auf eine Rückkehr der Siegernation zu den Verhältnissen der »Belle Epoque« gezogen. Aufs Ganze gesehen war das ein heilsamer, von den wirtschaftlichen Experten auch seit langem erwarteter Schritt, der nach dem Abschied von den Großmachtambitionen in der auswärtigen Politik nun auch in das wirtschaftliche Handeln ein größeres Maß an Realismus brachte; für manche Klein-Anleger, die zuletzt wieder ihr Vertrauen in die Heilungskräfte Poincarés gesetzt hatten, bedeutete er freilich eine herbe Enttäuschung.

Die Liquidierung der Kriegskosten erfolgte also in einer Weise, die den gesellschaftlichen Status quo im wesentlichen unangetastet ließ und größeren Erschütterungen zumindest fürs erste vorbeugte. Es gab einen inflationären Prozeß, der zur Verarmung der Mittelschichten führte; aber Inflation und Verarmung konnten schließlich gestoppt werden, ehe die Solidarität der Mittelschichten mit der bürgerlich-republikanischen Ordnung ganz verlorenging. Die Deflationsmaßnahmen, die dazu notwendig waren, griffen nicht allzu tief in das Wirtschaftsleben ein, so daß auf der anderen Seite auch die Arbeitslosigkeit in erträglichen Grenzen gehalten werden konnte und der allgemeine Wiederaufbau nirgends nachhaltig gestört wurde. Gleichwohl überstanden die Institutionen der Republik den Liquidationsprozeß nicht unbeschädigt: Auf Seiten der Linken trugen das Fortschleppen der sozialen Ungerechtigkeiten und die geballte Intervention der Macht des Geldes gegen das Kartell nicht eben dazu bei, die Distanz zur bürgerlichen Ordnung zu verringern; die Mittelschichten aber verloren ihr bislang ungebrochenes Vertrauen in die bürgerlichen Führungskräfte und entwickelten verschiedentlich auch schon antiparlamentarische Emotionen. Der republikanische Konsens zerrann allmählich, ohne daß neue Instrumente zur Steuerung der Probleme einer industriellen Massengesellschaft entwickelt wurden.

3. Wirtschaft und Gesellschaft in den 20er Jahren

Daß Frankreich die Nachkriegskrise ohne größere Erschütterungen überstand, obwohl der Staat kaum neue Steuerungsinstrumente entwickelte und die gesellschaftlichen Ungleichheiten im wesentlichen erhalten blieben, war freilich nicht nur dem zurückhaltenden Pragmatismus zu verdanken, mit dem das politisch führende mittlere Bürgertum an die Konflikte heranging. Erleichtert wurde die Verteilung der Lasten dadurch, daß sich das Land einigermaßen rasch wieder von der Kriegsmisere erholte und dann eine längere Phase ungestörten Produktivitätszuwachses erlebte, die in ihren Ausmaßen sogar die Hochkonjunkturperiode der »Belle Epoque« übertraf. Damit konnten die Belastungen, die aus dem Kriege resultierten, zumeist in gerade noch erträglichen Grenzen gehalten werden; und wenn ihn auch viele Einzelne, insbesondere aus den Mittelschichten mit sozialem Abstieg bezahlen mußten, so wurde das Land doch insgesamt reicher und rückte zugleich ein beträchtliches Stück in die industriell geprägte Moderne vor.

3.1 Die Kosten des Krieges

Dabei war der Ausgangspunkt 1919 keineswegs ermutigend. Der Krieg hatte 1,3 Millionen Franzosen das Leben gekostet; das waren über 10 % der Aktivbevölkerung. 1,1 Millionen waren schwer verwundet worden und fielen damit ganz oder teilweise aus dem Produktionsprozeß heraus. Die Geburtenrate war während des Krieges drastisch gefallen und erreichte auch nach dem Kriege langfristig nicht mehr das Vorkriegsniveau; von 1935 an, als die im Krieg geborene Generation volljährig wurde, lag sie unter der Sterblichkeitsrate. Alles in allem kostete der kriegsbedingte Geburtenausfall die Gesamtbevölkerung weitere 1,4 Millionen. Entsprechend nahm die Überalterung der Bevölkerung weiter zu und wuchsen die Lasten des Bevölkerungsteils, der im Erwerbsleben stand.

Ebenso beträchtlich waren die materiellen Verluste. In den Kampfzonen des Nordens und des Ostens waren ganze Dörfer und Städte zerstört;

der landwirtschaftliche Anbau war stark beschädigt, der Boden vielfach unfruchtbar geworden. Die Getreideernte war um mehr als die Hälfte des Vorkriegsstandes gesunken, der Viehbestand durch Requisitionen der deutschen Truppen drastisch reduziert. Die Industrieanlagen waren von den Deutschen zunächst rücksichtslos ausgebeutet und dann vor dem Rückzug systematisch zerstört worden. So waren die Gruben überschwemmt worden, mit dem Ergebnis, daß die Kohleförderung praktisch ganz zum Erliegen kam und die Erzförderung um nahezu 60 % zurückging. Die Stahlwerke, die immerhin zwei Drittel der französischen Vorkriegsproduktion geliefert hatten, konnten bei Kriegsende gerade noch 5 % ihres Vorkriegsvolumens produzieren. Ebenso zerstört waren die Verbindungswege: Straßen, Kanäle, Eisenbahnlinien, letztere nahezu vollständig. Handel und Gewerbe hatten stark gelitten; und die Zahl der Einwohner hatte sich um mehr als die Hälfte verringert, von 4,7 auf 2 Millionen.

Gewiß gab es außerhalb der besetzten und umkämpften Gebiete kaum Zerstörungen. Manche Regionen hatten sogar durch die Ansiedlung kriegswichtiger Betriebe einen Aufschwung erfahren. Aber an die Substanz gehende Ausbeutung der Betriebe und der Transportmittel hatte es auch hier gegeben, und dann erforderte die Umstellung von der Kriegs- auf die Friedensproduktion beträchtliche Neu-Investitionen. Insgesamt erreichte die Industrieproduktion im ersten Nachkriegsjahr nur noch 57 % des Vorkriegsniveaus. Das im Ausland plazierte Vermögen war zum Teil verkauft worden, um Importe zu finanzieren; zum Teil, soweit es in Anleihen an russische und ottomanische Kreditnehmer gesteckt worden war, mußte es auch abgeschrieben werden. Die Goldreserven waren geschmolzen, und dann hatte das Land selbst beträchtliche Kredite, vor allem bei amerikanischen Geldgebern, aufnehmen müssen. Aus einem der Hauptgläubiger der Vorkriegszeit mit ausgeglichenem Budget wurde so einer der Hauptschuldner mit enormen Haushalts- und Zahlungsbilanzdefiziten. Bei Kriegsende betrug die Schuldsumme nicht weniger als 158 Milliarden Francs.

Wie hoch die Kosten des Krieges insgesamt waren, läßt sich in Zahlen nicht exakt belegen. Für die Vorkriegsjahre liegen nicht immer präzise Daten vor, so daß keine genauen Bilanzen gezogen werden können. Auslandsanleihen waren oft keine sicheren Besitztitel, und die Zerstörungen boten zugleich die Chance zu durchgreifender Modernisierung beim Wiederaufbau und damit zu größerer Rentabilität. Folgt man den Schätzungen von Alfred Sauvy, der diesen relativierenden Faktoren Rechnung zu tragen versucht hat, so läßt sich der Gesamtverlust mit 55 Milliarden Francs zum Kurs von 1913 angeben. Das entspricht 15 Monaten des Nationaleinkommens des letzten Vorkriegsjahres oder dem Zuwachs des Nationaleinkommens in den letzten elf Jahren vor dem Krieg. Allein um den Vorkriegsstand wieder zu erreichen, waren also beträchtliche Anstrengungen nötig.

3.2 Partielle Modernisierung

Nach Kriegsende kam die Produktion keineswegs direkt wieder in Gang; im Krisenjahr 1921 blieb die industrielle Produktion sogar noch um 2 Punkte hinter dem ersten Nachkriegsjahr zurück (55 bei 100 für 1913). Dann aber setzte ein bemerkenswerter Aufschwung ein. 1924 war das Vorkriegsniveau wieder erreicht (109); 1928 wurde es um ein Viertel überschritten (127). Die jährlichen Zuwachsraten lagen damit bei 5 %; sie war damit deutlich höher als in der »Belle Epoque«, wo sie maximal 3,4 % erreicht hatten. Ebenso bemerkenswert stieg die Arbeitsproduktivität: Zwischen 1919 und 1924 nahm sie, auf die Zahl der Arbeitskräfte bezogen, jährlich um durchschnittlich 1,4 % zu. Auf die tatsächlich geleistete Arbeitszeit (die infolge der Einführung des Acht-Stunden-Tages sank) bezogen, betrug die Zunahme der Arbeitsproduktivität sogar 2,5 % pro Jahr.

Die Steigerung der Arbeitsproduktivität deutet schon die wesentliche Ursache für den Konjunkturaufschwung an: Der Wiederaufbau war mit einem deutlichen Modernisierungsschub verbunden, zu dem sich technischer Fortschritt, Kapitalkonzentration und Wiederaufbau-Innovation kumulierten. Zu größeren Teilen, etwa zu 70 %, wurden die Investitionen direkt aus den verbesserten Erträgen finanziert; im übrigen halfen öffentliche Investitionsprogramme und die Einrichtung staatlicher Kreditanstalten, akute Investitionslücken zu schließen. Die Inflation begünstigte den Modernisierungsprozeß in mehrfacher Hinsicht: Sie förderte die Neigung, die Unternehmenserträge direkt wieder zu investieren statt sie in unsichere Anleiheprojekte zu stecken; sie reduzierte die Unternehmensverschuldung und ermutigte die Unternehmer zu neuen Kreditaufnahmen; sie förderte damit die Nachfrage; und sie führte schließlich zu einer Franc-Abwertung, die dem Export zugutekam. Die Maßnahmen zur Stabilisierung des Franc nahmen nie ein Ausmaß an, das die konjunkturelle Aufwärtsentwicklung gefährdete.

Besonders rasch ging der Wiederaufbau in den zerstörten Gebieten vonstatten. Nach dem Entschädigungsgesetz vom 17. April 1919 erhielten alle Sachwertbesitzer, die ihr Vermögen durch Kriegseinwirkung verloren hatten, Erstattungssummen ohne Inflationsausgleich; entschlossen sie sich aber, diese Summen zum Wiederaufbau zu verwenden, wurden ihnen darüber hinaus beträchtliche Zuwendungen gewährt. Das förderte zwar die Neigung zu überhöhten Angaben und ermöglichte auch einträgliche Konzentrationsgeschäfte durch Aufkauf von Reparationsansprüchen, bestärkte aber vor allem die Tendenz zu erneuter Investition und stellte zugleich erhebliche Mengen an Anfangskapital für den Wiederaufbau bereit. Für die Modernisierung hinderlich war nur die Bestimmung, daß die Wiederaufbauprojekte dem gleichen Zweck zu dienen hatten und in der gleichen Gegend installiert werden sollten wie die Vorkriegsunternehmen; das hinderte die Entschädigten, optimal auf die Veränderungen der Marktlage zu reagieren und schränkte die Rationalisierung auf den innerbetrieblichen Bereich ein. Gleichwohl wurde der Wiederaufbau fast überall zur Einführung produktiverer Produktionsweisen genutzt und entwickelten sich die zerstörten Regionen des Nordens und des Ostens zu Hochburgen der modernen Industriewirtschaft. Sowohl in der Landwirtschaft als auch in der Industrie war der Wiederaufbau Mitte der 20er Jahre im wesentlichen abgeschlossen, weitaus schneller, als die Zeitgenossen beim Anblick der Ruinen erwartet hatten.

Eine gewisse Modernisierung gab es aber auch dort, wo die Produktionsanlagen den Krieg unversehrt überstanden hatten. So stieg das Produktionsvolumen keineswegs in allen Wirtschaftszweigen gleichmäßig; vielmehr wuchsen die »modernen«, auf den Entdeckungen und Entwicklungen der Jahrhundertwende basierenden Sektionen auf Kosten der traditionellen Branchen. Der Anteil der Stahlindustrie an der industriellen Gesamtproduktion stieg von 2,4 % im Durchschnitt der Jahre 1905–1913 auf 3,5 % in den Jahren 1925–1934, der Anteil der metallverarbeitenden Industrie von 12,6 auf 14,5 %, der Anteil der chemischen Industrie von 2,8 auf 5,3 %. Die jährlichen Wachstumsraten lagen hier bei 50 und mehr Prozent, während die Textilindustrie stagnierte und andere Verbrauchsgüterbereiche allenfalls um 10 % zunahmen. Besonders rasch wuchsen die Stromerzeugung, die chemische Industrie und die Metallindustrie. Die Autoindustrie, die schon vor dem Krieg zur internationalen Spitzengruppe gehört hatte, fand den Durchbruch zum Massenmarkt: Die Zahl der produzierten Wagen stieg von 40 000 im Jahr 1920 auf 254 000 neun Jahre später.

Die Autoindustrie stand gleichzeitig an der Spitze der Tendenz zu Konzentration und Rationalisierung. Hatten sich unmittelbar nach dem Krieg über 100 Unternehmer im Kampf um den neuen Markt engagiert, so kontrollierten am Ende des Jahrzehnts drei Großunternehmer zusammen über die Hälfte des Marktes: Renault, Peugeot und Citroen. Diese waren es auch, die die Fließbandproduktion einführten und sich mit standardisierten, preisgünstigeren Produkten erstmals an eine breitere Käuferschicht wandten. Generell wurde in den technischen Fortschritt mehr als doppelt soviel investiert als in die Gründung neuer Unternehmen und nahm die Mechanisierung schneller zu als in den USA oder in Großbritannien. Dabei blieb die Modernisierung keineswegs auf die »modernen« Sektoren beschränkt: So stieg etwa die Zahl der verfügbaren Kilowatt-Stunden im Eisen- und Stahlbereich um 8 % jährlich und in der metallverarbeitenden Industrie um 6,7 %; sie wuchs aber auch in der Lederwarenfabrikation um 5,2 % und in der Textilherstellung um 4 %. Die Zahl der Arbeiter pro Unternehmen stieg am stärksten in der Nahrungsmittelindustrie und im Bauwesen, weniger in der chemischen und metallverarbeitenden Industrie und nur geringfügig in der Textilindustrie. Insgesamt wuchs die Zahl der Firmen, die über 1000 Arbeitskräfte beschäftigten, um nahezu das Dreifache, während die mittlere Firmengröße von 45 auf 100 Angehörige zunahm.

Begleitet und gefördert wurde dieser Rationalisierungsprozeß von einer Rationalisierungsbewegung, die den traditionellen Schwächen des französischen Industriekapitalismus gezielt den Kampf ansagte. »Neo-Kapitalisten« wie Edmond Giscard d'Estaing, Henri de Peyerimhoff oder Louis Loucheur plädierten für planmäßige Erschließung brachliegender Produktionskräfte, staatliche Rahmenplanung, Konzertierung der Unternehmer, Verständigung mit den Gewerkschaften auf der Basis eines hohen Lohnniveaus, nach entsprechender Vorbereitung auch für einen Abbau des Protektionismus und für die Schaffung transnationaler Märkte in Europa. »Neo-Radikale« wie Bertrand de Jouvenel oder Pierre Cot forderten darüber hinaus die Schaffung staatlicher Wirtschaftsämter unter Beteiligung der Gewerkschaften und die Verlagerung der Investitionsentscheidungen auf die staatliche Ebene. Und »Neo-Sozialisten« wie André Philip oder Jules Moch sahen in der planwirtschaftlichen Rationalisierung den Schlüssel zur Realisierung sozialistischer Zukunftsvorstellungen unter Nutzung des technologischen Fortschritts. Sie alle übten scharfe Kritik am Malthusianismus wie am Individualismus der französischen Unternehmer und sie waren auch mit dem, was an Innovationen im Wirtschaftsleben durchgesetzt wurde, bei weitem nicht zufrieden; gleichwohl fanden sie beträchtliche Resonanz in den Reihen der jungen Unternehmer, der neuen Klasse der Manager der Großunternehmen und der höheren Verwaltungsbeamten und bereiteten so die Entstehung einer neuen, »modernen« Elite vor, die sich anschickte, das Land über die Ära des klassischen Liberalismus hinauszuführen.

Besonders erfolgreich war die Rationalisierungsbewegung im Streben nach einer einheitlichen Organisation des Unternehmerlagers: Hier traf sie sich mit dem Interesse traditionell eingestellter Unternehmer an wirksamerer Interessenvertretung gegenüber der auswärtigen Konkurrenz wie gegenüber den Arbeiterorganisationen; und so entstand 1919 unter der Vermittlung von Handelsminister Clémentel ein annähernd repräsentativer Zusammenschluß der bislang rivalisierenden Unternehmerverbände: die »Confédération générale de la production française« (CGPF). Der Schwerpunkt dieses Gesamtverbandes lag in den modernen Produktionssektoren wie der Schwerindustrie und der chemischen Industrie; er konnte aber auch in den traditionelleren Sektoren wie etwa der Textilindustrie die großen Unternehmen für sich gewinnen und entwickelte sich damit zu einem Instrument des Großunternehmertums, das die Dynamisierung der französischen Volkswirtschaft zumeist förderte, zugleich aber beträchtliche wirtschaftliche Interventionsmacht entfaltete.

Der Abschied von der Orientierung an der »Belle Epoque«, den das Land Ende der 20er Jahre vollzog, bedeutete somit nicht nur die Preisgabe von illusionären Vorstellungen über die Ergebnisse des Weltkrieges. Er beinhaltete zugleich eine stärkere Hinwendung zu den ökonomischen und gesellschaftlichen Realitäten, die unterdessen entstanden waren; und er signalisierte auch eine wachsende Bereitschaft, die Chancen zu ergreifen, die in diesen Realitäten steckten.

3.3 Retardierende Elemente

Die Kritik der Rationalisierungsbewegung deutet allerdings schon an, daß die Modernisierung bei allen Fortschritten keineswegs so durchgreifend war, wie es im Hinblick auf die internationale Konkurrenzfähigkeit notwendig gewesen wäre. Unter den traditionellen Eliten verblieb viel Widerstand gegen die Tendenzen zu Staatsintervention und Sozialpartnerschaft; und die überwiegende Zahl der kleinen Unternehmer schreckte auch weiterhin vor riskanten Innovationen zurück. So hielt sich die Ausweitung der Betriebsgrößen durchaus in Grenzen: Zwar wuchs die Zahl der Großbetriebe auf das Zwei- bis Dreifache, doch blieb zugleich die Zahl derjenigen Betriebe konstant, die keine einzige Arbeitskraft beschäftigten. In zahlreichen Branchen, so in der Nahrungsmittelindustrie, im Bauwesen, in der holzverarbeitenden Industrie und im Handel, blieb die Zahl der Betriebe, die mehr als 100 Arbeitskräfte beschäftigten, unter einem Viertel. Nahezu drei Viertel des Einzelhandels wurde von Betrieben bestritten, die weniger als zehn Personen zählten. Es überwog der Typ der Familienunternehmen, die ihre Erträge eher in Reserve für Krisenzeiten hielten als sie in expansiver Absicht zu investieren und strikt auf die Wahrung der familiären Verfügungsgewalt achteten.

Ebenso blieben beträchtliche Reserven gegen den Übergang zur Serienproduktion und die Fertigung genormter Massenprodukte. Selbst dort, wo man den Schritt zur Firmenkonzentration wagte, hielt man mit Rücksicht auf die eingefahrenen Verbrauchergewohnheiten vielfach an individueller Fertigung, großer Diversifikation und raschen Modellwechseln fest. Besonders stark blieb dieser Individualismus in der Textil- und Lederwarenbranche; er machte sich aber auch in anderen Konsumgüterbereichen bemerkbar, etwa in der Autoindustrie. Er ermöglichte die Entfaltung einer gewissen Eleganz und erschloß den französischen Waren damit auch auswärtige Märkte, hielt aber auch das Stückpreisniveau relativ hoch und geriet damit langfristig unter den Druck der auswärtigen, insbesondere der amerikanischen Massenproduktion. Die Autoindustrie erreichte unter diesen Umständen nur einen Anteil von 5 % an der Weltproduktion; 90 % der Wagen wurden von den amerikanischen Großunternehmern fabriziert.

Am wenigsten brach sich die Modernisierung in der Landwirtschaft Bahn: Eine Zunahme der Arbeitsproduktivität gab es zwar auch hier, doch blieb sie um nahezu zwei Drittel hinter der Zunahme im industriellen Bereich zurück und sie war mehr auf die Aufgabe absolut unrentabler Höfe als auf die Einführung neuer Produktionstechniken zurückzuführen. Flurbereinigung, Mechanisierung und Rationalisierung der Produktion gab es im wesentlichen nur dort, wo der Krieg die bisherigen Produktionsverhältnisse zerstört hatte; ansonsten überwog das Fortschleppen der traditionellen Schwächen. Ansätze zu einer aktiven staatlichen Landwirtschaftsförderung, wie sie das Landwirtschaftsministerium nach Kriegsende entwickelte, scheiterten am Widerstand der ländlichen Notabeln, die vor jeder Veränderung des Status quo zurückschreckten. So blieben die Erträge weit hinter den Produktionsziffern etwa der deutschen oder gar der niederländischen Landwirtschaft zurück und reichte die Produktion trotz der demographischen Schwäche des Landes nicht zur Versorgung der Bevölkerung aus. Bis zu 15 % der Lebensmittel mußten importiert werden.

Während die Agrarproduktion nur mäßig stieg, nahm der Exodus der Landbevölkerung dramatisch zu. Nahezu 80 000 Menschen zogen jedes Jahr in die Städte und die Industrieregionen, 950 000 in den Zwanziger Jahren insgesamt. Die wenigsten wurden von materieller Not getrieben: Die Inflation kam der Landbevölkerung zugute; und wenn die Preise für Industriegüter auch rascher wuchsen als die Agrarpreise, so sank die Kaufkraft der Landbevölkerung doch nur geringfügig. Entscheidend für die Abwanderung war vielmehr die größere Attraktivität des Lebens in der Stadt: Es bot weniger harte Arbeitsbedingungen, größere Aufstiegsmöglichkeiten und kulturelle Anregungen, die sich vom Verkümmern der bäuerlichen Kultur positiv abhoben. Die höheren Ansprüche wurden zumeist durch die Mobilisierung im Krieg geweckt. Viele Kriegsteilnehmer, zumal Landarbeiter, kehrten erst gar nicht auf die heimischen Höfe zurück; andere verließen das Land voller Enttäuschung über die Konservierung der Vorkriegsverhältnisse. Neben den Landarbeitern, deren Abwanderung auch durch die Rekrutierung von Fremdarbeitern nicht ausgeglichen werden konnte, verließen auf diese Weise gerade die dynamischsten Elemente die ländlichen Regionen und wurde die Tendenz zur bloßen Fortschreibung der überkommenen Zustände somit weiter bekräftigt.

Fortschrittshemmend wirkte sich auch das geringe Niveau der naturwissenschaftlichen und technologischen Forschung aus. Weder die Unternehmen noch der Staat unternahmen große Anstrengungen, die Grundlagenforschung voranzutreiben; und die Universitäten blieben in einer ausgesprochenen praxisfeindlichen Haltung befangen. Das auf Wettbewerb und Ranglisten hin angelegte Ausbildungssystem förderte die Orientierung an abfragbaren Inhalten und vernachlässigte damit die Fähigkeit zu selbständigem methodischen Arbeiten; entsprechend gering war die Neigung der Absolventen, sich in der Forschung zu engagieren. Forscherkarrieren blieben selten, relativ schlecht bezahlt und von fragwürdiger Reputation, so daß sich auch die besseren Absolventen in der Regel nach leitenden Verwaltungsaufgaben umsahen und ihre technologischen Kenntnisse vernachlässigten. Folglich konnte die französische Industrie nur in wenigen Bereichen mit der internationalen technologischen Entwicklung Schritt halten.

Schließlich unternahmen Staat und Gesellschaft auch nur wenig, um die Bevölkerungskrise zu überwinden. Es gab zwar ein Gesetz, das Abtreibungen und die Propagierung empfängnisverhütender Maßnahmen unter Strafe stellte; postive Maßnahmen zur Unterstützung der Familien blieben jedoch weitgehend aus. Familienzulagen wurden zunächst nur von einigen Unternehmern gewährt; der Staat bedachte seine eigenen Angestellten mit denkbar geringfügigen Zuwendungen. Erst 1930 wurde ein allgemeiner Familienlastenausgleich eingeführt. Die Familien und insbesondere die jungen Familien litten zudem unter der Wohnungsnot, die durch einen zu lange durchgehaltenen Mietpreis-Stopp provoziert worden war. Bis staatliche Unterstützungen für den Wohnungsbau eingeführt wurden, vergingen fast zehn Jahre; und auch dann, nach der Verabschiedung des Wohnungsbaugesetzes von 1928, blieben die zur Verfügung gestellten Summen weit hinter dem Bedarf zurück. Entsprechend wuchs die Neigung, spät zu heiraten und wenig Kinder zu zeugen. Drei Viertel des Bevölkerungszuwachses der Zwanziger Jahre waren auf die Zuwanderung von auswärtigen Arbeitern zurückzuführen: vorwiegend aus Italien und Polen, aber auch aus den anderen ost- und südosteuropäischen Ländern.

Der zunehmende Abstand zwischen dynamischen und zurückbleibenden Sektoren der Produktion und der Gesellschaft machte sich auch geographisch in einem zunehmenden Ungleichgewicht der Regionen bemerkbar. Der Wiederaufbau der kriegszerstörten Gebiete verstärkte die Spitzenstellung der Industrieregionen des Nordens und des Ostens, während der Exodus aus den ländlichen Gebieten den Rückstand des Westens, des Zentrums und des Südwestens weiter verschärfte. Hinzu kam, daß die Kriegsinvestitionen ebenfalls auf einige wenige Gebiete beschränkt gewesen waren, so auf den alpinen Südosten, einige Hafengebiete im Westen und insbesondere die Pariser Region, und damit die Tendenz zur Zweiteilung des Landes ebenfalls gefördert hatten. Einem dynamischen Nordosten stand so, entlang der Linie Le Havre–Marseille, immer deutlicher ein archaischer Südwesten gegenüber, dessen Unterentwicklung chronische Züge annahm. Daneben entstand als vielfach überbelastetes industrielles Zentrum der Pariser Gürtel, der die Hauptstadt mit einem Konglomerat von Produktionsstätten und Arbeitersiedlungen einschloß. Der Kontrast zwischen dieser überentwickelten, oft die Grenzen der Belastbarkeit von Menschen und Ressourcen erreichenden Pariser Region und der »Wüste« des Zentrums und des Westens illustrierte mehr als alles andere die Janusköpfigkeit des französischen Modernisierungsprozesses.

3.4 Modifizierte Klassenerfahrungen

Mit der Modernisierung waren gesellschaftliche Umschichtungsprozesse verbunden, die die überkommene Polarisierung zwischen bürgerlichem Lager und Arbeitern zwar nicht aufhob, wohl aber gegenüber neuartigen Integrationsproblemen an Bedeutung verlieren ließ.

Die wenigsten Veränderungen gab es dabei auf dem Land: Wer dem Zug in die Industrieregionen nicht folgte, setzte in der Regel seine bisherige Existenzweise fort; und so blieben die Verhältnisse auf dem Lande im wesentlichen die gleichen wie vor dem Kriege. Die Konfrontation mit der Dynamik der Industriegesellschaft riß wohl manche Bauern und Landarbeiter aus der überkommenen Lethargie, doch führte das nur zu einem Steigen des individuellen Anspruchsniveaus; für eine politisch-gesellschaftliche Erneuerungsbewegung reichte die Kraft nicht. Wo Krieg und Inflation Einkommensverbesserungen zuließen, näherten sich die Konsumgewohnheiten den städtischen Verhältnissen an. Zunehmende Nutzung des medizinischen Fortschritts, Anschluß an das Elektrizitätsnetz, Aufbau eines Autobusnetzes und zunehmender Individualverkehr signalisierten ein allmähliches Heranrücken an die technisierte Welt: Das Leben wurde etwas erträglicher und verlor zugleich seine bisherige Überschaubarkeit. Politisch vertrauten Bauern und Landarbeiter aber zumeist weiterhin den Großgrundbesitzern, Advokaten und Ärzten, die sie in den Parlamenten vertraten und im übrigen auch ihre Berufsverbände und Genossenschaften beherrschten. An einzelnen Stellen führte die Unzufriedenheit mit der relativen Rückständigkeit des Landlebens zur Abkehr von den konservativen oder liberalen Notabeln, doch entwickelte sie keine einheitliche politische Stoßrichtung: Vielfach kam sie den Sozialisten zugute, manchmal auch schon den Kommunisten; daneben entwickelte sich aber auch ein rechtsgerichteter Populismus.

Für die Arbeiter bedeutete die Modernisierung in erster Linie ein Aufbrechen der traditionell festgefügten Arbeiterkollektive. Der Krieg hatte hier ohnehin schon desintegrierend gewirkt, einmal dadurch, daß gerade die traditionellen Arbeiterregionen des Nordens und Ostens zu Kampfzonen wurden, sodann durch die vielfältigen Deplazierungen und damit verbundenen Horizonterweiterungen. Und dann veränderte die Rationalisierung die Produktionsverhältnisse, setzte sie qualifizierte Facharbeiter frei und schuf sie zugleich eine Fülle neuer Arbeitsplätze, für die wenig Vorkenntnisse erforderlich waren. Damit entstand neben der bisherigen, in ihrer Bedeutung eingeschränkten Facharbeiterwelt ein neues Proletariat der angelernten Arbeiter (»ouvriers spécialisés«), das sich zum Teil aus arbeitslos gewordenen Facharbeitern, dann aber auch aus zugewanderten Arbeitskräften vom Land und aus dem Ausland sowie aus nun wieder vermehrt berufstätigen Frauen rekrutierte. Wenig spezialisiert und damit rasch austauschbar, war dieses neue Proletariat nur noch wenig mit einem bestimmten Aufgabenfeld verbunden und konnte es auch kaum eigene Kampfkraft entwickeln. Die zahlenmäßige Stärkung der Arbeiterklasse, die das Aufkommen der Fließbandarbeit mit sich brachte, wurde folglich durch zunehmende Entpolitisierung kompensiert; an der Schwäche der Arbeiterbewegung, die 1920 noch einmal festgeschrieben worden war, änderte sich nichts Grundsätzliches.

Die traditionellen Facharbeiter verloren ihre Bedeutung nicht ganz. Dazu war zum einen der Modernisierungsprozeß nicht durchgreifend genug und wurden zum anderen auch in den modernisierten Produktionsstätten noch zu viele qualifizierte Arbeitskräfte neben der Masse der Fließbandarbeiter benötigt. Sie sahen sich aber durch die Entwicklung in die Defensive gedrängt und suchten darum nach Mitteln, der tendenziellen Degradierung zu entgehen. Die einen fanden sie im Aufstieg zu den Mittelklassen: Sie paßten sich im Verhalten dem mittleren Bürgertum an, nahmen Chancen zum Aufstieg im öffentlichen Dienst wahr und bereiteten ihre Söhne, ganz anders als die Vorkriegsgeneration, auf eine Karriere jenseits des Arbeitermilieus vor. Andere setzten eher auf die kollektive Emanzipation und engagierten sich daher verstärkt in der Arbeiterbewegung; sie waren es, die neben den Intellektuellen das Gros der Führungskräfte der beiden Arbeiterparteien und der Gewerkschaften stellten.

Stärker noch als die Facharbeiter gerieten die Angehörigen der Mittelklassen in die Defensive: Für sie bedeuteten Modernisierung und Inflation zumeist sozialen Abstieg. Kleine Gewerbetreibende verloren oft ihre Konkurrenzfähigkeit; Angehörige des öffentlichen Dienstes litten unter einer Inflation, die weit über die Steigerungsraten der staatlichen Gehälter hinausging; und die vielen kleinen Wertpapierbesitzer sahen ihre Ersparnisse in Krieg, Inflation und Abwertung mehr oder weniger dahinschwinden. Natürlich wurden nicht alle Mittelständler von der Entwicklung gleichmäßig getroffen; so nutzten manche kleinen Unternehmer den Konjunkturaufschwung zur Expansion und erlebten die unteren Ränge des öffentlichen Dienstes nach der Not der Kriegsjahre eine deutliche Verbesserung ihrer materiellen Situation. Aufs Ganze überwog aber der Eindruck des Abstiegs und der Klassennivellierung. Manche Angehörigen der Mittelklassen fanden unter diesen Umständen den Weg zu den Parteien der Linken; häufiger war aber die Tendenz, sich nun gegen die materielle Angleichung noch bewußter als zuvor gegen die Arbeiterklasse abzugrenzen. Der – in Wahrheit sehr bescheidene – Aufstieg der Arbeiter wurde oft mit regelrechtem Haß verfolgt und jeder Versuch zur Reduzierung von Klassenschranken, etwa im Schulwesen, kategorisch abgelehnt.

Im gehobenen Bürgertum hielten sich Aufstieg und Abstieg in etwa die Waage: Neben den höheren Beamten und Wertpapierbesitzern, die ihren Vorkriegslebensstandard nur noch mit äußerster Anstrengung halten konnten und darum oft zu so unkonventionellen Schritten wie der Berufsaufnahme der Ehefrauen griffen, standen mittlere Unternehmer, die von der Modernisierung profitierten und mit dem Besitz auch gesellschaftliches Ansehen erwarben, und eine vermehrte Zahl von Hochschulabsolventen, die aufgrund ihrer besonderen Kenntnisse in verantwortliche Stellen in Großunternehmen und Verwaltungen gelangten. An der Spitze der gesellschaftlichen Hierarchie verschmolzen traditionelle, wirtschaftliche und Funktions-Eliten sehr weitgehend miteinander, sowohl hinsichtlich ihres sozialen Prestiges als auch den gesellschaftlichen Kontakten und den Lebensformen nach. Darunter blieb es bei einer deutlichen Distanz zwischen aufsteigenden und tendenziell bedrohten Gruppen; beide pflegten aber den gleichen bürgerlichen Lebensstil; und beide bewegten sich über den traditionellen bürgerlichen Individualismus hinaus auf neue Formen kollektiver Organisation zu, von Berufsverbänden bis zu katholischen Aktionsgruppen und zur Menschenrechtsliga: die einen, um ihren neuerworbenen Status zu konsolidieren; die anderen, um ihn zu verteidigen.

Trotz aller Verschiebungen im Klassengefüge, die die Modernisierung mit sich brachte, und trotz der vielen Fälle individuellen Aufstiegs oder gruppenweiser Deklassierung blieben die Klassenschranken also im wesentlichen erhalten. Frankreich blieb ein Land, in dem, wie es ein zeitgenössischer Beobachter (Edmond Goblot) formulierte, man wohl über die Klassenschranken hinwegspringen konnte, diese Schranken selbst aber nicht zu beseitigen vermochte. Dabei blieben die Arbeiter nach wie vor im besonderen Maße isoliert, bewegten sie sich am Rande oder jenseits des sozialen Konsenses, während sich Mittelklassen und Bürgertum zunehmend in der Defensive sahen und zugleich eine neue Expertenelite heranwuchs, der die Modernisierung des Landes viel zu langsam voranschritt. Damit zeichneten sich sowohl neue Klassenauseinandersetzungen als auch heftige Spannungen zwischen traditionellen Kräften und Modernisierern ab: Die ersten Anläufe zur Dynamisierung der »blockierten Gesellschaft« waren zu zaghaft, um ernsthaften Erschütterungen der politischen und gesellschaftlichen Ordnung vorzubeugen.

4. Die Außenpolitik der Nachkriegsära

Frankreich war aus dem Krieg nachhaltig geschwächt hervorgegangen, und dennoch war es Siegermacht und damit an führender Stelle mitverantwortlich für die Gestaltung der internationalen Ordnung auf dem europäischen Kontinent. Die Außenpolitik der Nachkriegsära stand damit unter einer doppelten Belastung: Zunächst entsprachen die Mittel, über die das Land verfügte, keineswegs den Aufgaben, mit denen es sich konfrontiert sah; und dann machte es auch große Schwierigkeiten, dieses widersprüchliche Ergebnis des Krieges richtig einzuschätzen. Angesichts des Sieges über das Deutsche Reich lag es nahe, die künftige Sicherheit des Landes auf eine französische Hegemonie über das kontinentale Europa gründen zu wollen. Da der Sieg aber nicht aus eigener Kraft errungen worden war und er das Land zudem ungleich mehr Substanzverlust gekostet hatte als den deutschen Kriegsgegner, standen solche Hegemonialpläne von vornherein auf sehr schwachen Füßen. Es mußte sich daher bald die Frage stellen, ob die nötige Sicherheit mit anderen Mitteln, ohne die Befriedigung der Führungsambitionen, geschaffen werden konnte; ja, es war sogar fraglich, ob der Friede überhaupt auf Dauer gesichert werden konnte.

4.1 Die Ausgangslage

Die Zukunftsvorstellungen, die während des Krieges entwickelt wurden, zielten schwerpunktmäßig auf eine sicherheitspolitisch motivierte Expansion nach Osten: Wie den russischen Verbündeten weitreichende Gebietsabtretungen im östlichen Preußen zugestanden werden sollten, sollte Deutschland im Westen durch eine Beschränkung auf die Rheinlinie eingedämmt werden. Gewiß, die Sozialisten wollten den Krieg zumeist nur bis zur Rückgewinnung von Elsaß-Lothringen führen; und manche bürgerlichen Pazifisten waren sogar bereit, zumal in den Phasen militärischer Erschöpfung, sich mit der Wahrung des Status quo ante zufrieden zu geben. Die überwiegende Mehrheit der politischen Kräfte visierte jedoch eine Abtrennung des gesamten Rheinlandes vom deutschen Staatsverband an, sei es in der Form einer Annexion, oder, was mit der Zeit als wahrscheinlicher angesehen wurde, mit dem Ziel der Etablierung eines rheinischen Separatstaates, der wirtschaflich mit Frankreich verbunden und militärisch von französischen und sonstigen alliierten Truppen kontrolliert werden sollte. Ein Teil der Rheinstaatsbefürworter wollte zudem die Wiederherstellung der französischen Grenzen von 1814, d. h. die Angliederung des schwerindustriellen Zentrums an der Saar. Um eine Minderheit extremer Nationalisten – so die »Action française« um Charles Maurras, aber auch manche Experten des Außenministeriums – forderte sogar eine Rückkehr zum Deutschland des Westfälischen Friedens: eine Aufteilung des Reiches in machtlose Kleinstaaten.

Die Regierungen legten sich nach außen hin nicht fest, einmal weil Details schwierig zu klären waren und auch unter den Regierungsmitgliedern die Auffassungen über die Opportunität einzelner Maßnahmen auseinandergingen; zum anderen, weil sie mit Rücksicht auf die Sozialisten und ihre Anhänger den Eindruck vermeiden mußten, mehr als einen Verteidigungskrieg zu führen. Intern herrschte jedoch vom Herbst 1914 an kein Zweifel, daß der Krieg substantielle Sicherheitsgarantien am Rhein einbringen müsse; und im Oktober 1916 verständigte man sich auch förmlich auf das Prinzip der Rheinlandseparierung. Lediglich die Form des französischen Zugriffs auf das linksrheinische Gebiet blieb ungeklärt. 1917, als sich die militärische Situation verschlechterte, faßten einige Verantwortliche – insbesondere Ministerpräsident Painlevé – wohl auch ins Auge, sich mit weniger zufrieden zu geben, falls die Kriegslage dies erforderte; doch ging niemand so weit, ernsthaft einen Kompromißfrieden zu betreiben und bekräftigte Clemenceau dann wieder die traditionelle Linie. Als die Vorbereitung der Friedensverhandlungen anstand, legte sich die Regierung Clemenceau auf die Forderung nach Schaffung eines oder mehrerer Rheinstaaten und Annexion der Saar fest. Darüber hinaus traf sie Vorkehrungen, Frankreich zum wirtschaftlichen Zentrum des Kontinents werden zu lassen, und griff sie die Idee einer kollektiven Sicherheitsorganisation auf, mit der die Alliierten gemeinsam künftigen Expansionsplänen der Deutschen zuvorkommen sollten.

In Versailles, wo die Alliierten vom Januar bis zum Mai 1919 über den Friedensvertrag mit dem Deutschen Reich verhandelten, konnte Clemenceau freilich nur einen Teil der französischen Forderungen durchsetzen. Die britischen Verbündeten wollten die deutsche Hegemonie nicht mit einer französischen oder gar mit einer bolschewistischen eintauschen; und der amerikanische Präsident Wilson wollte eine Friedensregelung durchsetzen, die auf dem Selbstbestimmungsrecht der Nationen und auf dem Prinzip allgemeiner Abrüstung beruhte. Hinsichtlich des Rheinlandes konnte die französische Delegation daher nur eine vorübergehende, in drei Stufen abzubauende militärische Besetzung auf 15 Jahre sowie die Schaffung einer entmilitarisierten Zone bis auf 50 km rechts des Rheins erreichen. Hinsichtlich der Saar blieb es bei einer Übertragung der Eigentumsrechte der Kohlengruben an Frankreich und einer Verwaltung des

Territoriums durch den Völkerbund; nach 15 Jahren sollte die Saarbevölkerung in einer Volksabstimmung selbst über ihren künftigen Status entscheiden können. Die Planungen zur Stärkung der französischen Wirtschaftskraft wurden nicht konkretisiert; die Höhe der Reparationen, die Deutschland zu zahlen hatte, blieb unbestimmt; und es wurde auch keine Völkerbundarmee geschaffen, die eine verläßliche Garantie gegen neue deutsche Hegemonialambitionen bot.

Immerhin enthielten die Regelungen von Versailles einige Ansatzpunkte, das französische Programm langfristig doch noch zu verwirklichen: Der Rückzug der französichen Besatzungstruppen aus dem Rheinland war an die Erfüllung der übrigen Friedensvertrags-Bedingungen durch Deutschland gebunden; da mochten sich leicht Anlässe finden, die Besetzung auf unbestimmte Zeit zu verlängern. Solange die französischen Truppen am Rhein standen, konnten allerlei Weichenstellungen zur politischen und wirtschaftlichen Umorientierung des Rheinlandes zu Frankreich hin vorgenommen werden; und es bestand darum auch einige Hoffnung, die rheinländische Bevölkerung letztlich selbst für die Trennung vom Reichsgebiet gewinnen zu können. Die Besatzungstruppen hielten jedenfalls nach separatistischen Bewegungen Ausschau; und General Mangin, ihr in Mainz stationierter Kommandant, zettelte dann auch schon im Juni 1919 einen Separatistenputsch in Wiesbaden an, offensichtlich mit stillschweigender Billigung Clemenceaus. Dieses Putschunternehmen scheiterte zwar, weil es absolut dilettantisch vorbereitet worden war, und Clemenceau mußte seine Militärs unter dem Druck der Alliierten scharf zurechtweisen; die Hoffnungen auf eine Verwirklichung des französischen Rheinlandprogramms auch unter Beachtung des Selbstbestimmungsprinzips, das die Alliierten erzwangen, waren damit aber noch nicht erloschen.

Darüber hinaus bot der Vertrag gewisse Chancen zur wirtschaftlichen Stärkung Frankreichs auf Kosten Deutschlands. Neben der Abtretung der Saargruben sah er auf lange Jahre umfangreiche Kohlelieferungen an Frankreich, Belgien und Italien vor; außerdem sollte das oberschlesische Kohlebecken an Polen abgetreten werden (was dann nach der Volksabstimmung von 1921 nur zum Teil erfolgte). Das bedeutete, daß Deutschland nahezu die Hälfte seines Kohlepotentials entzogen werden konnte und Frankreich einen entscheidenden Vorteil bei der Versorgung mit der damals mit Abstand wichtigsten Energiequelle erwarb. Daneben wurde dem Deutschen Reich durch die Enteignung des schwerindustriellen Besitzes in Lothringen und das Ausscheiden Luxemburgs aus dem deutschen Zollverband 80 % seiner Eisenerzvorräte, über 40 % seiner Produktionskapazität an Roheisen und über 30 % seiner Produktionskapazität an Stahl genommen. Damit konnte Frankreich das Reich in seiner Rolle als stärkster Eisenproduzent des Kontinents ablösen. Und dann bedeutete die Aussicht auf deutsche Reparationsleistungen, auch wenn ihre genaue Höhe noch nicht feststand, ganz allgemein eine Erleichterung bei der

Versorgung mit Waren und Kapital zum Wiederaufbau. Frankreich konnte somit einen gewissen Vorsprung bei der Wiederbelebung des Binnenmarkts entwickeln, Rückstände in der Entwicklung der industriellen Infrastruktur aufholen und in der allgemeinen Wiederaufbauphase Vorteile gegenüber der deutschen Konkurrenz erzielen. Auf diese Weise ließ sich vielleicht keine wirtschaftliche Hegemonie auf dem Kontinent begründen, aber doch immerhin eine Rückkehr zur deutschen Wirtschaftshegemonie verhindern und damit die politische Bedeutung behaupten, die der Wortlaut des Versailler Vertrags Frankreich für den Augenblick zusicherte.

Schließlich boten auch die Garantieverträge, die Großbritannien und die USA der französischen Seite angeboten hatten, einen gewissen Ersatz für die Brüchigkeit der Rheinland- und Völkerbundgarantien. Wenn Frankreich das Rheinland auch gerade zu dem Zeitpunkt wieder verlassen sollte, da das Reich wieder die Fähigkeit zur Kriegsführung erlangen mußte, und Sanktionen des Völkerbunds vom guten Willen jedes einzelnen Mitgliedslandes abhängig blieben, so erklärten die beiden Alliierten doch ihre Bereitschaft, Frankreich sofort zu Hilfe zu kommen, sobald es in Zunkunft noch einmal von Deutschland angegriffen werden sollte. Allein schon das Wissen um diese Garantie mochte die Deutschen von der Verfolgung von Revancheplänen abhalten und sie dazu bringen, sich mit der Kontrolle der europäischen Machtverhältnisse durch den französischen Nachbarn abzufinden. Auch wenn die Friedenskonferenz von Versailles für Clemenceau nur einen Teilerfolg darstellte (und er sich darum alsbald heftiger Kritik Marschall Fochs und der extremen Nationalisten ausgesetzt sah), war das »System von Versailles« doch flexibel genug, um bei geschickter und sorgfältig aufeinander abgestimmter Nutzung durch die Pariser Außenpolitik eine dauerhafte Neuordnung Europas im französischen Sinne zu ermöglichen.

4.2 Das Scheitern der Hegemonialpläne

Indessen sollten die Hoffnungen, die auch nach der Konfrontation mit den Vorstellungen der Alliierten noch verblieben, bald Makulatur werden. Zum geringeren Teil war das darauf zurückzuführen, daß die französische Exekutive nicht sonderlich effektiv mit den Instrumentarien umging, die ihr das Vertragswerk von Versailles bot. Die Aktionen zur Förderung des rheinischen Separatismus blieben merkwürdig unkoordiniert und dilettantisch: Die französischen Verantwortlichen konzentrierten sich viel zu sehr auf separatistische Extremisten, die kaum über Rückhalt in der Bevölkerung verfügten, und versäumten es darüber, ihre Politik mit den Bestrebungen der gemäßigten Föderalisten wie Konrad

Adenauer oder Louis Hagen zu koordinieren, deren Programm einer föderativen Neuordnung des Reiches durchaus mit breiter Unterstützung rechnen konnte. Die Startvorteile beim Wiederaufbau wurden nicht mit letzter Konsequenz zur Mobilisierung aller Ressourcen genutzt; und auch bei der Eroberung auswärtiger Märkte fehlte es an langfristigen Planungen und gezieltem Einsatz. Frankreichs Auftreten als Siegermacht förderte eher die Abneigung gegen den französischen Imperialismus, als daß es Verständnis für die französischen Sicherheitsbedürfnisse weckte.

Viel wichtiger war, daß sich die beiden Hauptalliierten, durch die ungeschickte Selbstdarstellung der französischen Politik gefördert, alsbald von dem Versailler Vertragswerk abwandten und damit seiner Verwirklichung die entscheidende Grundlage entzogen. In den USA scheiterte Präsident Wilson mit seinem Völkerbund-Projekt: Am 20. März 1920 lehnte der amerikanische Senat die Ratifizierung des Versailler Vertrags ab, weil ihm eine permanente Bindung an ein multilaterales Allianzsystem zuwider war. Damit fehlte die kriegsentscheidende Großmacht nicht nur im Völkerbund; auch der amerikanisch-französische Garantievertrag wurde hinfällig, und der britisch-französische Garantievertrag löste sich, weil sein Inkrafttreten von der Ratifizierung des amerikanischen Vertrags abhing, in Nichts auf. Darüber hinaus zeigten die USA keine Bereitschaft, Frankreich mit Rücksicht auf die angestrebte Ordnungsfunktion in Europa finanziell entgegenzukommen. Weder wollten sie die enormen französischen Kriegsschulden stunden oder gar erlassen noch sahen sie eine Notwendigkeit, den Franc zu stützen oder sich für die Einlösung der deutschen Reparationsverpflichtungen zu verwenden; die neue Republikanische Administration in Washington war im Gegenteil daran interessiert, Deutschland nicht zu sehr zu belasten, um die amerikanischen Geschäfte auf dem nach wie vor einträglichen Markt des alten Kontinents nicht zu beeinträchtigen. Die britischen Verbündeten blieben zwar Vertragspartner des allgemeinen Friedensvertrags, sie gewannen aber nun den Eindruck, dem Deutschen Reich schon zuviel zugemutet zu haben, und ließen die Franzosen daher insbesondere bei der Eintreibung der Reparationen (die sie selbst ursprünglich viel höher angesetzt hatten als die französichen Experten) ziemlich allein.

Als Verbündete Frankreichs verblieben im wesentlichen nur noch die ostmittel- und südosteuropäischen Staaten, die das Interesse an einer Eindämmung Deutschlands teilten. Um sich einen Ersatz für den durch die Revolution verlorengegangenen russischen Bündnispartner zu schaffen, suchte die französische Diplomatie eine »kleine Entente« dieser Staaten zustande zu bringen und Frankreich als Führungsmacht dieser Entente zu etablieren. Am Beginn dieses Vertragsnetzes standen Bündnisse zwischen der Tschechoslowakei und Jugoslawien (August 1920), der Tschechoslowakei und Rumänien (April 1921) und zwischen Rumänien und Jugoslawien (Juni 1921), die auf der gemeinsamen Furcht vor ungarischen Expansionsbestrebungen und Tendenzen zur Wiederherstellung des

Habsburgerreiches beruhten. Frankreich wollte Polen als vierten Partner in dieses Bündnisgeflecht einführen, stieß dabei aber auf Widerstand, so daß schließlich nur ein Bündnis Polens mit Rumänien (März 1921) und eine vage Übereinkunft Polens mit der Tschechoslowakei (November 1921) zustande kamen. Hinzu kamen formelle Bündnisse Frankreichs mit Polen (Februar 1921) und der Tschechoslowakei (Januar 1924).

Dieses Allianzsystem war freilich, wie schon seine Entstehungsgeschichte zeigt, prekär; die vielfältigen Rivalitäten zwischen den osteuropäischen Staaten erlaubten keinen stabilen Zusammenschluß. Außerdem war Frankreich nicht in der Lage, den Führungsanspruch wahrzunehmen, mit dem es die rivalisierenden Kräfte zu integrieren und sich einen verläßlichen Partner zu schaffen gedachte: Seine Finanzkraft reichte nicht aus, um den Ländern der »kleinen Entente« durch Anleihen beim Wiederaufbau zu helfen und sie damit dauerhaft an Frankreich zu binden. Und die militärischen Kräfte waren zu gering (oder sie erschienen es nach dem Aderlaß von 1914–18 zumindest), um den Verbündeten im Osten im Konfliktfall wirkungsvoll beizustehen. Die strategischen Planungen konzentrierten sich auf eine Verteidigung des nationalen Territoriums und erschütterten mit dieser defensiven Anlage die Glaubwürdigkeit der Bündniszusagen an die Länder, die jenseits des deutschen Territoriums lagen. Die »kleine Entente« war damit nicht nur kein vollwertiger Ersatz für Rußland; sie konnte auch die Distanzierung der USA und Großbritanniens bei weitem nicht ausgleichen. Mehr noch: Indem sie die britischen Südosteuropa-Aktivitäten bisweilen empfindlich störte, trug sie sogar zusätzlich zur Entfremdung zwischen Frankreich und Großbritannien bei.

Unter diesen Umständen war es nicht weiter verwunderlich, daß die Möglichkeiten zur wirtschaftlichen Schwerpunktverlagerung von Deutschland auf Frankreich, die in dem Versailler Vertragswerk steckten, kaum zum Tragen kamen. Die deutschen Industriellen – allen voran Hugo Stinnes – setzten ihre ganze Energie daran, die französischen Intentionen zu vereiteln; und sie fanden hierfür in den USA und in Großbritannien mächtige Verbündete. Im Juli 1920 erreichten die Deutschen auf der Konferenz von Spa, daß die Verpflichtungen des Deutschen Reichs zu Kohlelieferungen um 43 % reduziert wurden und so ein entscheidender Startvorteil der Franzosen zu einem guten Teil wieder verlorenging. Inflation und staatliche Entschädigungen für die verlorengegangenen Besitzungen in Lothringen halfen den deutschen Unternehmern, neue Eisenhütten zu errichten, die die erzwungenen Abtretungen wettmachten. Die verlorengegangenen Erzvorräte kompensierten sie durch vermehrte Verwertung von Schrott und mit Importen von schwedischem und spanischem Erz. Bis Ende 1922 konnten die deutschen Industriellen auf diese Weise die schwerindustrielle Produktion soweit steigern, daß die Vorkriegskapazität wieder erreicht wurde. Die französische Konkurrenz blieb zurück, konnte sich auf den auswärtigen Märkten nicht genügend behaupten und litt folglich bald unter chronischer Unterbeschäftigung.

In gleicher Weise scheiterten alle Versuche der französischen Exekutive, von den Deutschen substanielle Reparationszahlungen zu erhalten. Die Verhandlungen über Höhe und Modalitäten der Zahlungen zogen sich hin; dabei drängten die britischen Vertreter, die ursprünglich weit höhere deutsche Reparationsleistungen anvisiert hatten als ihre unschlüssigen französischen Kollegen, auf Schonung der deutschen Wirtschaftskraft und die Deutschen taten alles, um fällige Zahlungen hinauszuzögern oder als unmöglich erscheinen zu lassen. Nachdem das Tauziehen schon mehr als ein Jahr gedauert hatte, gelang es der Regierung Briand Anfang 1921, die Briten wieder für eine energischere Haltung zu gewinnen: Am 8. März besetzten Franzosen und Engländer gemeinsam die Städte Düsseldorf, Ruhrort und Duisburg; und am 5. Mai drohten die Alliierten, die Besetzung auf das gesamte Ruhrgebiet auszudehnen, falls die deutsche Regierung die unterdessen festgesetzte Gesamtschuld von 132 Milliarden Goldmark nicht anerkennen und ihren Abrüstungsverpflichtungen nicht nachkommen würde. Unter dem Druck dieses »Londoner Ultimatums« gab es dann zwar eine prinzipielle Zahlungszusage der deutschen Seite, doch bemühten sich auch die »Erfüllungspolitiker«, die jetzt die deutsche Regierung stellten, konkretere Leistungen nach Möglichkeit zu vereiteln, und gelangten die Briten bald zu der Auffassung, daß die vereinbarte Reparationssumme (für deren Aufbringung tatsächlich 7 % des deutschen Volkseinkommens benötigt wurden) doch zu hoch sei.

Im Laufe des Jahres 1922 rückte eine Revision des Versailler Vertrages zugunsten Deutschlands immer näher: Die Deutschen drohten seit dem Vertrag von Rapallo im April mit einer engeren Verbindung mit der Sowjetunion und brachten zugleich unter Hinweis auf ihren Währungsverfall, den sie selbst aktiv förderten, ein Moratoriumsersuchen nach dem anderen vor. Als im November in Berlin eine Regierung gebildet wurde, die offensichtlich entschlossen war, überhaupt nicht zu zahlen (Kabinett Cuno), rang sich das französische Kabinett, nunmehr unter dem Vorsitz von Poincaré, dazu durch, die unter Briand schon einmal vorbereitete Ruhrbesetzung doch noch vorzunehmen: Nur so schien es ihm möglich, den Trend zur allgemeinen Revision noch einmal umzukehren und an die zur Lösung der eigenen Finanzprobleme dringend benötigten deutschen Gelder heranzukommen. Nach einigen diplomatischen Scharmützeln, die nur deutlich machten, daß auch die Deutschen entschlossen waren, die Kraftprobe zu wagen, rückten am 11. Januar 1923 französische und belgische Truppen in das Ruhrgebiet ein. Die Briten blieben abseits, ließen ihre Verbündeten aber vorerst gewähren.

Die Kraftprobe mündete zunächst in einen Sieg der französischen Seite. Die Reichsregierung inszenierte zwar einen »passiven Widerstand« der Ruhrbevölkerung, der das wirtschaftliche Leben in den besetzten Gebieten fürs erste lahmlegte, konnte die Besatzer damit aber nicht zum Aufgeben zwingen und mußte die Finanzierung des Widerstands zudem mit der völligen Zerrüttung der deutschen Währung bezahlen. Im Sommer begann die Streikfront abzubröckeln; die Unternehmer fanden sich allmählich bereit, mit der Interalliierten Kontrollkommission (MICUM) Verhandlungen über Reparationslieferungen aufzunehmen. Außerdem geriet die Reichseinheit ins Wanken: Die Wirtschaftsgrenzen, die die Besatzer errichtet hatten, wirkten auf eine Umorientierung der Ruhrwirtschaft zum Westen hin; die massenhafte Ausweisung preußischer Beamter schwächte den administrativen Zusammenhalt; und die Ermunterung separatistischer Aktivitäten durch die Besatzungsbehörden fand unter diesen Umständen verstärkte Resonanz. Der deutschen Seite blieb schließlich nichts anderes mehr übrig als zu kapitulieren: Am 26. September gab der neue Reichskanzler Gustav Stresemann offiziell das Ende des »passiven Widerstands« bekannt und erklärte sich zu neuen Verhandlungen über ein Reparationsabkommen bereit.

Poincaré wollte sich mit diesem Erfolg jedoch noch nicht zufrieden geben. Einerseits verfügte er noch nicht über sichere Garantien für künftiges deutsches Wohlverhalten; und andererseits schien sich ihm durch die Lockerung der Bindungen der besetzten Gebiete an das Reich doch noch die Gelegenheit zu ergeben, in der Rheinlandpolitik weiterzukommen, als dies 1919 möglich gewesen war. So schlug er die deutschen Verhandlungsofferten aus, ließ die Besatzungstruppen weiter separatistische Aktivitäten fördern und verhandelte schließlich im November mit Adenauer und dessen Freunden (die sich dazu von der Reichsregierung hatten ermächtigen lassen) über die Bildung einer Rheinischen Republik. Damit aber ging er über Frankreichs Möglichkeiten hinaus: Während Adenauer die Verhandlungen in die Länge zog, bis sich die Finanzen des Reiches nach der Einführung der Rentenmark wieder erholten, nahm der Kursverfall des Franc, der durch die Kraftanstrengung an der Ruhr ebenfalls mitgenommen war, dramatische Ausmaße an. Im Januar 1924 kamen die Banken der Londoner City den Deutschen zu Hilfe; die Franzosen aber mußten, um ebenfalls finanzielle Unterstützung von britischer und amerikanischer Seite zu erlangen, ihre Separierungspläne aufgeben. Der interalliierte Sachverständigenausschuß unter dem Vorsitz des amerikanischen Bankiers Dawes, den Poincaré in der Hoffnung bestellt hatte, mit Großbritannien und den USA aus einer Position der Stärke heraus über eine definitive Regelung des Reparations- und Schuldenproblems zu verhandeln, gebot nun die Wiederherstellung der wirtschaftlichen Einheit des Reiches und setzte einen Maximalwert für die Jahreszahlungen an Reparationen fest (2,5 Milliarden Mark), der weit hinter einem Ausgleich der alliierten Kriegsverluste zurückblieb.

Auf der Londoner Konferenz, die Ende Juli/Anfang August 1924 über den Plan des Dawes-Ausschusses verhandelte, mußte Poincarés Nachfolger Herriot sogar noch weitere Zugeständnisse machen: Die amerikanischen Bankiers, deren finanzielles Engagement zur Wiederankurbelung der deutschen Wirtschaft und damit zur Ermöglichung von Reparationslieferungen unentbehrlich war, bestanden auf dem Abzug der französischen Besatzungstruppen aus dem Ruhrgebiet und auf dem Abbau des Verwaltungsapparats der Besatzer auch auf dem linken Rheinufer. Frankreich mußte sich verpflichten, nie wieder zu einseitigen Zwangsmaßnahmen gegenüber Deutschland zu greifen, ohne von den Alliierten verläßliche Garantien für eine Einhaltung der Bestimmungen des Versailler Vertrags zu erhalten. Weder kam es zu dem erhofften britisch-französischen Pakt noch zu einer Regelung der französischen Schulden bei den USA oder zu Vorkehrungen gegen eine deutsche Wiederaufrüstung. Damit war die künstliche Hegemonie Frankreichs über den Kontinent zu Ende und gleichzeitig nicht nur der Weg zur nachträglichen Verwirklichung der Hegemonialpläne versperrt; es waren auch Barrieren gegen eine Rückkehr zur deutschen Hegemonie beiseite geräumt. In Deutschland hatte sich zwar mit Stresemann eine Richtung durchgesetzt, die zumindest grundsätzlich zu Reparationszahlungen und zur Verständigung mit Frankreich bereit war (und insofern hatte die Ruhrbesetzung doch einen Teilerfolg gehabt); diese deutsche Verständigungspolitik zielte aber gerade darauf, durch einen Abbau der Konfrontation bessere Voraussetzungen für eine Revision des Versailler Systems zu erlangen.

4.3 Die Verständigungspolitik

Herriot fand sich in London nicht zuletzt deswegen zu derart weitreichenden Zugeständnissen bereit, weil er hoffte, die britischen Verbündeten für einen Ausbau des Völkerbundes gewinnen zu können. Nach dem Genfer Protokoll, das der Vollversammlung des Völkerbunds im Herbst 1924 vorgelegt wurde, sollte für alle Mitgliedsländer die Verpflichtung gelten, im Konfliktfall den Völkerbundrat um Schlichtung zu bemühen; der Völkerbundrat sollte die Kompetenz erhalten, wirtschaftliche und militärische Sanktionen gegen solche Länder zu verhängen, die sich nicht an die Schlichtungs-Beschlüsse hielten. Die seit Anfang des Jahres in Großbritannien amtierende Labour-Regierung unter Ramsay MacDonald unterstützte Herriots Initiative. Damit schien die Idee einer kollektiven Sicherheitsorganisation nun doch noch Wirklichkeit zu werden, und, wie die vielen Anhänger einer Neuorientierung der französischen Außenpolitik hofften, wenn schon nicht mehr die Hegemonie in Europa, so doch wenigstens die Sicherheit vor deutschen Revancheplänen zu garantieren.

Die Hoffnungen, die sich an den Wechsel von Poincaré zu Herriot knüpften, erwiesen sich aber bald als übertrieben. Im November stürzte die Regierung MacDonald; und die Konservativen, die nun wieder an die Macht zurückkehrten, wollten von einer unbegrenzten Interventionsverpflichtung Großbritanniens nichts mehr wissen. Das neue britische Kabinett lehnte die Reform des Völkerbundes im März 1925 ab. Immerhin fand sie sich bereit, Frankreich den Bestand der Grenze zum Deutschen Reich zu garantieren und damit auf alle Ansprüche auf Elsaß-Lothringen zu verzichten: Das war der Kerngedanke des Projekts einer deutschen Grenzanerkennung unter Garantie dritter Mächte, das der britische Botschafter in Berlin, Lord d'Abernon seit dem Sommer 1924 betrieb und das dann im Januar 1925 von der deutschen wie von der britischen Regierung aufgegriffen wurde. Die französische Seite hätte gerne mehr gehabt, insbesondere eine Garantie auch der deutschen Ostgrenzen; aber das war nicht zu erreichen. Nach zähem diplomatischem Ringen unterzeichneten die Außenminister Frankreichs, Deutschlands, Großbritanniens und einer Reihe kleinerer Staaten im Oktober 1925 in Locarno ein Vertragspaket, das Frankreich den Bestand seiner Grenzen garantierte, im übrigen aber die Möglichkeit zur Revision des Versailler Vertrages im deutschen Sinne offenließ: Das Deutsche Reich verpflichtete sich, seine Westgrenzen nicht mit Gewalt zu revidieren und an der Entmilitarisierung des linken Rheinufers festzuhalten; Großbritannien und Italien sagten Frankreich militärische Hilfe für den Fall einer Verletzung dieser Verpflichtungen zu. Die Grenzen der osteuropäischen Staaten wurden von Großbritannien nicht garantiert, und die französische Garantie für diese Grenzen blieb bedeutungslos, weil es dem Völkerbund nicht gestattet wurde, im Sanktionsfall auf deutschem Boden zu operieren.

Zum Hauptarchitekten des neuen, auf Einbindung der Deutschen durch Verständigung und Stärkung der kollektiven Sicherheitsmechanismen zielenden Kurses der französischen Außenpolitik war unterdessen Aristide Briand geworden. Er war im Laufe des Jahres 1921 zu der Einsicht gelangt, daß Frankreich nicht mehr über die Kraft verfügte, Sicherheit und Einfluß im Alleingang zu erzwingen, und hatte sich darum, als er mit dieser Auffassung bei den maßgeblichen Politikern des »Nationalen Blocks« nicht durchdrang, im Januar 1922 von der Regierungsverantwortung zurückgezogen. Nach dem Scheitern der Deutschlandpolitik Poincarés und dem innenpolitisch bedingten Sturz Herriots war er Außenminister des Kartells der Linken geworden, und in dieser Funktion versuchte er nun, von einem Teil der Rechten erbittert bekämpft und von einer Mehrheit als Friedensapostel gefeiert, die Deutschen für ein dauerhaftes Arrangement mit den französischen Nachbarn zu gewinnen. Dabei war ihm bewußt, daß ein solches Arrangement nicht ohne weitere französische Zugeständnisse zu haben war; doch sah er ebenso deutlich, daß in einer kompromißbereiten Haltung tatsächlich die einzig verbliebene Chance Frankreichs lag, den deutschen Wiederaufstieg in erträglichen Grenzen halten zu können. Das Ergebnis der Locarno-Verhandlungen akzeptierte er, obwohl es eine Lockerung der Verbindungen Frankreichs zu seinen osteuropäischen Juniorpartnern implizierte: Ihm blieb die Hoffnung, durch eine Betonung der französischen Verständigungsbereitschaft die Hauptpartner von Versailles wieder auf ein größeres Maß an Solidarität verpflichten zu können.

Den Absichten Briands kam es entgegen, daß er in Stresemann einen deutschen Amtskollegen fand, der unterdessen zu der Überzeugung gelangt war, daß eine Revision des Systems von Versailles nicht gegen, sondern nur im Einverständnis mit den Weltmächten durchgesetzt werden konnte, und daß der deutsche Wiederaufstieg die Existenz der Nachbarnationen letztlich nicht gefährden durfte. So wurde die Begegnung von Locarno zum Auftakt zu einer ganzen Reihe von deutschfranzösischen Kontakten, in denen es um die Abklärung von Verständigungsmöglichkeiten ging. Im Januar 1926 zogen die Alliierten den Locarno-Vereinbarungen entsprechend ihre Besatzungstruppen aus der ersten, militärisch bedeutsamsten Zone (der Kölner Zone) ab, ohne auf vorheriger Erfüllung der Entwaffnungsvorschriften des Versailler Vertrags zu bestehen. Im September des gleichen Jahres verständigten sich die Schwerindustriellen der beiden Länder auf die Schaffung eines internationalen Stahlkartells (unter Einschluß Belgiens, Luxemburgs und des Saargebiets), das die strukturelle Überlegenheit der deutschen Schwerindustrie festschrieb, Frankreich aber zugleich dauerhafte Absatzgarantien verschaffte. Ebenfalls im September wurde Deutschland mit einem Großmachtstatus in den Völkerbund aufgenommen. Und dann verständigten sich Briand und Stresemann in Thoiry (bei Genf) auf ein weitreichendes Kompensationsgeschäft: Deutschland sollte Kredite auf dem amerikanischen Markt aufnehmen und damit vorgezogene Reparationszahlungen zur Sanierung der französischen Finanzen finanzieren; dafür sollte das Rheinland ganz geräumt, die Interalliierte Militärkontrolle aufgehoben und das Saargebiet gegen Bezahlung der Kohlezechen zurückgegeben werden.

Das war freilich mehr, als eine Mehrheit der Verantwortlichen in Paris zuzugestehen bereit war. Poincarés Rückkehr an die Macht im Sommer 1926 hatte zwar kein Abweichen vom Verständigungskurs des Linkskartells zur Folge – Briand blieb weiter Außenminister –; aber es mehrten sich nun doch die Stimmen, die vor einem Ausverkauf der französischen Machtmittel warnten. Die Militärs opponierten offen gegen die vorgesehene Preisgabe der Kontrollinstrumente. Hinzu kam, daß die amerikanischen Bankiers keine Kredite zur Sanierung der französischen Finanzen zur Verfügung stellen wollten, solange Frankreich seine Kriegsschulden nicht bezahlt hatte, und daß die britische Regierung gegen eine Schuldenregulierung Front machte, an der sie nicht beteiligt war. Unter diesen Umständen kam die Verwirklichung des in Thoiry besprochenen Arrangements lange Zeit nicht recht voran – und als es Poincaré dann im Winter 1926/27 gelang, den Franc auch ohne deutsche Hilfe zu stabilisieren, verlief es sich, sehr zur Enttäuschung Stresemanns, im Sande. Briand blieb nichts anderes übrig, als die Spuren des Projekts nach Kräften zu vertuschen.

Ob ein größeres Maß an Entgegenkommen der französischen Seite der Verständigungspolitik tatsächlich, wie Stresemann im nachhinein behauptete, zu einer stabilen Mehrheit in Deutschland verholfen hätte, muß offen bleiben. Festzustellen ist nur, daß die von Briand angestrebte Saturierung des deutschen Revisionsstrebens nicht näherrückte, sondern im Gegenteil jedes französische Zugeständnis die deutschen Ansprüche weiter nach oben schraubte. Briand geriet damit in die Defensive: Er fand keine Gelegenheit zu spektakulären Angeboten mehr und mußte sich statt dessen darauf konzentrieren, den deutschen Expansionismus einzudämmen.

4.4 Vergebliche Eindämmungsbemühungen

Wie bei der strukturellen Überlegenheit des Deutschen Reiches nicht anders zu erwarten, blieben diese Eindämmungsmaßnahmen allein ohne dauerhaften Erfolg. Das deutete sich schon an, als Briand 1927 einen neuen Versuch unternahm, die USA für ein sicherheitspolitisches Engagement in Europa zu gewinnen. Statt eines französisch-amerikanischen Paktes, der die Deutschen von einem Angriff abzuhalten versprach, kam nach langwierigen Verhandlungen nur eine multilaterale Kriegsächtungsvereinbarung unter Einschluß der Deutschen zustande, die niemanden ernsthaft verpflichtete. Mehr noch: Dieser Briand-Kellog-Pakt, der am 27. August 1928 in Paris mit großem Pomp unterzeichnet wurde, bot den Deutschen eine billige Gelegenheit zur Demonstration ihrer Friedensbereitschaft und unterlief damit die französischen Warnungen vor einem deutschen Expansionismus. Der Anspruch der Franzosen auf Sicherheitsvorkehrungen erschien darum mehr und mehr anachronistisch.

In der Reparationsfrage konnten Poincaré und Briand den deutschen Revisionismus noch einmal bremsen, freilich nur um den Preis der 1926/27 noch verweigerten vorzeitigen Rheinlandräumung. Stresemann rang sich im Sommer 1928 zu der Einsicht durch, daß ein baldiger Abzug der Besatzungstruppen nur zu erreichen war, wenn er den Abbau der Reparationsleistungen nicht allzusehr forcierte. In der neuen Sachverständigenkommission, die daraufhin im Februar 1929 zusammentrat, versuchte der Leiter der deutschen Delegation, Reichsbankpräsident Hjalmar Schacht, zwar noch einmal, den Preis kräftig zu drücken, aber dann einigte man sich doch auf ein Arrangement, das nicht allzuweit hinter den Bestimmungen des Dawes-Plan zurückblieb: Nach dem »Young-Plan«, der im August 1929 auf einer internationalen Konferenz in Den Haag vereinbart wurde, sollte Deutschland bis zur Erledigung seiner Reparationsschulden jährlich etwas über zwei Milliarden Mark zahlen; das entsprach immerhin noch 2,6 % statt bislang 3,3 % des deutschen

Volkseinkommens. Als Gegenleistung standen die Alliierten eine Räumung der beiden restlichen Besatzungszonen bis Mitte 1930 zu, fünf Jahre vor dem in Versailles festgelegten Termin. Die Einhaltung der Entmilitarisierungsbestimmungen wurden nicht mehr länger überwacht. Außerdem erklärten sich die Alliierten bereit, auf einen erheblichen Teil der deutschen Zahlungen verzichten zu wollen, wenn ihnen die USA einen entsprechenden Nachlaß bei der Rückzahlung ihrer Kriegsschulden gewährten.

An der wirtschaftlichen Überlegenheit Deutschlands war freilich nicht mehr zu rütteln; und auch die Revision der deutschen Ostgrenzen rückte sichtlich näher. Unterdessen hatte Stresemann Völkerbundgarantien für die nationalen Minderheiten in Europa gefordert: Damit drohten Frankreichs osteuropäische Verbündete, auf deren Gebiet ja große deutschsprachige Minderheitengruppen lebten, unter massiven Revisionsdruck zu geraten. Um diesen Druck noch einmal abzufangen, schlug Briand in einer spektakulären Völkerbund-Rede Anfang September 1929 die Schaffung »einer Art föderativer Verbindung« der europäischen Staaten vor. Wie eine solche europäische Gemeinschaft funktionieren sollte, wußte er selbst nicht sonderlich genau; wichtig war ihm nur, daß die Deutschen von Territorialforderungen abgelenkt wurden und der mittlerweile schon ziemlich verblaßte Verständigungsgedanke neuen Auftrieb erhielt. Als Stresemann ihn um eine Präzisierung seiner Vorstellungen ersuchte, legte er dem Völkerbund zum 1. Mai 1930 ein Memorandum vor, in dem die Institutionalisierung der Zusammenarbeit der europäischen Staaten in einer »Europäischen Konferenz« und einem »Ständigen Politischen Ausschuß« gefordert wurde und außerdem eine Erweiterung des Sicherheitssystems von Locarno auf alle europäischen Völkerbundmitglieder vorgesehen war. Damit sollten Barrieren gegen eine einseitige Revision der deutschen Ostgrenze errichtet und im übrigen die Deutschen auf den Weg multilateraler Verständigung verwiesen werden.

Der erneute Appell an den europäischen Idealismus genügte allerdings nicht mehr, um das deutsche Revisionsstreben in Grenzen zu halten. Als Briand sein Memorandum vorlegte, war Stresemann gestorben und in Berlin hatte eine Regierung ihr Amt angetreten, die sich nicht mehr auf die Koalition der sogenannten »Erfüllungs«-Parteien stützte. Der neue Reichskanzler Brüning lehnte die zugemutete Selbstbeschränkung der Deutschen strikt ab und setzte statt dessen alles daran, die wirtschaftliche Potenz des Reiches sowohl zur Befreiung von den Reparationsverpflichtungen als auch zur Verdrängung Frankreichs auf seinem ost- und südosteuropäischen Einflußgebiet zu nutzen. Briand suchte weiter nach Eindämmungsmöglichkeiten, aber er fand keinen wirkungsvollen Ansatz mehr. Als er im Januar 1932 die Leitung des Außenministeriums abgab, stand Frankreich dem deutschen Wiederaufstieg schon ziemlich hilflos gegenüber.

5. Die Folgen der Weltwirtschaftskrise

Hatte die Hochkonjunktur der 20er Jahre maßgeblich dazu beigetragen, daß der republikanische Konsens trotz der ungerechten Verteilung der Kriegslasten und der ungenügenden Leistungsfähigkeit des Staates im Grundsatz noch erhalten blieb, so führte die Wirtschaftskrise der 30er Jahre zu einer rapiden Beschleunigung der Desintegrationstendenzen: Das Ungenügen des staatlichen Krisenmanagements wurde nun deutlich empfunden; und wenn die Ursachen für dieses Versagen auch selten klar erkannt wurden, so zerrann doch der Grundkonsens, der die III. Republik bislang über alle Spannungen hinweg zusammengehalten hatte, und verlor das Land zunehmend an Lösungskapazität im Innern wie an Handlungsfähigkeit auf der internationalen Szene. Was an die Stelle der zerfallenden bürgerlichen Ordnung treten würde, war lange Zeit ungewiß; sicher war nur, daß die Krise des Regimes den Franzosen neue Opfer abverlangte.

5.1 Die Wirtschaftskrise

Daß die Weltwirtschaftskrise die staatliche Ordnung Frankreichs so nachhaltig treffen würde, war zunächst keineswegs abzusehen: Weniger dynamisch als die Wirtschaft anderer Industrienationen, weniger exportorientiert und weniger mit amerikanischem Kapital finanziert, wurde die französische Volkswirtschaft auch in geringerem Umfang von der Krise erfaßt als etwa die deutsche. Anfangs hatte der New Yorker Börsenkrach vom Oktober 1929 überhaupt keine negativen Auswirkungen auf das französische Wirtschaftsleben. Im Gegenteil: Paris wurde zum Zufluchtsort für mobiles Kapital, das anderswo bedroht war; der Franc avancierte zu einer weltweit gesuchten Währung; und die Goldreserven der Banque de France wuchsen scheinbar unaufhörlich an. Gleichzeitig erreichte die Produktion bislang ungekannte Ausmaße, und so schien das Frankreich der Jahre 1929 und 1930 eine Insel des Wohlstands in einem Meer der Zusammenbrüche.

Ende 1930 machte sich dann aber eine Krise des französischen Exports bemerkbar: Die Nachfrage ging zurück, und die französischen Waren wurden bei der einsamen Stabilität des Franc zu teuer. Die Krise des Exports führte zu einem Verfall der Preise und damit über den Exportbereich hinaus zum Schrumpfen der Erträge und in vielen Fällen auch zum Bankrott. Entsprechend ging die Produktion zurück und sank auch die Bereitschaft zu neuen Investitionen; und dann sorgte der Investitionsmangel für eine Fortdauer der Malaise. Von 1930 auf 1932 sanken die Einkünfte in der Industrie und im Handel um 23 %, in der Landwirtschaft um 16 %. Die Zahl der Konkurse stieg in der gleichen Zeitspanne um nahezu zwei Drittel. Der Konjunktureinbruch des Spätjahres ergab für das ganze Jahr 1930 gerechnet schon einen Rückgang der industriellen Produktion um 7 %; 1931, im eigentlichen Durchbruchsjahr der Krise, sank sie um 17,5 %. Im Frühjahr 1932 trat eine leichte Erholung ein, die jedoch nur bis zum Frühsommer 1933 dauerte; danach sanken die Produktionsraten wieder. Im April 1935 lagen sie fast wieder genauso niedrig wie im März 1932: bei weniger als 75 % des Niveaus von 1929.

Gemessen an der Entwicklung in Deutschland, in den USA und selbst in Großbritannien war das freilich noch ein mäßig zu nennender Einbruch. Vor allem waren seine sozialen Konsequenzen weniger dramatisch: Die Zeit der Vollbeschäftigung und des Arbeitskräftemangels war zwar vorüber, doch blieb die Arbeitslosenquote unter 5 %. Die Zahl der staatlich unterstützten Arbeitslosen betrug Ende 1931 190 000; 1932 stieg sie weiter auf 260 000 und dann bis Ende 1935 auf 426 000. Von Kurzarbeit und Arbeitsreduzierung waren weit mehr Menschen betroffen, doch ergab sich daraus insgesamt nur ein Kaufkraftverlust von etwa 15 %. Die Senkung der Lebenshaltungskosten (um etwa 10 %), der Abbau der Fremdarbeiter und der weiblichen Arbeitskräfte und schließlich die Rückkehr zur Arbeit auf dem Land trugen dazu bei, daß sich der Beschäftigungsmangel nicht zu einem explosiven Problem auswuchs. Die Arbeiter verloren an Kampfkraft gegenüber dem Unternehmerlager; sie mußten es hinnehmen, daß die Unternehmer den Ausbau der Sozialversicherung und der Familienzuwendungen sabotierten; aber sie konnten das reale Niveau ihrer Löhne einigermaßen verteidigen.

Stärker als der Durchschnitt der Arbeiter wurden die Bauern von der Krise betroffen. Weil die Nachfrage der industriellen Konsumenten zurückging und die Produktivität zugleich wuchs, verfielen die Preise für Agrarprodukte um 30 bis 40 %, für einzelne Produkte, so für Getreide, sogar um mehr als 60 %. Der Tauschwert für Agrarprodukte ging um schätzungsweise ein Drittel zurück, und auch der Boden verlor etwa im gleichen Umfang an Wert. Staatliche Stützungsmaßnahmen, insbesondere die Regulierung der Märkte für einzelne Produkte wie Wein oder Getreide, milderten zwar die Auswirkungen des Preisverfalls, doch blieben die Belastungen für das Gros der Landwirte beträchtlich. Viele Kleinbauern kehrten zur Subsistenzwirtschaft zurück und vegetierten am Rande des Existenzminimums. Stark belastet waren auch die Angestellten und die Angehörigen des öffentlichen Dienstes, die erstgenannten durch Arbeitslosigkeit und die letzteren durch die Gehaltskürzungen, die der Staat unter dem Druck leerer Kassen und einer populistischen Agitation gegen die »öffentlichen Schmarotzer« verfügte. Ebenso wurden viele kleine Gewerbetreibende und Bankiers zu Opfern der Krise: Für ihre Geschäfte war auf den enger werdenden Märkten kein Platz mehr; wirkungsvolle Selbstverteidigungsorganisationen standen ihnen aber nicht zur Verfügung.

Nicht getroffen wurden dagegen die Bezieher fester Einkommen und Renten: Sie profitierten von dem allgemeinen Preisverfall und stabilisierten ihre Gewinne, weil die Regierungen davor zurückschreckten, die Währung zur Wiedergewinnung der internationalen Konkurrenzfähigkeit erneut abzuwerten. Positiv entwickelte sich die Krise auch für viele Großunternehmer, Großbankiers und Angehörige freier Berufe. Neben den Zusammenbrüchen, von denen die kleinen und jüngeren Unternehmer tendenziell stärker betroffen waren als die Großunternehmen mit Tradition, standen bemerkenswerte unternehmerische Erfolge, Unternehmenskonzentrationen und die Selbstbehauptung von Kartellen. Die Konzentration nahm also in den Jahren der Krise weiter zu, und der allmähliche Zuwachs an Produktivität setzte sich weiter fort – je nach Industriezweig zwischen 10 und 20 %, im Bergbau sogar um 25 %.

Was den Modernisierungsprozeß wirklich hemmte und auch die politische Brisanz der Krise ausmachte, war das Ausbleiben der Investitionen und damit einer allgemeinen Wiederbelebung des Wirtschaftslebens. Während die akute Krise in den übrigen Industrienationen um 1934/35 mehr oder weniger ihrem Ende zuging, erreichte sie in Frankreich erst jetzt ihren Höhepunkt und dauerte sie auch danach ohne nachhaltige Erleichterungen bis zum Frühjahr 1938 fort. Solange die Preise fielen, konnte es bei dem hohen Selbstfinanzierungsanteil der französischen Wirtschaft keine Impulse zur Wiederbelebung geben; erst als abzusehen war, daß das 1935/36 erreichte – niedrige – Preisniveau einigermaßen stabil war, erschienen Investitionen wieder erfolgversprechend. Hinzu kam, daß die Regierungen mit extrem deflationistischen Eingriffen für eine Fortdauer der Krise sorgten: Mit ihren Sparmaßnahmen senkten sie die Kaufkraft und blockierten sie staatliche Produktionsinitiativen; und mit der Entscheidung, am zunehmend (besonders seit der Abwertung des britischen Pfunds im September 1931) überhöhten Kurs des Franc festzuhalten, beeinträchtigten sie die Absatzchancen der nationalen Produktion. Freilich sank mit der Fortdauer der Krise das Vertrauen in die französische Währung und bahnte sich mit einiger Verzögerung ab 1935 eine neue Währungskrise an. Im September 1936 ließ sich eine Abwertung des Franc nicht mehr umgehen, doch blieb auch der neue Währungskurs noch unterhalb einer vollen Restituierung der Wettbewerbsfähigkeit.

Die lange Dauer der Krise beschleunigte den Desintegrationsprozeß der Republik in doppelter Weise: Zum einen schwanden allenthalben das Vertrauen in die traditionellen politischen Führer und die Loyalität zu der von ihnen repräsentierten Ordnung; zum anderen steigerte sich die Distanz zwischen den verschiedenen gesellschaftlichen Gruppen und Klassen nun oft zu Erbitterung und Haß, ließen wechselseitige Schuldzuweisungen die Fragmentierung der französischen Gesellschaft ständig größer werden. Das traditionelle Bürgertum machte die Genußsucht der Arbeiter für die Krise verantwortlich; kleine Gewerbetreibende die Aufblähung des öffentlichen Dienstes; und klassenbewußte Arbeiter den Egoismus der »200 Familien« (die über das Stimmrecht bei der Banque de France verfügten). Selbst diejenigen, die persönlich noch nicht von der Krise betroffen waren, sahen mit Sorge in die Zukunft; und so fühlte sich mit der Zeit nahezu jedermann verunsichert, wenn nicht sogar akut bedroht.

5.2 Die Lähmung der Exekutive

Unzufriedenheit und wechselseitige Erbitterung schlugen sich in einer zunehmenden Unregierbarkeit des Landes nieder: Die traditionellen Führer, insbesondere die Führer der für das Funktionieren des Regierungssystems zentralen Radikalen Partei, verloren an Autorität und mußten, um ihre Positionen behaupten zu können, zunehmend auf Interessengruppen Rücksicht nehmen; da die Forderungen der Interessengruppen aber oft in gegensätzliche Richtungen gingen und diese sich zudem gegenseitig für die Misere verantwortlich machten, kam keine einheitliche Orientierung mehr zustande. Kompromisse wurden nur noch selten aus freien Stücken eingegangen, und wenn, dann waren sie von kurzer Dauer. Entsprechend verloren die Regierungen, da es in der Verfassung der III. Republik keine institutionellen Sicherungen gegen das Durchschlagen von Partikularinteressen gab, an solidem parlamentarischem Rückhalt; ihre Handlungskompetenzen wurden zusehends geringer und Regierungsstürze immer häufiger.

Der Zerfall der Regierungsstabilität wurde noch dadurch beschleunigt, daß Poincaré bald nach seinem Stabilisierungserfolg und dem eindrucksvollen Wahlsieg der »Nationalen Union« von der politischen Bühne abtrat: Im Juli 1929 zog er sich aus Krankheitsgründen vom Amt des Ministerpräsidenten zurück. Die Zeitgenossen sahen darin – auf dem Höhepunkt der Nachkriegs-Prosperität – noch kein Signal für bevorstehende Erschütterungen; aber schon das nachfolgende Kabinett konnte sich nur knapp drei Monate im Amt halten: Briand, der das Amt des Ministerpräsidenten gleichsam routinemäßig zusätzlich zum Außenministerium übernommen hatte, war den konservativen Rechten wegen seiner Verbindungen zur Linken suspekt; als er mit dem Projekt der »Europäischen Union« die internationalistischen Emotionen wieder beleben wollte, wurde ihm das Vertrauen entzogen. Die Radicaux, die unter dem Druck ihres internationalistischen Flügels schon im letzten Kabinett von Poincaré nicht mehr mitgearbeitet hatten, zogen sich daraufhin erneut aus der Regierungsverantwortung zurück. Der neue Führer der Rechten, Clemenceaus langjähriger Mitarbeiter André Tardieu, bildete ein Kabinett, das sich wie schon zu Zeiten des »Nationalen Blocks« von 1919 nur noch auf die weniger breite Mehrheit der Rechtsparteien stützte. Anderthalb Jahre später, im Mai 1931, scheiterte Briand auch als Kandidat für das Amt des Staatspräsidenten. Nachfolger Doumergues, dessen Amtsperiode abgelaufen war, wurde der Kandidat der Rechten, Paul Doumer. Lediglich als Außenminister konnte sich der alte Mann des Ausgleichs zwischen den Fronten, zu dem Briand unterdessen geworden war, noch behaupten.

Tardieu seinerseits trat sein Amt mit dem ehrgeizigen Ziel an, die konservative Parlamentsmehrheit soweit zu stabilisieren, daß sich das Regime in autoritäre Richtung umformen ließ. Anders als viele seiner älteren Kollegen spürte er deutlich das Ungenügen des bisherigen Staatsapparats und die Gefahren, die von der mangelnden Integration insbesondere der Arbeiterklasse ausgingen; um ihnen zu begegnen, setzte er auf die Schaffung eines starken Staates mit korporatistischen Zügen. Dazu sollten erstens die Rivalitäten zwischen den verschiedenen Fraktionen des rechten Lagers eingeebnet und die Organisation der Rechten den Bedingungen des Massenzeitalters angepaßt werden; zweitens sollte die von Tardieu als im Grunde konservativ eingeschätzte Mehrheit der Radicaux für eine gemeinsame Front gegen die »marxistischen« Parteien gewonnen werden; und drittens hoffte er, Kommunisten und Sozialisten durch eine fortschrittliche Sozialpolitik allmählich die Wählerbasis entziehen zu können. In der Öffentlichkeit sprach Tardieu von der Einführung eines Zweiparteiensystems nach angelsächsischem Muster; tatsächlich sollte freilich nach seiner Vorstellung die Linke nie mehr die Chance zu einer Regierungsübernahme erhalten und das parlamentarische System somit aus den Angeln gehoben werden. Darüberhinaus schwebte ihm vor, von der Regierungsspitze her in bonapartistischer Weise direkt an die Massen zu appellieren und damit das Gewicht der Parteiapparate und der Honoratioren zu reduzieren.

Der erhoffte Erfolg dieser Maßnahmen blieb jedoch aus. Das hing zum einen damit zusammen, daß die etablierten Honoratioren in der Abgeordnetenkammer und insbesondere im Senat die Notwendigkeit einer autoritären Modernisierung vielfach nicht einsehen mochten und sich daher gegen Tardieus Pläne sperrten. Zum anderen ging aber auch das Kalkül nicht auf, die Anhänger der Radicaux für eine autoritäre Lösung gewinnen zu können: Diese radikalisierten sich unter dem Eindruck der Krise nicht alle nach rechts hin, sondern mindestens ebenso häufig nach links; folglich gab es für ihre Parteiführung keinen Anlaß von der Opposition gegen den Erben Clemenceaus abzurücken. Als im Dezember 1930 bekannt wurde, daß Mitglieder der Regierung in eine Affäre betrügerischen Bankrotts verwickelt waren, fand sich im Palais Bourbon eine Mehrheit für den Sturz Tardieus zusammen. Danach regierte, weil der Versuch einer Mitte-Links-Kombination schon nach wenigen Wochen scheiterte, die Tardieu-Mehrheit mit Pierre Laval an der Spitze weiter; Tardieu übernahm das Landwirtschaftsministerium. Die Pläne zur Entmachtung des Parlaments kamen freilich auch jetzt nicht recht voran. Laval brachte zwar in der Kammer eine Vorlage zur Abschaffung des zweiten Wahlgangs durch, die die Radicaux zwingen sollte, sich vor den nächsten Parlamentswahlen unmißverständlich für oder gegen die Rechte zu entscheiden; der Senat opponierte jedoch gegen diese Vorlage und zwang den Ministerpräsidenten im Februar 1932 zum Rücktritt. Tardieu kehrte noch einmal für kurze Zeit an die Spitze der Regierung zurück; aber dann ging die Mehrheit des »Nationalen Blocks« in den Wahlen vom 1. und 8. Mai 1932 verloren.

Die Niederlage Tardieus bedeutete nicht nur einen Rückschlag für die Bestrebungen, das Regime in autoritäre Richtung umzuformen; sie bildete umgekehrt sogar den Auftakt zu einer weiteren Schwächung der Exekutive. Die Radicaux als die großen Sieger dieser Wahlen hatten sich zwar unter dem Druck der autoritären Rechten zu einem Wahlbündnis mit den Sozialisten entschlossen; sie waren aber mehrheitlich nicht bereit, sich programmatisch und politisch an die Linke zu binden. Auf der anderen Seite gab es in den Reihen der Sozialisten, die ebenfalls zu den Siegern zählten, nach wie vor erhebliche Widerstände gegen eine Regierungsbeteiligung im bürgerlichen Staat. So blieben Anstrengungen zur Bildung einer Koalition der beiden Hauptparteien der Linken vergeblich und bildete Edouard Herriot schließlich ein Kabinett der Mitte, das auf die parlamentarische Unterstützung durch einen Teil der sozialistischen Abgeordneten angewiesen war. Mit einer solchen Formation war freilich nicht eben leicht zu regieren; und so häuften sich nun die negativen Mehrheiten und die Kabinettsstürze. Herriot inszenierte im Dezember 1932 seinen Rücktritt selbst; ihm folgten Joseph Paul-Boncour, Edouard Daladier, Albert Sarraut, Camille Chautemps, und wieder Daladier, insgesamt nicht weniger als fünf Regierungen in 14 Monaten.

Keine dieser Regierungen war imstande, wirkungsvolle Maßnahmen gegen die Wirtschaftskrise zu treffen. Teils hinderte sie daran die eigene liberale Orthodoxie, die staatliche Maßnahmen zur Arbeitsbeschaffung und Investitionsförderung verbot; teils machte ihnen aber auch ihr enger parlamentarischer Manövrierraum zu schaffen, der die Verwirklichung unpopulärer Maßnahmen außerordentlich erschwerte. Aufs Ganze gesehen blieb es daher bei dem schon von Tardieu eingeschlagenen Deflationskurs, der die Krise künstlich verlängerte. Die wachsende Erbitterung der verschiedenen Krisenopfer schlug sich in Streiks, Demonstrationen und Straßenkämpfen militanter Organisationen nieder. Die Regierungen verloren an Autorität und sie gerieten unter zunehmend schärferen

Beschuß durch die militante Rechte, die sich zu Unrecht in die Opposition verwiesen sah.

Hinzu kamen außenpolitische Niederlagen, die, obwohl in den Entscheidungen der 20er Jahre schon angelegt, den Eindruck der Schwäche der Regierenden verstärkten und Wasser auf die Mühlen der nationalistischen Agitation von rechts lieferten. Die Regierung Laval hatte zunächst noch einen Erfolg erzielen können, indem sie die kurzzeitig gestiegene Finanzmacht Frankreichs dazu nutzte, das im März 1931 beschlossene Projekt einer deutsch-österreichischen Zollunion zu torpedieren. Es war ihr aber nicht mehr gelungen, die Deutschen durch eine großzügige Finanzhilfe, wie Laval sie im Juli 1931 Brüning anbot, zum formellen Verzicht auf eine Revision des Versailler Vertrages zu bewegen. Vielmehr mußte sie hinnehmen, daß der amerikanische Präsident Hoover ein einjähriges Moratorium für die Reparationszahlungen durchsetzte. Unter der Regierung Herriot wurde aus dem Moratorium ein Jahr später, wie nicht anders zu erwarten, ein endgültiger Verzicht; Frankreich mußte sich mit den knapp 9 Milliarden Mark begnügen, die es bislang erhalten hatte. Die Regierungen der radikalen Mitte kämpften auch vergeblich gegen die deutschen Wiederaufrüstungsbestrebungen: Versuche, die Deutschen auf einer Abrüstungskonferenz des Völkerbunds in Genf in ein kollektives militärisches System einzubinden, führten nur dazu, daß dem Deutschen Reich Ende 1932 entgegen den Bestimmungen des Versailler Vertrages das Recht auf militärische »Gleichberechtigung« zugestanden wurde. Im Oktober 1933 erklärte Hitler Deutschlands Rückzug von der Abrüstungskonferenz und Austritt aus dem Völkerbund; damit war nach der Hegemonialpolitik der ersten Nachkriegsjahre auch die Verständigungspolitik ganz offensichtlich gescheitert.

5.3 Modernisierung und Faschismus

Das Schauspiel der Krise und der Unfähigkeit der politischen Machthaber, sie zu bewältigen, riefen bei großen Teilen der nachwachsenden Intellektuellen-Generation eine Bewegung der Revolte gegen die Werte und Institutionen der III. Republik hervor, die politisch in vielen Farben schillerte, in der engagierten Ablehnung des klassischen Liberalismus aber zunächst einmal einig war. Gemeinsam war ihnen die Abneigung gegen den Parlamentarismus und das Hin und Her der Parteien, die Sehnsucht nach einer klaren Führung und nach einer Überwindung der Klassengegensätze, die Bereitschaft zu radikalem Engagement und die Hoffnung auf eine »neue Ordnung« jenseits der herrschenden Mittelmäßigkeit. Viele riefen nach einem starken Mann; viele setzten auf die Integrationskraft des Nationalismus; und für viele wurde auch die Integration der Arbeiter in die neue Ordnung zu einem vordringlichen Anliegen. Meist führte der Protest zu einem radikalen politischen Engagement; dabei wiesen aber linker und rechter Radikalismus viele Gemeinsamkeiten auf und wechselten viele Republikgegner im Laufe ihres Engagements das politische Lager, zumeist – über den pseudorevolutionären Kurs der kommunistischen Partei enttäuscht – von links nach rechts.

Ein Teil der Revoltierenden sah den Ausweg aus der Krise in einer marxistisch verstandenen Revolution. Manchmal engagierten sich diese »Revolutionäre« bei der kommunistischen Partei, häufiger aber bei Gruppierungen der extremen Linken: bei Anarchisten und Erben des revolutionären Syndikalismus, die jetzt wieder Auftrieb erhielten (so Pierre Monatte, Pierre Besnard), bei Gruppen antibolschewistischer Kommunisten (so Alfred Rosmer, André Ferrat), bei den Trotzkisten (Pierre Naville, Gérard Rosenthal) und bei marxistisch-aktivistischen Gruppen in der SFIO (um Marceau Pivert). Gleichzeitig entstand ein reger literarischer Betrieb der extremen Linken, mit Zeitschriften wie »Revue marxiste«, »Critique sociale«, »Masses« und »Commune« und Autoren wie Boris Souvarine, Georges Bataille, Raymond Queneau, Henri Lefebre und Jacques Soustelle. Auch die surrealistische Bewegung um André Breton und Louis Aragon stand in enger Beziehung zu der Revolte von links. Insgesamt blieb der linke Revolutionarismus jedoch eine ausgesprochene Intellektuellen-Bewegung, ohne Massenanhang und meist auch ohne ernsthafte Analyse der tatsächlichen gesellschaftlichen Entwicklungen; seine Energie verpuffte in Richtungskämpfen und Auseinandersetzungen mit den beiden großen Arbeiterparteien der Linken.

Häufiger als das Bekenntnis zur Revolution im marxistischen Sinne war die Suche nach neuen Gesellschaftsmodellen jenseits der bekannten ideologischen Lager. So fanden die planwirtschaftlich orientierten »Neo-Sozialisten« und »Neo-Radikalen«, die die parlamentarische Demokratie weniger beseitigen als durch eine Wirtschaftsdemokratie ergänzen wollten, nun weit größere Resonanz; und einige von ihnen gelangten mit der Zeit über technokratische Zukunftsvisionen zu ziemlich autoritären, im Grunde schon faschistischen Positionen – so Bertrand de Jouvenel aus den Reihen der Radicaux und Adrien Marquet und Marcel Déat von den Sozialisten. Aus der Tradition des sozialen Katholizismus entwickelt sich die »personalistische« Bewegung um Emmanuel Mounier und die Zeitschrift »Esprit«, die wohl an der Zielsetzung einer »wahren« Demokratie festhielt, diese aber nun gegen den Parlamentarismus durchsetzen wollte. Und dann entstand in Anlehnung an Traditionen des libertären Sozialismus eine »föderalistische« Bewegung, die in Robert Aron und der Zeitschrift »Ordre nouveau« ihre Wortführer fand. Auch sie gab sich radikal-demokratisch und antiparlamentarisch zugleich; freilich ergänzte sie Antikapitalismus und Antiparlamentarismus noch durch einen dezidierten Antimarxismus, während der »Esprit«-Kreis auch marxistische Elemente in seine Reflexionen mit einbezog.

Die meisten Kritiker der Schwächen der III. Republik landeten jedoch, durch das italienische Beispiel angeregt, bei mehr oder weniger deutlich faschistischen Positionen. Das begann mit dem Schriftsteller Pierre Drieu la Rochelle, der zunächst eine Versöhnung der Extreme von rechts und von links predigte und dann, als diese sich in der politischen Realität doch auseinanderentwickelten, zum Ideologen eines französischen Faschismus wurde. Sekundiert wurde ihm von Robert Brasillach, Maurice Bardèche, Thierry Maulnier, Jean-Pierre Maxence und anderen, die in Zeitschriften wie »Je suis partout« und »Gringoire« ein Massenpublikum fanden. Die breite Resonanz, die diese Autoren hatten, zeigte sich auch im Aufkommen und der Aktivierung militanter Organisationen der extremen Rechten. Sowohl Bauern- als auch Veteranenverbände politisierten sich in populistisch-rechtsextremer Richtung, und auch die in bonapartistisch-boulangistischer Tradition stehenden »Ligen« autoritären Zuschnitts erlebten eine neue Blüte. Die »Croix de Feu«, ursprünglich ein Verband von Ehrenzeichenträgern des Krieges, weitete sich unter dem Vorsitz des Obersten de La Rocque zu einer paramilitärischen Massenorganisation aus, die die Eliminierung der Linken und die Schaffung eines starken Staates auf ihre Fahnen schrieb. Zur gleichen Zeit – 1933 – entstanden die kleinbürgerlich-nationalsozialistische »Solidarité française« unter Jean Renaud und die ganz auf das italienische Vorbild ausgerichtete Gruppe der »Franquisten« um Marcel Bucard, beide allerdings ohne wirklichen Massenanhang.

Die faschistische Bewegung, die sich damit abzeichnete (auch wenn die ideologische Durchformung eher bei den intellektuellen Wortführern als bei den verschiedenen Organisationen zu finden war und eine durchgehende revolutionäre Dynamik noch fehlte), konnte an ältere Vorbilder anknüpfen: Die »Action française« um Charles Maurras hatte seit der Dreyfus-Affäre den harten Kern der monarchistischen Reaktion um sich gesammelt, mit der Kombination von Nationalismus, Antikapitalismus und Antisemitismus wesentliche Themen des Faschismus entwickelt und mit der Parteitruppe der »Camelots du Roi« den Weg zu gewaltsamer Machtergreifung gewiesen. In der Straßenagitation hatte sie zudem seit dem Sieg des Linkskartells 1924 von den »Jeunesses patriotes« des konservativen Abgeordneten Pierre Taittinger Konkurrenz bekommen, die die Propaganda für den starken Staat mit einer breiten Entfaltung paramilitärischen Zeremoniells verbanden. Beide Organisationen hatten jedoch unterdessen an Bedeutung verloren: die »Action française«, weil sie an einer monarchistisch-aristokratischen Gesellschaftskonzeption festhielt, die mit den sozialrevolutionären und modernistischen Elementen des Protests nicht mehr in Einklang zu bringen war; und die »Jeunesses patriotes«, weil sie im Grunde auf eine Stabilisierung des gesellschaftlichen Status quo zielten, der mit der Krise verlorenging. Mit dem Immobilismus beider Organisationen unzufriedene Kräfte sammelten sich seit Ende 1925 bei den »Faisceau« um Georges Valois, der die Schaffung eines modernen korporatistischen Staates auf seine Fahnen geschrieben hatte. Nach drei Jahren zerbrach diese Organisation jedoch am Gegensatz von Rechts- und Linksextremisten, und in den 30er Jahren fanden sich ihre Anhänger in gegensätzlichen Lagern wieder.

Zu einer starken politischen Formation, sowohl was die Formulierung des ideologischen Rahmens als auch was die Mobilisierung von Anhängern betraf, wurden die autoritären und faschistischen Tendenzen erst im Zusammenhang mit der Wirtschaftskrise. Die »Feuerkreuzler« wuchsen bis auf schätzungsweise 150 000 Mitglieder an und riefen nun, 1933/34, mit ihren Aufmärschen den Eindruck einer mächtigen faschistischen Bewegung hervor. Noch weiter wuchs der Aktionskreis des Faschismus dann nach der Bildung der Volksfront-Regierung im Sommer 1936. Die »Parti social français«, die von de La Rocque nach dem Verbot der Ligen durch die linke Regierung gebildet wurde, brachte es in kurzer Zeit auf 800 000 Mitglieder; und daneben entwickelte sich noch eine nunmehr eindeutig faschistische »Parti Populaire Français« unter der Führung des vormaligen Kommunistenführers Jacques Doriot, die etwa 170 000 Mitglieder für sich mobilisieren konnte. An einer schlagkräftigen Gesamtorganisation des französischen Faschismus mangelte es freilich auch dann noch: Die durch die Krise in Bewegung geratenen Massen ließen sich nicht so eindeutig auf das faschistische Ordnungsmodell festlegen, wie es das Unisono ihrer intellektuellen Wortführer glauben machte.

5.4 Der 6. Februar 1934

Bei aller Disparatheit war die autoritär-faschistische Bewegung aber doch bald mächtig genug, um das Regime der III. Republik zu erschüttern. Anfang 1934 führte die Verwicklung der regierenden Radicaux in einen Finanzskandal zu einer Verschärfung der rechtsradikalen Agitation, die nicht nur die Regierung der 1932 siegreichen Formation, sondern die Institution der Republik überhaupt in Gefahr brachte. Als der seit Jahren wegen betrügerischer Machenschaften unter Anklage stehende Finanzmann Alexandre Stavisky, der über Verbindungen zu einigen weniger bedeutenden Abgeordneten der Radicaux verfügte, nach der Aufdeckung eines neuerlichen Betrugs auf der Flucht vor der Polizei den Tod fand, beschuldigte die »Action française« Ministerpräsident Chautemps, aus Angst vor Aufdeckung einer Korruption großen Stils die Ermordung des Betrügers veranlaßt zu haben. Die Linke machte dagegen den Pariser Polizeipräfekten Jean Chiappe, einen mächtigen Sympathisanten der militanten Rechten, für den Tod Staviskys verantwortlich. Unter dem Druck fortwährender Presseattacken und Demonstrationen trat Chautemps am 27. Januar schließlich zurück; sein Nachfolger Daladier aber, Repräsentant des linken Flügels der Radicaux, enthob Chiappe seines Amtes.

Dieser Akt republikanischer Selbstbehauptung rief nun die militante Rechte erst recht auf den Plan. Am 6. Februar, dem Tag, an dem Daladier von der Kammer in seinem Amt bestätigt wurde, demonstrierten in Paris Hunderttausende von Ligen-Anhängern, ehemaligen Frontkämpfern und von rechten Stadträten mobilisierten Bürgern gegen die Entlassung Chiappes und das, wie sie meinten, korrupte Regime des linken Parlamentarismus überhaupt. Ebenso demonstrierten Anhänger des kommunistischen Frontkämpferverbandes; diese freilich für die Verhaftung Chiappes und gegen die Korruption des Kapitalismus. Als sich die Demonstranten am Abend auf das Palais Bourbon (den Sitz der Kammer) zubewegten, kam es zu heftigen Zusammenstößen mit den Ordnungskräften. Bis Mitternacht zählte man mindestens 14 Tote und über 2000 Verletzte; dann blies La Rocque seine Truppen, die in vorderster Front maschierten, zum Rückzug. Hätte er weiterkämpfen lassen, so wäre der Parlamentssitz gewiß bald in die Hände der Demonstranten gefallen.

Ein organisierter Staatsstreichversuch war das Ganze nicht. Gewiß hatten manche der Organisatoren dazu aufgerufen, zur »nationalen Revolution« zu schreiten; und gewiß hatten manche Demonstranten das Ziel vor Augen, in das Palais Bourbon einzudringen und die dort versammelten Abgeordneten »zur Raison« zu bringen. Aufs Ganze gesehen waren die Zielsetzungen der Demonstranten aber äußerst diffus und gab es so gut wie keine Koordination zwischen den verschiedenen Gruppen, die an dem Unternehmen beteiligt waren. Die rivalisierenden Führer der Ligen schreckten vor der definitiven Kraftprobe mit der Staatsmacht noch einmal zurück – teils, weil sie sich noch nicht darüber im klaren waren, was sie tatsächlich wollten; zum Teil aber auch, weil die Machtverhältnisse in ihren eigenen Reihen noch nicht genügend geklärt waren. La Rocque, der dank einer strategisch günstigen Aufmarschposition den Schlüssel zur Entscheidung über den Ausgang des Straßenkampfes in den Händen hielt, war keine Kämpfernatur und wollte wohl auch nicht die Kastanien für seine populäreren Rivalen aus dem Feuer holen. Gleichwohl läßt sich vermuten, daß die Institutionen der III. Republik eine Besetzung des Palais Bourbon wohl nicht unbeschädigt überlebt hätten. Die Abgeordneten verfügten zumindest kurzfristig über keinerlei Mittel mehr, den Druck der rechten Demonstrantenmasse zu konterkarieren.

Für die Regierungsformation der linken Mitte bedeutete der 6. Februar jedenfalls auch so, ohne Erstürmung des Palais Bourbon, das Ende. Am Morgen des 7. Februar attackierte die bürgerliche Presse das Kabinett Daladier als »Regierung der Mörder«. Die Demonstrationen begannen erneut, und in den Reihen von Justiz und Verwaltung zeigte sich Widerstand gegen die Durchführung von Repressionsmaßnahmen, die von der Regierung angeordnet wurden. Angesichts des fortdauernden Drucks von rechts drängte die Mehrheit der radikalen Minister, die nicht auf Dauer gegen die Rechte und nur mit Unterstützung von links regieren wollte, zur Demission. Daladier gab ihnen schließlich nach: Sich nur auf das Vertrauen der Sozialisten und einer Minderheit des linken Flügels der Radicaux zu verlassen, schien ihm zu riskant. Mit seinem Rücktritt kehrten die Radicaux zur Koalition mit der Rechten zurück. Noch am gleichen Tag wurde ein Kabinett der »Nationalen Union« unter dem Vorsitz des vormaligen Staatspräsidenten Doumergue gebildet, in dem Tardieu als Staatsminister wieder die führende Rolle übernahm. Damit war die Niederlage der Rechten von 1932 wieder wettgemacht und im übrigen wie schon 1926 ein Wahlsieg der Linken nach rechts hin »korrigiert«, diesmal freilich erstmals unter dem Druck der Straße.

Mit der Rückkehr der Rechten an die Macht verlor der rechtsextreme Protest sogleich an Vehemenz. Ein erstes Ziel der Demonstranten, die Beseitigung der Repräsentanten einer Linksorientierung in der Regierungspolitik, war erreicht; es waren Politiker an die Regierung zurückgekehrt, die die Ligen finanziell und moralisch unterstützt hatten; da gab es für eine Unterstützung des Protests durch die etablierte Rechte keinen Grund mehr. Diejenigen, die weiter agitierten, stießen nunmehr auf den entschiedenen Widerstand der Ordnungskräfte. So waren am Abend des 7. Februar noch zwei weitere Todesopfer und mehrere Hundert zusätzlicher Verletzter zu beklagen; aber die Zahl der Demonstranten war nun weitaus geringer, und in den folgenden Tagen war von der Protestbewegung überhaupt nichts mehr zu sehen. Die traditionelle Rechte erwies sich – fürs erste zumindest – als stark genug, um die Gefahr einer Machtergreifung durch die faschistische Rechte hintanzuhalten; es gelang ihr, was ihr anderswo wegen stärkerer Industrialisierungsdynamik und dramatischer sozialer Konsequenzen der akuten Wirtschaftskrise mißglückte: die Massen der extremen Rechten für ihre Zwecke zu mobilisieren und dann wieder im Zaum zu halten.

In den Reihen der Linken aber begann man nun, den Faschismus als akute Herausforderung zu begreifen, die bisherige Auseinandersetzungen im eigenen Lager zurückzustellen gebot. Dabei wurde die Geschlossenheit und die Schlagkraft der faschistischen Bewegung vielfach überschätzt; manchen genügte aber auch schon der gewiß zutreffende Befund, daß eine Beseitigung der demokratischen Ordnung zumindest im Prinzip nicht mehr ausgeschlossen werden konnte; und alle schreckte das Beispiel der nationalsozialistischen Machtergreifung im benachbarten Deutschland, deren Auswirkungen unterdessen ziemlich deutlich zu sehen waren. Die Initiativen zur Bildung einer antifaschistischen Front gingen in jedem Fall von der Basis aus: Sowohl bei den Sozialisten als auch bei den Kommunisten drängte die Masse der Anhänger und engagierten Mitglieder auf eine Rückkehr zur Aktionseinheit im Kampf gegen den Faschismus, während die Parteiführungen zunächst skeptisch bis feindselig reagierten. Als die kommunistische Partei am 9. Februar eine antifaschistische Demonstration organisierte, schlossen sich zahlreiche Anhänger der sozialistischen Linken und der Ultralinken dem Straßenkampf an. Dann folgte der kommunistische Gewerkschaftsverband CGTU einem Aufruf zum Generalstreik, den die CGT für den 12. Februar erlassen hatte; und am 12. selbst gesellten sich die Kommunisten offiziell zu einem Demonstrationszug, der von der SFIO organisiert worden war. Zehntausende von Arbeitern und Intellektuellen gerieten außer sich vor Freude über die, wie sie meinten, im Zeichen der Gefahr wiedergefundene Einheit der Arbeiterklasse.

Bis ein antifaschistisches Aktionsbündnis tatsächlich zustande kam, vergingen allerdings noch einige Monate. Die kommunistische Parteiführung hielt zunächst noch an der Frontstellung gegen die Sozialdemokratie als ärgster Feind der Arbeiterklasse fest, wie sie im Zeichen der »Sozialfaschismus«-These von der Komintern entwickelt worden war. Doriot, der sich an die Spitze der Bewegung für ein antifaschistisches Bündnis stellte, wurde aus der Partei herausgedrängt. Erst im Juni stellte die Komintern die kommunistische Strategie auf das Bündnis mit Sozialisten und Demokraten um. Am 27. Juli unterzeichneten die Parteiführungen von PCF und SFIO einen Aktionspakt zum Kampf gegen den Faschismus; und wenig später begannen die Kommunisten mit der ihnen eigenen Radikalität, auch um ein Bündnis mit dem Radicaux zu werben. Nach der faschistischen Bewegung bildete sich somit als zweite Antwort auf die Krise eine antifaschistische Bewegung heraus, zunächst nicht weniger stark, aber anders als die Gefahr von rechts von Anfang an defensiv eingestellt. Die Zukunft der Republik hing davon ab, welche der beiden Bewegungen stärkeren Einfluß auf den Gang der Dinge nehmen konnte; dabei kam der radikalen Partei, die als bisheriger Hauptrepräsentant der Mittelklassen Anhänger an beide Lager verlor, aufgrund ihrer parlamentarischen Mittelstellung eine Schlüsselrolle zu.

6. Die Jahre der Volksfront

Die Bildung der Regierung Doumergue–Tardieu brachte nur vorübergehend etwas Beruhigung in die politische Szenerie des krisengeschüttelten Landes. Das neue Kabinett hielt am deflationistischen Kurs fest und trug damit zur Fortdauer und weiteren Verschärfung der wirtschaftlichen Malaise bei. Entsprechend wuchs die soziale Unzufriedenheit; und da sowohl die faschistische als auch die antifaschistische Bewegung einige Aussicht auf Erfolg zu haben schienen, konnten sich beide die vermehrte Unzufriedenheit zunutze machen. Die Ligen rekrutierten zahlreiche neue Anhänger, nahmen die Straßenagitation wieder auf und entwickelten allerlei Pläne für eine Machtergreifung nach deutschem Muster. Ebenso erhielten die Sozialisten und insbesondere die Kommunisten neuen Zulauf; ihr Aktionsbündnis gegen den Faschismus fand die Unterstützung der Gewerkschaften, der Menschenrechtsliga und anderer republikanischer Organisationen. Auf beiden Seiten blieb allerdings ein großes Maß an Unsicherheit darüber bestehen, was man wirklich wollte und wie man es durchsetzen sollte. So wurde weder der Angriff auf die parlamentarische Demokratie konsequent durchgeführt, noch kam ihr Ausbau zur sozialen Demokratie weit genug voran, um sie auf Dauer zu retten.

6.1 Der Sieg der Volksfront

Die Radicaux versuchten angesichts der wachsenden Polarisierung des politischen Lebens zunächst an einem mäßigenden Kurs an der Seite der Rechten festzuhalten. Traditionelle Abneigung gegen autoritäre Lösungen und zunehmende Erbitterung der Wähler der Mittelschichten über die Sparmaßnahmen der Regierungen der »Nationalen Union« trieben sie dann aber bald wieder nach links, zum Bündnis nicht nur mit den Sozialisten, sondern jetzt auch mit den Kommunisten.

In der Regierung Doumergue fühlten sie sich zunehmend unwohl, seit dieser die Beamtengehälter und Pensionen gekürzt hatte; und als Tardieu einen neuen Anlauf zur Stärkung der Exekutive unternahm, gingen sie auf Distanz. Das von Doumergue präsentierte Reformprojekt, das eine Aktivierung des Staatspräsidenten und verschiedene Einschränkungen des Budgetrechts vorsah, wurde von den radikalen Ministern am 8. November 1934 abgelehnt. Doumergue demissionierte daraufhin, und Tardieu wurde bei der Neuformation des Kabinetts (nunmehr unter dem Vorsitz von Pierre-Etienne Flandrin) nicht mehr berücksichtigt. Fortan setzte er definitiv auf den außerparlamentarischen Weg; das gab den Ligen neuen Auftrieb und lieferte den Radicaux zugleich vermehrten Anlaß, sich um den Bestand der Republik zu sorgen.

Nachdem die Wähler dann bei den Kommunalwahlen des Mai 1935 Listenverbindungen der Radicaux mit den Sozialisten eher honorierten als Bündnisse mit den Rechtsparteien, gewannen die Befürworter eines Bruchs mit der »Nationalen Union« in der Radikalen Parteiführung weiter an Gewicht. Als Flandrin außerordentliche Vollmachten zur Bewältigung der Finanzkrise verlangte, wurden sie ihm verweigert, ebenso seinem Nachfolger Fernand Buisson; und als man sie Pierre Laval schließlich zubilligte, enthielten sich die meisten radikalen Abgeordneten der Stimme.

Am 14. Juli 1935 beteiligten sich die Radicaux an einer antifaschistischen Demonstration der Linken, die die Gemeinsamkeit der Verteidiger der Republik beschwor. Drei Monate später sprach sich eine Mehrheit des radikalen Parteitags für die Erarbeitung eines gemeinsamen Wahlprogramms der linken Antifaschisten aus. Die radikalen Minister hielten demgegenüber noch einige Zeit an der »Nationalen Union« fest; schließlich trieb aber die zunehmende Unpopularität der Deflationsverordnungen Lavals auch sie zum Bruch. Im Januar 1936 schieden sie unter Protest aus der Regierung aus und zwangen damit Laval zum Rücktritt. Damit war entschieden, daß die radikale Partei an der Seite der Sozialisten und Kommunisten in die Wahlen des Jahres 1936 hineingehen würde; und es war auch schon abzusehen, daß die »Volksfront«, wie man das neue Linksbündnis jetzt nannte, die Wahlen gewinnen würde.

Wesentlich erleichtert wurde den Radicaux die Hinwendung zum antifaschistischen Bündnis durch die Bemühungen der Kommunisten, ihre revolutionäre Vergangenheit vergessen zu machen. In deren Sicht kam es angesichts der Zuspitzung der wirtschaftlichen Misere vor allem darauf an, die Mittelklassen von einem Abgleiten in den Faschismus abzuhalten; das ließ sie nicht nur von allen Forderungen nach Umgestaltung der Besitzverhältnisse Abstand nehmen, es führte sie auch zu einem Bruch mit dem Antimilitarismus und Antinationalismus ihrer Anfangsjahre. Seit Stalin im Mai 1935 die französischen Verteidigungsanstrengungen offiziell gutgeheißen hatte, setzten sie sich für die Stärkung der Landesverteidigung gegen das faschistische Deutschland ein und entwickelten sie zugleich einen militanten Nationalismus, der an die Traditionen von 1789 anknüpfte und auf diese Weise die Kluft, die sie von der bürgerlichen Gesellschaft trennte, überbrücken half. In den Verhandlungen über die Wahl-Plattform der Volksfront unterstützten sie die Radicaux in ihrem Widerstand gegen die weitreichenden Nationalisierungs-Forderungen der Sozialisten. Das Programm, auf das sich die Volksfront-Partner am 12. Januar 1936 einigten, blieb folglich denkbar vage: Es wurden Maßnahmen zur Verteidigung der demokratischen Ordnung und zur Stärkung der Massenkaufkraft angekündigt, ohne daß abzusehen war, mit welchen Mitteln man die Wirtschaftskrise in den Griff bekommen wollte.

Nach dem Rücktritt von Laval bildete Albert Sarraut ein Übergangskabinett, von dem jedermann wußte, daß es nur bis zu den Wahlen Bestand haben würde. Die Mehrheit der Rechten beteiligte sich nicht mehr an der Regierungsbildung; dafür fand Sarraut die Unterstützung der Sozialisten, während sich die Kommunisten der Stimme enthielten. Im Kabinett dominierten die radikalen Minister, unterstützt vom rechten Zentrum und von Vertretern jener Sozialisten, die 1932/33 vergeblich für eine Regierungsbeteiligung der SFIO plädiert und unterdessen zusammen mit anderen unabhängigen Mitte-Links-Abgeordneten eine eigene »sozialrepublikanische« Fraktion gebildet hatten. Trotz des heraufziehenden Wahlkampfs umfaßte es also Gegner und Anhänger der Volksfront; seine Handlungsfähigkeit war freilich den Umständen entsprechend gering. Als Léon Blum bei einem Zusammenstoß mit faschistischen Demonstranten Mitte Februar 1936 schwer verletzt wurde, rang sich die neue Formation zu einem Verbot der Liga der »Action française« durch. Im übrigen bemühte sie sich, kontroverse Themen nach Möglichkeit zu umgehen, und unternahm folglich auch nichts, um die Wirtschaftskrise zu steuern.

Der Sieg der Volksfront in den Wahlen vom 26. April und 3. Mai 1936 fiel weniger spektakulär aus als erwartet. 5,4 Millionen Stimmen konnten die Kandidaten des Volksfrontbündnisses auf sich vereinigen, nur knapp eine halbe Million mehr als 1932, allerdings auch 1,2 Millionen mehr als die Kandidaten der Rechten. Den größten Erfolg erzielten dabei die Kommunisten: sie konnten ihre Stimmenzahl mit 1,5 Millionen gegenüber 780 000 im Jahr 1932 nahezu verdoppeln. Demgegenüber verloren die Radicaux weit mehr Stimmen als erwartet: von 1,8 Millionen des Jahres 1932 blieben ihnen nur noch 1,4 Millionen. Damit wurden die Sozialisten wider Erwarten zur stärksten Fraktion der Volksfront: Sie mußten zwar ebensoviel Stimmen an die Kommunisten und an die neue Gruppe der Sozialrepublikaner abgeben wie sie von den Radicaux hinzugewannen, konnten aber ihre 1,9 Millionen nahezu behaupten. In der Kammer erlangte das Bündnis dank ziemlich konsequenter Stichwahlhilfe eine breite Mehrheit von 385 gegen 222 Sitzen. Davon gingen 149 an die SFIO, 106 an die Radicaux, 72 an die Kommunisten, 29 an die Sozialrepublikaner und 29 an Vertreter kleinerer Gruppen, die sich der Volksfront angeschlossen hatten. Ein knappes Drittel der radikalen Abgeordneten stand dem Volksfrontgedanken allerdings weiterhin ablehnend gegenüber; ein Teil von ihnen war auch mit den Stimmen der Rechten gewählt worden.

Auf den Wahlsieg folgte eine Streikwelle bislang unbekannten Ausmaßes. Von niemandem dazu aufgerufen, traten nach und nach ein bis zwei Millionen Arbeiter in den Ausstand, besetzten ihre Fabriken, organisierten Demonstrationen und Straßenfeste und legten damit die Produktion und den Handel nahezu still. Die Bewegung erfaßte, von Le Havre ausgehend, das ganze Land und mit Ausnahme des öffentlichen Dienstes alle Produktions- und Dienstleistungszweige, insbesondere auch jene, in denen bislang noch nie gestreikt worden war und die auch kaum gewerkschaftlich organisiert waren. Dahinter stand vor allem die Freude über den Wahlsieg, eine Freude, die darum so gewaltig ausfiel, weil der Erfolg der Volksfront nach den Verbrüderungserfahrungen und den Beschwörungen der Traditionen von 1789, die ihm vorausgegangen waren, das Ende der Zurücksetzung der Arbeiterklasse im bürgerlichen Frankreich anzukündigen schien. Darüber hinaus machte er Mut, sich gegen repressive Arbeitsverhältnisse aufzulehnen und setzte er somit Mobilisierungs- und Solidarisierungsprozesse in Gang. Präzise Zielvorstellungen entwickelten die Streikenden allerdings nur selten; und es bildete sich auch keine zentrale Streikführung heraus, die die verschiedenen Aktionen wirkungsvoll koordiniert hätte.

Unterdessen bemühte sich Léon Blum als Führer der stärksten Fraktion der neuen Mehrheit, eine Regierung zu bilden. Seine Partei hatte die Übernahme von Regierungsverantwortung im kapitalistischen Regime mittlerweile akzeptiert, wenn sie dabei – wie im vorliegenden Fall – die führende Rolle spielen konnte. Die Kommunisten waren dagegen nur zur parlamentarischen Unterstützung der neuen Regierung bereit; einen Eintritt in das Kabinett lehnten sie ab. Ihre antifaschistische Strategie war an diesem Punkt noch nicht zu Ende gedacht worden und wurde es auch jetzt noch nicht – möglicherweise, weil sie fürchteten, ihre Präsenz in der Regierung werde das ohnehin erschrockene Bürgertum erst recht in die Arme des Faschismus treiben. So umfaßte das erste Volksfront-Kabinett schließlich nur sozialistische, radikale und sozialrepublikanische Minister, mit Blum als Ministerpräsidenten und Daladier, dem Wortführer der Volksfront-Befürworter bei den Radicaux, als dessen Stellvertreter. Bis es seine Tätigkeit aufnahm, vergingen zudem noch mehrere Wochen: Blum wartete in strikter Respektierung der Tradition, bis das Mandat der vorherigen Kammer erloschen war.

Dann aber griff er, von den Unternehmern dazu gedrängt, sogleich in die Streikbewegung ein. Einen Tag nach seiner Bestätigung durch das Parlament, in der Nacht vom 7. zum 8. Juni, vermittelte er zwischen den Vertretern der Unternehmerverbände und der Gewerkschaften ein Abkommen, das die Streiks beenden sollte: Den Arbeitern wurden Lohnerhöhungen zwischen 7 und 15 % zugestanden, dazu der Abschluß von Branchen-Tarifverträgen auf nationaler Ebene und die Anerkennung gewerkschaftlicher Betriebsvertreter als Verhandlungspartner. Ergänzend zu dem »Matignon«-Abkommen (so genannt nach dem Amtssitz des Ministerpräsidenten, wo es ausgehandelt worden war) wurde in den nächsten Tagen ein Gesetz verabschiedet, das das Verfahren zur Einführung der Tarifverträge regelte, ebenso ein Gesetz, das die wöchentliche Arbeitszeit von 48 auf 40 Stunden reduzierte, und ein Gesetz, das allen Arbeitnehmern 15 bezahlte Urlaubstage pro Jahr gewährte. Darüber hinaus wurden staatliche Ferienprogramme eingerichtet, Maßnahmen zur Förderung des Volkssports und der kulturellen Betätigung in Angriff genommen; und die allgemeine Schulpflicht wurde bis zum Alter von 14 Jahren ausgeweitet. Aus Furcht vor einer revolutionären Zuspitzung der Streikbewegung waren die Unternehmer zu Zugeständnissen an das Sozialstaats-Prinzip bereit, die sie bislang immer abgelehnt hatten.

Sodann verbot die Regierung Blum am 18. Juni dem Volksfront-Programm gemäß alle Ligen. Zur Überraschung vieler seiner Anhänger fügte sich La Rocque diesem Beschluß: Er formte seine Organisation zu einer Partei um (der »Parti Social Français«, PSF), die die Regeln des parlamentarischen Systems zu akzeptieren schien. Für einen kurzen Moment sah es so aus, als ob die Volksfront-Strategie auf der ganzen Linie Erfolg haben würde: Sozialisten, Kommunisten und Liberale hatten sich, anders als zuvor in Deutschland, rechtzeitig zusammengefunden, um die Republik gegen ihre Feinde von rechts zu verteidigen; in Anbetracht der Massenbewegung, die sie damit ausgelöst hatten, wagten es die Gegner der Volksfront nicht mehr, sich den Kompromissen zu verschließen, die zur Stabilisierung der republikanischen Ordnung notwendig waren.

6.2 Die Schwierigkeiten der Regierung Blum

Indessen zeigte sich bald, daß die Regierung Blum nicht über genügend Mittel verfügte, um einen dauerhaften Konsens herzustellen. An wirtschaftlichen Strukturreformen konnten entsprechend den Koalitionsvereinbarungen nur die Nationalisierung der Rüstungsindustrie, die staatliche Lenkung des Getreidemarktes und eine Schwächung des Einflusses der »200 Familien« in den Entscheidungsorganen der Banque de France durchgeführt werden. So mußte Blum ohnmächtig zusehen, wie das Kapital ins Ausland floh und die Unternehmer sich weigerten, zu investieren. Das war um so verhängnisvoller, als die Streiks ohnehin zu großen Produktionsausfällen geführt hatten und die Arbeitszeitverkürzung zusätzlich Produktionsengpässe zur Folge hatte: Die Lohnerhöhungen wirkten unter diesen Umständen nicht, wie die Gewerkschaftsführer gehofft hatten, als Stimulans für eine Wiederbelebung der nationalen Produktion. Stattdessen führten sie zu einer Steigerung des Imports und damit des Handelsbilanzdefizits; und bald wurde die Kaufkraftsteigerung durch massive Preiserhöhung wieder wettgemacht. Auf diese Weise ließen sich weder die Steuererträge steigern noch die Arbeitslosenzahlen wesentlich reduzieren. Die Sozialreform blieb in den Anfängen stekken.

Entsprechend machten sich unter den Arbeitern, die den Sieg der Volksfrontkoalition gefeiert hatten, bald Enttäuschung und neue Unzufriedenheit breit. Ein großer Teil von ihnen hatte die Arbeit ohnehin nur äußerst zögernd wiederaufgenommen, aus Mißtrauen gegenüber der Unternehmermacht und weil das, was die Gewerkschaftsführer für sie ausgehandelt hatten, nicht unbedingt ihren Erwartungen entsprach. Blum hatte es mit seiner Betonung der republikanischen Spielregeln nicht verstanden, ihr Vertrauen zu gewinnen. Manche setzten die Streikaktion fort, weil die Unternehmer, sobald die erste Panik verflogen war, Anstalten trafen, die Matignon-Vereinbarungen zu torpedieren, und ihr nunmehr organisatorisch gestraffter Gesamtverband CGPF von weiteren Vereinbarungen nichts mehr wissen wollte. Andere traten erneut oder überhaupt erst später in den Ausstand, weil die wirtschaftliche Misere blieb und die sozialen Errungenschaften merklich hinter den Erwartungen zurückblieben. Und diejenigen, die den Weg vom spontanen Protest zu dauerhaften Engagement fanden, bezogen zumeist gleich radikale Positionen. So erhielten die Gewerkschaften nicht nur massenhaften Zulauf von neuen Mitgliedern (der gewerkschaftliche Organisationsgrad stieg von 11 auf 60 %!); die CGT, der sich die kommunistischen Gewerkschafter eben erst als Minderheit wieder angeschlossen hatten, geriet zugleich zunehmend unter den Einfluß kommunistischer Funktionäre.

Dem Erfolg der Regierung Blum war diese Entwicklung nicht nur wegen der fortdauernden Produktionsausfälle abträglich. Die Kommunisten konnten der Versuchung nicht widerstehen, sich zum Sprecher der Unzufriedenheit zu machen und, um ihren Einfluß auf die Arbeiterbewegung auszuweiten, eine schärfere Gangart der Regierung zu verlangen. Im Juni hatten sie noch, ganz um Mäßigung entsprechend der Volksfront-Strategie bemüht, zur Beendigung der Streiks aufgerufen. Im Laufe des Sommers gingen sie allmählich auf Distanz zur Regierungspolitik, und vom Herbst an übten sie offene Kritik, sichtlich bemüht, sich als Volkstribunen zu profilieren, die eine zögernde bürgerlich-sozialdemokratische Regierung nach vorne trieben. Noch schärfere Kritik kam aus den Reihen der sozialistischen Partei selbst, von einer Fraktion militanter Aktivisten um Jean Zyromski und Marceau Pivert, die den Sieg der Volksfront als Auftakt zur sozialistischen Revolution verstanden und darum auf entschiedenere Maßnahmen zur Umgestaltung der Wirtschaft drängten. Demgegenüber gingen die Radicaux dazu über, das Volksfront-Programm restriktiv zu interpretieren, als bloßes Wahlbündnis zur Verteidigung der Republik. Von weiteren Zugeständnissen an die Arbeiterbewegung wollten sie nichts wissen, und sie sperrten sich auch gegen Maßnahmen zur Steuerung der Wirtschaftskrise.

Blum nahm im Zweifelsfall mehr Rücksicht auf die Radicaux als auf seine Kritiker von links. Das wurde schon deutlich, als die spanische

Regierung Ende Juli 1936 um materielle Hilfe gegen die Aufständischen um General Franco bat. Blum ließ den befreundeten Regierungstruppen zunächst Waffen zukommen, wie es einem im Vorjahr geschlossenen Abkommen entsprach; als aber die britische Regierung auf strikte Neutralität Frankreichs in dem innerspanischen Konflikt drängte, entschied er sich wie die meisten Radicaux (darunter Außenminister Yvon Delbos) für die Vermittlung eines Nicht-Interventions-Abkommens der Großmächte; und er hielt an diesem Abkommen auch dann noch fest, als offenkundig wurde, daß Hitler und Mussolini die Aufständischen gleichwohl weiter mit umfangreichen Waffenlieferungen versorgten. Auf sich allein gestellt, schien ihm Fankreich zu schwach, um eine Kraftprobe mit den faschistischen Mächten zu bestehen – zumal die militante Rechte gegen eine Unterstützung der spanischen Republikaner Sturm lief und eine breite, bis in die Reihen der Sozialisten hineinreichende Mitte wenig Neigung zeigte, sich aus Solidarität mit den Spaniern in einen bewaffneten Konflikt verwickeln zu lassen. Die eine oder andere Hilfslieferung wurde zwar noch insgeheim über die spanische Grenze gebracht; aufs Ganze gesehen blieb die französische Hilfe für die spanische Volksfront aber weit hinter der faschistischen Hilfe für die Franco-Truppen zurück.

Ende 1936 entschloß sich Blum darüber hinaus, die weitere Verwirklichung des sozial- und wirtschaftspolitischen Programms der Volksfront vorerst auszusetzen. Das Projekt einer besseren Altersversorgung der Arbeiter wurde ebenso zurückgestellt wie die Einrichtung eines nationalen Unterstützungsfonds für die Arbeitslosen und die Dynamisierung der Löhne; statt weitere Großprojekte in Angriff zu nehmen, die die Zahl der Arbeitslosen reduzieren und die Konjunktur beleben sollten, strebte man wieder nach einem ausgeglichenen Staatshaushalt. Nach der offiziellen Ankündigung der »Pause« in der Realisierung des Volksfront-Programms am 13. Februar 1937 wurden drei liberale Finanzexperten (Charles Rist, Paul Baudoin und Jacques Rueff, einst Mitarbeiter von Poincaré) zu »Beratern« der Regierung bestellt, die die Aufgabe hatten, die Finanz- und Währungspolitik in orthodoxe Bahnen zurückzulenken. Auf diese Weise sollte die Geschäftswelt zur Aufgabe ihrer Obstruktion bewogen, damit die zuletzt dramatische Kapitalflucht ins Ausland gestoppt und endlich die Konjunktur wieder in Gang gebracht werden.

Tatsächlich bewirkte das Werben um das Vertrauen der Geschäftswelt nur, daß das Vertrauen der Arbeiterbewegung in die Regierung Blum endgültig verlorenging und die Unruhe unter den Arbeitern wieder größer wurde. Nachdem die Abkehr von der Unterstützung der spanischen Volksfront vielfach schon als unerträgliche Schwäche empfunden worden war (daß die Hilfslieferungen insgeheim weitergingen, konnte die Regierung ja nicht sagen), erschien die Pause in der Sozialpolitik als Kapitulation vor den »200 Familien«. Das ganze Ausmaß der Erbitterung zeigte sich Mitte März, als Anhänger der Volksfront gegen eine von der Regierung genehmigte Kundgebung der PSF La Rocques in Clichy demonstrierten: Die Polizei ging so gewaltsam gegen die Demonstranten vor, daß diese schließlich fünf Tote und über 200 Verwundete zu beklagen hatten, und löste damit eine Woge der Empörung im ganzen Land aus. Am 18. März organisierte die CGT einen politischen Generalstreik, der sich ebensosehr gegen die Regierung wie gegen die Kräfte der »Reaktion« richtete.

Die Unternehmer und Anleger wurden durch die Ankündigung der Pause nur noch in ihrem Widerstand gegen die Regierung Blum bestärkt: Sie fühlten nunmehr den Sieg nahe. So blieben die notwendigen Investitionen auch jetzt aus; die Produktion stieg nur langsam an. Die Arbeitslosigkeit verschärfte sich erneut, und die Defizite in der Handelsbilanz wie im Haushalt wuchsen weiter. Ebensowenig ließ die Agitation der militanten Rechten nach. Sie hatte schon im Herbst so heftige Formen angenommen, daß der sozialistische Innenminister Roger Salengro, den die rechtsextreme Massenpresse als Kriegs-Deserteur diffamierte, in den Selbstmord getrieben worden war. Trotz eines Gesetzes, das diffamierende Pressekampagnen unter Strafe stellte, wurden Blum und andere Kabinettsmitglieder auch weiter in übelster Weise beschimpft; insbesondere entwickelte sich eine bis zu Morddrohungen gehende antisemitische Hetze gegen den Juden Blum. Die Anhänger La Rocques nahmen nach einigem Zögern die paramilitärischen Straßenaktionen wieder auf, und manche von ihnen wechselten auch zu dem entschiedener faschistischen Doriot oder zu terroristischen Gruppen. Beachtliche Gelder von Industriellen und Bankiers unterstützten den Aufschwung der rechtsextremen Parteien.

Die parlamentarische Mehrheit der Regierung Blum geriet durch diese Entwicklung nicht ins Wanken. Die Kritiker Blums in den Reihen der SFIO hatten wenig Einfluß auf die sozialistische Kammerfraktion, und die Kommunisten hüteten sich bei aller Kritik, der Regierung im Parlament Schwierigkeiten zu bereiten. Solange die Strategie der Komintern der Eindämmung Hitler-Deutschlands Priorität einräumte, gab es für sie keine Alternative zur Unterstützung des Volksfront-Kabinetts, mochten deren Erträge auch noch so mager sein. Allerdings geriet Blum infolge der Isolierung von der Arbeiterbewegung in wachsende Abhängigkeit von den Radicaux. Diese waren mit der Entwicklung recht zufrieden und sicherten Blum damit im ersten Halbjahr 1937 auch parlamentarische Erfolge, die in denkwürdigem Kontrast zu seinen politischen Mißerfolgen standen; sie machten aber auch deutlich, daß sie für eine grundlegende Veränderung der Situation nicht zu haben waren.

Das Ende der Regierung Blum kam Mitte Juni 1937, als die Goldreserven des Landes nahezu erschöpft waren und Blum darum vom Parlament außerordentliche Vollmachten zur Bekämpfung der Währungsspekulation verlangte. Die Mehrheit in der Kammer blieb auch jetzt noch stabil: Blum erhielt für seinen Antrag 346 Stimmen. Im Senat erhielt er jedoch die notwendige Zustimmung nicht: Hier gingen die Radicaux unter der

Führung von Joseph Caillaux zur Opposition über, offensichtlich entschlossen, jedem neuen Anlauf zu strukturellen Reformen einen Riegel vorzuschieben. Blum reichte daraufhin in der Nacht vom 21. zum 22. Juni seine Demission ein. Notwendig war dieser Rücktritt nicht, zumal die Kommunisten nun in Korrektur ihrer inkonsequenten Haltung vom vergangenen Sommer ihre Bereitschaft erklärten, in der Regierung Verantwortung zu übernehmen. Aber es entsprach den Gepflogenheiten, und es lag bei dem voraussehbaren Widerstand der Radicaux gegen eine Politik der Konfrontation nahe. Blum zeigte sich ein weiteres Mal mehr um den Konsens der Republikaner bemüht als zum Kampf an der Seite der in Bewegung geratenen Arbeiter entschlossen – eine Haltung, die angesichts der latenten Kriegs- und Bürgerkriegsgefahr verständlich war, auch wenn sie nicht die einzig mögliche Haltung darstellte. Sehr viel mehr für die Sache der Sozialisten und für die Stabilisierung der Republik wäre freilich auch bei einer offensiveren Haltung des Volksfront-Ministerpräsidenten nicht zu erreichen gewesen; dafür waren die Gegenkräfte zu stark und die Hindernisse zu zahlreich.

6.3 Die Agonie der Volksfront

Nach dem Rücktritt Blums wurde die Zusammensetzung der Exekutive den realen Machtverhältnissen angepaßt, wie sie sich seit dem Winter 1936/37 herausgebildet hatten. Neuer Ministerpräsident wurde der Radikale Camille Chautemps, einer der entschiedensten Gegner der Hilfe für Spanien und der wirtschaftlichen Strukturreformen. Das Finanzministerium ging von dem Sozialisten Vincent Auriol an den Radikalen Georges Bonnet. Ansonsten blieben die meisten Minister der Regierung Blum auf ihrem Posten; Blum selbst übernahm das Amt eines Stellvertretenden Ministerpräsidenten. Das Angebot der Kommunisten, in die Regierung einzutreten, wurde von den Radikalen entschieden abgelehnt. Die Volksfront-Koalition blieb zwar bestehen; sie verfügte auch weiter, wie die Ergebnisse der Kantonalwahlen vom Oktober 1937 zeigten, über eine solide Mehrheit im Land. Ihre Politik wurde nun aber eindeutig von den Radicaux bestimmt; die Sozialisten und die Kommunisten waren zur parlamentarischen Unterstützung verdammt, ohne sonderlich viel Einfluß nehmen zu können.

Chautemps erhielt die außerordentlichen Vollmachten, die Blum verweigert worden waren. Er nutzte sie zu einer neuen Abwertung des Franc, die freilich immer noch nicht radikal genug war, um den französischen Export wieder konkurrenzfähig werden zu lassen. Sodann kehrte er Schritt für Schritt zur Austeritätspolitik der früheren Regierungen zurück: Zunächst wurden einige Steuern erhöht, dann wurden die Zolltarife heraufgesetzt, und schließlich gab es auch noch eine Erhöhung der Verkehrstarife. Von weiteren sozialpolitischen Maßnahmen war nicht mehr die Rede, ebensowenig von einer Wiederaufnahme der Reformpolitik. Lediglich die Eisenbahngesellschaften wurden noch in einer halbstaatlichen Einheitsgesellschaft zusammengefaßt (der Société Nationale des Chemins de Fer, mit 51 % staatlichem Kapitalanteil und staatlicher Leitung); doch geschah dies, nachdem die privaten Gesellschaften unrettbar ins Defizit abgerutscht waren, und wurden die früheren Eigentümer reichhaltig entschädigt. Die Solidierung der Finanzen, die die Radicaux von der Rückkehr zu einem liberalen Kurs erhofften, wurde allerdings nicht erreicht: Die Erhöhung der Tarife bedeutete zugleich eine neue Kaufkraftabschöpfung; folglich ging die Nachfrage wieder zurück und sanken auch die Produktionsziffern erneut; was durch die Steigerung der Tarife an Einnahmen hereinkommen sollte, ging durch das Sinken der Umsätze wieder verloren. Bis zum November 1938 verschlechterte sich die wirtschaftliche Lage unaufhörlich weiter; die Goldreserven schmolzen dahin, und auch der Franc verlor weiter an Wert.

Der Versuch, der Krise wieder mit deflationistischen Mitteln zu begegnen, löste zudem neue Streikbewegungen aus. Im September 1937 begann eine neue Welle von Fabrikbesetzungen. Sie ebbte etwas ab, als die Regierung an die Verantwortung der Arbeiter für die nationale Produktion appellierte, weitete sich dann aber im Dezember wieder aus. Als Innenminister Marx Dormoy Polizeitruppen einsetzte, um die besetzten Fabriken zu räumen, ließen Solidaritätsstreiks die Produktion in weiten Teilen des Landes stillstehen; Paris wurde durch einen Generalstreik des öffentlichen Dienstes gelähmt. Die Partner der Regierungskoalition rückten unter diesen Umständen zusehends auseinander: Während es den beiden Arbeiterparteien zunehmend schwerer fiel, an der Unterstützung der Regierung festzuhalten, begannen die Radicaux, über die Agitation der Arbeiterbewegung erschreckt und durch ihre Wahlverluste zusätzlich beunruhigt, sich wieder nach Partnern auf der Rechten umzusehen.

Im Januar 1938 führten die wachsenden Spannungen in der Koalition zu einem ersten Eklat: Als Chautemps in der Kammer die Kommunisten für die Radikalität der Streikbewegung verantwortlich machte, reagierten diese mit der Ankündigung, ihm das Vertrauen entziehen zu wollen. Chautemps wollte daraufhin mit Unterstützung von rechts weiterregieren, stieß damit aber auf Widerstand bei der sozialistischen Fraktion, die ihre Minister aus der Regierung zurückzog und damit seinen Rücktritt erzwang. Die Regierungskrise zu überwinden, erwies sich, anders als im Juni des Vorjahres, als außerordentlich schwierig: Die Sozialisten weigerten sich, in eine Regierung unter Bonnet einzutreten, die dem Muster ihrer Vorgängerin entsprach; die Abgeordneten der Rechten schreckten davor zurück, in einer von Blum vorgeschlagenen Regierung der »Union sacrée« mitzuarbeiten, in der auch die Kommunisten saßen; und die Radicaux lehnten einen Eintritt der Kommunisten in ein zweites Volksfront-

Kabinett Blum ab. Schließlich bildete Chautemps erneut ein Kabinett, freilich nur mit radikalen und sozialrepublikanischen Ministern; die Sozialisten entschieden sich mit knapper Mehrheit, sich auf die parlamentarische Unterstützung der Regierung zu beschränken.

Acht Wochen später genügte auch diese Formel nicht mehr, um den Spannungen in der Koalition Herr zu werden. Angesichts des drohenden Staatsbankrotts verlangte Chautemps außerordentliche Vollmachten für eine verschärfte Austeritätspolitik; dazu waren die Sozialisten nicht bereit, und so reichte der zweite Volksfront-Premier erneut seinen Rücktritt ein. Blum, auf den die Verantwortung für die Regierungsbildung jetzt wieder zukam, versuchte daraufhin ein zweites Mal, ein Kabinett der »Union sacrée« von den Kommunisten bis zur Rechten zustande zu bringen. Diesmal war das Echo etwas positiver: Mit Blick auf die katastrophale Finanzlage und die akute Bedrohung durch das faschistische Deutschland – mitten in der Regierungskrise hatte Hitler den »Anschluß« Österreichs vollzogen – glaubte sich ein Teil der Rechten, insbesondere Paul Reynaud, der Verantwortung nicht mehr entziehen zu können. Die große Mehrheit der Opposition wies das Ansinnen freilich auch jetzt zurück; sie sah die Gelegenheit zum Greifen nahe, die Radicaux zum endgültigen Bruch mit der Volksfront zu bewegen.

Nach der Absage der Rechten bildete Blum am 14. März noch einmal ein Volksfront-Kabinett nach dem Muster von 1936, diesmal allerdings entschlossen, sich seine Politik nicht erneut von den Radicaux diktieren zu lassen. Große Hoffnungen, damit erfolgreich sein zu können, hatte er nicht mehr; es kam ihm aber darauf an, nichts unversucht zu lassen, was das Bündnis von Arbeiterbewegung und Mittelklassen hätte retten können, und die Verantwortung für sein Scheitern klarzustellen. So intensivierte er die heimlichen Waffenlieferungen nach Spanien (für deren Fortdauer er in seiner Zeit als Vizepremier der Regierung Chautemps gesorgt hatte) und drängte er im nationalen Verteidigungskomitee sogar auf eine militärische Intervention Frankreichs an der Seite der spanischen Republikaner (gegen die sich freilich die Generäle sperrten). Vor allem aber präsentierte er einen Plan zur Behebung der Wirtschaftskrise, der – von dem jungen Pierre Mendès France und anderen Anhängern des britischen Ökonomen John Maynard Keynes entwickelt – Modernisierung und Ausbau des Sozialstaats miteinander zu verbinden suchte. Danach sollten sozialpolitische Leistungen wie die Sicherheit der Altersversorgung und der Ausbau der Familienzuwendungen die Arbeitsverweigerung abbauen und die Nachfrage wiederbeleben; Kontrollen des Devisenhandels und der Börse sollten der Kapitalflucht ein Ende bereiten; eine empfindliche Kapitalsteuer sollte die Investitionsneigung fördern und dem Staat neue Einnahmen verschaffen.

Als Blum für die Verwirklichung dieses Programms außerordentliche Vollmachten verlangte, fand er in der Kammer noch eine Mehrheit von 311 Stimmen. Die Hälfte der radikalen Abgeordneten stimmte zu, entweder bereit, den Thesen ihres Parteifreundes Mendès France zu folgen, oder aber, was häufiger war, in der Erwartung, daß die radikalen Senatoren die Verantwortung für die Ablehnung auf sich nehmen würden. Im Senat war die Ablehnung dann noch eindeutiger als im Juni 1937; auch der Hinweis auf die Notwendigkeit dieses Programms für ein Gelingen der Aufrüstungspläne konnte die Senatoren nicht davon abhalten, die beiden Arbeiterparteien wieder in die Opposition zu verweisen. Damit waren die Möglichkeiten für eine Politik der Krisenbewältigung, die von Sozialisten und Kommunisten vertreten werden konnte, erschöpft; Blum trat am 8. April zurück. Vier Tage später bildete Daladier ein Kabinett, in dem die Sozialisten nicht mehr vertreten waren, dafür aber einige Vertreter der Rechten, die für die »Union sacrée« zu haben gewesen waren, so Reynaud, Champetier de Ribes und Georges Mandel. Das Tauziehen zwischen Arbeiterparteien und Radicaux um den richtigen Weg zur Bewältigung der Wirtschaftskrise endete, wie es bei den parlamentarischen Kräfteverhältnissen nahelag, mit dem Sieg der traditionellen Mittelpartei; die Radicaux waren in ihrer Mehrheit nicht beweglich genug, um sich auf das sozialistische Konzept einzulassen, das zum Gelingen der Volksfront notwendig gewesen wäre.

Den endgültigen Bruch der Volksfront bedeutete allerdings auch die Bildung der Regierung Daladier noch nicht.

Sowohl die Sozialisten wie auch die Kommunisten blieben bestrebt, eine Rückkehr der Radicaux zur »Nationalen Union« mit der Rechten zu verhindern und stimmten daher für Daladier. Indessen erhielt der neue Ministerpräsident auch die Stimmen der meisten oppositionellen Abgeordneten und war er entschlossen, beim Bemühen um die Bewältigung der Wirtschaftskrise keine sonderliche Rücksicht auf die Arbeiterparteien mehr zu nehmen. Das wurde spätestens im August deutlich, als Daladier der Rüstungsindustrie eine Abkehr vom Prinzip der 40 Stunden-Woche zugestand; zwei sozialrepublikanische Minister demissionierten daraufhin. Am 4. Oktober erhielt Daladier mit den Stimmen des rechten Zentrums außerordentliche Vollmachten für eine deflationäre Sanierungspolitik; die Kommunisten stimmten gegen ihn, und die Sozialisten enthielten sich. Damit war die Volksfront-Mehrheit im Parlament aufgegeben. Ende Oktober billigte der Parteitag der Radicaux das Abrücken der Regierung vom Volksfront-Bündnis, und am 1. November übernahm mit Paul Reynaud ein erklärter Gegner der Volksfront-Sozialpolitik die Leitung des Finanzministeriums. Der Versuch der CGT, den Abbau der sozialen Errungenschaften der Volksfront durch einen neuen Generalstreik zu stoppen, scheiterte kläglich: Die Arbeitermassen ließen sich, gründlich desillusioniert, nicht mehr mobilisieren oder schreckten vor der massiven Repression der Regierung und der Unternehmer zurück.

Wie 1926 und 1934 wurde das Land damit zwei Jahre nach dem Wahlsieg einer linken Koalition wieder von einer rechten Mehrheit regiert. Die Integration der Arbeiter in den bürgerlich dominierten Staat kam über erste Ansätze nicht hinaus, und die Handlungsfähigkeit der Republik blieb, nachdem sich der Faschismus nicht zu einer ernsthaften Bedrohung ausgewachsen hatte, gering. Indessen bedeutete diese Entwicklung nicht einfach eine Rückkehr zur Normalität: Hinter Daladiers Wende zu einer Politik der nationalen Konzentration zeichneten sich vielmehr allmählich die Umrisse einer autoritären Lösung der Regimekrise ab. Das Regieren mit außerordentlichen Vollmachten wurde zur Gewohnheit; das technokratische Sanierungskonzept Reynauds erwies sich als erfolgreich und verschaffte der Regierung damit zunehmende Popularität; und die PSF entwickelte sich nach ihren halbfaschistischen Anfängen zu einer eher bonapartistischen Massenbewegung, die die Stärkung der Exekutive und die Rückkehr zu traditionellen Werten auf ihre Fahnen schrieb. Offensichtlich war bei der fortdauernden Stärke der Kapitalseite in der Klassenauseinandersetzung nur eine Modernisierung möglich, die die Selbstbestimmung der großen Bevölkerungsmehrheit in engen Grenzen hielt.

7. Auf dem Weg zur Niederlage

Nach dem Scheitern der Volksfront konzentrierte sich das politische Interesse mehr und mehr auf die Auseinandersetzung mit dem Dritten Reich. Hitler gab zusehends deutlicher zu erkennen, daß er bei der Forcierung der deutschen Revisionspolitik auch vor dem Einsatz militärischer Gewalt nicht zurückschreckte. Das aktivierte die Debatte zwischen Anhängern und Gegnern der Verständigungspolitik; es ließ aber auch ganz neue Frontstellungen entstehen: Ein Teil der militanten Rechten ging in ihrem Haß auf das bolschewistische Rußland soweit, Sympathien für den traditionellen Erbfeind zu entwickeln und für ein Arrangement mit Hitler zu plädieren. Umgekehrt bekannte sich ein Teil der zuvor pazifistischen Linken, die Kommunisten geschlossen und von den Sozialisten eine allmählich wachsende Minderheit, nun zur Notwendigkeit verstärkter Verteidigungsanstrengungen. Daneben bestanden aber auch noch die alten Frontstellungen fort; und häufig dienten die außenpolitischen Parteinahmen auch nur dazu, innenpolitische Rechnungen zu begleichen. Ein wirkungsvolles Eindämmungskonzept war unter diesen Umständen noch schwerer zu finden, als es angesichts der großen Distanz zwischen den potentiellen Verbündeten – Großbritannien und der Sowjetunion – ohnehin schon war.

7.1 Zwischen Eindämmung und Appeasement

Den energischsten Anlauf zur Eindämmung der deutschen Gefahr unternahm Louis Barthou, der Außenminister der nach dem 6. Februar 1934 gebildeten Regierung Doumergue. Nach seiner Meinung war Hitler von seinen Aggressionsplänen nur dann abzubringen, wenn man eine gemeinsame Abwehrfront aller übrigen europäischen Mächte aufbaute; hinter diesem Ziel mußten alle sonstigen machtpolitischen Gegensätze und insbesondere alle ideologischen Querelen zurückstehen. Entsprechend suchte er die traditionellen Freundschaften Frankreichs in Europa zu aktivieren, die Gegensätze zwischen den Verbündeten abzubauen und insbesondere die bislang noch weitgehend isolierte Sowjetunion und das faschistische Italien für eine Anti-Hitler-Koalition zu gewinnen. Das war ein Programm, das von der Rechten wie von der Linken verlangte, über ihren ideologischen Schatten zu springen, und darum auf vielfachen Widerstand stieß. Dennoch konnte Barthou einige Erfolge erzielen: Stalin ließ sich im Zuge des Übergangs zur Politik der »kollektiven Sicherheit« auf die französischen Annäherungsversuche ein; und auch Mussolini bewegte sich in Abwehr deutscher Pläne zum Anschluß Österreichs auf Frankreich zu. Im September 1934 markierten sowohl der Eintritt der Sowjetunion in den Völkerbund als auch eine englisch-französisch-italienische Garantieerklärung für Österreich die Umrisse einer neuen Bündniskonstellation.

Indessen wurde Barthou wenige Wochen später bei einem Treffen mit dem jugoslawischen König Alexander (einer seiner zahlreichen Vermittlungsunternehmen) von einem kroatischen Terroristen ermordet. Pierre Laval, der nun das Amt des Außenministers übernahm, setzte zwar die Verhandlungen fort, war aber weit weniger als sein Vorgänger entschlossen, die neue Koalition gegen innenpolitische Widerstände durchzusetzen, und aktivierte darum zugleich wieder die Verständigungsbemühungen gegenüber Deutschland. Mit Italien schloß er immerhin eine Reihe von Abkommen (am 7. Januar 1935), die den Weg zu Vereinbarungen über militärische Zusammenarbeit gegen deutsche Aggressionspläne eröffneten; als die deutsche Seite im März des gleichen Jahres Aufrüstungsmaßnahmen ankündigte, die mit den Bestimmungen des Versailler Vertrages nicht vereinbar waren, schreckte er aber, sehr zum Verdruß von Mussolini, vor substantiellen Gegenmaßnahmen zurück. Der Sowjetunion gestand er nur einen sehr lückenhaften Vertrag zu (unterzeichnet am 2. Mai 1935), der wechselseitige Hilfe nur für den Fall vorsah, daß der Völkerbund Sanktionen gegen eine deutsche Aggression beschloß. Verhandlungen über eine militärische Zusammenarbeit, wie sie Stalin wünschte, ließ er ins Leere laufen. Das Verhältnis zum Deutschen Reich suchte er insbesondere dadurch zu verbessern, daß er sich in der Kampagne um das Saar-Plebiszit, das nach den Bestimmungen von Versailles im Januar 1935 stattfand, demonstrativ jeder Unterstützung der Gegner eines Anschlusses der Saar an das nationalsozialistische Deutschland enthielt.

Das gleiche Zögern kennzeichnete die französische Reaktion, als Hitler Anfang März 1936 den Einmarsch deutscher Truppen in die entmilitarisierte Zone links des Rheins anordnete. In Paris amtierte unterdessen die Regierung Sarraut; jedermann lebte in Erwartung des baldigen Wahlsiegs der Volksfront. Zu militärischen Gegenmaßnahmen, die nach den Bestimmungen des Versailler Vertrages geradezu zwingend waren, war diese Regierung nur bereit, wenn sie von Großbritannien mitgetragen wurden. Die Londoner Regierung setzte jedoch weiterhin auf eine Saturierung der Deutschen; und so blieb es bei rein verbalen Protesten. Die französische Öffentlichkeit nahm es in einer Mischung aus Fatalismus, schlechtem Gewissen wegen der Fehler der Vergangenheit und Hoffnung auf künftiges Wohlverhalten Hitlers hin, daß die wichtigste materielle Garantie des Versailler Vertragswerks von heute auf morgen verlorenging und damit auch die Glaubwürdigkeit Frankreichs bei seinen Verbündeten einen empfindlichen Schlag erlitt. Die Anfangserfolge der Eindämmungspolitik wurden durch diese gravierenden Verluste mehr als wettgemacht.

Die erste Volksfront-Regierung nahm diese Verluste zunächst nicht sonderlich tragisch. Léon Blum, der seit jeher ein Gegner der Gewaltmaßnahmen des Versailler Vertragswerks gewesen war, hoffte wie die britische Regierung auf Verhandlungen mit Hitler, die Deutschland in den Völkerbund zurückbringen sollten. Zunehmende Skepsis hinsichtlich der Intentionen Hitlers trieben ihn zwar dazu, ein Aufrüstungsprogramm auf den Weg zu bringen, das die forcierte deutsche Aufrüstung konterkarieren sollte; er tat jedoch nichts zur Intensivierung des umstrittenen Bündnisses mit der Sowjetunion und nahm es auch als unvermeidlich hin, daß sich das faschistische Italien vom Frankreich der Volksfront abwandte und Hitlers Bündniswerben nachgab. Blums Nachfolger Chautemps bewegte sich auf der gleichen Linie; und auch unter Daladier betrieb die französische Regierung Aufrüstung und Appeasement zugleich. Als die deutschen Truppen am 11./12. März 1938 in Österreich einmarschierten, war Frankreich wieder einmal ohne handlungsfähige Regierung; Bemühungen, den »Anschluß« zu verhindern, waren im Ansatz steckengeblieben.

Mit der Zeit schwand allerdings das Vertrauen in die Möglichkeiten der Verständigungspolitik und wuchs die Bereitschaft, sich auf die Konfrontation mit dem nationalsozialistischen Deutschland vorzubereiten. Joseph Paul-Boncour, der Außenminister der zweiten Regierung Blum, setzte seine ganze Energie daran, der Sowjetunion das Durchmarschrecht durch Polen zu verschaffen und Großbritannien für eine Garantie der territorialen Integrität der Tschechoslowakei zu gewinnen. Nachdem weder das eine noch das andere gelungen war, willigte Daladier im September 1938 in die Forderung seines britischen Kollegen Chamberlain ein, Hitler die Annexion des Sudetenlandes zuzugestehen; er tat dies jedoch in dem deutlichen Bewußtsein, damit nicht mehr als eine kurze Frist für die Vorbereitung des Krieges zu gewinnen und die Preisgabe der tschechoslowakischen Verbündeten mit einem gewaltigen Prestigeverlust Frankreichs zu bezahlen. Die öffentliche Meinung entwickelte sich bei aller Schärfe der Auseinandersetzung um das »Münchner Abkommen« im Einzelnen insgesamt in die gleiche Richtung: 57 % der Franzosen erklärten sich in einer der ersten Meinungsumfragen mit dem Abkommen einverstanden – offensichtlich erleichtert, daß der Friede noch einmal gerettet worden war; aber 70 % stimmten gleichzeitig der Forderung zu, Frankreich und England dürften Hitler keinen weiteren Expansionsakt mehr durchgehen lassen.

Solange sich Hitler mit dem Erfolg von München zufrieden gab, konnte noch der Eindruck entstehen, als ob sich Frankreich auch über die Amputation der Tschechoslowakei hinaus mit der Expansion des Reiches im östlichen Europa abfinden würde. Die Rücksicht auf die britischen Verbündeten, die ein solches Arrangement ansteuerten, ging immerhin soweit, daß Anfang Dezember eine deutsch-französische Erklärung unterzeichnet wurde, in der sich beide Seiten zur Konsultation in Krisensituationen verpflichteten. Außenminister Georges Bonnet ließ zudem die Neigung erkennen, die Bündnisverpflichtungen Frankreichs gegenüber seinen Partnern im östlichen Europa aufzuweichen. Nachdem der deutsche Kanzler jedoch im März 1939 tatsächlich auch noch die restliche Tschechoslowakei zerschlagen hatte, wurde deutlich, daß es für weitere Zugeständnisse an den deutschen Expansionismus keine Mehrheit mehr gab, weder im Kabinett noch in der französischen Öffentlichkeit. Daladier bekräftigte nun nicht nur die Verpflichtungen Frankreichs gegenüber Polen und Rumänien; er nahm auch die Bemühungen um eine Aktivierung des Paktes mit der Sowjetunion wieder auf.

Von Mitte März bis Ende August 1939 konzentrierten sich die französischen Bemühungen darauf, Großbritannien für ein umfassendes Dreier-Bündnis mit der Sowjetunion zu gewinnen, das Hitler von der Auslösung eines Krieges abschrecken und einer Verständigung zwischen Stalin und Hitler zuvorkommen sollte. Dafür war insofern eine Grundlage vorhanden, als der deutsche Einmarsch in Prag die britische Regierung von der Idee abgebracht hatte, Hitler das östliche Europa als Einflußsphäre zu überlassen. Die Briten zögerten aber noch, auch der Sowjetunion unmittelbaren Beistand gegen einen deutschen Angriff zuzusagen; und so dauerte es bis Anfang Juli, bis das Projekt des Dreier-Paktes in Umrissen feststand. Danach sperrten sich die Polen erneut dagegen, der Sowjetunion das Recht zum Durchmarsch ihrer Truppen nach Deutschland einzuräumen; die Sowjets aber, unterdessen schon deutlich reservierter, bestanden auf Implementierung der militärischen Zusammenarbeit als Voraussetzung für die Unterzeichnung des Vertrags. In dieser Situation gab Daladier der französischen Verhandlungsdelegation in Moskau am 21. August die Anweisung, sich über die Weigerung der Polen hinwegzusetzen: Im Zweifelsfall war ihm die Abschreckung Deutschlands wichtiger als die Souveränität der polnischen Verbündeten.

Dieses denkbar weitgehende Zugeständnis an die sowjetische Seite kam freilich zu spät, um das Eindämmungsprojekt retten zu können. Unterdessen hatte sich Stalin schon für das Bündnis mit Hitler entschieden, das zwei Tage später unterzeichnet wurde und den Weg zum Krieg mit den Westmächten freimachte. Wenn es nicht zum Satelliten Deutschlands herabsinken wollte, dann blieb Frankreich jetzt nur noch die Möglichkeit, an der Seite der britischen Verbündeten erneut die militärische Kraftprobe mit dem Deutschen Reich zu wagen. Bonnet versuchte zwar noch einmal, die Bündnisverpflichtungen gegenüber Polen aufzulockern; er konnte damit aber nicht mehr erreichen als ein gewisses Zögern vor dem letzten Schritt. Am 2. September, einen Tag nach dem deutschen Überfall auf Polen, bewilligten Abgeordnetenkammer und Senat einstimmig neue Militärkredite; einen Tag später, nachdem Hitler auf Daladiers Forderung nach einem Rückzug aus Polen nicht reagiert hatte, erklärte die französische Regierung dem Deutschen Reich den Krieg.

7.2 Die Regierung Daladier

Die Entscheidung für den Krieg wurde dadurch wesentlich erleichtert, daß die politisch Verantwortlichen den Eindruck hatten, das Regime habe sich von den Folgen der Weltwirtschaftskrise und der politischen Turbulenzen der Volksfrontära erholt. In der Tat war – dank der Konzentrationsmaßnahmen Reynauds und verbesserter internationaler Rahmenbedingungen – zum ersten Mal seit Beginn der Wirtschaftskrise wieder ein kontinuierlicher Aufschwung zu verzeichnen. Im Ausland plaziertes Kapital kehrte wieder nach Frankreich zurück; die Unternehmer begannen, über den Abbau der Sozialgesetzgebung der Volksfront erleichtert, wieder vermehrt zu investieren. Entsprechend stiegen die Produktionsziffern, besonders in der Rüstungsindustrie, aber mehr und mehr auch in anderen Sektoren. Die Preise stabilisierten sich, und die Arbeitslosenziffern blieben zumindest konstant.

Dem Ansehen der Regierung Daladier kamen diese Erfolge um so mehr zugute, als sie sich auch im Parlament unangefochten behaupten konnte. Die Abgeordneten der Rechten wagten es nicht, gegen Daladier zu stimmen, weil sie sonst befürchten mußten, eine Rückkehr zur Volksfront-Mehrheit zu provozieren. Die Linke aber blieb ohnmächtig, weil sie keinen Ansatzpunkt mehr fand, die Radicaux erneut auf ihre Seite zu ziehen. Die Sozialistische Partei wurde von heftigen Auseinandersetzungen zwischen Pazifisten und Anwälten einer antifaschistischen Eindämmungspolitik erschüttert. Und die Kommunisten wurden von der Regierung erneut in die Isolation getrieben, nachdem sie sich als einzige Partei geschlossen gegen das populäre Münchner Abkommen gestellt hatten; die Repression der Streikbewegung des Spätherbstes 1938 traf insbesondere die kommunistischen Agitatoren und führte zu einem rapiden Mitgliederschwund der CGT. Im Juni 1939 stimmte die Kammer einer Vorlage Daladiers zur Einführung des Verhältniswahlrechts zu; das befreite die Radicaux von der Sorge um sozialistische Wählerstimmen im zweiten Wahlgang und schob so der Rückkehr zum Volksfront-Bündnis einen zusätzlichen Riegel vor.

Nimmt man hinzu, daß auch die Außenpolitik Daladiers von einer breiten Mehrheit mitgetragen wurde und zur Steigerung seines Ansehens beitrug (dies sowohl in der Phase des Zurückweichens 1938 als auch im

Zeichen der Festigkeit von 1939), so wird deutlich, daß diese Regierung tatsächlich eine Konsolidierung der politischen Verhältnisse auf den Weg brachte. Nachdem die Angst vor der Volksfront gewichen war, verlor der rechte Extremismus rasch an Stoßkraft. Die PPF Doriots, die angetreten war, sich als faschistische Massenpartei durchzusetzen, verhedderte sich in internen Querelen, die eine Spaltung nach der anderen zeitigten. Die rechtsextremen Terroristen, die 1937/38 von sich reden gemacht hatten, fanden keine Nachfolger mehr. Und die PSF des Obersten La Rocque, deren paternalistisch-korporatistisches Programm ohnehin keine grundsätzliche Kampfansage an die republikanische Ordnung mehr enthielt, wurde in ihrem Aufstieg gestoppt. Viele Angehörige der »kleinbürgerlichen« Kreise, die geneigt gewesen waren, ihr Heil in einer Politik des Antirepublikanismus und der Gewalt zu suchen, fanden nun wieder, wie es der Intention Daladiers entsprach, zu den Radicaux zurück. Der Erfolg Daladiers kam damit auch seiner Partei zugute und vergrößerte die Aussicht, Frankreich auf längere Zeit hin von der echten Mitte her regieren zu können.

Wachsende Popularität und starke parlamentarische Stellung erlaubten es Daladier zudem, die Kompetenzen der Exekutive zu stärken. Nachdem er im Oktober 1938 schon Sondervollmachten zur Behebung der Wirtschafts- und Finanzkrise erhalten hatte, wurden ihm im März 1939 erstmals Sondervollmachten zur Stärkung der Verteidigungskraft erteilt. Ende Juli 1939 setzte er zusammen mit einer Reihe weiterer außenpolitisch motivierter Notverordnungen die Verlängerung der laufenden Legislaturperiode um volle zwei Jahre (also bis zum Juni 1942) durch. Und im September 1939 ließ er sich erneut außerordentliche Vollmachten zubilligen, diesmal für die Kriegsführung. Das Parlament hatte folglich seltener als bislang Gelegenheit, in die Entscheidungsprozesse einzugreifen; und wenn es zusammentrat, dann wurde es häufig durch Vertrauensfragen zur Bestätigung des Regierungskurses gezwungen. Das politische System der III. Republik überwand so angesichts der Bedrohung durch das nationalsozialistische Deutschland seine ärgsten Defizite; und das gab ihm eine gewisse Chance zum Überleben.

Vielen Kritikern auf der politischen Rechten und insbesondere ihren intellektuellen Wortführern ging diese Stärkung der Regierungsautorität jedoch längst nicht weit genug. Der Gedanke an eine grundlegende, mehr oder minder autoritäre Neuordnung besaß weiterhin beträchtliche Anziehungskraft; und auch das Verlangen, für die Zugeständnisse der Volksfrontära an den »Marxisten« Rache zu nehmen, war weit verbreitet. Für den Bestand der Republik waren diese Tendenzen in zweierlei Hinsicht gefährlich: Zum einen war die politische Linke schon soweit in die Defensive geraten, daß dem Druck von rechts kein gleichwertiges Gegengewicht mehr entgegengestellt werden konnte; und zum anderen schwächten die heimlichen Sympathien dieser Fraktionen der Rechten für ein Regime, das die Auslöschung des »Marxismus« in Europa auf seine Fahnen geschrieben hatte, aufs Ganze gesehen doch den Verteidigungswillen des Landes und blieb das Arrangement mit einem zur Hegemonialmacht aufgestiegenen Deutschland eine latente Gefahr.

7.3 Vom »drôle de guerre« zum Waffenstillstand

Fürs erste freilich machte sich der Defätismus nach der Kriegserklärung vom 3. September 1939 kaum bemerkbar. Der Krieg wurde nicht sogleich zur erfahrbaren Wirklichkeit; und viele Anhänger eines »antibolschewistischen« Arrangements waren auch durch die Nachricht von Hitlers Paktabschluß mit Stalin verwirrt. So kam es nur zu vereinzelten Oppositionsbekundungen, die rasch unterdrückt werden konnten. Problematischer schien die Haltung der Kommunistischen Partei, die, nachdem sie zunächst noch für die Militärkredite gestimmt hatte, vom 20. September an auf Moskauer Weisung hin zum Waffenstillstand aufrief. Die zumeist antifaschistisch eingestellte Basis folgte jedoch nur zum Teil der Parteilinie; selbst 21 der 72 kommunistischen Parlamentsabgeordneten erklärten ihren Austritt aus der Partei. Unter diesen Umständen machte es keine besonderen Schwierigkeiten, die Partei nicht nur zu verbieten und die Immunität ihrer Parlamentarier aufzuheben, sondern ihren Organisationsapparat auch tatsächlich zu zerschlagen. Thorez desertierte im Oktober aus der Armee und verließ das Land in Richtung Moskau.

Zu Kampfhandlungen kam es zunächst kaum, weil sich Hitler auf den Polenfeldzug konzentrierte, die französische Generalität aber mit einem langen Krieg rechnete, der nur mit einer defensiven Strategie zu gewinnen war. Frankreich sollte hinter der Maginot-Linie und der gemeinsamen britisch-französischen im Norden solange uneinnehmbar bleiben, bis das vom Welthandel weitgehend abgeschnittene Deutsche Reich durch die Erschöpfung seiner wirtschaftlichen Ressourcen zum Aufgeben gezwungen würde. Die Folge dieser strategischen Grundhaltung war, daß es die französischen Streitkräfte vermieden, sogleich einen Teil der deutschen Kräfte im Westen des Reiches zu binden, und daß sie, als die Polen von deutschen und sowjetischen Truppen zugleich aufgerieben wurden, auch nichts mehr unternahmen, um die polnischen Verbündeten zu entlasten. Zu der erwarteten großen Konfrontation kam es aber auch nach der Kapitulation der Polen nicht so bald: Da Hitler den Zeitpunkt für den Beginn der Westoffensive wiederholt verschob (die klimatischen Bedingungen ließen einen effektiven Einsatz der deutschen Luftwaffe noch nicht zu), blieb den Franzosen, wenn sie an ihrem Kalkül festhalten wollten, nichts anderes übrig, als zu warten.

Je länger dieser seltsame Zustand des nichtpraktizierten Krieges (»drôle de guerre«) andauerte, desto mehr bröckelte der im Herbst 1939 erreichte

Konsens ab. Auf der einen Seite wurde Kritik an einer Strategie laut, die potentielle Verbündete offenkundig im Stich ließ und dem Gegner zumindest vorläufig Positionsvorteile verschaffte, ihm auf jeden Fall ganz die Initiative überließ. Auf der anderen Seite mahnten die Anhänger einer Verständigung mit Deutschland zur Zurückhaltung oder drängten sie, besonders seit dem sowjetischen Angriff auf Finnland Ende November, auf eine Offensive, die sich in erster Linie gegen die sowjetischen Positionen richtete, möglicherweise nach einem vorzeitigen Friedensschluß im Westen. Die Moral der untätig wartenden Truppen sank; und die bald deutlich werdende Senkung der allgemeinen Kaufkraft zugunsten einiger Kriegsgewinnler sorgte für zusätzliche Unzufriedenheit. Daladier, der es lange Zeit verstanden hatte, den Empfindungen breiter Bevölkerungskreise gerecht zu werden, wurde nun zur Zielscheibe vielfältiger und häufig gegensätzlicher Kritik. Um seinen Kurs durchhalten zu können, griff er vermehrt zu autoritären Mitteln; er erreichte damit aber nur, daß sich der Unwille noch stärker gegen seine Person richtete und er die Kontrolle über die Ereignisse verlor. Als Finnland Mitte März 1940 einen Waffenstillstand mit der Sowjetunion schließen mußte, verabschiedete die Kammer mit 293 Stimmen eine Erklärung, die das Zögern Daladiers kritisierte, den Finnen zu Hilfe zu eilen; 300 Abgeordnete enthielten sich der Stimme. Daladier wertete das als Mißtrauensvotum und trat am 21. März zurück.

Nachfolger wurde Paul Reynaud, einer der wenigen Vertreter der Rechten, die kategorisch für eine Eindämmung des deutschen Expansionismus eingetreten waren. Das Kabinett, das er bildete, war eher geneigt, über die Defensive hinauszugehen; Bonnet war nicht mehr vertreten, dafür aber einige Sozialisten. Allerdings konnte es sich nur auf eine knappe parlamentarische Mehrheit stützen; große Teile der Rechten und der Radicaux verweigerten Reynaud das Vertrauen. Die neue Regierung entschloß sich, den Krieg dadurch zu intensivieren, daß sie die Nachschublinien des Reiches in Skandinavien und der Sowjetunion angriff; dies sollte die Versorgung der Deutschen mit schwedischem Erz und südrussischem Erdöl unterbinden und damit sowohl Hitler als auch Stalin zwingen, ihre weiteren Absichten offenzulegen. Dieser Plan ließ sich jedoch nur zum Teil verwirklichen: Da die britischen Verbündeten davor zurückschreckten, die Sowjetunion endgültig in das gegnerische Lager zu treiben, kam es vorerst nur zur Bildung eines französisch-britischen Expeditionskorps nach Skandinavien; und dieses konnte kaum etwas ausrichten, weil Hitler nun kurzerhand Dänemark und Norwegen besetzen ließ. Nur nach verlustreichen Kämpfen konnten die Alliierten einen Brückenkopf in Narvik besetzen.

Immerhin ging Hitler jetzt am 10. Mai zum Angriff an der Westfront über. Er kam weit heftiger als erwartet: In nur drei Tagen eroberten die deutschen Truppen Holland, und schon am sechsten Tag gelang ihnen in den Ardennen der Durchbruch durch die französischen Linien. In der folgenden Woche trieben die deutschen Panzer einen Keil zwischen die alliierten Nordarmeen und die übrigen französischen Truppen, die auf die Somme-Aisne-Linie umdirigiert worden waren; die Nordarmeen wurden eingeschlossen, konnten sich aber, weil Hitler eine Panzerschlacht als zu riskant ansah, zu großen Teilen von Dünkirchen aus über den Kanal in Sicherheit bringen. Mit den verbliebenen Truppen ließ sich die Front – nun von der Somme bis zur Maginot-Linie – nicht mehr halten: Am 12. Juni wurde der Befehl zum Rückzug nach Süden gegeben. Daraufhin marschierten am 14. Juni die ersten deutschen Truppen in Paris ein; am 18. Juni waren sie in Rennes und am 20. Juni in Lyon.

Dabei waren die alliierten Truppen den Deutschen, anders als es eine weitverbreitete Legende behauptet, keineswegs materiell unterlegen, weder in der Zahl der zur Verfügung stehenden Soldaten, noch hinsichtlich der Bewaffnung. Lediglich für den Luftkrieg waren die Deutschen besser ausgerüstet; dafür waren die französischen Panzerbestände sogar umfangreicher als die deutschen. Es fehlte den französischen Truppen im allgemeinen auch nicht an Kampfmoral: Über 100 000 Gefallene in fünf Wochen zeigen an, daß dort, wo zu kämpfen war, in der Regel auch gekämpft wurde. Was den deutschen Truppen ein so rasches Vordringen ermöglichte, waren vielmehr in erster Linie taktische und operationelle Fehlleistungen der französischen Generalität. Bei der Errichtung der Abwehrfront – die flexibles Eingehen auf die Züge des Gegners ohnehin kaum zuließ – waren die Ardennen als vermeintlich undurchdringliche Region vernachlässigt worden; als die Deutschen just dort ihre Panzer und Flugzeuge konzentriert hatten und damit durchgebrochen waren, fehlte es an einer Reservearmee, die den deutschen Vormarsch hätte aufhalten können. Die Generalität war von der deutschen Schwerpunkttaktik so überrascht, daß sie keine strategische Alternative mehr zu entwikkeln vermochte; Zögern, Fehleinschätzungen und einander widersprechende Befehle brachten die verbliebenen Truppen um ihre Wirkung.

Reynaud unternahm verzweifelte Anstrengungen, um der Schwäche der französischen Führung Herr zu werden: Er löste Generalstabschef Gamelin durch General Weygand ab, der als enger Mitarbeiter Fochs das Vertrauen der höheren Offiziere besaß; er berief den inzwischen 84jährigen Marschall Pétain, neben Foch der zweite erfolgreiche militärische Führer des Ersten Weltkriegs, in das Amt eines Stellvertretenden Ministerpräsidenten; er setzte die Entlassung Daladiers durch, der bislang als Verteidigungsminister in der Regierung verblieben war und in dieser Funktion Gamelin gedeckt hatte; und er nahm Männer seines Vertrauens, meist unpolitische Fachleute, in seine Regierungsmannschaft auf – darunter den Colonel de Gaulle, erfolgreicher Befehlshaber einer Panzerdivision, als Unterstaatssekretär im Verteidigungsministerium. Diese Maßnahmen Ende Mai/Anfang Juni kamen jedoch zu spät, um die militärische Situation noch einmal in den Griff bekommen zu können; und dann setzte, nachdem die Regierung Paris am 10. Juni in Richtung Süden verlassen hatte, ein heftiges Ringen um die Frage ein, ob man den Kampf noch fortsetzen oder um Waffenstillstand nachsuchen sollte. Reynaud plädierte für das erstere, davon überzeugt, daß sich der europäische Krieg zum Weltkrieg ausweiten würde und französische Truppen vom Boden des Kolonialreichs aus, insbesondere von den nordafrikanischen Besitzungen her, mit Aussicht auf Erfolg operieren könnten. Demgegenüber drängten Weygand und bald auch Pétain auf raschen Waffenstillstand, aus Furcht vor einer völligen Zerstörung des Landes und in der Hoffnung auf ein einigermaßen glimpfliches Arrangement mit dem siegreichen Deutschland. Nach erbitterten Auseinandersetzungen am Abend des 16. Juni – die Regierung amtierte unterdessen in Bordeaux – reichte Reynaud seine Demission ein; er hatte zwar nicht die Mehrheit im Ministerrat verloren, aber er war, wie viele seiner Gesinnungsgenossen, nicht mehr in der Lage, mit letzter Konsequenz für die Durchsetzung seiner Überzeugung zu kämpfen.

Mit dem Rücktritt Reynauds war der Streit noch nicht ganz entschieden. Staatspräsident Lebrun berief zwar Pétain zum neuen Regierungschef; und dieser suchte sogleich um Einstellung der Kämpfe und Verhandlungen über die Friedensbedingungen nach. Als die deutsche Antwort auf sich warten ließ, mußte er den Arrangement-Gegnern aber zugestehen, daß ein Teil der Regierung und der Abgeordneten zusammen mit dem Staatspräsidenten nach Nordafrika aufbrechen sollten, um notfalls von dort aus den Widerstand fortsetzen zu können. Freilich wurde der Aufbruch der Regierungsdelegation durch Zögern und gezielte Desinformation solange hinausgeschoben, bis die Emissäre Pétains Waffenstillstandsbedingungen präsentieren konnten, die einer Mehrheit der Verantwortlichen erträglich schienen. Am 22. Juni unterzeichneten die französischen Bevollmächtigten in Rethondes – im gleichen Eisenbahnwaggon wie ihre deutschen Kollegen 1918 – das Waffenstillstandsabkommen, das dann drei Tage später in Kraft trat. 27 Parlamentarier, die nach dem Beschluß zur Teil-Evakuierung mit dem Schiff nach Afrika aufgebrochen waren, wurden bei ihrer Ankunft in Casablanca wegen des Verdachts auf Desertion festgehalten; vier von ihnen (darunter Mendès France), wurden dann tatsächlich vor einem Militärgerichtshof unter Anklage gestellt.

Nach den Waffenstillstandsvereinbarungen wurde Frankreich nördlich und westlich einer Linie, die von Genf über Bourges, Tour und Angoulême bis zur spanischen Grenze reichte, von deutschen Truppen besetzt; die Behörden wurden angewiesen, mit den Besatzern »zusammenzuarbeiten« (»collaborer«). Der Rest des Landes blieb unbesetzt; allerdings mußte sich die Regierung verpflichten, Emigranten, die in Frankreich Zuflucht gefunden hatten, auf Verlangen an die deutschen Behörden auszuliefern; sie mußte die Kosten für die Besatzung übernehmen; und sie mußte zustimmen, daß 1,5 Millionen französische Kriegsgefangene bis zum Abschluß eines Friedensvertrags nach Deutschland verbracht wurden, gewissermaßen als Bürgen für das Wohlverhalten der Besiegten. Darüber hinaus mußten natürlich alle Waffen abgeliefert und militärische Einrichtungen den Deutschen zur Verfügung gestellt werden; die Flotte wurde demobilisiert und unter der Kontrolle der Sieger in die Heimathäfen zurückgeführt. Hitler wollte verhindern, daß der französische Widerstand das britische Potential verstärkte und insbesondere die Flotte Frankreichs noch gegen ihn ins Feld geführt werden konnte; das bewog ihn, die Franzosen vorerst schonender zu behandeln als zuvor die Polen.

Gleichwohl erschienen die Bedingungen vielen Franzosen hart, waren sie jedenfalls härter, als die Befürworter des Waffenstillstands angekündigt hatten. Einen Weg zurück gab es jedoch nicht mehr, vor allem deswegen nicht, weil unterdessen der Bruch mit den britischen Verbündeten unvermeidlich wurde. Die Briten hatten bis zuletzt versucht, Frankreich mit allen Mitteln zur Fortsetzung des Kampfes zu bewegen, bis hin zu dem Angebot einer gemeinsamen britisch-französischen Regierung (ein Projekt, an dessen Erarbeitung Jean Monnet und der inzwischen nach London aufgebrochene de Gaulle mitgewirkt hatten). Nachdem jedoch der separate Waffenstillstand geschlossen worden war, konzentrierte Churchill seine ganze Energie darauf, wenigstens die französische Flotte nicht in deutsche Hände gelangen zu lassen. Dies führte – nicht zuletzt aufgrund mangelnder Flexibilität des kommandierenden Admirals der französischen Seite – am 3. Juli zur Zerstörung des vor Mers El-Kébir liegenden französischen Geschwaders. Die Franzosen hatten über tausend Todesopfer zu beklagen; und die Regierung Pétain brach daraufhin die diplomatischen Beziehungen zu London ab.

7.4 Das Ende der III. Republik

Die Entscheidung für den Waffenstillstand und gegen die Fortsetzung des Widerstands wurde bei vielen Verantwortlichen dadurch erleichtert, daß er eine Gelegenheit eröffnete, sich des ungeliebten Regimes der III. Republik zu entledigen und insbesondere für die »Zumutungen« der Volksfront-Ära Rache zu nehmen. Für Weygand und Pétain waren nicht etwa die strategischen und taktischen Fehlleistungen des Generalstabs für die Niederlage verantwortlich, sondern der Leichtsinn der Politiker, der Mangel an Opfersinn, Gehorsam und Religion, kurz: das ganze moderne Gesellschaftssystem, in dem sie sich schon immer etwas unbehaglich gefühlt hatten. Rettung versprachen sie sich weniger von einer Fortsetzung des Kampfes als von einer moralischen Erneuerung, die das Land wieder nach den traditionellen Werten formen sollte. Hierzu bot der Abschluß des Waffenstillstands gute Möglichkeiten: Er belastete die entschiedenen Republikaner, die das Land in den Krieg gegen Hitler geführt hatten, mit der Verantwortung für die Niederlage, rückte die Anwälte der »Restauration« in den Mittelpunkt des Geschehens und schuf eine Situation, in der ohnehin »Bewährung« an der Seite der nationalsozialistischen Siegermacht gefordert war.

Daß sich Weygand und Pétain mit einer solchen Konzeption durchsetzen konnten, war nicht etwa darauf zurückzuführen, daß die Zahl der Republikgegner unter dem Eindruck der dramatischen Ereignisse des Mai/Juni 1940 sprunghaft angestiegen wäre. Wichtig war neben dem Mangel an Kampfentschlossenheit in den Reihen der republikanischen Politiker und den natürlichen Vorteilen, über die die Militärs in der gegebenen Situation verfügten, vor allem das außerordentliche Prestige, über das Pétain, der »Sieger von Verdun«, bis in die Reihen der Antimilitaristen hinein verfügte. Sein Votum, daß weiterer Widerstand zwecklos sei, wagte kaum jemand zu bezweifeln; und für viele, die angesichts der Niederlage, der Fluchtbewegung, die sie auslöste, des wachsenden Chaos und der völligen Ungewißheit über die Zukunft nach einem festen Halt suchten, wurde er mit seiner Entschlossenheit, trotz seines Alters an der Spitze der Regierung und trotz der Präsenz des Feindes im Lande zu bleiben, zum Rettungsanker, der ein irgendwie erträgliches Überleben versprach. Zusätzlich erschüttert wurde die Position der Republikaner durch die Attacken, die der harte Kern der Defätisten, nun in einer »Kommune von Bordeaux« um Pierre Laval und Marcel Déat organisiert, unablässig gegen sie vorbrachte. Und schließlich sprachen auch die Sehnsucht nach Rückkehr zur Normalität und, je deutlicher sich der Sieg der Waffenstillstandspartei abzeichnete, allgemeine Vorsicht dafür, sich der Führung Pétains anzuvertrauen.

Die Autorität des Marschalls war bald so groß, daß das neue Regime, dessen Errichtung Pétain seit dem Rücktritt Reynauds Schritt für Schritt vorantrieb, ohne größere Repressionen auskam. Gewiß, einzelne gegnerische Politiker wurden vorübergehend festgenommen; so Georges Mandel, der Innenminister der vorherigen Regierung, dem man ein Komplott gegen den neuen Regierungschef andichtete. Im übrigen aber genügte es, die Posten der Politiker, die auf der Flucht waren oder den neuen Kurs nicht mittragen wollten, durch Militärs und Fachleute zu ersetzen und den regulären Administratoren auf jeder Verwaltungsebene einen Offizier »beizuordnen«, eine Maßnahme, die sich mit der Ausnahmesituation des Waffenstillstands begründen ließ. Eine große Zahl von Technokraten und Experten, die unter den Unzulänglichkeiten der politischen Praxis der III. Republik gelitten hatten, nahmen die Führungsaufgaben, die ihnen auf diese Weise zufielen, mit großem Eifer wahr, davon überzeugt, nun endlich die Chance zu erhalten, die überfällige Modernisierung in Gang zu setzen. Ebenso genossen die traditionellen Notabeln und Kirchenführer den längst verloren geglaubten Einfluß, der ihnen aus der Ausschaltung von Paris, der Zurückdrängung der republikanischen Institutionen und der Orientierung an Pétain wieder zuwuchs. Beide zusammen sorgten dafür, daß die Verwaltung des Landes weiterlief, ohne daß sich fürs erste Protestpotential aufstaute.

Die Transmissionsriemen der republikanischen Ordnung wurden damit geradezu überflüssig. Die Männer um Pétain glaubten denn auch, sich des Parlaments ganz einfach dadurch entledigen zu können, daß sie es in Ferien von unbestimmter Dauer schickten. Laval setzte dann allerdings, um seine eigene Unentbehrlichkeit unter Beweis zu stellen, den Plan einer offiziellen Selbstentmachtung des Parlaments durch und bearbeitete die verbliebenen Parlamentarier, soweit sie nicht ohnehin Pétain zu folgen bereit waren, solange mit Drohungen und Versprechungen, bis sich eine deutliche Mehrheit für eine »Verfassungsreform« abzeichnete. Am 10. Juli stimmten Senatoren und Abgeordnete in einer gemeinsamen Sitzung in Vichy (wohin die Regierung unterdessen weitergezogen war) mit 569 gegen 80 Stimmen dafür, der Regierung Pétain alle Vollmachten zur Ausarbeitung einer neuen Verfassung zu übertragen; 20 Parlamentarier enthielten sich der Stimme. Der Grad der Zustimmung war auf der Rechten größer als auf der Linken; und es fehlten nicht nur die Kommunisten, sondern auch die nach Casablanca aufgebrochenen Abgeordneten, die man an der rechtzeitigen Rückkehr gehindert hatte. Dennoch überwog selbst in den Reihen der Sozialisten die Zahl der Befürworter die Zahl der Gegner: Neben der Furcht vor Repression durch Militär und rechtsradikale Aktivisten wirkten auch hier Resignation und vage Hoffnung auf eine Neuordnung, die den eigenen Vorstellungen entsprach, verstärkt durch die pazifistischen Elemente, die sich in dieser Partei behauptet hatten.

Das Votum der Nationalversammlung stattete die Regierung Pétain mit umfassenden legislativen und exekutiven Vollmachten aus. Lediglich für eine neue Kriegserklärung brauchte sie noch die Zustimmung des Parlaments und für die Inkraftsetzung der neuen Verfassung eine nicht näher qualifizierte »Ratifizierung durch die Nation«. Einen Tag später erklärte sich Pétain durch »konstitutionelle Akte« zum »Chef des französischen Staates«, der die Funktionen von Staatspräsident und Ministerpräsident in sich vereinte, die legislative Gewalt übernahm, die juristische Gewalt kontrollierte und das Recht besaß, einen Nachfolger zu bestimmen. Am 17. Juli wurde mit einem weiteren Akt Pierre Laval zum Stellvertreter und Nachfolger Pétains promulgiert und so für seine Verdienste um die Beseitigung der konstitutionellen Hemmnisse honoriert. Das Parlament wurde auf unbestimmte Zeit vertagt (und wenig später durch ein weiteres Dekret ganz aufgelöst). Die Verfassungsordnung der III. Republik wurde damit auch de jure außer Kraft gesetzt, nachdem sie de facto schon seit einigen Tagen zu bestehen aufgehört hatte.

Ihr Scheitern war ebensowenig eine notwendige Folge der Niederlage wie die Niederlage eine notwendige Folge der Schwächen der III. Republik gewesen war. Aber beide hatten eine gemeinsame Wurzel in der Weigerung der besitzenden Klassen, den Ausbau der formalen zur sozialen Demokratie zuzulassen. Diese Weigerung führte nicht nur zum Zurückschrecken vor einer antifaschistischen Bündnispolitik, die die Sowjetunion miteinbezog und damit den Arbeiterparteien zugute kam; sie hatte auch die zunehmende Entfremdung bürgerlicher Kreise von der republikanischen Ordnung zur Folge, seit diese in der Volksfrontära ihre sozialstaatliche Potenz hatte anklingen lassen; und sie gab der politischen Kultur des Landes eine so stark individualistische Prägung, daß in Zeiten der Bedrängnis die Neigung überhand nahm, sich einem nationalen Retter anzuvertrauen. Daß Pétain diese Rolle übernahm, war eine Folge der besonderen Umstände des Juni 1940; seine »weiche« Diktatur war freilich nur *eine* Variante der Möglichkeiten autoritärer Modernisierung, die seit längerem in der Luft lagen.

8. Das Regime von Vichy und die Résistance

Die »nationale Revolution«, die Marschall Pétain nach der Übertragung der Vollmachten durch die Nationalversammlung im Juli 1940 ins Werk setzte, wurde zunächst von einer großen Mehrheit der Franzosen mitgetragen. Alte und neue Opfer der Republik – antirepublikanische Traditionskräfte und technokratische Reformer – versuchten gemeinsam, ihre Vorstellungen von einem besseren Frankreich zu verwirklichen; große Teile des bürgerlichen Lagers hofften auf eine Revanche für die Zumutungen der Volksfrontjahre; und wer sich nicht mit den Zielen der »nationalen Revolution« identifizieren konnte, paßte sich ihr doch in der Regel zumindestens an, teils aus Opportunismus und teils aus Erleichterung über den glimpflichen Ausgang der Konfrontation mit den Deutschen. Mit der Zeit ließ die Begeisterung für das neue Regime jedoch nach: einmal, weil die konservative Utopie Pétains in einer modernen Industriegesellschaft nicht zu verwirklichen war; zum anderen, weil Hitler keineswegs daran dachte, das neue Frankreich auch nur als Juniorpartner zu akzeptieren. Entsprechend entwickelte sich allmählich eine Widerstandsbewegung gegen »Vichy« und die Besatzer; und in dem Maße, wie sich ab 1943 der Sieg der Anti-Hitler-Koalition abzeichnete, fand auch diese »Résistance« einen breiten Anhang. So wurden die Jahre zwischen Niederlage und Befreiung zu einer Zeit zwiespältiger Erfahrungen: Auf die Erneuerung, die nur im Zeichen der Niederlage möglich war, folgte ein Sieg, der zum wenigsten aus eigenen Kräften errungen wurde.

8.1 Die »nationale Revolution«

Für Pétain und Weygand ging es in der »nationalen Revolution« in erster Linie um eine Besinnung auf die traditionellen Werte. »Gott, Familie und Vaterland« sollten wieder im Mittelpunkt des Lebens der Franzosen stehen, an der Stelle von Genußsucht, Disziplinlosigkeit und allerlei materialistischen Irrlehren. Um dahin zu gelangen, sollten, wie es in einem von Weygand redigierten Manifest hieß, die Erziehung reformiert, die

Familienautorität wiederhergestellt und eine neue, gesunde Elite geschaffen werden. Außerdem wurden Maßnahmen gegen die »finstere Allianz des internationalen Kapitalismus und des internationalen Sozialismus« angekündigt. Auf diese Weise sollten die Klassenkonflikte und die Entwurzelung der Massen überwunden werden; und aus der wiedergefundenen Einheit der Nation sollte dann auch die Kraft erwachsen, unter den Nationen Europas wieder einen würdigen Platz zu erringen.

In der Praxis bestand die »nationale Revolution« zunächst vor allem in einer Säuberung des öffentlichen Lebens von republikanischen Elementen. Zahlreiche Präfekte und Ministerialbeamte wurden entlassen; die gewählten Generalräte wurden durch ernannte Verwaltungsausschüsse ersetzt; Bürgermeister und Gemeinderäte wurden zum Teil ausgewechselt und in jedem Fall für alle Gemeinden über 2000 Einwohner fortan von oben ernannt. Die Logen der Freimaurer, die zu den Säulen des laizistischen Republikanismus gehört hatten, wurden aufgelöst, ihre Mitglieder zum Teil aus öffentlichen Ämtern vertrieben. Ebenso wurden die Reste unabhängiger Gewerkschaftsmacht zerschlagen und die Jagd auf vermeintliche und tatsächliche Anhänger der kommunistischen Partei nach Kräften fortgesetzt. Und dann begann auch, ohne daß von der Seite der Deutschen hier auch nur der geringste Druck ausgeübt wurde, die Jagd auf die Juden: Schon im Oktober 1940 wurden die »Juden französischer Nationalität« einem besonderen Statut unterworfen, das sie von allen öffentlichen Ämtern ausschloß. Im Juni 1941 verloren sie darüber hinaus das Wahlrecht, wurden sie aus der Armee ausgeschlossen und von allen Posten im kulturellen Bereich verjagt; ihr Zugang zu den Universitäten und zu den freien Berufen wurde rigoros beschränkt, und ihre Unternehmen konnten fortan »arisiert« werden. Die ausländischen Juden, vielfach Flüchtlinge aus dem Deutschen Reich, wurden gleichzeitig in Internierungslagern gesammelt, aus denen es dann später für die meisten kein Entkommen mehr geben sollte.

Daneben gab es eine Reihe von Maßnahmen, die dem Streben nach moralischer Erneuerung Nachdruck verleihen sollten. So wurden die kinderreichen Familien steuerlich entlastet, die Scheidungen erschwert und Abtreibungen mit drakonischen Strafen belegt. In den Schulen wurde moralische Unterweisung und handwerkliche Betätigung als neue Disziplinen eingeführt; die Schulgeldfreiheit wurde für die höheren Klassen wieder aufgehoben; und für die künftige Elite wurden besondere »Führerschulen« eingerichtet, in denen in mehrwöchigen Kursen ein asketisches Elitebewußtsein trainiert wurde. In der Südzone wurden die männlichen Jugendlichen zu einem achtmonatigen Arbeitsdienst verpflichtet, der die Erledigung öffentlicher Arbeiten mit intensiver moralischer Unterrichtung verband. Bei den Erwachsenen bemühten sich ehrenamtliche »Kampflegionäre«, die Ideale der Revolution zur Geltung zu bringen, die Verwaltung auf sie zu verpflichten und die Bevölkerung entsprechend zu aktivieren. Außerdem sorgten Rundfunk und Presse, beide zunehmend genauer und wirkungsvoller überwacht, für eine kontinuierliche Beschwörung der Werte der Revolution.

Daß diese Appelle nur einen sehr begrenzten Erfolg hatten, wurde deutlich, als das Regime versuchte, das Berufsleben auf korporatistischer Grundlage neu zu gestalten. Ende 1940 wurde eine »Bauernkorporation« geschaffen, die die gesamte Landbevölkerung vom Landarbeiter bis zum Großgrundbesitzer zu gemeinsamer Anstrengung verbinden sollte; tatsächlich behielt dabei aber das Landwirtschaftsministerium soviel Macht, daß engagierte Anhänger des Genossenschaftsgedankens der neuen Organisation bald den Rücken zukehrten und die meisten Bauern ihr nur widerwillig die Verwaltung ihrer Produkte überließen. Noch größer waren die Schwierigkeiten in den nichtlandwirtschaftlichen Bereichen: Eine »Arbeitscharta«, die Arbeitgeber und Arbeitnehmer in 29 »Berufsfamilien« zusammenfaßte, kam erst nach drei vergeblichen Anläufen im Oktober 1941 zustande; und da die darin enthaltenen Regelungen niemanden zufriedenstellten, wurden sie in der Praxis nur selten befolgt. Allein die Schaffung von Organisationsausschüssen für diverse Produktionszweige, ergänzt durch ein zentrales Planungsbüro, erwies sich als eine erfolgreiche Maßnahme, doch kam diese infolge des Kriegsbedarfs in erster Linie den Großunternehmen und ihrer Modernisierung zugute und lief sie damit der gleichzeitig propagierten Stärkung der mittelständischen Unternehmen zuwider.

Die Bilanz des neuen Regimes fiel um so magerer aus, als es ihm auch nicht gelang, für die Unterstützung, die es dem Deutschen Reich offerierte, nennenswerte Gegenleistungen zu erhalten. Pétain bot sich den Deutschen als Partner an, weil er davon überzeugt war, daß der deutsche Sieg nicht mehr infrage gestellt werden konnte und eine Anerkennung Frankreichs als Partner in dem neuen Europa auch der Befestigung der »nationalen Revolution« dienen würde. Er stieß damit wohl bei dem deutschen Botschafter in Paris, Otto Abetz auf Gegenliebe, nicht aber bei Hitler, der bestenfalls eine Unterstützung bei der Kriegsführung ohne politische Gegenleistung in Betracht zog. Ende Oktober 1940, auf dem Rückweg von einem Besuch bei Franco, fand sich Hitler zu einem Treffen mit Pétain in Montoire in den Pyrenäen bereit, auf dem beide Seiten ihre grundsätzliche Bereitschaft zur »Kollaboration« bekundeten. Das hinderte ihn aber nicht, sechs Wochen später einen Operationsplan zu unterzeichnen, der, falls es die militärische Lage erfordern sollte, die Besetzung auch der Südzone vorsah; und es änderte auch nichts an der faktischen Reannexion von Elsaß-Lothringen oder an der Zuordnung der Departements Nord und Pas-de-Calais zur deutschen Kommandantur von Brüssel. Für die finanziellen Zugeständnisse, zu denen sich Pétain bereitfand, erhielt er nur symbolische Gegenleistungen – so etwa das Recht, als Protektor der französischen Kriegsgefangenen vorstellig werden zu können.

Die Aussichten auf eine tatsächliche Zusammenarbeit wurden noch

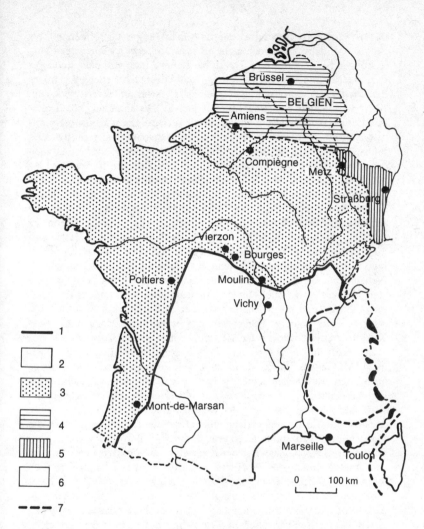

1. Demarkationslinie – 2. Freie Zone bis November 1942 – 3. Deutsche Besatzungszone – 4. Der deutschen Verwaltung in Brüssel unterstelltes Gebiet – 5. Von Deutschland annektiertes Elsaß-Lothringen – 6. Italienische Besatzungszone – 7. Grenze der italienischen Besatzungszone nach dem 11. November 1942

Karte 2: Das besetzte Frankreich 1940–1944
(Nach: R. Rémond u. a. [Hg.]: Atlas historique de la France contemporaine 1800–1965, Paris 1966)

dadurch gemindert, daß Laval, der die Annäherung mit besonderem Eifer betrieb und dabei auch noch mehr als seine Kollegen zu einseitigen Vorleistungen bereit war, am 13. Dezember seiner Ämter enthoben und arretiert wurde. Dahinter stand zwar nur das Mißtrauen Pétains gegenüber den vielfach undurchsichtigen Aktivitäten seines Stellvertreters; von Abetz wurde diese Palastrevolution jedoch als Distanzierung vom Kollaborationskurs aufgefaßt. Flandin, der die Nachfolge Lavals als Außenminister antrat, wurde von den Deutschen systematisch geschnitten und mußte darum nach weniger als drei Monaten wieder gehen. Aber auch der nächste Pétain-Stellvertreter, Admiral Darlan, der am 10. Februar 1941 das Außen-, Innen- und Informationsministerium übernahm, beteuerte seine Kooperationsbereitschaft zunächst vergeblich. Erst als die Wehrmachtführung Hitler von der Notwendigkeit überzeugen konnte, die Kämpfe im Mittelmeerraum vor der Eröffnung der russischen Front zu beenden, gelang es dem Admiral, mit den Deutschen ins Geschäft zu kommen: In den »Pariser Protokollen« vom 27. und 28. Mai 1941 fand er sich zu logistischer Unterstützung der deutschen Operationen in Afrika und im Nahen Osten bereit und erhielt dafür eine Reduzierung der Besatzungskosten, eine vorzeitige Rückkehr der Ancien combattants aus der Kriegsgefangenschaft und die Wiederbewaffnung von immerhin zwölf Kriegsschiffen. Für weitere Gegenleistungen wurde die Möglichkeit eines Kriegseintritts an der Seite der Achsenmächte offiziell in Aussicht gestellt.

Die Hoffnungen auf weitere Erleichterungen erfüllten sich jedoch nicht. Als General Weygand, der anders als Pétain noch an eine künftige militärische Revanche dachte, die Pariser Abmachungen als leichtfertige Preisgabe des Empires kritisierte, mußte Darlan von Hitler die uneingeschränkte Wiederherstellung der Regierungsautorität über das gesamte französische Territorium verlangen. Dieser brach daraufhin nicht nur die Verhandlungen ab, sondern setzte auch durch, daß Weygand von seinem Posten als Generaldelegierter der Regierung in Nordafrika (den er nach der Unterzeichnung des Waffenstillstands übernommen hatte) abberufen wurde. Ein Treffen Pétains mit Göring Anfang Dezember 1941 in Saint Florentin verlief nahezu ergebnislos. Pétain mußte zur Kenntnis nehmen, daß die deutsche Führung nicht bereit war, ihn als ernsthaften Partner zu akzeptieren; er fand aber keinen Weg mehr, aus der Praxis der einseitigen Vorleistungen wieder auszusteigen.

8.2 Hitlers Protektorat

Nachdem die Reformen des neuen Regimes allenthalben nur Enttäuschungen produziert hatten und spektakuläre Verbesserungen der Waffenstillstandsbedingungen ausgeblieben waren, ließ die Begeisterung für die »nationale Revolution« vom zweiten Halbjahr 1941 an sichtlich nach. Fortdauernde Lebensmittelknappheit, sinkende Reallöhne und ein sich ständig weiter ausbreitender Schwarzmarkt sorgten zusätzlich für Unzufriedenheit. Ein Prozeß gegen die »Hauptverantwortlichen für die Niederlage«, der Mitte Februar 1942 in Riom begann, mußte nach wenigen Wochen wieder abgebrochen werden, weil die Hauptangeklagten Blum und Daladier das Gericht als Forum zur Aufdeckung der Verantwortlichkeit der Generalität und der Defätisten nutzen. Pétain blieb zwar populär, besonders in der besetzten Nordzone; seine Appelle aber erwiesen sich als wirkungslos, und Darlan hatte zunehmende Schwierigkeiten, sich zu behaupten.

In dieser Situation gelang Laval noch einmal die Rückkehr an die Macht. Er war von Otto Abetz gleich nach seiner Arretierung mit nach Paris genommen worden und agitierte nun für die Ablösung des erfolglosen Darlan – davon überzeugt, daß es nur ihm gelingen könne, die Deutschen zu tatsächlicher Zusammenarbeit zu bewegen und damit Frankreich einen priviligierten Platz in Hitlers neuem Europa zu sichern. Dabei kam ihm zugute, daß Darlan, um seine Position zu behaupten, auf ein Verdikt des amerikanischen Präsidenten Roosevelt gegen seinen Rivalen zurückgriff: Abetz bedeutete daraufhin Pétain, er müsse zwischen der Freundschaft der USA und der Freundschaft des Deutschen Reiches wählen; und dieser hielt dem Druck nicht lange stand. In der vagen Hoffnung, Laval könne den Deutschen vielleicht doch noch die erhofften Erleichterungen abhandeln, berief er ihn am 16. April 1942 zum »Regierungschef« (ein Amt, das jetzt neu geschaffen wurde) mit voller Verantwortung für die Leitung der Innen- und Außenpolitik. Darlan mußte sich mit der Leitung der Streitkräfte begnügen; er blieb allerdings offizieller Nachfolger des Staatschefs.

Mit der Rückkehr Lavals setzte, von Pétain gedeckt, eine Phase verstärkter Vorleistungen an die Deutschen ein. Die Unterstützung der Gestapo bei der Repression von Regimegegnern wurde ausgeweitet, ebenso die Mitarbeit bei der Erfassung der nichtfranzösischen Juden, die nun fast alle nach Auschwitz transportiert wurden. Auf die deutsche Forderung nach Stellung von Arbeitskräften zum Ersatz für eingezogene deutsche Wehrpflichtige reagierte Laval mit verstärkter Propaganda und Schließung von französischen Betrieben; auf diese Weise konnten zu den 180 000 Arbeitern, die bis zu seinem Regierungsantritt schon freiwillig nach Deutschland gegangen waren (vor allem durch die höheren Löhne angezogen), bis Ende 1942 weitere 250 000 Arbeitskräfte gestellt werden. Desgleichen wurden die Lieferungen der Landwirtschaft und der Industrie nach Deutschland intensiviert: Waren 1940 schon 9,3 % der Produktion an die Sieger gegangen, so wurden es 1942 17,7 % und 1943 nicht weniger als 31,3 %, mit denen Frankreich zur materiellen Unterstützung des »totalen Krieges« beitrug. Dabei arbeiteten private Gewinninteressen und staatliches »Entgegenkommen« meist Hand in Hand; die französische Volkswirtschaft aber wurde dadurch zunehmend in ihrer Substanz geschädigt.

Die Position des Regimes gegenüber den deutschen Siegern verbesserte sich damit aber nicht. Im Gegenteil: Als am 8. November 1942 amerikanische und britische Truppen in Nordafrika landeten, verlor Frankreich die Verhandlungsmasse, über die es bislang noch verfügt hatte, und entschloß sich Hitler, über das Zögern der Franzosen, der Invasion entgegenzutreten, aufgebracht, die Pläne für die Besetzung der Südzone nunmehr zu verwirklichen. Darlan, der sich zum Zeitpunkt der Invasion zufällig in Algier aufhielt, fand sich nach einigem Zögern zu einem Waffenstillstand bereit; und als Pétain ihn daraufhin desavouierte, erklärte er sich unter Berufung auf ein geheimes Einverständnis des Marschalls zum »Hohen Kommissar für Nordafrika«, der die Trupen des nordafrikanischen Besitzes an die Seite der Alliierten führte und von diesen als Verwalter des besetzten Territoriums akzeptiert wurde. Was von der französischen Armee noch übrig blieb, wurde von Hitler entwaffnet; und die in Toulon internierte Hochseeflotte versenkte sich größtenteils selbst. Pétain dagegen lehnte es trotz der Verletzungen der Waffenstillstandsbedingungen ab, mit dem Flugzeug nach Algier zu fliehen: Weiterhin von der Notwendigkeit der »nationalen Revolution« überzeugt, wurde er damit endgültig zum Gefangenen der Politik der Kollaboration, der sich gegen die Zumutungen der deutschen Seite nicht mehr wehren konnte.

Die Kollaboration blieb um so mehr ein einseitiges Geschäft, als Laval den Machtverlust, den die Novemberereignisse mit sich brachten, nicht bemerkte und weiter darauf vertraute, daß sich die Vorleistungen eines Tages auszahlen würden. Ausbeutung und Repression nahmen folglich weiter zu. Anfang 1943 willigte Laval in die Bildung einer »französischen Miliz« ein, die ihr Personal unter den faschistischen Ultras rekrutierte und sich bei der Verfolgung der nunmehr zahlreicher werdenden Regimegegner besonders hervortat. Wenig später wurden, weil die Zahl der »Freiwilligen« den deutschen Anforderungen nicht mehr genügte, alle 21 bis 23jährigen Männer zum Arbeitsdienst in Deutschland verpflichtet. Mit Unterstützung der Regierung arbeiteten zudem immer mehr Betriebe ganz oder zu 80 % für die deutsche Kriegswirtschaft. Bald stellten die Franzosen nicht weniger als ein Drittel aller männlichen Arbeitskräfte, die für das Reich arbeiteten; über 40 % aller Einkünfte aus den besetzten Gebieten kamen aus Frankreich.

Im November 1943 unternahm Pétain noch einmal einen Versuch, die Entwicklung zum bloßen Satellitenstaat zu stoppen: Er wollte den zunehmend unpopulären Laval seines Amtes entheben, den 1940 erhaltenen Auftrag zur Ausarbeitung einer neuen Verfassung endlich ausführen und danach einen Kurs zurückhaltender Neutralität steuern. Dagegen jedoch schritten die Besatzer direkt ein: Sie untersagten die Rundfunkrede, mit der Pétain seine Kurskorrektur ankündigen wollte, und verlangten von ihm die vollständige Unterwerfung. Pétain weigerte sich einen

Monat lang, seine Funktionen auszuüben; dann willigte er ein, daß »zuverlässige« Faschisten in das Kabinett Laval eintraten (Joseph Darnand, der Chef der Miliz, und Philippe Henriot) und alle künftigen Gesetze einer vorherigen Überprüfung durch die Besatzungsmacht unterzogen wurden. Danach entwickelte sich das Regime endgültig zum Zwangs- und Polizeistaat: Die radikalen Elemente dominierten; und Pétain und Laval ließen sie gewähren, in der verzweifelten Hoffnung, auf diese Weise irgendwie den Sieg des »Bolschewismus« verhindern und zuletzt einen Separatfrieden zwischen dem Deutschen Reich und den Westmächten vermitteln zu können.

8.3 Das andere Frankreich

Widerstand gegen die Besatzer und das Regime von Vichy war zunächst nur die Angelegenheit einer verschwindenden Minorität. Gewiß gab es schon im Moment des Waffenstillstands vereinzelte Befehlsverweigerungen, Sabotageakte und Proteste, und entschlossen sich in den folgenden Wochen eine Reihe politischer Aktivisten wie bislang unpolitischer Patrioten, den Kampf gegen Hitlerdeutschland fortzusetzen. Doch verfügten diese Pioniere der Résistance weder über klare Perspektiven noch über Erfahrungen mit illegaler Arbeit und stießen ihre Initiativen selbst bei politischen Sympathisanten zumeist auf Skepsis, Indifferenz und nicht selten auch auf offene Ablehnung. Isoliert und mit absolut unzulänglichen Mitteln ausgestattet wurden sie häufig Opfer der Repression und des Verrats; und die wenigen, die unbehelligt blieben, hatten unendliche Mühen, Verbindungen miteinander aufzunehmen und sich über gemeinsame Aktionen zu verständigen. Es dauerte bis zum Winter 1940/41, ehe sich die ersten Sabotage- und Informationsnetze konstituierten; und erst im Laufe des Jahres 1941 kristallisierten sich die ersten Gruppen heraus, die – von ganz unterschiedlichen Ausgangspunkten her – auf die Mobilisierung eines politischen Widerstands zielten. In der Nordzone sammelten sich höhere Offiziere und zivile Führungskräfte in einer »Organisation civile et militaire« (OCM) unter der Leitung von Maxime Blocq-Masquart, der es vor allem um eine Fortsetzung des bewaffneten Kampfes ging. Sozialisten und Gewerkschaftler fanden zu der Gruppe »Libération-Nord« um Christian Pineau und Robert Lacoste; und eine Gruppe von Studenten scharte sich um das von Philippe Viannay und Robert Salmon herausgegebene Widerstandsblatt »Défense de la France«. In der Südzone gelang dem Aristokraten Emmanuel d'Astier de la Vigerie, zuvor ein Anhänger der »Action française«, die Gründung der Gruppe »Libération-Sud«, die ihre Mitglieder vor allem im linken Milieu rekrutierte. Aktivisten des radikalsozialistischen Milieus, Unternehmer und Manager (u. a. Elie Peju, Auguste Pinton und Jean-Pierre Lévy) schlossen sich zur Gruppe »Franc-Tireur« zusammen. Frenay, ein ehemaliger Berufsoffizier, gründete mit Unterstützung von Claude Bourdet ein »Mouvement de libération nationale«; christdemokratische Aktivisten wie Edmond Michelet, François de Menthon, Pierre-Henri Teitgen und Alfred Coste-Floret sammelten sich in der Gruppe »Liberté«; beide Gruppen zusammen bildeten ab November 1941 die Bewegung »Combat«.

Politisch waren diese Gruppierungen also durchaus heterogen, oft nach dem Zufall der Kontaktmöglichkeiten zusammengesetzt und auch unterschiedlich in ihren Aktionsformen. Gemeinsam war ihnen zunächst nur die Ablehnung der nationalsozialistischen Fremdherrschaft und das Engagement für eine im weitesten Sinne demokratische Erneuerung Frankreichs. Vichy wurde nicht von allen Résistance-Anhängern von Anfang an abgelehnt. Erst als deutlich wurde, daß Pétain keineswegs ein »doppeltes Spiel« im Interesse der französischen Selbstbehauptung trieb, richteten sich die Aktivitäten auch gegen das neue Regime; und nicht selten fanden auch ursprüngliche Anhänger Pétains, von den Ergebnissen der »nationalen Revolution« enttäuscht oder über die Realität des deutschen Faschismus entsetzt, zur Résistance. Kritik an den Zuständen der III. Republik und Reformeifer waren folglich auch hier stark vertreten, freilich mit einer deutlichen Gewichtsverlagerung nach links. Die konservative Romantik fehlte; stattdessen verband sich der technokratische Modernismus hier mit einem betont undogmatischen Sozialismus und einem für Frankreich bislang atypischen Linkskatholizismus. Soweit die Résistance-Anhänger Gelegenheit hatten, sich über Zukunftsentwürfe zu verständigen, gingen ihre Überlegungen in die Richtung einer sozialstaatlichen Modernisierung mit stärkerer Partizipation und Integration.

Die Kommunisten gehörten anfangs nur sehr bedingt zum Widerstand. Die Partei vermied, obwohl verboten, jede Kritik an der deutschen Politik, attackierte die Vichy-Regierung in einem Atemzug mit ihren republikanischen Vorgängerinnen und bemühte sich sogar bei der deutschen Kommandantur um die Genehmigung, die Parteizeitung »Humanité« wieder legal erscheinen zu lassen. Einzelne Kommunisten verstanden den illegalen Kampf allerdings von Anfang an in der Tradition der Volksfrontära als antifaschistischen Kampf; und je mehr sich diese Haltung unter den Anhängern der Partei ausbreitete, desto mehr sah sich auch die illegale Parteiführung gezwungen, im Widerspruch zur offiziellen Linie, die von der Komintern vorgegeben war, zum nationalsozialistischen Regime auf Distanz zu gehen. Im Mai 1941, gut einen Monat *vor* Hitlers Überfall auf die Sowjetunion, kündigte die Parteiführung die Schaffung einer »nationalen Front des Unabhängigkeitskampfes« an; sie suchte den Kontakt zu den übrigen Widerstandsgruppen, ohne freilich schon offiziell mit Stalins Verbündeten zu brechen. Nach dem 22. Juni 1941 brachten die Kommunisten dann ihre ganze Untergrunderfahrung in den Widerstand ein, rekrutierten Anhänger aus den unterschiedlichsten politischen Lagern für die »Front national« und bauten mit den »Franc-tireurs et partisans« (FTP) unter der Leitung von Charles Tillon die effektivste militärische Widerstandsorganisation auf.

Weiteren Zulauf erhielt die Résistance mit der Verschärfung des deutschen Zugriffs 1942/43, insbesondere nach der Besetzung der Südzone im November 1942. Enttäuschte Vichy-Anhänger und Führungskräfte der aufgelösten Waffenstillstandsarmee wechselten nun das Lager; und nach dem Steckenbleiben der deutschen Offensive vor Stalingrad Anfang 1943 schlossen sich ihnen auch die ersten Opportunisten an, die nunmehr auf einen Sieg der Anti-Hitler-Koalition setzten. Außerdem gelang es den Résistance-Gruppen, zahlreiche junge Männer für den Widerstand zu gewinnen, die sich dem Zwangsarbeitsdienst durch Flucht in die Illegalität entzogen; mit ihrer Hilfe konnte der bewaffnete Maquis vom Sommer 1943 an beträchtlich ausgeweitet werden. Überhaupt wurden die Aktivitäten jetzt zahlreicher; neue Gruppierungen bildeten sich, und in den nun schon »historischen« Bewegungen drängten neue, oft radikalere Kräfte nach vorn. Die Repression durch französische Polizeikräfte und deutsche Besatzer nahm schärfere Formen an; gleichzeitig wuchs aber auch die Fähigkeit zu gezielter Sabotage, Informationssammlung und Widerstandspropaganda.

Parallel dazu nahmen einzelne Gruppen untereinander und mit dem Londoner Exil Kontakte auf, und so entstand allmählich eine *gemeinsame* Widerstandsbewegung. Von London aus hatte General de Gaulle, der zuletzt als Unterstaatssekretär der Regierung Reynaud gegen die Defätisten gekämpft hatte, am 18. Juni 1940 zur Fortsetzung des militärischen Kampfes aufgerufen und dann mit Unterstützung Churchills ein Komitee des »Freien Frankreichs« gegründet, das sich als Kern einer Interimsregierung verstand. Er war mit diesem Anspruch freilich zunächst nur auf wenig Gegenliebe gestoßen, weder bei den Alliierten, die den Wert der ihm folgenden Truppen geringschätzten, noch bei den Widerstandskämpfern, die – wenn sie ihn überhaupt kannten – seinen autoritären Neigungen mißtrauten. Allein die Behörden und Militärs in Französisch-Äquatorial-Afrika hatten seine Autorität anerkannt; ein Versuch, sich mit einem Expeditionskorps auch die Kontrolle über Westafrika zu sichern, war kläglich gescheitert. Seit Anfang 1942 arbeiteten nun Emissäre de Gaulles, an ihrer Spitze Jean Moulin, ein ehemaliger Präfekt, der sich geweigert hatte, den Waffenstillstand zu akzeptieren, für die Einigung der Résistance-Gruppen unter der Führung der Londoner Zentrale. Da die Résistance dringend auf materielle Unterstützung durch die Alliierten angewiesen war, hatten ihre Bemühungen einigen Erfolg: Im Januar 1943 schlossen sich die großen Gruppen der Südzone zu den »Mouvements unis de résistance« (MUR) zusammen; und die Organisationen der Nordzone verständigten sich zwei Monate später immerhin auf die Bildung eines Koordinationskomitees.

Die Annäherung ging nicht ohne Reibereien vonstatten. De Gaulle sah in der Résistance in erster Linie eine militärische Hilfsorganisation, die seinen Anweisungen zu folgen hatte, während die Résistanceführer unterdessen eine politische Mission beim Wiederaufbau Frankreichs vor Augen hatten und den Chef des »freien Frankreichs« allenfalls als ihren Sprecher gegenüber den Alliierten akzeptierten. Außerdem war de Gaulle, um seine Reputation gegenüber den Alliierten zu stärken, auch auf Unterstützung durch Vertreter der traditionellen Parteien bedacht, während die Résistanceführer eine Rückkehr zum alten Parteiensystem als einen Verrat an ihrem Reformprogramm betrachteten. Nachdem sich eine aktive Minderheit der Sozialisten um Léon Blum für einen Wiederaufbau ihrer Partei entschieden hatten und auch die Christdemokraten über eine eigene Parteigründung nachdachten, entschloß sich Moulin zur Bildung eines »Résistance-Parlaments«, in dem Widerstandsorganisationen, Parteien und Gewerkschaften repräsentiert sein sollten. So entstand am 27. Mai 1943 der »nationale Widerstandsrat« (Conseil national de la Résistance, CNR), ein lockeres Koordinationsgremium unter Moulins Vorsitz, das sich auf ein Programm zur Befreiung und zum Wiederaufbau des Landes verständigte. Nach dem Tode von Moulin (er fiel einen Monat nach der Konstituierung des Widerstandsrats in die Hände des Gestapo-Chefs von Lyon, Klaus Barbie) versuchte ein Teil der Widerstandsbewegungen noch einmal ein völlig autonomes »Zentralkomitee der Résistance« einzurichten; Moulins provisorischer Nachfolger Claude Bouchinet-Serreules verstand das Manöver aber zu konterkarieren, indem er die Wahl eines Résistanceführers an die Spitze des CNR betrieb. Der neue Vorsitzende Georges Bidault, ein Christdemokrat, der zunächst bei »Combat« und dann bei der »Front national« aktiv gewesen war, bemühte sich mit Erfolg, die verbleibenden Spannungen unter Kontrolle zu halten.

Das Zustandekommen eines repräsentativen Widerstandsrats, der sich bei den Alliierten für das »freie Frankreich« einsetzte, half de Gaulle entscheidend bei seinem Bemühen, sich auch gegenüber den USA als Führer der »alliierten« Franzosen zu behaupten. Diese hatten die Landung in Nordafrika ohne jede Verbindung zum Londoner Exil durchgeführt; und nachdem Darlan Ende Dezember 1942 ermordet worden war, hatten sie den General Giraud zum »Chefkommandanten in Nordafrika« bestimmt, einen ziemlich reaktionären Fünf-Sterne-General, der sich nach der Flucht aus deutscher Gefangenschaft zur Zusammenarbeit mit den Alliierten entschlossen hatte. Angesichts der Unterstützung, die de Gaulle beim inneren Widerstand fand, wagten sie es dann aber nicht einzuschreiten, als der Londoner Exilführer dem politisch wenig beweglichen Giraud ein Zweierdirektorium aufdrängte, in dem beide zu gleichen Teilen die Verantwortung für die befreiten Gebiete und die Leitung des weiteren Befreiungskampfes übernahmen. Sie leisteten letztlich auch keinen Widerstand, als de Gaulle in diesem »nationalen Befreiungskomitee« (»Comité français de libération nationale«, CFLN), das am 3. Juni 1943 in Algier zusammentrat, seinen Rivalen bald ausmanövrierte. Am 28. Oktober wurde er alleiniger Vorsitzender des CFLN; einen Monat später wurde das Komitee um Vertreter der inneren Résistance und der Parteien erweitert und trat eine »Beratende Versammlung« von Résistance-Vertretern und Parlamentariern zusammen.

Damit zeichneten sich Ende 1943 die Umrisse eines neuen französischen Staates ab: eines Staates, der dem Vichy-Regime die Legitimität absprach und auf einem Kompromiß zwischen einer starken militärischen Führungspersönlichkeit, einer Reihe autonomer Widerstandsgruppen unter Einschluß der Kommunisten und einigen Repräsentanten demokratischer Parteien beruhte. Die befreiten Gebiete wurden von diesem neuen Regime de facto kontrolliert, auch wenn sie unter der Oberhoheit der westlichen Alliierten standen; und im besetzten Frankreich fungierte es als heimlicher Staat im Staat, nicht immer koordiniert, aber doch nahezu flächendeckend mit bemerkenswerter Geschicklichkeit. Aktiv engagiert in der Résistance war auch jetzt nur eine Minderheit, sicher weniger als 200 000 Militants; aber diese Minderheit bewegte sich in einem breiten Umfeld von Sympathisanten; und wenn auch diese Sympathisanten keineswegs die Mehrheit der Bevölkerung darstellten, so war das »andere Frankreich« unterdessen doch repräsentativ genug, um das unpopulär gewordene Vichy-Regime nach einem Sieg der Alliierten ersetzen zu können.

8.4 Die Befreiung

Für die Résistance wie für die Männer um de Gaulle war es wichtig, daß die Befreiung Frankreichs von den deutschen Besatzern nicht allein den Truppen der Alliierten überlassen blieb: Nur so konnten sie sicherstellen, daß dem Land ein weiteres Besatzungsregime erspart blieb und die Verwaltungshoheit auf die Organe des »freien Frankreichs« überging. Die Durchsetzung ihrer Reformvorstellungen, die moralische Erneuerung des Landes und der künftige internationale Status Frankreichs hingen entscheidend davon ab, ob und unter welchen Umständen ihnen das gelang. So kämpften im Frühjahr 1944 etwa eine halbe Million französischer Truppen an der Seite der Alliierten, meist aus den Übersee-Gebieten rekrutiert und von den USA ausgerüstet. Gleichzeitig bereiteten sich die Maquis-Gruppen darauf vor, parallel zum Beginn der Invasion überall im Lande die Besatzungstruppen anzugreifen, voneinander zu isolieren und so die Kontrolle über ganze Regionen in die Hand zu bekommen. Manche Résistance-Gruppen ließen sich darüber hinaus, die Vision einer allgemeinen Volkserhebung vor Augen, zu waghalsigen Guerilla-Aktionen hinreißen, die grausame Vergeltungsschläge der vorerst noch dominierenden Besatzer provozierten.

Als die Alliierten am 6. Juni 1944 an der Normandieküste landeten, begann auch, wie von de Gaulle angeordnet, in vielen Departements der Aufstand. Er verlief blutiger als erwartet, nicht nur, weil den Résistance-kämpfern oft die nötigen Waffen fehlten, sondern vor allem, weil die alliierte Offensive nach wenigen Tagen in einen Stellungskrieg mündete, der den Besatzungstruppen im Hinterland Zeit ließ, mit aller Schärfe gegen die Aufständischen vorzugehen, die ihre Deckung zu früh preisgegeben hatten. In manchen Departements gelang die Machtübernahme ziemlich geräuschlos; aber das Vercors zum Beispiel wurde von deutschen Truppen zurückerobert, die an der Bevölkerung grausam Rache nahmen; und Dörfer wie Tulle, Mussidan, Argenton-sur-Creuse und – besonders brutal – Oradour-sur-Glane wurden von einer mordenden Soldateska heimgesucht. Juden und politische Gefangene wurden in dieser Phase systematisch ermordet, häufig unter Mithilfe der Miliz und militanter Faschisten. Nachdem den Alliierten aber Anfang August der Durchbruch durch die feindlichen Linien gelungen war, ging die Befreiung unter Mithilfe der Récistancekämpfer rasch voran, teils nach blutigen Kämpfen, zum Teil aber auch, weil zahlreiche »Widerständler« der letzten Stunde nun die Front wechselten und sich die Deutschen, um nicht abgeschnitten zu werden, von selbst nach Osten absetzten.

Während die Résistants in den von ihnen befreiten Gebieten »Befreiungskomitees« einsetzten, die Verwaltung übernahmen und mit »Zivilgarden« die öffentliche Ordnung kontrollierten, präsentierte sich de Gaulle in den von den Armeen befreiten Städten des Nordens, ließ sich in der Öffentlichkeit applaudieren und wechselte dann ohne größere Schwierigkeiten die Verwaltungen aus. Die Bevölkerung, soweit sie nicht in der Résistance engagiert war, nahm den Machtwechsel hin – sichtlich erleichtert, daß die Zeit der Unsicherheit über die künftigen Machtverhältnisse nun vorbei war. Die Roosevelt-Administration, die de Gaulle verdächtigt hatte, eine Militärdiktatur errichten zu wollen, und in der bewaffneten Résistance wenig mehr als kommunistische Unruhestifter sah, ließ sich daraufhin in der zweiten Augustwoche von dem Plan abbringen, Frankreich durch eine alliierte Militärregierung verwalten zu lassen oder sich der Vermittlung des früheren Ministerpräsidenten Herriot zu bedienen, der von Pétain aus der Internierung nach Paris geholt worden war: Offensichtlich funktionierte die Machtübergabe von den Vichy-Autoritäten an die Vertreter des »anderen Frankreich« so gut, daß weiteres Beharren auf den Militärverwaltungsplänen die militärischen Operationen nur gestört hätte. Als ein zweites alliiertes Kontingent ab Mitte August von Toulon aus entlang des Rhonetals nach Norden vorstieß, konnten sich de Gaulles Kommissare auch in derem Gefolge als neue Administratoren etablieren.

Ihren Höhepunkt erlebte die Durchsetzung der Autorität der »Provisorischen Regierung« (wie sich das Befreiungskomitee seit dem Beginn der Invasion nannte) mit der Befreiung von Paris. Die Alliierten wollten die von den Deutschen zur Festung ausgebaute Hauptstadt zunächst umgehen. Als dort aber am 19. August mit Billigung de Gaulles der Aufstand begann, entschloß sich der Oberkommandierende der alliierten Streitkräfte, General Eisenhower, der Pariser Résistance die zum Invasionskontingent gehörende französische Panzerdivision unter General Leclerc zu Hilfe zu schicken. Bis die Leclerc-Truppen Paris am Abend des 24. erreichten, erlebten die Aufständischen schwierige Tage; dann aber kapitulierten die Deutschen vor der gegnerischen Übermacht, ohne sich weiter um Hitlers Wahnsinnsbefehl einer völligen Zerstörung der Stadt zu kümmern. Am 25. August konnte de Gaulle vom Balkon des Rathauses von Paris aus die »Rückkehr Frankreichs« ankündigen; und einen Tag später feierte er diese Rückkehr mit einem Triumphzug über die Champs Elysées, der seine Autorität ebenso bestätigte wie weiter stärkte.

Danach gab es zur Etablierung des von de Gaulle repräsentierten Regimes keine Alternative mehr. Schon am Tage der Übergabe von Paris übertrug das alliierte Oberkommando die Verantwortung für die Zivilverwaltung offiziell auf die Provisorische Regierung; diese unterstellte im Gegenzug auch die Résistance-Streitkräfte dem alliierten Oberbefehl. Zwei Wochen später erweiterte de Gaulle seine Regierung um prominente Vertreter der inneren Résistance. Desgleichen wurde die Beratende Versammlung durch Hinzuberufung von Résistance-Vertretern, die im Lande geblieben waren, verdoppelt. Daraufhin erkannten die Alliierten die Provisorische Regierung am 23. September 1944 diplomatisch an. Unterdessen war nahezu das gesamte französische Territorium von deutschen Truppen befreit; lediglich vom Vogesenkamm an ostwärts und in einigen Hafenbefestigungen der Atlantik- und Kanalküste konnten sich die Deutschen noch halten. Pétain war von den Besatzern gegen seinen Willen von Vichy nach Sigmaringen gebracht worden, wo er sich weigerte, seine Funktion weiter auszuüben; und die geflüchteten Faschisten wurden von den Deutschen im Abwehrkampf des Reiches verheizt.

Am Ende des Krieges stand somit nicht nur die Rückkehr zur Autonomie, sondern auch ein neuerlicher Regimewechsel, basierend auf dem Widerstandswillen einer Minderheit, ihrer Einsatzbereitschaft und Kompromißfähigkeit. Daß sie sich angesichts des alliierten Vormarschs durchzusetzen wußte, hat Frankreich nicht nur peinliche Auseinandersetzungen mit der Last der Kollaboration erspart; es hat es dem Land auch ermöglicht, auf die Probleme, an denen die III. Republik gescheitert war, eine bessere Antwort zu finden, als sie mit dem Vichy-Regime versucht worden war. Die Partner der siegreichen Koalition stimmten in ihren Auffassungen keineswegs nahtlos überein, und die Auseinandersetzung um ihren jeweiligen Anteil an der Macht ging während der Tage der Befreiung mit ungeminderter Heftigkeit fort. Aber allein die Tatsache, daß hier ein General aus der royalistischen Tradition zusammen mit Kommunisten, Sozialisten und Christen, Technokraten und einfachen Militants für ein gemeinsames Ziel kämpfte, brachte die Integration der

Franzosen zu einer mehr als formalen Demokratie weiter voran, als es der Volksfront je gelungen war; und der Umstand, daß nun gerade die entschiedenen Gegner der sozialen Demokratie diskreditiert oder sogar entmachtet waren, erlaubte es, diese Integration bei der Gestaltung der Nachkriegsordnung festzuschreiben.

9. Die zweite Nachkriegszeit 1944–1952

Mit dem neuen Regime, das nach der Landung der Alliierten im Sommer 1944 die Macht übernahm, konnte sich die große Mehrheit der Franzosen, obwohl selbst nicht aktiv in der Résistance engagiert, rasch identifizieren: Den Arbeitern signalisierte die Präsenz von Kommunisten und sozialistischen Résistancekräften in der Regierung de Gaulle die bevorstehende Überwindung der Klassenschranken; den Kritikern des Immobilismus der III. Republik schien der Reformeifer von Sozialisten, Christdemokraten und anderen Widerständlern ein gutes Omen für die überfällige Modernisierung; und bürgerliche wie traditionelle Kräfte sahen in de Gaulle wie in den mitregierenden Christdemokraten eine gewisse Garantie dafür, daß der Reformeifer nicht zu weit gehen würde und die Grundlagen der gesellschaftlichen Machtstrukturen erhalten blieben.

In der Tat bot die Kompromißbereitschaft der verschiedenen Gruppen, die in der Résistance vertreten waren, zusammen mit der Diskreditierung der Republik-Gegner durch das schmähliche Ende des Vichy-Regimes eine gute Voraussetzung für die Erneuerung des republikanischen Konsenses und für die Inangriffnahme jener Modernisierungsprobleme, vor denen die III. Republik zurückgeschreckt war. Indessen war nicht zu übersehen, daß unterhalb der Konsensebene des Widerstandes beträchtliche Divergenzen verblieben und daß sich die traditionellen Kräfte, die mit der Befreiung in den Hintergrund gerückt waren, mit zunehmender Normalisierung der Nachkriegsverhältnisse wieder zu Wort meldeten. Wie weit es gelingen würde, den anstehenden Wiederaufbau mit einer tatsächlichen Erneuerung zu verbinden, war darum durchaus offen; und auch die Richtung einer möglichen Erneuerung war keineswegs bis ins letzte festgelegt.

9.1 Der provisorische Konsens

Gemeinsam war den Partnern der Résistance-Koalition vor allem das Streben nach nationaler Unabhängigkeit und Größe. In seinem Kampf um Anerkennung der Provisorischen Regierung und Sicherung eines

Großmachtstatus für Frankreich fand de Gaulle die ungeteilte Zustimmung seines Kabinetts und wohl auch der großen Bevölkerungsmehrheit. Entsprechend groß war die Genugtuung, als Frankreich auf der Konferenz von Jalta Anfang Februar 1945 eine Beteiligung an der Besatzung Deutschlands zugesichert wurde; entsprechend groß aber auch die Verärgerung darüber, daß die »Großen Drei« im übrigen ohne französische Beteiligung über die Nachkriegsordnung Europas verhandelten. Daß Frankreich in diesem Nachkriegseuropa eine führende Rolle spielen sollte, war ebenso allgemeine Ansicht wie die Hoffnung auf eine Fortdauer der Kriegsallianz über die Gegensätze zwischen Ost und West hinweg: Nur wenn die Siegermächte einig blieben, konnten Friede und nationale Unabhängigkeit gesichert werden; und nur dann war es auch möglich, die Résistance-Koalition unter Einschluß der Kommunisten aufrechtzuerhalten.

Damit Frankreich wieder eine Großmachtrolle spielen konnte, waren freilich, auch das war allgemeine Ansicht, gewaltige Wiederaufbauanstrengungen notwendig. Nachdem die Kriegsereignisse 600 000 Menschenleben gekostet hatten und sich die Kriegszerstörungen auf das Zwei- bis Dreifache des jährlichen Volkseinkommens der Vorkriegsjahre beliefen, erreichte die industrielle Produktion des Jahres 1944 noch gerade 38 % des Jahres 1938 oder 29 % des Jahres 1929. Die beginnende Erholung von den Folgen der Weltwirtschaftskrise war durch die Ausbeutung durch die deutschen Besatzer mehr als wettgemacht. Hunger, Inflation und wachsende Außenhandelsbilanzdefizite erschwerten den Neuanfang. Daß in dieser Situation in den Wiederaufbau investiert werden mußte, unter Zurückstellung des privaten Konsums und populärer Umverteilungswünsche, war nicht nur die einhellige Meinung der Unternehmer und Technokraten; auch die Kommunisten hielten ihre Anhänger aus Sorge um die nationale Unabhängigkeit (die in ihrer Sicht durch das Vordringen des US-Kapitalismus bedroht war) zu verstärkten Arbeitsanstrengungen und diszipliniertem Verzicht an. Die gemeinsame Anstrengung brachte bis zum Jahr 1947 die Rückkehr zum Produktionsniveau von 1938 ein, freilich um den Preis eines Kaufkraftverlustes von 30 %.

Zum Konsens des Wiederaufbauprogramms gehörte ebenso der Bruch mit der Vichy-Vergangenheit – nicht nur inhaltlich, sondern auch personell. An die 10 000 Kollaborateure wurden im Zuge der Befreiungskämpfe oder kurz danach hingerichtet, oft nach fragwürdigen Verfahren vor improvisierten Résistance- und Kriegsgerichten. Nachdem die Kommissare der Republik die Organisation der Verfahren übernommen hatten, wurde die Verurteilungspraxis rasch milder: Eine Reihe von Mitläufern wurde zwar noch hart bestraft; zahlreiche Nutznießer des Vichy-Regimes kamen aber ausgesprochen glimpflich davon. Ähnlich nachsichtig war die Säuberungspraxis im öffentlichen Dienst und in der Wirtschaft. Lediglich prominente Politiker der Kollaboration wurden demonstrativ abgeurteilt; so Laval, der zum Tode verurteilt wurde, und auch Pétain, der nach dem Todesurteil zu lebenslanger Haft begnadigt wurde. Auf diese Weise konnte die Abkehr von Vichy markiert werden, ohne daß zugleich das Verhalten der Bevölkerungsmehrheit in der Kriegszeit allzu genau durchleuchtet werden mußte – ein Verfahren, das zwar mancherorts Proteste hervorrief, aufs Ganze gesehen aber zur Konsensbildung und damit zur Stärkung des neuen Regimes beitrug.

Breite Zustimmung fand auch das Projekt einer Nationalisierung wichtiger Wirtschaftszweige, die der nationale Widerstandsrat in sein Programm vom Frühjahr 1944 geschrieben hatte. Sie schien angebracht, um die zahlreichen Kollaborateure unter den Unternehmern zu bestrafen, und mehr noch, um die Macht des Kapitals, das in der Vergangenheit so oft eine verhängnisvolle Rolle gespielt hatte, einzuschränken und den Technokraten freie Hand für die notwendige Steigerung der Produktion zu geben. Auf ein geschlossenes Nationalisierungs-Konzept konnten sich die Regierungsparteien freilich nicht verständigen; folglich wurde etwas ziellos und im Ergebnis uneinheitlich nationalisiert – insbesondere dort, wo Arbeiter die Werke kompromittierter Unternehmer besetzt hatten und ohne ihre Zustimmung die Produktion nicht wieder aufgenommen werden konnte. Das galt etwa für die Renault-Werke, aber auch für zahlreiche Kohlengruben und die Pariser Verkehrsbetriebe. Daneben wurden eine Reihe von Sektoren verstaatlicht, bei denen das Kontrollinteresse der Nation evident war: die Handelsmarine, die Luftfahrtgesellschaften (die dann 1948 zur Air France zusammengeschlossen wurden), die Elektrizitätswerke und die Gasversorgungsunternehmen. Von den Banken wurden nur die Banque de France und die vier größten Depotbanken verstaatlicht; die Geschäftsbanken wurden nur einer staatlichen Aufsicht unterstellt. Ähnlich wurde auch bei den Versicherungsgesellschaften nur ein Teil von den Nationalisierungsmaßnahmen erfaßt; eine Reihe von Gruppen, die zusammen über 40 % des Kapitals der Versicherungswirtschaft verfügten, blieben in privater Hand. Die alten Eigentümer wurden meistens entschädigt, bei Fällen offenkundiger Kollaboration aber nicht; und die neuen Unternehmensformen reichten von direkter staatlicher Leitung (so im Energiebereich) bis zur bloßen Übernahme der Mehrheit des Aktienpakets gemischter Gesellschaften (so bei der Handelsmarine).

Trug die mangelnde Konsequenz in der Nationalisierungspolitik dazu bei, daß der öffentliche Produktionssektor im Ergebnis nur wenig als wirtschafts- und sozialpolitisches Lenkungsinstrument genutzt werden konnte, so ermöglichte auf der anderen Seite die Schaffung eines Planungskommissariats gezielte Investitions- und Modernisierungsmaßnahmen. Allein dem Ministerpräsidenten verantwortlich, bemühte sich die von de Gaulle eingesetzte Planungsequipe um Jean Monnet, die Interessen von Unternehmern, Verwaltungen und Arbeitnehmern schon im Planungsstadium zu bündeln und Modernisierungsanstrengungen durch staatliche Investitionshilfen zu fördern. Zur Finanzierung der Investitionen suchte sie erstens den Konsumanteil am Sozialprodukt niedrig zu halten, zweitens Kohlelieferungen und andere Reparationsgüter aus dem besetzten Deutschland zu erhalten und drittens amerikanische Kredite zu besorgen. Auf diese Weise sollte die französische Wirtschaft nicht einfach wieder auf den Vorkriegsstand zurückgebracht, sondern endlich auf die Behauptung im ungehinderten internationalen Wettbewerb vorbereitet werden – eine Zielsetzung, die zwar nicht den Beifall der Unternehmermehrheit fand, im übrigen aber ebenso wie die dazu eingesetzten Mittel von einem breiten Konsens getragen wurde.

Der Konsumverzicht, den diese Modernisierungsstrategie erforderte, wurde durch eine Verbesserung der Sozialleistungen abgemildert. Insbesondere wurde nun ein einheitliches Sozialversicherungssystem geschaffen, das vielen Lohnempfängern eine bessere Versorgung im Alter, bei Krankheit oder Unfall garantierte und die von Vichy eingeführten Zuwendungen an kinderreiche Familien ausbaute. Bis es über den Kreis der Lohnempfänger hinaus verallgemeinert werden konnte, mußten später noch zahlreiche finanzielle Engpässe und korporatistische Widerstände überwunden werden; gleichwohl stellte seine Einführung eine beträchtliche Verstärkung der sozialstaatlichen Komponente dar. Im übrigen wurden nicht nur die Gewerkschaften wieder in ihre alten Rechte eingesetzt; für Betriebe, die mehr als 50 Angehörige beschäftigten, wurde nun ein Betriebsrat eingerichtet, der zwar über die Organisation des sozialen Lebens hinaus nichts zu entscheiden hatte, aber zum Einblick in alle Betriebsvorgänge berechtigt war und vor Entscheidungen gehört werden mußte. Offensichtlich fand die Volksfront-Politik nach siebenjähriger fataler Unterbrechung nun eine Fortsetzung, die auf einer breiteren Grundlage stand.

9.2 Der Kampf um die neue Republik

Im Mittelpunkt der Auseinandersetzungen um die Machtstruktur des neuen Regimes stand zunächst der Gegensatz zwischen de Gaulle und den Kräften der inneren Résistance: Während sich jener als Statthalter der Republik betrachtete und über Neuwahlen rasch zur Normalität zurückkehren wollte, sahen diese die Résistance vielfach als Auftakt zur sozialen Revolution an. Folglich fiel es den »Kommissaren der Republik«, die de Gaulle nach sorgfältiger Vorbereitung in die Regionen sandte, nicht immer leicht, die Autorität der Zentralgewalt durchzusetzen, besonders dort nicht, wo regionale Befreiungskomitees im Zuge des Kampfes gegen Vichy und die Besatzer eine Zeitlang autonom regiert hatten. Als die Regierung Ende Oktober 1944 die Auflösung der Polizeikräfte der Befreiungskomitees – der »patriotischen Milizen« – verfügte, protestierte der Nationale Widerstandsrat lautstark und weigerten sich zahlreiche Komitees, die Waffen abzugeben. Indessen war die Bevölkerungsmehrheit nicht bereit, der Autorität der Résistancekomitees gegen die Ansprüche der Zentralgewalt zu folgen, und setzten auch die Kommunisten, die sich beträchtlichen Einfluß in den Résistance-Organen verschafft hatten, im Zweifelsfall eher auf die Befestigung des nationalen Konsenses als auf die Durchsetzung gesellschaftlicher Umbrüche. In ihrer Sicht war das Äußerste, was angesichts der weltpolitischen Kräfteverschiebungen erreichbar war, die Wahrung nationaler Unabhängigkeit gegenüber den USA; an eine Revolution war zumindest kurz- und mittelfristig nicht zu denken. Spätestens mit der Rückkehr von Maurice Thorez aus Moskau Ende November wurde darum der revolutionäre Eifer, der in den Reihen kommunistischer Résistance-Führer hier und da zu spüren war, gebremst; danach konnte die Résistance unter aktiver Mithilfe der kommunistischen Partei bis Ende Februar 1945 vollständig entwaffnet werden.

Parallel zur Entwaffung der Résistance rückten auch die Parteien wieder in das Zentrum des Machtgefüges vor. Eine große Reformpartei der Résistance, wie sie vielen Widerstandsführern als Alternative zur hergebrachten Parteienzersplitterung vorschwebte, war allein schon deswegen nicht zu realisieren, weil die Kommunisten mit ihrem großen Anteil an der Résistance nicht daran dachten, ihre eigene Parteistruktur aufzugeben. Als der kommunistische Einfluß in der Schlußphase der Résistance überhand zu nehmen drohte, werteten manche Résistanceführer von sich aus die zuvor schon totgeglaubte sozialistische SFIO wieder auf; andere bereiteten die Gründung einer christdemokratischen Partei vor, die sich dann im November 1944 als Mouvement républicain populaire (MRP) konstituierte. Danach war nur noch ein Zusammenschluß der SFIO mit dem Dachverband der nichtkommunistischen Résistanceverbände (Mouvement de libération nationale, MLN) möglich, doch zerschlug sich dieses Projekt aufgrund unrealistischer Kräfteeinschätzungen auf beiden Seiten. Am Ende der Fusionsverhandlungen stand die Konstituierung einer kleinen Résistance-Nachfolgepartei, der Union démocratique et socialiste de la Résistance (UDSR); das Haupterbe der Résistance konnten die drei »linken« Parteien – PCF, SFIO und MRP – für sich verbuchen, die dann bei den ersten Parlamentswahlen am 21. Oktober 1945 zusammen dreiviertel der Stimmen auf sich vereinigten. Die traditionellen Parteien der Rechten und die Radicaux blieben demgegenüber im Hintertreffen; freilich erlaubte es die von de Gaulle betriebene Rückkehr republikanischer Normalität auch ihnen, sich nach dem Desaster der Kriegsjahre wieder zu zeigen.

Einen weiteren Dämpfer erhielten die Reformhoffnungen vieler Widerständler durch den Stabilisierungskurs der kommunistischen Partei. In ihrem Bemühen um nationalen Konsens und raschen Wiederaufbau beteiligte sich die PC-Führung nicht nur an der Entmachtung der

Résistance-Organe; sie schlug sich auch in den Auseinandersetzungen um das Ausmaß von Nationalisierung, Mitbestimmung und Umverteilung zum Verdruß der Sozialisten regelmäßig auf die Seite der bewahrenden Kräfte. So blieb schon das Reformprogramm des Widerstandsrats vom 15. März 1944 ein gutes Stück hinter den radikalen Forderungen seiner sozialistischen Initiatoren zurück und bremsten die Kommunisten dann bei seiner Umsetzung in die Regierungspraxis nach Kräften weiter ab. Besonders deutlich wurde dies, als Pierre Mendès France, der in der Provisorischen Regierung das Amt des Wirtschaftsministers übernommen hatte, Anfang 1945 eine Währungsreform durchführen wollte, die dem Staat wirkungsvollere Eingriffe in das Wirtschaftsleben ermöglichen und damit den Modernisierungsprozeß beschleunigen sollte. Die Kommunisten gesellten sich zu den liberalen Gegnern dieses Plans, die auf den weniger schmerzlichen Selbstheilungsprozeß des Marktes setzten und machten es damit auch de Gaulle leicht, sich gegen den auf den ersten Blick unpopulären Kurs seines Wirtschaftsministers zu entscheiden. Als Mendès France Anfang April 1945 zurücktrat, war entschieden, daß die Inflation, die sich nach der Ausbeutung durch die Deutschen eingestellt hatte, die Modernisierungsanstrengungen auch weiterhin verwässern würde.

Lediglich in der Frage der künftigen Verfassung bildeten de Gaulle und die Kommunisten keine taktische Allianz: Während der General eine wesentliche Stärkung der Exekutive anstrebte und sich selbst schon in der Rolle des künftigen – plebiszitär gestützten Chefs der Exekutive sah, arbeiteten die Kommunisten auf ein reines Parlamentregime hin, das es ihnen erlaubte, ihren Rückhalt bei der Wählerschaft möglichst ungehindert in politischen Einfluß umzusetzen. Die Entscheidung in dieser Frage wurde von den Sozialisten getroffen, die dabei einen mittleren Kurs verfolgten: Zunächst votierten sie aus Furcht vor einer Dominanz der Kommunisten mit de Gaulle für eine Beschränkung der Souveränität der Verfassungsgebenden Versammlung durch zeitliche Begrenzung ihres Mandats und Einführung eines Referendums über den von ihr erarbeiteten Verfassungsentwurf. Ebenso unterstützten sie de Gaulle bei seiner Weigerung, den Kommunisten in der neuen Regierung, die nach den Wahlen zur Verfassungsgebenden Versammlung gebildet wurde, eines der »großen« Ministerien (Auswärtiges Amt, Verteidigung, Inneres) anzuvertrauen. Danach aber wehrten sie sich mit den Kommunisten gegen die Versuche de Gaulles, bei den Arbeiten der Verfassungskommission mitzusprechen und die Richtlinien der Regierungspolitik auch weiterhin, wie in der Zeit vor den Wahlen, ohne Rückkoppelung mit den Koalitionsparteien zu bestimmen. Zugleich rückten sie, um de Gaulle den Weg zu einem autoritären Regime zu versperren, in der Verfassungsdiskussion von dem Ziel einer Stärkung der Exekutive, das sie sich im Zuge der Kritik an den Schwächen der III. Republik zu eigen gemacht hatten, wieder ab.

Als die sozialistische Fraktion, von den Kommunisten unterstützt, am 30. Dezember 1945 eine Reduzierung des Militärhaushalts um 20 % verlangte, mußte de Gaulle erkennen, daß er als Ministerpräsident einer Parteienkoalition keine Möglichkeit mehr hatte, ein Präsidialregime nach seinen Vorstellungen durchzusetzen. Am 20. Januar 1946 trat er darum ohne weitere Begründung von seinem Amt zurück – enttäuscht über die Rückkehr des »Parteienregiments«, aber zugleich überzeugt, daß das Volk ihn schon noch brauchen werde. Vier Monate später präsentierte er in einer Rede in Bayeux sein Konzept einer Präsidialverfassung; und im April 1947 gründete er eine Sammlungsbewegung, das Rassemblement du peuple français (RPF), die der mittlerweile verabschiedeten Verfassung der IV. Republik offen den Kampf ansagte.

Die Regierungskoalition aus Christdemokraten, Sozialisten und Kommunisten tat freilich zunächst so, als ob sie auf den Führer des Freien Frankreichs keine Rücksicht mehr zu nehmen brauchte. Sie wählte, was nach den Erfolgen der SFIO beim Kampf um die Machtstrukturen nahelag, einen Sozialisten zum neuen Ministerpräsidenten, den bisherigen Parlamentspräsidenten Félix Gouin, und setzten im übrigen ihr Regierungsprogramm unverändert fort. Allerdings geriet der MRP, dessen Wähler für die Argumente de Gaulles besonders hellhörig waren, in der Verfassungsfrage bald in einen Gegensatz zu SFIO und PCF. Er lehnte den Verfassungsentwurf, auf den sich seine Koalitionspartner einigten, ab, weil er die Macht des Parlaments weder durch eine zweite Kammer noch durch einen Staatspräsidenten mit Exekutivkompetenzen einschränkte. Die beiden Arbeiterparteien stellten ihn gleichwohl zur Abstimmung, weil sie ja nach dem Wahlergebnis vom Oktober 1945 auch allein über die absolute Mehrheit im Lande verfügten. Sie mußten dann aber erleben, daß der Entwurf in dem Referendum vom 5. Mai 1946 mit 10,5 gegen 9,5 Millionen abgegebener Stimmen abgelehnt wurde und der MRP in den darauffolgenden Wahlen zu einer zweiten Verfassunggebenden Versammlung soviel Prozentpunkte zulegte, daß die Mehrheit für die parlamentarische Linke verloren ging.

Ein Kompromiß war danach unabdingbar. Er gelang auch, wenn auch unter beträchtlichem Zähneknirschen aller Beteiligten. Der zweite Verfassungsentwurf, der am 13. Oktober 1946 mit 9 gegen 7,8 Millionen Stimmen bei 7,8 Millionen Wahlenthaltungen angenommen wurde, sah neben der Nationalversammlung einen Rat der Republik aus Vertretern der Kommunen als zweite Kammer vor, dessen Votum freilich von der ersten Kammer mit absoluter Mehrheit wieder außer Kraft gesetzt werden konnte. Außerdem gab er dem Staatspräsidenten das Recht, den Vorsitz im Ministerrat zu führen und den Ministerpräsidenten zu nominieren; dieser mußte freilich für seine Vorhaben eine Mehrheit in der Nationalversammlung finden. Das war eine Regelung, die politische Stabilität zwar nicht ausschloß, sie aber auch nicht erzwang: Wenn der Ministerpräsident nicht ohne ausdrückliche Bestätigung durch eine Parlamentsmehrheit agieren wollte, dann wurde er rasch von wechselnden Interessenkoalitionen abhängig. Anders gesagt: Die Verfassung der IV. Republik bot ein Instrument, um den vermehrten Staatsaufgaben, die sich aus dem Modernisierungsschub der Befreiungsära ergaben, gerecht zu werden; sie bot aber keine Garantie dafür, daß es auch genutzt wurde.

Über den Blick auf die Halbheiten des neuen Regimes sollte allerdings nicht vergessen werden, daß es den Partnern des Befreiungskompromisses gelungen war, einen gewissen Grundkonsens über die sozialstaatliche Erneuerung des Landes zu erzielen, und daß der Wiederaufbau diesem Grundkonsens entsprechend mit Energie in Angriff genommen wurde. Viel mehr war in Anbetracht der Gegensätze unter den Trägern des neuen Regimes, von denen sich keiner ganz durchsetzen konnte, nicht zu erreichen.

9.3 Vom Tripartismus zur Dritten Kraft

Für den weiteren Weg der neuen Republik wurde es dann aber entscheidend, daß die Koalition, die das neue Regime installiert hatte, nicht über die Befreiungsära hinaus zusammenblieb. Nachdem sich zunächst de Gaulle dieser Koalition entzogen hatte, wurde bald auch das Prinzip des »Tripartismus«, d. h. der Koalition der drei großen Parteien, in Frage gestellt. Insbesondere bürgerliche Kreise, die nach dem Zusammenbruch des Vichy-Regimes zunächst im Hintergrund gestanden hatten, drängten nun, da sich das Leben wieder normalisierte, auf einen Ausschluß der Kommunisten aus der Regierung. Die Mobilisierung alter Ängste war in Verbindung mit der beginnenden Ost-West-Spannung so erfolgreich, daß sich der MRP entschloß, die Forderung nach einer Regierung ohne Kommunisten zum Wahlprogramm zu erheben, und dann nach den Wahlen zur ersten regulären Nationalversammlung am 10. November 1946 die Bildung eines Kabinetts der linken Mitte unter seiner Führung verlangte. Rechnerisch war eine solche Alternative seit den Juniwahlen durchaus möglich, und auch politisch war sie nicht mehr ausgeschlossen, seit sich die Radicaux zu einer Absage an die Erneuerung des Volksfrontbündnisses entschlossen hatten.

Indessen widersetzten sich die Sozialisten dem christdemokratischen Vorstoß. Sie wußten bei allem Mißtrauen gegen kommunistische Vereinnahmungsversuche nur zu gut, daß sie als linke Flügelpartei einer Zentrumskoalition nur an Einfluß und Anhang verlieren konnten, und beharrten wiederum auf einer Fortsetzung des für sie optimalen Tripartismus. Am Beginn der IV. Republik stand folglich gleich eine langwierige Regierungskrise – die durch die Bildung eines rein sozialistischen Übergangskabinetts unter Léon Blum nur notdürftig überbrückt wurde –

und dann ein neuerlicher ungeliebter Kompromiß: Nach der Wahl des Sozialisten Vincent Auriol zum Staatspräsidenten am 16. Januar 1947 bildete Paul Ramadier vom »gouvernementalen« Flügel der SFIO ein Kabinett, in dem die Kommunisten wieder vertreten waren, zugleich aber auch einige Repräsentanten der UDSR, der Radicaux und sogar der konservativen »Gemäßigten« (Modérés). Damit stand die Alternative zum Tripartismus schon im Kabinett bereit und waren die Einflußmöglichkeiten auf die Formulierung der Regierungspolitik trotz zunehmender Wahlerfolge (von 26,1 % 1945 auf 28,2 % ein Jahr später) merklich reduziert.

Was die Christdemokraten im ersten Anlauf nicht erreicht hatten, brachten dann aber die Kommunisten selbst fertig: Wachsende Unzufriedenheit ihrer Anhänger mit dem Austeritätskurs der Wiederaufbaurepublik brachte sie im Frühjahr 1947 dazu, sich aus der Regierungsverantwortung hinauszumanövrieren. Aus Furcht, ihren Anhang unter den Arbeiterwählern zu verlieren, brach die PCF-Führung nach dem Beginn einer großen Streikbewegung in den Renault-Werken Ende April mit der im Kabinett vereinbarten Lohnstopp-Politik. Sie hatte dabei zwar noch die leichte Hoffnung, möglicherweise auch die Sozialisten auf ihre Seite ziehen zu können, mußte diese aber rasch aufgeben, als Ministerpräsident Ramadier am 4. Mai die Funktionen der kommunistischen Minister für beendet erklärte und der SFIO-Nationalrat drei Tage später mit knapper Mehrheit beschloß, die sozialistischen Minister gleichwohl im Kabinett zu lassen. Den Streikforderungen nachzugeben, wie es die Kommunisten verlangten, bedeutete aus sozialistischer Sicht, das Land in den wirtschaftlichen Ruin zu führen und möglicherweise einem neuen autoritären Regime unter de Gaulle den Weg zu bereiten; um eine solche Entwicklung zu verhindern, fand sich die SFIO notgedrungen bereit, die Schlüsselrolle im Tripartismus mit der undankbaren linken Flügelposition in einem Zentrumskabinett zu vertauschen.

Eine Zeitlang hofften Sozialisten wie Kommunisten noch, den Bruch, der sie beide benachteiligte, rückgängig machen zu können: Die SFIO hielt nach Möglichkeiten Ausschau, den Kommunisten eine Rückkehr in die Regierung zu erleichtern; und die PCF gab sich nach dem Abklingen der Streikbewegung wieder ganz als Regierungspartei. Dann aber führte der Übergang der kommunistischen Weltbewegung zur Kominform-Strategie im Herbst 1947 die PCF endgültig in die Isolation: Von der sowjetischen Führung zur radikalen Agitation gegen den »US-Imperialismus« und seine »Hauptverbündeten«, die »rechtsgerichteten« Sozialisten aufgerufen, ließen die PC-Führer nun dem sozialen Unmut, der sich durch den Austeritätskurs aufgestaut hatte, freien Lauf und suchten die daraufhin im November ausbrechenden landesweiten Streikbewegungen zum Kampf gegen den Marshall-Plan zu nutzen. Das Ergebnis dieser spektakulären Streikaktionen – zeitweilig waren zwei Millionen Arbeiter im Ausstand, es kam zu Straßenschlachten und Sabotageakten – war eine allgemeine Furcht vor gewaltsamer kommunistischer Machtübernahme, die den Kredit, den die Kommunisten in der Résistance erworben hatten, wieder weitgehend zunichte machte und auch bei den Sozialisten die Überzeugung durchsetzte, daß mit dieser »Partei des Umsturzes« nicht mehr regiert werden konnte. Daß sich die PCF zudem mit den Praktiken der gewaltsamen Sowjetisierung im Ostblock solidarisierte, bekräftigte diesen Eindruck. Fortdauernde Unterstützung durch führende Intellektuelle wie Jean-Paul Sartre und Louis Aragon konnten ihre politische Isolierung nicht mehr verhindern.

Zusätzlich wurde die Stellung der beiden Arbeiterparteien dadurch erschwert, daß es de Gaulle verstand, die neue Woge des Antikommunismus zur Stärkung seiner Sammlungsbewegung zu nutzen. In den Kommunalwahlen vom 20. Oktober 1947 erhielt der RPF nicht weniger als 38 % der Stimmen. Der General forderte daraufhin den Übergang zum Mehrheitswahlrecht und Neuwahlen und machte damit Radicaux und Gemäßigte zu den neuen Herren der Regierungskoalition: Nur wenn diese sich den Lockungen de Gaulles widersetzten und weiterhin in genügender Anzahl für die Koalition mit Christdemokraten und Sozialisten votierten, war das Überleben des Regimes in der gerade erst beschlossenen Form gesichert. Der Rechtsruck innerhalb der verbliebenen Regierungskoalition wurde deutlich, als Ramadier am 19. November nach Differenzen mit dem neuen SFIO-Generalsekretär Guy Mollet zurücktrat: Léon Blum erhielt für ein neues Kabinett unter sozialistischem Vorsitz nicht mehr die notwendige Mehrheit im Parlament: an seiner Stelle bildete der Christdemokrat Robert Schuman ein Kabinett eher bürgerlichen Zuschnitts. Die Verwaltung für den wirtschaftspolitischen Kurs ging von dem Sozialisten André Philip auf den Liberalen René Mayer über. Damit war der Grundkonsens der Befreiungsära endgültig zerbrochen und die politische Integration der Arbeiterbevölkerung, die ihre soziale Integration zunächst ein Stück begleitet hatte, wieder zurückgestellt.

Mit dem Übergang zur Regierungsformation der »Dritten Kraft« (zwischen Kommunisten und Gaullisten) wurde das Regieren noch schwieriger, als es schon in der Zeit des Tripartismus gewesen war. Sowohl die Sozialisten als auch ihre bürgerlichen Koalitionspartner standen nun unter dem Druck ihrer oppositionellen Konkurrenz; und Kommunisten wie Gaullisten sorgten, taktisch meist auf der gleichen Linie, dafür, daß die Gegensätze innerhalb der Regierungskoalition nach Kräften hochgespielt wurden. Entsprechend gering war die Handlungsfähigkeit der »Dritten Kraft«; und da die Verfassung nicht vor Instabilität schützte, wurden Regierungskrisen und Regierungswechsel nun rasch zur Gewohnheit. Dabei ging die Initiative zum Regierungssturz meist von den Sozialisten als den schwächsten Partnern der Koalition aus; wenn ein Ministerpräsident aber Anstalten traf, den Sozialisten entgegenzukommen, zögerten auch die bürgerlichen Koalitionspartner nicht, ihn zu stürzen; und nach jedem Regierungssturz fanden sich die Koalitionäre mangels besserer Alternativen notgedrungen in leicht veränderter Form wieder zusammen. Auf Schuman folgte so im Juli 1948 der Radikale André Marie; fünf Wochen später wieder Schuman, und dann nach wenigen Tagen der Radikale Henri Queuille. Dieser hielt sich dank großer Geschicklichkeit etwas länger, vom September 1948 bis zum Oktober 1949; dann stürzten ihn die Sozialisten, weil sie seinen Deflationskurs nicht länger mittragen konnten. Der gleiche Grund führte im Juni 1950 zum Sturz Bidaults und Anfang Juli des gleichen Jahres zum Rücktritt der zweiten Regierung Queuilles. Auf Queuilles II folgte René Pleven von der UDSR; und als dieser Ende Februar 1951 zurücktrat, weil es ihm nicht gelungen war, den MRP auf den Übergang zum Mehrheitswahlrecht zu verpflichten, übernahm Queuille zum dritten Mal das Amt des Regierungschefs.

Nach den Wahlen vom 17. Juni 1951 wurde das Regieren noch durch zwei weitere Momente erschwert: Zum einen ging der MRP aus der Wahlauseinandersetzung deutlich geschwächt, die traditionellen Parteien aber wieder gestärkt hervor; daraus folgte, daß die vier Formationen der »Dritten Kraft« (Radicaux und UDSR hatten eine Listenverbindung gebildet) in der neuen Kammer über annähernd gleich starke Fraktionen verfügten und eine, wenn auch knappe Mehrheit schon mit jeweils dreien von ihnen gebildet werden konnte. Zum anderen war die gaullistische Fraktion, die nun ins Parlament einzog, keineswegs geschlossen auf Fundamentalopposition bedacht, so daß auch sie in das Bemühen um die Gewinnung von Regierungsmehrheiten einbezogen werden konnte. Damit wuchs die Versuchung, mit Mehrheiten von Fall zu Fall zu regieren und schwand demzufolge der Zusammenhalt der »Dritten Kraft«. Bis überhaupt eine Regierung gebildet werden konnte, vergingen nahezu zwei Monate. Das zweite Kabinett Pleven, das dann zustande kam, wurde von der SFIO nur geduldet und im Januar 1952 wegen der vorgesehenen Sparmaßnahmen gestürzt. Danach versuchte der Radikale Edgar Faure einen Monat lang vergebens, Sozialisten und Konservative zugleich zufriedenzustellen; und dann bildete der Konservative Antoine Pinay eine Regierung, die sich nicht mehr auf die Sozialisten, dafür aber auf einen Teil der Gaullisten stützte.

Damit war der Rechtsruck, der mit dem Rücktritt de Gaulles begonnen hatte und durch den Übergang zum Kalten Krieg wesentlich beschleunigt worden war, abgeschlossen. Pinay gelang es, die Inflation mit den klassischen Mitteln der liberalen Orthodoxie zu stoppen. Die Investitionen und damit die Modernisierung wurden gebremst, die Staatstätigkeit abgebaut, die Masse der kleinen Produzenten und Händler noch einmal auf Kosten der Lohnempfänger bevorzugt. Die Kräfte, die die III. Republik geprägt hatten, wurden wieder sichtbar, während die Erben der Résistance allesamt in die Defensive geraten waren. Ihre Leistungen, die Errungenschaften der Befreiungsära, wurden zwar nicht rückgängig gemacht; es gab aber keinen Ansatz mehr, deren Halbheiten zu überwinden.

9.4 Die gebremste Modernisierung

Die Bilanz der »Dritten Kraft« ist freilich nicht ganz so mager, wie es mit Blick auf ihre Schwierigkeiten und ihr Ende aussieht: Trotz der inneren Zerwürfnisse gelang es ihr, die Kriegsfolgen bis zu Beginn der 50er Jahre zu überwinden und den Grundkonsens der Befreiungsära über die zahlreichen Anpassungsschwierigkeiten der Nachkriegszeit hinweg zu erhalten. 1948 war das Nationaleinkommen des letzten Vorkriegsjahres wieder erreicht, 1950 das Bruttosozialprodukt des letzten Jahres vor Einbruch der Weltwirtschaftskrise; und danach wuchs die Volkswirtschaft mit jährlichen Zuwachsraten von im Schnitt 4,5 % über das bisher gekannte Niveau hinaus. Die industrielle Produktion, die 1944 noch gerade 38 % des letzten Vorkriegsjahres erreicht hatte, lag 1952 12 % über dem Niveau von 1929. Das war zwar nur halb so viel, wie die Planungséquipe um Jean Monnet angestrebt hatte; gleichwohl war mit einer jährlichen Zuwachsrate von 7 % der Durchbruch zur Dynamik moderner Industriegesellschaften erreicht. Insbesondere die Energieversorgung und die Verbesserung der Verkehrswege kamen in großen Schritten voran. Die Modernisierung der Schwerindustrie blieb demgegenüber etwas zurück (nicht zuletzt infolge des Widerstands einzelner Unternehmer): Bauindustrie und Landwirtschaft kamen kaum über die Stagnation hinaus. Aufs Ganze gesehen aber erreichte die Produktivität zu Beginn der 50er Jahre ein Ausmaß, das es erlaubte, den Konsumanteil am Sozialprodukt allmählich auszuweiten, ohne das Investitionsniveau zu gefährden.

Daß der Anschluß an den allgemeinen europäischen Nachkriegsaufschwung trotz widriger Umstände gelang, war eine wesentliche Voraussetzung dafür, daß die Kommunisten ihren Anhang nicht vergrößern konnten und dieser sich auch nicht weiter radikalisierte. Gewiß, die Identifikation mit den Streikbewegungen und der Übergang zu einer dezidiert antikapitalistischen und antiamerikanischen Agitation erlaubten es der PC-Führung, ihren fast schon verlorengegangenen Rückhalt in der Arbeiterklasse wieder zu festigen; und die Quasi-Annulierung der sozialen Errungenschaften durch die Inflation sorgte dafür, daß die Lebensumstände der Arbeiter und auch große Teile der Landbevölkerung weiterhin nach entschiedenen Klassenaktionen riefen. Aber an den Rändern bröckelte das Milieu, aus dem die PCF ihren Anhang rekrutierte, doch ab; und die Entmutigung durch das Scheitern der großen Streikbewegung des Winters 1947 führte bei Anhängern wie bei politisch Aktiven zu einer im Prinzip defensiven Haltung, die sich mehr um die Pflege des Gettos der kommunistischen »Gegengesellschaft« kümmerte als um eine Veränderung der Machtverhältnisse. Die Zahl der Parteimitglieder ging, wenn man den offiziellen Angaben Glauben schenken darf, in der Ära der »Dritten Kraft« von 900 000 auf 500 000 zurück, die Gesamtauflage der Parteipresse von 7,5 auf 3,8 Millionen Exemplare. Bei den Wahlen von

1951 erlitten die Kommunisten mit 26,9 % der Stimmen einen leichten Rückschlag gegenüber 1946; und infolge der Einführung von Listenverbindungen, die die überall isolierten kommunistischen Kandidaten benachteiligten, schrumpfte ihre Parlamentsfraktion nun drastisch zusammen.

Das Ausbleiben einer kommunistischen Gefahr trug seinerseits dazu bei, daß auch die gaullistische Bewegung an Elan verlor. Mit über einer Million Mitgliedern, an die 40 % potentieller Wählerstimmen und zahlreichen außerparlamentarischen Aktionsformen hatte sie 1947/48 bei dem Prestige des Befreiungs-Führers, anders als die kommunistische Partei, tatsächlich eine Bedrohung für das »Regime der Parteien« dargestellt. Als aber die von de Gaulle angekündigten Katastrophen ausblieben, traten die inneren Gegensätze der Sammlungsbewegung rasch hervor und wurde ihre Zielsetzung zunehmend fragwürdig; Kritik wurde laut, und die Mobilisierung der Anhängerschaft wurde schwieriger. Bei den Kantonalwahlen vom März 1949 ging der Stimmenanteil der RPF-Kandidaten schon merklich zurück (auf 32 %); und bei den Wahlen zur Nationalversammlung im Juni 1951 erreichten sie nur 21,6 %. Statt der 200 Abgeordneten, mit denen er die »Dritte Kraft« aus den Angeln zu heben gedacht hatte, konnte de Gaulle nur 121 Parlamentarier in die neue Kammer entsenden. Nachdem zunächst eine Minderheit dieser Abgeordneten gegen den Willen des Generals die Bildung der Regierung Pinay unterstützt und dann im Januar 1953 die gesamte Fraktion für die Regierung René Mayer gestimmt hatte, erklärte de Gaulle am 6. Mai 1953, seine Bewegung dürfe sich nicht mehr am parlamentarischen Leben beteiligen. Danach agierten die Abgeordneten als ganz normale Parlamentariergruppe auf eigene Rechnung, während sich die Bewegung des Generals auf wenige Getreue reduzierte.

Am Ende des Ringens um die Nachkriegsordnung stand somit eine im weitesten Sinne bürgerliche Mehrheit, die die Institutionen der IV. Republik im Stile der III. Republik zu handhaben gedachte und dabei den Gegensatz, der Vichy-Anhänger und Vichy-Gegner getrennt hatte, weitgehend in Vergessenheit geraten ließ. Die Sozialisten, die ihre Minderheitenposition in der »Dritten Kraft« ohnehin mit weiterer Schwächung bezahlt hatten – ihr Stimmenanteil war von 17,8 auf 14,6 % gesunken – wurden nach der Integration des gaullistischen Potentials nur noch gelegentlich als Mehrheitsbeschaffer in Einzelfragen gebraucht; zur Regierungsverantwortung wurden sie nicht mehr herangezogen. Die »Dritte Kraft« hatte sich in der Hauptsache: der Stabilisierung der Republik durchgesetzt, sie hatte sich damit aber zugleich selbst überlebt und die Weichen für eine gebremste Modernisierung im Windschatten der neuen amerikanischen Führungsmacht gestellt.

10. Die Außenpolitik der IV. Republik

Der Weg vom Wiederaufbau-Konsens zur Modernisierung an der Seite der USA stellte zugleich einen Weg zu einem neuen internationalen Status dar: Frankreich entwickelte sich nach seinem Scheitern als europäische Großmacht zu einer Mittelmacht im Rahmen des westlichen Bündnisses. Am Anfang dieses Weges standen die alten Probleme, deren Bewältigung der III. Republik nicht gelungen war: insbesondere das Problem der Sicherheit vor deutscher Aggression und deutschen Hegemonialtendenzen; daneben aber auch, damit eng verbunden, das Problem der Wahrung der Unabhängigkeit trotz begrenzter Ressourcen. Sehr bald gerieten diese Probleme jedoch in den Sog des Ost-West-Konflikts; und auch bei den Lösungen, die die französische Politik ansteuerte, geriet man bald über vertrautes Gelände hinaus.

10.1 Hoffnung auf Hegemonie

Das Konzept, mit dem die Außenpolitik der zweiten Nachkriegsära begann, knüpfte in starkem Maße an die Vorstellungen der Ära Clemenceau an: Nach den Plänen de Gaulles, der die auswärtige Politik der Provisorischen Regierung bis in die Einzelheiten hinein formulierte, sollte der Rhein diesmal definitiv die strategisch-militärische Grenze zwischen Franzosen und Deutschen bilden; das Rheinland und die Saar sollten wirtschaftlich, möglicherweise auch politisch mit Frankreich verbunden werden. Das Ruhrgebiet sollte einem internationalen Regime unterstellt werden, das die Erträge seiner Industrie in erster Linie den Opfern der deutschen Expansion zugute kommen ließ. Was danach noch zwischen Rhein und Oder-Neiße-Grenze vom Deutschen Reich übrig blieb, sollte in eine Reihe mehr oder minder locker miteinander verbundener Einzelstaaten aufgeteilt werden. Außerdem sollten Reparationen und Restitutionen das französische Wirtschaftspotential auf Kosten des deutschen stärken und insbesondere eine Verschiebung des schwerindustriellen Zentrums Europas vom deutschen auf das französische Territorium ermöglichen: Die französische Schwerindustrie sollte mit Hilfe deutscher Kohle wiederaufgebaut werden, ehe die deutsche Produktion wieder in größerem Umfang in Gang kam.

Dieses Programm, das ähnlich wie nach dem Ersten Weltkrieg Frankreich auf Kosten Deutschlands stärken sollte, wurde eingebettet in ein breiter angelegtes Programm zur Wiedergewinnung des Großmachtstatus. Danach sollte Frankreich zur Führungsmacht einer westeuropäischen Föderation werden, die seiner Wirtschaft die zur Modernisierung nötigen Märkte erschloß und dem Land zugleich soviel politisches Gewicht verschaffte, daß es neben der Sowjetunion als zweite Großmacht des alten Kontinents auftreten konnte. Mit Hilfe des Großmachtstatus sollte Frankreich in der Lage sein, zwischen den beiden Hauptsiegern des Krieges, den USA und der Sowjetunion vermittelnd und ausgleichend zu wirken und so eine Ost-West-Polarisierung mit all ihren Gefahren für die Unabhängigkeit der europäischen Länder und für den künftigen Frieden zu verhindern. Die Verdienste, die es sich auf diese Weise erwerben würde, sollten wiederum seinem weltpolitischen Gewicht zugute kommen.

Das war ein Programm, dem man bei allem erkennbaren Ehrgeiz realistische Elemente nicht absprechen konnte: Es bot den Deutschen neben der Kontrolle einen Integrationsrahmen, der sie von abermaligen Revanche-Plänen abbringen mochte; es verband das Bemühen um vermehrten Einfluß mit dem Streben nach forcierter wirtschaftlicher Modernisierung; und es paßt zu den auch bei den eigentlichen Siegermächten erkennbar gewordenen Tendenzen zur Zerstückelung des Deutschen Reiches und zur Schwächung des deutschen Potentials. Aufs Ganze gesehen war es aber um einige Grade zu ehrgeizig, um unter den Bedingungen der Nachkriegsära Erfolg haben zu können. Die kleineren westeuropäischen Staaten – Belgien, die Niederlande, Luxemburg, auch Italien – waren nicht bereit, sich dem französischen Führungsanspruch unterzuordnen; folglich war ein Europa unter exklusiver französischer Führung nicht zu verwirklichen. Ohne ein europäisches Ensemble im Hintergrund hatten aber auch die Bemühungen um ein Einvernehmen der Siegermächte wenig Aussicht auf Erfolg; und je mehr die Ost-West-Polarisierung zunahm, desto geringer wurden die Möglichkeiten, sich über eine Aufteilung Deutschlands zu verständigen, und desto mehr gewannen die besiegten Deutschen als Bündnispartner in dem neuen weltpolitischen Konflikt wieder an Gewicht.

De Gaulle hat diese Entwicklung noch dadurch gefördert, daß er das Europa-Projekt nach ersten enttäuschenden Sondierungen mit den Briten und den Belgiern auf die lange Bank schob und sich auf die Durchsetzung der französischen Rheinland- und Ruhrforderungen im Alleingang konzentrierte. Damit holte er sich nur Absagen: Stalin, dem sein erster Staatsbesuch Anfang Dezember 1944 galt, speiste ihn mit einem Vertrag ab, der sich auf die wechselseitige Verpflichtung zur Kontrolle Deutschlands und zum Aggressionsverzicht beschränkte; von de Gaulles Rheinlandplänen wollte er selbst dann nichts wissen, als dieser ihm sein Einverständnis mit der Verschiebung der polnischen Westgrenze bis zur Oder-Neiße-Linie signalisierte. Ebensowenig zeigten Roosevelt und Churchill Verständnis für de Gaulles Forderungen. Im März 1945 einigten sich die Vertreter der »Großen Drei« im Dismemberment-Committee, das nach der Abtrennung der Ostgebiete verbliebene deutsche Territorium als Einheit zu behandeln.

Das einzige, was de Gaulle erreichte, war ein Sitz im Alliierten Kontrollrat für Deutschland, verbunden mit der Zuteilung einer Besatzungszone, die dann im Südwesten des Reiches aus der britischen und amerikanischen Zone herausgetrennt wurde. Das Mitspracherecht über die Zukunft Deutschlands, das er auf diese Weise erlangte, hatte er freilich nur dem Interesse Churchills an der Mitwirkung einer zweiten europäischen Großmacht an den europäischen Angelegenheiten zu verdanken; es brachte ihn der Separierung von Rheinland und Ruhrgebiet keineswegs näher. Vergeblich versuchte er, die Alliierten dadurch zum Einlenken zu bewegen, daß er die Schaffung zentraler Verwaltungsämter für Deutschland, wie sie auf der Potsdamer Konferenz vereinbart worden waren, durch ein Veto im Kontrollrat blockierte. Er erreichte damit nur, daß sich die Verhältnisse in der sowjetischen und in den westlichen Besatzungszonen rasch auseinanderentwickelten, und trug damit selbst dazu bei, daß sich die Tendenzen zur Blockbildung in Ost und West, die seinen Zielen so eindeutig zuwiderliefen, alsbald verfestigten. Als de Gaulle im Januar 1946 seinen Rücktritt erklärte, waren sowohl seine Deutschlandpolitik als auch seine Europapolitik in eine Sackgasse geraten.

Den Ausweg zu finden, fiel seinen Nachfolgern ziemlich schwer – vor allem deswegen, weil die von de Gaulle propagierten Maximalforderungen unterdessen für viele Franzosen zum Symbol für nationale »Grandeur« geworden waren. Außenminister Bidault konnte es sich nicht erlauben, unhaltbar gewordene Positionen aufzugeben, wenn er nicht sogleich beträchtliche Stimmeneinbußen für den MRP riskieren wollte. Da sich zudem auch noch die Kommunisten als Anwälte des »gaullistischen« Erbes zu profilieren suchten, gab es auch keine Möglichkeit, den Außenminister zur Kurskorrektur zu zwingen. Die Sozialisten, denen die Integration im westeuropäischen Bereich besonders am Herzen lag, versuchten es im Februar und März 1946 zweimal; sie blieben aber mit ihren Initiativen innerhalb der tripartistischen Koalition in der Minderheit. Bidault trug daraufhin auf den alliierten Außenministerratstagungen wieder die gleichen Forderungen vor, mit denen schon de Gaulle gescheitert war und bereitete sich im übrigen darauf vor, für den unvermeidlichen Verzicht auf die Abtrennung von Rheinland und Ruhr einige wirtschaftliche Vorteile einzuhandeln, die die Kurskorrektur schließlich auch innenpolitisch akzeptabel erscheinen ließen.

Das einzige, was die Sozialisten in dieser Situation durchsetzen konnten, war das Bündnis mit Großbritannien, das am 4. März 1947 in Dünkirchen unterzeichnet wurde. De Gaulle und Bidault hatten einen solchen Pakt, der als Kern westeuropäischer Gemeinschaftsbildung dienen konnte, immer von der vorherigen Zustimmung der britischen Regierung zu den französischen Rheinland- und Ruhrforderungen abhängig gemacht. Daß Léon Blum ihn in seiner kurzen Amtszeit als Interims-Ministerpräsident Ende 1946/Anfang 1947 gleichwohl auf den Weg bringen konnte, signalisierte folglich, daß Frankreich nicht mehr uneingeschränkt an seinen Maximalforderungen festhielt. Für sich allein genommen, war dieser Schritt jedoch nicht spektakulär genug, um einen europäischen Integrationsprozeß in Gang zu setzen; und er kam auch zu spät, um im Konflikt zwischen Ost und West noch entspannend zu wirken.

10.2 Die Hinwendung zum Westen

In Bewegung kam die verfahrene Situation erst, als die Kommunisten im Mai 1947 die Regierung verließen und die USA einen Monat später den Marshall-Plan vorlegten. Damit verschoben sich innerhalb der Regierungskoalition die Gewichte zugunsten der Befürworter einer Abkehr von den Hegemonialplänen und bahnte sich zugleich ein Wandel in den außenpolitischen Prioritäten und Möglichkeiten an. An der Beteiligung Frankreichs am Marshall-Plan konnte es keinen Zweifel geben: Dazu war das Modernisierungsprogramm des Planungskommissariats zu sehr auf auswärtige Kapitalhilfe angewiesen und dazu war auch das französische Dollardefizit zu groß. Frankreich hatte schon 1945/46 zusammen über 3,6 Milliarden Dollar amerikanischer Kredite und Wirtschaftshilfe erhalten; und es wurde allgemein anerkannt, daß das nicht ausreichte. Außerdem begann ein Teil der Regierung und der politischen Kräfte, die sie trug, sich vor realistischen Expansionsabsichten zu fürchten; das ließ es ratsam erscheinen, sich die USA als Verbündete zu sichern. Wenn sich Frankreich aber auf den Marshall-Plan einließ, dann konnten, zumal nach der sowjetischen Absage am 1. Juli 1947, Zugeständnisse in der deutschen Frage nur noch von den westlichen Alliierten kommen, und dann war auch für eine territoriale Eigenständigkeit des Rheinlandes und des Ruhrgebietes neben dem westlichen Deutschland kein Platz mehr. Allein für die Saar gestand die amerikanische Regierung den Franzosen ein Sonderregime zu, das den im übrigen notwendigen Kurswechsel innenpolitisch erleichtern mochte; ansonsten ließ ihr Bemühen um wirtschaftliche und politische Stabilisierung Westdeutschlands Gebietsaufteilungen nicht mehr zu.

Um so notwendiger wurde nun die Schaffung eines europäischen Integrationsrahmens, der die Deutschen unter Kontrolle hielt, ohne sie einseitig zu diskriminieren, und der zudem den doppelten Vorteil bot, dem westlichen Europa stärkeres Gewicht im Ost-West-Konflikt zu verschaffen und das Gelingen der wirtschaftlichen Wiederaufbaupläne zu erleichtern. Was ursprünglich als Ergänzung des deutschlandpolitischen Programms gedacht war, rückte darum jetzt in seinen Mittelpunkt: In den Verhandlungen um die Bedingungen einer deutschen Teilnahme am Marshall-Plan konzentrierte sich Bidault auf die Forderung nach Überantwortung der Ruhrindustrie an eine interessierte Gemeinschaft europäischer Staaten. Gleichzeitig schlug er auf der Pariser Konferenz der Marshall-Plan-Interessenten die Bildung einer Europäischen Zollunion vor, die die Grundlage für gemeinsame wirtschaftliche Lenkungsstrukturen des westlichen Europas bilden sollte.

Die Zustimmung zur Gründung eines westdeutschen Staates, die in der Logik der Grundsatzentscheidung für den Marshall-Plan lag, fiel den Regierungen der »Dritten Kraft« freilich nicht leicht. Zunächst einmal ließen sich in den Verhandlungen mit den westlichen Alliierten nicht soviel Sicherungen gegen einen deutschen Wiederaufstieg durchsetzen (etwa die Bevorzugung Frankreichs bei der Kohleversorgung oder die Internationalisierung der Ruhrindustrie), wie sie die Regierungsmehrheit immer noch anstrebte und wie sie wohl zur innenpolitischen Durchsetzung der Weststaatslösung auch notwendig waren. Sodann schreckte ein Teil der Regierungskoalition – insbesondere die SFIO – davor zurück, die Zweiteilung Europas festzuschreiben und damit zur Forcierung der Blockbildung beizutragen. Und dann verknüpfte sich in den Augen vieler Franzosen die traditionelle Furcht vor dem deutschen Nationalismus mit der neuen Furcht vor sowjetischem Expansionsstreben zu einer geradezu apokalyptischen Vision: Insbesondere nach der Sowjetisierung der Tschechoslowakei im Februar 1948 griff die Furcht um sich, eine Staatsgründung auf westdeutschem Boden werde eine sowjetische Aggression provozieren, möglicherweise sogar im Verein mit einem westdeutschen Revanchismus, der einmal mehr das Bündnis mit der Sowjetunion suchen werde.

Bidault forderte darum als Preis für die Zustimmung Frankreichs zur Gründung eines westdeutschen Staates die Verpflichtung der USA zu einem Militärbündnis mit den westeuropäischen Staaten, das nicht nur Schutz gegen eine mögliche sowjetische Aggression bot, sondern mindestens ebenso sehr eine Vorkehrung gegen eine neue Bedrohung durch die Deutschen. Diese Forderung ließ sich durchsetzen, weil die USA es sich nicht erlauben konnten, ihr Stabilisierungsprogramm für das westliche Europa am Widerstand der französischen Öffentlichkeit scheitern zu lassen. Nachdem der amerikanische Kongreß am 11. Juni 1948 mit der Verabschiedung der »Vandenberg-Resolution« den Weg zu einer Beteiligung der USA an einer atlantischen Allianz freigemacht hatte, stimmte die französische Nationalversammlung eine Woche später den Londoner Empfehlungen zur Einberufung einer verfassunggebenden Versammlung für Westdeutschland mit knapper Mehrheit zu. Damit hatte sich Frankreich, wenn auch unter vielen Vorbehalten und nach langem Zögern, für jene Form der Integration Deutschlands entschieden, die mit der Schaffung zweier deutscher Staaten und der dauernden Präsenz amerikanischer Truppen auf westdeutschem Boden einherging; und zugleich hatte es der Tendenz zur militärischen Blockbildung des Westens, die zwar in der amerikanischen Eindämmungspolitik schon angelegt war, aber keineswegs notwendig aus ihr folgte, zum Durchbruch verholfen. Über die Details dieser Doppellösung mußte zwar noch verhandelt werden (was dann bis zum April 1949 dauerte); im Grundsatz wurde sie aber nicht mehr in Frage gestellt, selbst dann nicht, als die Sowjets mit der Blockierung der Zufahrtswege nach Berlin die Rückkehr der Westmächte zu Viererverhandlungen über Gesamtdeutschland zu erzwingen suchten.

Nach der Grundsatzentscheidung für ein westliches Deutschland im Rahmen einer westlichen Allianz bemühte sich die französische Politik insbesondere um die Schaffung westeuropäischer Gemeinschaftsstrukturen, die nach der voraussehbaren Aufhebung einseitiger Kontrollen der Bundesrepublik bereitstehen sollten, um einen unkontrollierten Wiederaufstieg Deutschlands zu verhindern, und denen außerdem die Aufgabe zukam, Frankreich wenigstens eine relative Eigenständigkeit innerhalb des selbstgewählten Bündnisses mit den USA zu sichern. Nachdem Bidault schon im März 1948 der Bildung des Brüsseler Paktes zugestimmt hatte, der die politische und militärische Zusammenarbeit Frankreichs mit Großbritannien und den Benelux-Staaten institutionalisierte, schlug er am 20. Juli 1948 das Projekt eines Europäischen Parlaments vor, das zum Meinungsaustausch über die Probleme eines europäischen Zusammenschlusses dienen und diesen somit vorbereiten sollte. Sein Nachfolger Robert Schuman (den der MRP bei der Bildung des Kabinetts Marie präsentierte, weil sich Bidault mit der Zustimmung zu den Londoner Vereinbarungen doch bei Teilen der Partei unbeliebt gemacht hatte) lud die Regierungen der übrigen Brüsseler Paktstaaten am 18. August 1948 ein, über die Schaffung eines solchen Parlaments zu verhandeln.

Dabei legte die französische Politik jetzt, anders als zu Zeiten de Gaulles, besonderen Wert auf eine Beteiligung Großbritanniens an einem Vereinten Europa. Die Hoffnungen auf eine französische Führungsrolle auf dem alten Kontinent, die de Gaulle bewogen hatten, über die britische Distanz zu europäischen Einigungsplänen leichthin hinwegzugehen, waren unterdessen der Sorge um die bloße Selbstbehauptung Frankreichs gewichen: Da schien es geboten, Großbritannien sowohl als Gegengewicht gegen eine starke Bundesrepublik als auch zur Verstärkung des weltpolitischen Gewichts einer Europäischen Gemeinschaft in den Integrationsprozeß einzubeziehen. Die Sozialisten, die in der Formulierung der Europapolitik die Vorreiter-Rolle übernommen hatten, hielten eine Beteiligung der Briten zudem für unabdingbar, weil sie eine Förderung der sozialistischen Elemente in Europa zu garantieren schien. In Großbritannien regierte seit 1945 die Labour-Party; wenn diese sich an die

Spitze der europäischen Einigungsbewegung stellte, mußten davon auch die kontinentalen Sozialisten profitieren.

Mit der Konzentration auf die Gewinnung der Briten geriet die französische Außenpolitik freilich bald wieder in eine Sackgasse. Die britische Regierung ließ sich nur mit äußerster Mühe für das Projekt eines Europäischen Parlaments gewinnen; und als dieses dann, in der Form des Europarats im Mai 1949 konstituiert, Anstalten traf, tatsächlich die Schaffung einer »Europäischen Politischen Autorität« mit supranationalen Kompetenzen vorzubereiten, legte sie sich quer. Versuche der französischen Sozialisten, ihre britischen Genossen von der Notwendigkeit eines Vereinten Europas zu überzeugen, blieben ebenso ergebnislos wie die Appelle Jean Monnets und anderer französischer Spitzenbeamter an die Einsicht der britischen Planungsexperten. Folglich trat der Europarat schon nach dem Abschluß der ersten Sitzungsperiode der Beratenden Versammlung im August/September 1949 auf der Stelle; die französische Regierung aber schreckte vor einem Bruch mit Großbritannien zurück.

Zu einer Auflösung des Dilemmas zwischen Einigungsimpulsen und Rücksichtnahme auf Großbritannien kam es erst, als im Frühjahr 1950 eine Revision des Besatzungsstatuts für die Bundesrepublik nicht mehr zu vermeiden war und auch schon die Aufstellung westdeutscher Streitkräfte sichtlich näher rückte. Angesichts der unmittelbaren Gefahr einer Rückkehr zur deutschen Dominanz auf dem europäischen Kontinent rang sich Robert Schuman, von Monnet entsprechend beraten, dazu durch, mit der Schaffung europäischer Gemeinschaftsstrukturen zu beginnen, ohne weiter auf die Überwindung der britischen Widerstände zu warten. Am 9. Mai 1950, einen Tag vor der Außenministerkonferenz der drei Westalliierten, auf der Schritte zum Abbau der einseitigen Restriktionen gegenüber der Bundesrepublik zur Entscheidung anstanden, präsentierte er den seit 1947 diskutierten Plan einer europäischen Lenkungsbehörde für Kohle und Stahl als französisches Regierungsprojekt. Damit war der Durchbruch zur Supranationalität ohne Großbritannien erreicht und zudem eine Form der Kontrolle der Ruhrindustrie gefunden, die nicht nur für Frankreich akzeptabel, sondern auch durchsetzbar war. Den Sozialisten, die ihre Führungsrolle infolge zu langer Unentschlossenheit eingebüßt hatten, blieb nichts anderes mehr übrig, als Schumans Initiative notgedrungen zu folgen.

Mit der Entscheidung für das »Europa der Sechs« ließ die Begeisterung für das Projekt der europäischen Integration freilich merklich nach, insbesondere in den Reihen der Linken. Als überzeugte Europäer wie André Philip und Henri Frenay versuchten, einen europäischen Bundespakt zur Errichtung einer Politischen Autorität über den Bereich der Montanindustrie hinaus zu lancieren, fanden sie dafür keine Mehrheit, weder in der französischen Öffentlichkeit noch bei der Regierung. Das offizielle Frankreich begnügte sich, wenigstens vorerst, mit der Kontrolle Westdeutschlands durch Montanunion und Atlantische Allianz und konzentrierte sich im übrigen darauf, an der Seite der USA zur Stärkung des westlichen Lagers beizutragen. Das war weniger, als de Gaulle bei Kriegsende gewollt hatte, weniger auch, als die zahlreichen Verfechter eines Europas der »Dritten Kraft« erhofft hatten. Aber es genügte, um die dringendsten Sicherheitsbedürfnisse besser zu befriedigen, als es nach dem Ersten Weltkrieg gelungen war; und es fand, da es zudem einen zufriedenstellenden wirtschaftlichen Aufstieg sicherte, trotz aller Kritik von der nationalistischen Rechten wie von der antikapitalistischen Linken hinreichenden Beifall bei der Mitte, die die Regierungskoalition trug.

10.3 Der Kampf um die EVG

Mit den Konsequenzen aus dieser Situation zu leben, fiel den Franzosen allerdings nicht eben leicht. Ein westliches Deutschland im Rahmen einer westlichen Allianz – das legte eine Beteiligung der Westdeutschen an den Verteidigungsanstrengungen des Westens und damit eine Bewaffnung der Bundesrepublik nahe. Wenn man mit der Möglichkeit eines sowjetischen Angriffs rechnete – und das taten nach der Gründung der Atlantischen Allianz mehr Zeitgenossen als zuvor –, dann bildete die Bundesrepublik das exponierteste Vorfeld westlicher Sicherheit, und dann war ein westdeutscher Verteidigungsbeitrag dringend notwendig, um die eklatante Unterlegenheit der westlichen Streitkräfte im konventionellen Bereich mindestens zu verringern. Das aber war ein Gedanke, an den man sich fünf Jahre nach Kriegsende in Frankreich kaum gewöhnen konnte. Niemand konnte garantieren, daß eine erneute Bewaffnung der Deutschen nicht zu einem Wiederaufstieg des deutschen Nationalismus führen würde; und jedermann spürte, daß die Beteiligung der Westdeutschen an der westlichen Allianz die Ost-West-Blockbildung weiter verschärfte. So nahe der Gedanke an eine Aufstellung westdeutscher Truppen lag, so wenig waren die Franzosen darum bereit, ihm Rechnung zu tragen.

Ein Umschwung zeichnete sich erst ab, nachdem Ende Juni 1950 im Fernen Osten der Koreakrieg begonnen hatte. Die Gefahr eines sowjetischen Angriffs auch im europäischen Bereich schien vielen Beobachtern nun so evident, daß sie sich dazu durchrangen, ihre Bedenken gegen eine Bewaffnung der Deutschen zurückzustellen. Zudem drängte nun auch die amerikanische Regierung, über den allmählichen Stimmungsumschwung in Frankreich sichtlich erleichtert, auf die baldige Aufstellung westdeutscher Truppen. An die Schaffung einer nationalen Armee der Bundesrepublik war dabei aus französischer Sicht freilich nicht zu denken; stattdessen lancierte Ministerpräsident Pleven am 24. Oktober 1950 das Projekt einer Integration deutscher Truppen in eine europäische Armee. Wie zuvor für den Montanbereich beschlossen, sollten nun auch im Verteidigungsbereich europäische Strukturen geschaffen werden, die das westdeutsche Potential unter Kontrolle hielten und so die Risiken der Westblockbildung auf ein erträgliches Maß zurückschraubten.

Was diesem Projekt die nötige Mehrheit in der Nationalversammlung verschaffte, war nicht zuletzt der Umstand, daß es die Deutschen auf Dauer auf eine nachgeordnete Rolle im westlichen Bündnis zu fixieren versprach. Nach den Ausführungen Plevens sollten die Europa-Truppen auf Bataillons-, allenfalls auf Regimentsebene integriert werden. Das hätte bedeutet, daß den Deutschen der Zugang zum integrierten Generalstab verwehrt geblieben wäre. Außerdem sollten sie keine eigene Verteidigungsorganisation aufbauen dürfen, während die übrigen Mitgliedstaaten der europäischen Verteidigungsgemeinschaft natürlich ihre Verteidigungsministerien und Generalstäbe behalten sollten, allein schon zur Betreuung der in Übersee eingesetzten Truppen, die keineswegs dem europäischen Kommando unterstellt werden sollten. Schließlich sollte an die Spitze der Verteidigungsorganisation keine kollektive Führung, sondern ein einzelner europäischer Verteidigungsminister stehen. Das konnte nach Lage der Dinge nie ein Deutscher sein; und es war anzunehmen, daß es in der Regel ein Franzose sein würde.

Der Pferdefuß dieser in französischer Sicht so vorteilhaften Konstruktion bestand nur darin, daß sie bei den Alliierten nicht durchzusetzen war. Die französische Diplomatie verstand es zwar, die widerstrebenden Verbündeten von der Notwendigkeit einer Europa-Armee zu überzeugen; sie konnte sie dabei aber nicht auf die einseitige Diskriminierung der Deutschen verpflichten. In den Verhandlungen über den Pleven-Plan wurde vielmehr klar, daß man von den Deutschen nur dann einen glaubwürdigen Verteidigungsbeitrag erhalten konnte, wenn man ihnen die gleiche Sicherheit anbot, wie sie die anderen Mitglieder einer Verteidigungsgemeinschaft für sich beanspruchten. Folglich gerieten die Franzosen, nachdem erst einmal das Prinzip der Europäischen Verteidigungsgemeinschaft (EVG) akzeptiert war, beim Ringen um ihre inhaltliche Ausgestaltung in die Defensive und konnte Adenauer für die Beteiligung an dem EVG-Projekt die weitgehende Gleichberechtigung der Bundesrepublik einhandeln. Als sich die westlichen Außenminister im September 1951 offiziell auf einen deutschen Wehrbeitrag im Rahmen der EVG einigten, war von einem Verzicht der Bundesrepublik auf ein eigenes Verteidigungsministerium und einer Integration auf Bataillonsebene schon nicht mehr die Rede; und bis zur Unterzeichnung des EVG-Vertrags am 27. Mai 1952 wurde dann auch der geplante europäische Verteidigungsminister durch ein neunköpfiges Kommissariat ersetzt. Der Bundesrepublik blieb zwar der direkte Zugang zur NATO verwehrt; sie konnte aber jederzeit gemeinsame Sitzungen von NATO- und EVG-Rat verlangen.

In Frankreich war nicht jedermann sogleich bereit, den Preis zu zahlen, der da für einen Wehrbeitrag der Bundesrepublik verlangt wurde. Viele Franzosen, die das EVG-Projekt zunächst als Ausweg aus den gegensätzlichen Imperativen französischer Sicherheitspolitik begrüßt hatten, schreckten nun vor der unabdingbaren Gleichberechtigung zurück; und es entwickelte sich eine heftige öffentliche Auseinandersetzung über das Pro und Contra des Vertragswerks, in deren Verlauf seine Ratifizierung zusehends fragwürdiger wurde. Ministerpräsident Pinay wagte es nicht, den Text dem Parlament vorzulegen, weil er es nicht riskieren wollte, von dem zur Regierungsmehrheit gehörenden Teil der EVG-feindlichen Gaullisten desavouiert zu werden. Als ihm die Christdemokraten deswegen Ende Dezember 1952 das Vertrauen entzogen, bildete René Mayer eine Regierung mit Unterstützung der gesamten gaullistischen Fraktion, zu deren Geschäftsgrundlage es gehörte, von den Vertragspartnern »Präzisierungen« zu verlangen, die auf eine einseitige Stärkung des »nationalen« Sektors der französischen Streitkräfte hinausliefen. Schuman, der sich unterdessen als überzeugter Europäer profiliert hatte, mußte das Außenministerium wieder an Bidault abgeben.

Die Forderung nach Zusatzprotokollen fand freilich, wie nicht anders zu erwarten, bei den Verbündeten kein Gehör; und als Mayer daraufhin keine Anstalten traf, das EVG-Projekt ganz fallen zu lassen, wurde er Ende Mai 1953 von den Gaullisten gestürzt. Unter seinem Nachfolger Joseph Laniel, der sein Amt nach vierzigtägiger Regierungskrise im Zeichen allgemeiner Erschöpfung antrat, neutralisierten sich Befürworter und Gegner der EVG gegenseitig; die Regierung, der nun auch Gaullisten als Minister angehörten, vermied jedes klare Engagement und mußte sich dafür heftige Vorwürfe von britischer und amerikanischer Seite gefallen lassen. Das aber brachte die EVG nur noch mehr in Mißkredit: In den Augen vieler Anhänger der »Dritten Kraft« erschien sie nun als ein Instrument amerikanischer Hegemonialpolitik, das um so weniger zumutbar war, als die Sowjetführung nach dem Tode Stalins im März 1953 eine großangelegte Entspannungsoffensive gestartet hatte. Wenn es in der Nationalversammlung je eine Mehrheit für den EVG-Vertrag gegeben hatte (was fraglich ist), dann ging sie jetzt endgültig verloren: In der SFIO, die seit 1952 nicht mehr zur Regierungsmehrheit gehörte, bislang aber die Europapolitik der Mitte-Rechts-Regierungen notgedrungen mitgetragen hatte, kündigte eine starke Minderheit dem Pro-EVG-Kurs Mollets die Gefolgschaft auf.

Dem Trauerspiel ein Ende zu bereiten, das die französische EVG-Politik bot, dazu raffte sich erst Pierre Mendès France auf, der im Juni 1954 Laniel als Ministerpräsident ablöste. Keinesfalls antieuropäisch eingestellt und letztlich auch von der Notwendigkeit der Aufstellung deutscher Truppen im Rahmen des westlichen Verteidigungsbündnisses überzeugt, brachte er andererseits einer supranationalen europäischen Gemeinschaft ohne Großbritannien und mit antisowjetischer Frontstellung wenig Sympathie entgegen und war er vor allem bemüht, die tiefe Spaltung zu überwinden, die die EVG in Frankreich hervorgerufen hatte und die das Land dauerhaft zu schwächen drohte. Wie vor ihm schon

René Mayer präsentierte er den Verbündeten darum vertragsändernde Zusatzforderungen, diesmal in Richtung einer vorläufigen Suspendierung der supranationalen Elemente des Vertragswerks; und als diese auch auf seine Änderungsvorstellungen nicht eingingen, legte er den Vertrag dem Parlament zur Abstimmung vor, ohne sich selbst in der einen oder anderen Weise zu engagieren. Am 30. August 1954 beschloß daraufhin eine Mehrheit von 319 gegen 264 Abgeordneten, erst gar nicht in die Plenumsdiskussion über den Abstimmungsgegenstand einzutreten. Die Zahl der Vertragsgegner war sogar noch größer; eine Reihe von ihnen hatte wenigstens noch eine parlamentarische Auseinandersetzung über die EVG zulassen wollen.

Damit hatten nun die europäischen Integrationsbestrebungen einen Rückschlag erlitten, von dem sie sich nie mehr ganz erholen sollten; das Problem der deutschen Wiederbewaffnung war aber immer noch nicht vom Tisch. Notgedrungen steuerte Mendès France eine Lösung an, die ursprünglich durch die EVG verhindert werden sollte: die direkte Integration der Bundesrepublik in die NATO, ergänzt durch den Beitritt der Bundesrepublik und Italiens zum Brüsseler Pakt (der damit zur »Westeuropäischen Union« wurde). Daß Mendès France für diese Lösung eine parlamentarische Mehrheit fand, mag auf den ersten Blick paradox erscheinen; bei genauerer Betrachtung zeigt es, daß sich das Unbehagen an der Entwicklung der internationalen Verhältnisse unterdessen auf die Ablehnung einer Supranationalität ohne Großbritannien konzentriert hatte und folglich nach dem Wegfall der Forderung nach Souveränitätsverzicht zugunsten eines Sechser-Europas die Bewaffnung der Bundesrepublik leichter zu verkraften war. Außerdem erschien die deutsche Gefahr fünf Jahre nach der Gründung der Bundesrepublik nicht mehr so virulent wie in der Aufregung des Jahres 1950: Die Bundesrepublik hatte unterdessen mit ihrer Zurückhaltung gegenüber den sowjetischen Wiedervereinigungs-Offerten von 1952 bewiesen, daß sie zum westlichen Lager gehören wollte und daß die Sowjetführung darum nicht so leicht die deutsche Karte gegen den Westen ausspielen konnte.

Das Sichabfindenmüssen mit den Realitäten des westlichen Europas wurde der französischen Öffentlichkeit noch dadurch erleichtert, daß Adenauer es verstand, sich in untergeordneten Fragen konzessionsbereit zu zeigen. So gestand er Mendès France in den Vertragsverhandlungen im Oktober 1954 in Paris nicht nur den Verzicht der Bundesrepublik auf die Produktion von ABC und anderen schweren Waffen zu; er willigte auch in ein Saar-Statut ein, das die außenpolitischen Hoheitsrechte der Saar bis zu einem Friedensvertrag einem Kommissar der Westeuropäischen Union übertrug und im übrigen die wirtschaftlichen Bindungen des Saarlandes an Frankreich festschrieb. Das förderte die Entkrampfung des deutsch-französischen Verhältnisses nachhaltig – sogar soweit, daß es selbst dann nicht mehr zu einer neuen Verstimmung kam, als die saarländische Bevölkerung das ihr zugedachte Statut im Referendum vom

25. Oktober 1955 mit einer Zweidrittelmehrheit ablehnte. Statt sich an einen nunmehr aussichtslosen Kampf um die Behauptung des Zugriffs auf die Saar zu verstricken, entschied sich die Regierung Faure, den Anschluß des Saarlandes an die Bundesrepublik zu gestatten und sich mit wirtschaftlichen Kompensationen (insbesondere der Finanzierung der Kanalisierung der Mosel durch die Bundesrepublik) zu begnügen. Daß eine solche Politik möglich war, machte deutlich, daß die Mehrheit der Franzosen unterdessen gelernt hatte, mit der Realität einer gleichberechtigten Bundesrepublik zu leben.

10.4 Zwischen Suez-Abenteuer und Römischen Verträgen

Überhaupt gestaltete sich die internationale Situation nach dem NATO-Beitritt der Bundesrepublik in französischer Sicht weniger dramatisch, als in der Hitze der vorangegangenen Debatten befürchtet worden war. Die Sowjetunion setzte ihre Entspannungsoffensive ungeachtet der Ratifizierung der Pariser Verträge fort und machte damit deutlich, daß auch sie bereit war, mit dem Status quo der Zweiteilung Europas und Deutschlands zu leben. Das ermöglichte eine Wiederaufnahme des Dialogs der vier Siegermächte; und wenn dieser auch, wie der Verlauf der Genfer Gipfelkonferenz vom Juli 1955 zeigte, vorerst nicht zu konkreten Ergebnissen führte, so bot er Frankreich doch Gelegenheit, sich auf internationaler Bühne wieder als eigenständige, um Ausgleich bemühte Macht zu präsentieren. Im Mai 1956 reiste zum ersten Mal seit 1944 wieder ein französischer Regierungschef nach Moskau: Es war Guy Mollet, der nach den Wahlen vom 2. Januar 1956 ein Mitte-Links-Kabinett der »Republikanischen Front« gebildet hatte. Seine Reise brachte keine Annäherungen in den Fagen, die zwischen Ost und West strittig waren; aber sie zeigte, daß beide Seiten bemüht waren, einen Ausgleich zwischen den Blöcken zu finden; und sie bestärkte auch noch einmal den Eindruck, daß man in der Behandlung der deutschen Frage eine gemeinsame Ebene gefunden hatte.

Dabei überschätzten die Verantwortlichen in Paris wohl zunächst den Spielraum, über den sie im Zeichen der Ost-West-Entspannung verfügten. Jedenfalls ließ sich Mollet von seinem britischen Kollegen Eden dazu verleiten, gegen die Nationalisierung des Suez-Kanals durch Ägypten, von General Nasser im Juli 1956 mit viel Theatralik angekündigt, militärisch vorzugehen. Am 30. Oktober griff die israelische Armee mit dem geheimen Einverständnis der beiden europäischen Großmächte die Sinai-Halbinsel an; einen Tag später begannen britische Bombenangriffe auf die Suezkanal-Zone, und am 5. November landeten dort britische und französische Fallschirmeinheiten. Kurz vor dem Sieg wurden sie gestoppt: Die Sowjetregierung drohte Großbritannien und Frankreich den Einsatz »schrecklicher Vernichtungswaffen« an, wenn sie nicht sofort das Feuer einstellten; und die amerikanische Regierung verhalf ihrer Forderung nach Abbruch des Unternehmens dadurch Nachdruck, daß sie die Krise des britischen Pfunds kräftig anheizte. Die alten Kolonialmächte mußten zur Kenntnis nehmen, daß die Entspannungspolitik auch die Züge eines Kondominiums der beiden Weltmächte annehmen konnte und daß eigenständige Operationen der Europäer folglich nicht mehr so leicht möglich waren.

In Frankreich hat man die Lektion aus diesem Abenteuer zumindest insofern gelernt, als man sich jetzt doch wieder einen Schritt weiter auf ein Vereintes Europa hin bewegte. Nach dem Desaster der EVG hatte es dafür zunächst kaum Chancen gegeben; die Regierung Faure hatte sich nur unter großen Vorbehalten und mit Rücksicht auf die unsicheren Mehrheitsverhältnisse im Parlament ohne jede Verbindlichkeit an den Gesprächen über einen Gemeinsamen Markt beteiligt, wie er von holländischer und deutscher Seite angeregt worden war. Nachdem die Gaullisten in den Wahlen vom Januar 1956 drastisch reduziert worden waren, wagte die Regierung Mollet im Frühjahr ein grundsätzliches Ja zu einer Europäischen Wirtschaftsgemeinschaft; aber auch danach war der Erfolg des Projektes keineswegs sicher. Allein für eine Europäische Atomgemeinschaft, die die Nutzung der Atomenergie beschleunigen und zugleich unter Kontrolle halten sollte, gab die Nationalversammlung grünes Licht, und das auch nur unter der Voraussetzung, daß sie Frankreich das Recht vorbehielt, nach Ablauf von fünf Jahren eine eigene Atombombe zu zünden. Für den Gemeinsamen Markt meldeten die französischen Unterhändler soviele Vorbehalte und protektionistische Sonderregelungen an, daß die Vertragsverhandlungen zu scheitern drohten.

Gerettet wurden sie zum einen durch die Kompromißbereitschaft Adenauers, der Mollet just nach dem Debakel in Suez Zugeständnisse in der Frage der Angleichung der Soziallasten »nach oben« und in der Gewährung von Beihilfen und Einfuhrabgaben machte. Zum anderen setzte sich aber auch, durch diesen Verhandlungserfolg Mollets gefördert, nach der Suez-Krise bei der Mehrheit der politischen Kräfte der Eindruck durch, man dürfe den Anschluß an Europa jetzt nicht mehr verpassen. In den Reihen der Unternehmer gewannen jetzt, anders als zu Zeiten des Schuman-Plans, allmählich diejenigen das Übergewicht, die eher auf Expansion als auf Protektion setzten; und bei den landwirtschaftlichen Produzenten forderte eine zur Modernisierung entschlossene Mehrheit die Schaffung eines europäischen Agrarmarkts. Als die Verträge über die Gründung der Europäischen Wirtschaftsgemeinschaft und der Europäischen Atomgemeinschaft am 25. März 1957 in Rom unterzeichnet wurden, war ihnen darum eine Mehrheit in der französischen Nationalversammlung sicher.

Freilich war damit noch kein unumkehrbarer Schritt in die Richtung eines politischen Europas getan. Das Vertragswerk enthielt eine Reihe von Sicherheitsvorkehrungen, die für die Zukunft den Rückzug auf den nationalen Markt nicht ausschlossen; und zu seiner politischen Finalität gab es nur eine unverbindliche Absichtserklärung in der Präambel. Die französische Politik blieb letztlich unentschlossen zwischen der Einsicht in die Notwendigkeit eines europäischen Zusammenschlusses und dem Bedauern, ihn nicht zu den gewünschten Bedingungen vollziehen zu können. Erfolge wie die Römischen Verträge waren darum bei günstiger Konjunktur möglich; doch die Gefahren der Selbstüberschätzung und Selbstisolierung waren noch lange nicht gebannt.

11. Der Abschied vom Kolonialreich

Zur Unsicherheit bei der Einschätzung der internationalen Möglichkeiten Frankreichs trug auch der Umstand bei, daß das Land über ein umfangreiches Kolonialreich verfügte. Dieses Reich, heterogen in seiner Herkunft und von zweifelhaftem Wert, hatte nach dem Zusammenbruch von 1940 mit einem Mal eine wichtige strategische Rolle gespielt – als Objekt alliierter Kriegsplanungen und Faustpfand für den Selbstbehauptungswillen des »Freien Frankreichs«. Entsprechend groß waren die Hoffnungen, die man auf das »überseeische Frankreich« setzte, als es nach der Befreiung galt, alle Kräfte für das Wiedererstarken des Landes einzusetzen. Dabei wurde nur zu gerne übersehen, daß der Krieg zugleich die Emanzipationsbewegung unter den kolonisierten Völkern kräftig gefördert hatte, sowohl durch den zeitweiligen Verfall der Macht des Mutterlandes als auch durch den Beitrag, den die Kolonisierten mit ihren Truppen, Stützpunkten und Rohstoffen zum Sieg der Alliierten geleistet hatten. Ebensowenig nahm man zur Kenntnis, in welchem Maße das Eintreten der USA für eine Überantwortung der Kolonien an die Vereinten Nationen den Spielraum für antikolonialistische Kräfte erweiterte. Zu einem Zeitpunkt, da das Kolonialreich als Attribut der Großmachtstellung nötiger schien denn je zuvor, wollte man nichts davon wissen, daß es in Wirklichkeit in seinem Bestand schon höchst gefährdet war.

Diese Diskrepanz zwischen der Einschätzung des Empire und seiner tatsächlichen Entwicklung war um so verhängnisvoller, als Frankreich noch nie über ein kohärentes Kolonialkonzept verfügt und die Kolonialpolitik meist den Militärs und der Administration überlassen hatte. Auf die ersten Bekundungen des Unabhängigkeitswillens angemessen zu reagieren, war unter diesen Umständen so gut wie ausgeschlossen: Weder wußte man, mit welchen Problemen man konfrontiert war, noch konnte man sich über die Ziele der Kolonialpolitik verständigen; und wo dennoch vertretbare Entschlüsse gefaßt wurden, da stießen sie nur zu oft auf den Widerstand von Koalitionspartnern und Verwaltungen. Was als Beitrag zur Stärkung des Landes gedacht war, erwies sich folglich in zunehmendem Maße als Belastung; und es stellte sich bald die Frage, ob es gelingen würde, sie loszuwerden.

11.1 Die »Union française«

Die Führer der Résistance-Generation glaubten, das Kolonialproblem mit einer durchgehenden Liberalisierung des Empire in den Griff bekommen zu können. Die Menschen in den Kolonialgebieten sollten, so formulierte es de Gaulle auf der Kolonialkonferenz in Brazzaville im Januar 1944, »sich nach und nach auf ein Niveau emporarbeiten können, das sie befähigt, an der Verwaltung ihrer eigenen Angelegenheiten teilzunehmen«. Das schloß gewaltige Bildungsanstrengungen ein, ebenso Maßnahmen zur Hebung des Lebensstandards und der Produktivität, die Abschaffung der Zwangsarbeit und das Recht zur gewerkschaftlichen Betätigung, eine flexible und eher dezentrale Organisation der politischen Strukturen, die Gewährung der Bürgerrechte und die Repräsentation der Kolonien in einem zentralen Verwaltungsorgan. Ziel dieses »Zivilisationsprogramms« sollte jedoch keineswegs die Selbständigkeit der Kolonialvölker sein oder auch nur eine Teil-Autonomie im Rahmen einer föderalen Union. Die in Brazzaville versammelten Gouverneure schlossen eine solche Perspektive ausdrücklich aus; und auch die Parteien nahmen sie nicht in ihre Verfassungsentwürfe auf. Stattdessen propagierten sie die Gleichberechtigung der Kolonisierten in einem künftigen »Frankreich der 100 Millionen«: ein Programm, das theoretisch auf eine Majorisierung des Mutterlandes durch die Kolonien hinauslief, in der Praxis aber zunächst einmal die Assimilierung der Kolonisierten durch die Kolonialherren forcierte.

Der latente Widerspruch zwischen Gleichheitsversprechen und Souveränitätsbehauptung des Mutterlandes, der diese Vorstellungen prägte, schlug sich auch in den Verfassungsberatungen nieder. Die Kolonialvölker wurden an der Erarbeitung der Verfassung der IV. Republik beteiligt, aber sie waren dabei weit unterrepräsentiert: Lediglich 63 von 522 Mitgliedern der Verfassungsgebenden Versammlung kamen aus Übersee; von diesen vertraten 25 die Kolonisatoren, und die übrigen waren meist nach einem Zwei-Klassen-Wahlrecht gewählt worden. Sie arbeiteten, meist zusammen mit den Vertretern der Linksparteien, für eine Stärkung der Rechte der Kolonialvölker, konnten aber nicht verhindern, daß auch die Koloniallobby interessierter Wirtschaftskreise und Übersee-Franzosen ihren Einfluß geltend machten und so die grundsätzliche Zwiespältigkeit der angestrebten Kolonialreform erhalten blieb.

Entsprechend wurde in der Präambel der Verfassung festgehalten, daß Frankreich mit den Übersee-Völkern eine »Union française« bildet, »die auf der Gleichheit der Rechte und Pflichten beruht, ohne Unterschied der Rasse und der Religion«; zugleich wurde aber an die »traditionelle Mission« Frankreichs erinnert, die unter seiner Obhut stehenden Völker zur Freiheit der Selbstverwaltung zu führen. Im weiteren Verfassungstext blieb zudem von der proklamierten Gleichheit kaum etwas übrig: Das

Parlament der Union sollte ja zur Hälfte aus Abgeordneten des Mutterlandes und der Übersee-Gebiete zusammengesetzt werden; aber es hatte außer der unverbindlichen Beratung der Übersee-Gesetze keine Funktion. Über das Statut der Übersee-Territorien entschied weiterhin allein die Nationalversammlung des Mutterlandes, und einzelne Gesetze konnten sogar auf dem bloßen Verordnungsweg durchgesetzt werden. Da half es wenig, daß einem afrikanischen Abgeordneten, dem Senegalesen Léopold Sédar Senghor die Aufgabe übertragen wurde, für die sprachliche Endredaktion des Verfassungstextes zu sorgen (was er als studierter Romanist mit Bravour erledigte): Der Rahmen für eigenständige politische Aktivitäten der Kolonisierten blieb eng gesteckt: und es blieben genügend Möglichkeiten, ihn auch noch restriktiv auszulegen.

Die Verfassungsväter brachten es noch nicht einmal fertig, die disparate Verwaltungsstruktur zu vereinheitlichen, die aus der unterschiedlichen Herkunft der Kolonialgebiete resultierte. Nach wie vor gab es Übersee-Départements des Mutterlandes, die als integraler Bestandteil der Republik galten und dem Innenministerium unterstanden (Algerien und neuerdings Martinique, Guadeloupe, Guyana und die Réunion-Insel); daneben Übersee-Territorien, deren Einwohner ebenfalls als Bürger der Republik galten, allerdings unter der Verwaltung des Übersee-Ministeriums (die ehemaligen Kolonien, insbesondere in Französisch-Westafrika und in Französisch-Äquatorialafrika; sodann die assoziierten Territorien, die Frankreich im Auftrag des Völkerbundes bzw. der UNO verwaltete (Kamerun u. Togo), in der Verwaltung den Übersee-Territorien gleichgestellt, aber ohne französisches Bürgerrecht für die Bewohner; und schließlich die assoziierten Staaten: entweder Territorien mit eigener Staatlichkeit, mit denen Protektoratsverhältnisse bestanden (Tunesien und Marokko), oder Staaten, die bereits ihre Unabhängigkeit reklamiert hatten und die nun Mitglieder der Union française werden sollten (Indochina). Syrien und der Libanon, die ebenfalls Völkerbundsmandate gewesen waren, wurden nicht mehr Mitglieder der Union: Hier mußte de Gaulle im Juli 1945 die vollständige Unabhängigkeit zugestehen, nachdem sein Versuch, die dauerhafte Präsenz Frankreichs mit militärischer Gewalt zu erzwingen, durch den Aufmarsch britischer Truppen zunichte gemacht worden war.

11.2 Der Indochinakrieg

Wie widersprüchlich das Konzept der Union française war, wurde mit besonders verhängnisvollen Konsequenzen in Indochina deutlich. Dort hatte der Krieg faktisch schon zum Ende der französischen Herrschaft geführt: Die Region war von japanischen Truppen besetzt worden; und als die französischen Truppen Anstalten trafen, sich der Autorität der neuen Provisorischen Regierung in Paris zu unterstellen, waren sie im März 1945 vertrieben worden. Im Schatten der japanischen Machthaber konnten traditionelle Autoritäten – Kaiser Bao Daï von Annam und König Sihanuk von Kambodscha – die Unabhängigkeit ihrer Länder proklamieren. Als sich die Japaner im Sommer 1945 zurückziehen mußten, organisierte die nationale Befreiungsbewegung Vietminh unter Führung des Kommunisten Ho Chi Minh einen Aufstand. Bao Daï dankte ab; die Alliierten beauftragten China und Großbritannien mit der militärischen Kontrolle der befreiten Gebiete; und am 2. September rief Ho Chi Minh, von einer breiten Koalition nationaler Kräfte unterstützt, in Hanoi die »Demokratische Republik Vietnam« aus.

De Gaulle sah es in dieser Situation als seine selbstverständliche Pflicht an, die französische Präsenz in Indochina wiederherzustellen. Er schickte dazu General Leclerc mit der 2. Panzerdivision, die sich bei der Befreiung des Mutterlandes ausgezeichnet hatte, gleich nach der deutschen Kapitulation nach Vietnam und beauftragte Thierry d'Argenlieu mit dem Aufbau einer neuen Zivilverwaltung. Beide operierten zunächst recht erfolgreich: Da die Briten kein Interesse an der Übernahme der Besatzungsaufgaben hatten, konnten die Franzosen bis zum Februar 1946 die alte Provinz Cochinchina im Süden Vietnams militärisch und politisch wieder unter ihre Kontrolle bringen. Kambodscha und Laos beeilten sich daraufhin, die französische Oberhoheit anzuerkennen. Im Norden, wo die chinesischen Truppen standen und sich auch das Gros der vietnamesischen Befreiungsarmee unter General Giap befand, wurde es etwas schwieriger; aber da Ho Chi Minh die zeitweilige Koexistenz mit den Franzosen der Präsenz der Chinesen vorzog, konnten die französischen Bevollmächtigten schließlich auch hier noch einmal einen gewissen Einfluß durchsetzen: Sie erreichten, daß sich die chinesischen Truppen als Gegenleistung für einen Verzicht auf französische Handelskonzessionen in China zurückzogen, und brachten dann Ho Chi Minh dazu, am 6. März 1946 ein Abkommen zu unterzeichnen, das den Weg der Emanzipation über die Union française vorsah. Danach sollten die französischen Truppen auch den Norden besetzen, sich aber nach fünf Jahren aus Vietnam zurückziehen. Über die Einheit des Landes sollte eine Volksabstimmung entscheiden; und dann sollte Vietnam einen »Freien Staat« im Rahmen einer »indochinesischen Föderation« bilden, die wiederum der Union française angehören sollte.

Dieser Kompromiß hielt jedoch nicht lange vor. D'Argenlieu war keineswegs bereit, die Einheit Vietnams – und damit die Ausdehnung der Autorität der Vietminh-Regierung auf den Süden – einer Volksabstimmung zu überlassen; stattdessen bemühte er sich, in Cochinchina eine Regierung »zuverlässiger« Notabeln zu errichten, um dann von dieser Basis aus die vollständige Inbesitznahme des Nordens vorzubereiten. Am 1. Juni proklamierte er in Saigon die Bildung einer autonomen Republik

Cochinchina. Da ihn in Paris niemand zu desavouieren wagte, gerieten daraufhin die Verhandlungen, die Ho Chi Minh in Fontainebleau über die Ausgestaltung der Konvention vom 6. März führte, rasch in eine Sackgasse. Parallel dazu gewannen auf beiden Seiten die Anwälte einer militärischen Konfrontation die Oberhand. Nach ersten Attentaten von Vietminh-Guerillas gegen französische Garnisonen bombardierten die französischen Truppen am 23. November Vietminh-Stellungen in der Hafenstadt Haiphong und töteten dabei 6000 Vietnamesen. Ho schickte noch einen letzten Verständigungsappell an Léon Blum, der gerade Ministerpräsident geworden war. Als dieser ohne Antwort blieb (weil die d'Argenlieu-Administration in Saigon seine Übermittlung nach Paris verzögerte), eröffnete General Giap am 19. Dezember das Feuer auf französische Niederlassungen in Hanoi; Blum aber entschied auf Drängen seines Kolonialministers Marius Moutet, daß erst wieder verhandelt werden sollte, wenn die französischen Truppen die Situation wieder unter Kontrolle hatten.

Weitere Verhandlungsfühler des Vietminh blieben danach unbeachtet, zumal die französischen Truppen rasch Erfolge erzielen konnten und der Kommunist Ho Chi Minh im Kontext des Kalten Krieges bald als grundsätzlich nicht mehr kompromißfähig galt. Stattdessen suchte man die antikommunistischen Kräfte innerhalb der vietnamesischen Unabhängigkeitsbewegung für die Bildung einer Gegenregierung im Rahmen der Union française zu gewinnen und griff zu diesem Zweck auf den als »schwach« geltenden Bao Daï zurück. Als Preis für die Mitwirkung an der Spaltung der Unabhängigkeitsbewegung offerierte man ihm, was man Ho verweigert hatte: Die Einheit des Landes und das Versprechen tatsächlicher Unabhängigkeit. Die Verhandlungen mit dem ehemaligen Kaiser gestalteten sich gleichwohl langwierig – nicht zuletzt, weil die Kolonial-Lobby wiederholt Zugeständnisse an die vietnamesische Seite blockierte. Erst am 5. Juni 1948 konnte ein Abkommen unterzeichnet werden, das Bao Daï als Souverän eines »unabhängigen Staates der Französischen Union« anerkannte; und bis dieser sich wirklich installieren konnte, vergingen noch weitere neun Monate. Unterdessen galt Bao Daï in den Augen eines großen Teils seiner Landsleute als durch die Franzosen korrumpiert. Statt mit seiner Autorität bei der Durchsetzung der Union française zu helfen, mußte er seine Macht auf die französischen Truppen stützen und wurde er selbst immer mehr zu einer Belastung, die einer friedlichen Lösung des Indochina-Problems im Wege stand.

Ein militärischer Sieg kam aber entgegen dem Augenschein des Frühjahrs 1947 auch nicht in Sicht; vielmehr verstrickten sich die französischen Truppen immer tiefer in den Kampf gegen eine Guerilla-Armee, die nicht zu fassen war. Vergeblich schickten die Regierungen in Paris immer mehr Soldaten und Waffen (bald über 40 % des nationalen Militärbudgets) in den Fernen Osten: Der Vietminh erhielt ab 1949 Nachschub und Rückendeckung von den in China siegreichen Kommunisten.

Das erleichterte es den Franzosen zwar, ihr Engagement in Vietnam als Beitrag zur Eindämmung des Kommunismus darzustellen und so, besonders seit dem Beginn des Koreakrieges im Sommer 1950, die antikolonialistischen USA zur materiellen Unterstützung ihres Feldzuges zu bewegen; aber auch mit amerikanischer Hilfe vermochten sie der Armee Ho Chi Minhs nicht Herr zu werden. Als es General de Lattre de Tassiguy Anfang 1951 gelang, die französischen Stellungen in Hanoi zu stabilisieren, zogen sich die Vietminh-Truppen wieder in die Wälder zurück, wo ihnen nicht beizukommen war. Zudem unterminierte die amerikanische Hilfe die ursprünglichen Zielsetzungen der Koloniallobby: Sie ging zu einem beträchtlichen Teil direkt an die Vietnamesen, die an der Seite der Franzosen kämpften, und versetzte diese damit in die Lage, auf der tatsächlichen Einhaltung des vagen Unabhängigkeitsversprechens zu bestehen. 1953 konnte Bao Daï erklären, die Verfassungsbestimmungen bezüglich der Zugehörigkeit Vietnams zur Union française nicht mehr anzuerkennen. Ebenso setzten die Regierungen in Laos und Kambodscha neue Abkommen durch, die ihnen größere Eigenständigkeit gewährten.

Die Einsicht in die Sinnlosigkeit dieses ruinösen Krieges setzte sich dennoch nur sehr langsam durch. Das Unbehagen an der Entwicklung in Indochina führte dazu, daß sich die Regierungen in Paris weigerten, ihr militärisches Engagement massiv auszuweiten (was bei der kämpferischen Truppe entsprechende Verbitterungen hervorrief); es genügte aber nicht, um sich erneut um einen Kompromiß mit den Vietminh zu bemühen. Im Dezember 1953, ein halbes Jahr nach der Unterzeichnung des Waffenstillstands in Korea, fand sich Außenminister Bidault schließlich bereit, Verhandlungen über eine internationale Lösung des Indochinakrieges zuzustimmen; er bestand aber darauf, diese Verhandlungen aus einer Position der Stärke heraus zu führen. So unternahmen die französischen Streitkräfte gleichzeitig noch einmal einen großangelegten Versuch, die Vietminh-Truppen zu schlagen: Sie errichteten bei Dien Bien Phu, 300 Kilometer nordwestlich von Hanoi, eine Sperrfestung, die General Giap den Weg nach Laos versperren und ihn damit zur Entscheidungsschlacht treiben sollte. Tatsächlich wurden sie dort im März 1954 eingeschlossen; und da die USA sich weigerten, ihnen mit massiver Luftunterstützung zu Hilfe zu kommen, mußten sie sich am 7. Mai 1954 ergeben. Etwa 1500 Soldaten der Union française waren gefallen, 4000 schwerverletzt; für 12000 begann der Leidensweg durch die Gefangenenlager des Vietminh. Die restliche Armee – insgesamt 440000 Mann, davon 69000 Franzosen – war ziemlich demoralisiert; und es wurde zunehmend schwieriger, auch nur Hanoi zu halten.

Erst der Schock, den die Nachricht vom Fall Dien Bien Phus auslöste, verhalf den Befürwortern eines Disengagements zum Durchbruch. Als Laniel und Bidault zögerten, die Notwendigkeit eines Rückzugs der französischen Truppen aus dem Norden Vietnams einzugestehen, wurden sie

Mitte Juni durch den erklärten Verhandlungsbefürworter Mendès France abgelöst. Daraufhin konnte in Genf, wo die Vertreter Frankreichs, Großbritanniens, der USA, der Sowjetunion, Chinas und der beiden vietnamesischen Regierungen seit dem 8. Mai über den Indochina-Konflikt verhandelten, ein Kompromiß gefunden werden, der es allen Beteiligten erlaubte, das Gesicht zu wahren. Nach den Verträgen, die am 21. Juli unterzeichnet wurden, zogen sich die französischen Truppen binnen 300 Tagen aus dem Norden zurück, zwar nicht bis zum 13. Breitengrad, wie es der Vietminh gefordert hatte, aber doch bis zum 17. Breitengrad. Die Teilung des Landes, die sich daraus ergab, sollte provisorischer Natur sein; freie Wahlen für beide Landesteile, von denen sich die Kommunisten einen eindeutigen Sieg versprachen, sollten allerdings erst nach dem Ablauf von zwei Jahren stattfinden. Gleichzeitig mußte Frankreich den verbündeten Regierungen den Austritt Vietnams, Laos' und Kambodschas aus der Union française zugestehen; und wenige Monate später erzwang Bao Daïs neuer Premier Ngo Dinh Diem, gestützt auf die USA, den Rückzug der französischen Truppen auch aus dem südlichen Teil Vietnams. Im April 1956 verließen die letzten französischen Einheiten vietnamesisches Territorium.

Die Bilanz des Krieges war deprimierend: 92 000 Tote, 114 000 Verwundete und über 300 Milliarden Francs französischer Kriegskosten; und das für ein Ergebnis, das dem vietnamesischen Volk noch lange Jahre militärischer Auseinandersetzungen und grausamer Repression bescheren sollte. Die französische Öffentlichkeit nahm das Ergebnis gleichwohl vorwiegend mit Erleichterung auf, gepaart mit Empörung über die mangelnde Unterstützung durch die USA. Über die Ursachen des Debakels dachte vorerst nur eine Minderheit nach.

11.3 Der Rückzug aus Afrika

Lange Zeit sah es darum auch so aus, als ob die französische Politik in Afrika die Fehler wiederholen würde, die sie in Indochina schon begangen hatte. So erließ de Gaulles Kommissariat im März 1944 für Algerien eine Ordonnanz, die der moslemischen Bevölkerung einige Wahlrechtsverbesserungen im Sinne des Assimilierungsprojekts bescherte. Ein Jahr später wurde aber der Führer der Algerischen Volkspartei, Messali Hadj, der für sein Land die volle Unabhängigkeit verlangte, von den französischen Behörden verhaftet. Als daraufhin am 8. Mai 1945 in Sétif eine nationalistische Demonstration außer Kontrolle geriet – gewalttätige Randalierer zerstörten öffentliche Gebäude und töteten etwa 100 Europäer und Landsleute –, reagierten die Ordnungskräfte mit einer drakonischen Säuberungsaktion, die 6000 bis 8000 Algeriern das Leben kostete.

4500 Moslems wurden verhaftet, darunter auch Ferhat Abbas, der Sprecher der bürgerlichen Notabeln, die der Assimilierungspolitik bislang aufgeschlossen gegenübergestanden hatten. Unter diesen Umständen lief die Versöhnungspolitik des liberalen Generalgouveneurs Yves Chataigneau ins Leere: Die nationalistische Bewegung nahm weiter zu und lieferte den französischen Siedlern gute Argumente im Kampf gegen die Reformen. Im Februar 1948 wurde Chataigneau abgelöst; unter seinem Nachfolger Marcel-Edmond Naegelen wurden die angekündigten Reformprojekte verschoben, die Nationalisten wurden hart bedrängt und die Wahlen zum algerischen Zwei-Klassen-Parlament kräftig manipuliert. Die Nationalbewegung wanderte folglich mehr und mehr in die Illegalität und bereitete sich auf den bewaffneten Kampf vor.

In Tunesien setzten die französischen Behörden im Mai 1943 den Bey Moncef ab, nachdem dieser eine Regierung berufen hatte, die der nationalen Partei (Neo-Destur) nahestand. Unter seinem – zunächst angepaßten – Nachfolger Bey Lamine gewann der Neo-Destur erheblich an Resonanz; es kam wiederholt zu Streikbewegungen und Unruhen; und die Reformversuche des französischen Residenten provozierten den Widerstand der Siedler, ohne die tunesischen Nationalisten überzeugen zu können. 1950 versuchte Außenminister Schuman, eine Politik des schrittweisen Disengagements einzuleiten; angesichts des Einflusses, den die Siedlerlobby im Kabinett Pleven hatte, mußte er aber bald wieder aufstecken. Bey Lamine, der unterdessen einen Ministerpräsidenten aus den Reihen des Neo-Destur berufen hatte, wandte sich daraufhin an die UNO; die Unruhen nahmen zu, und die Repression wurde schärfer. Im März 1952 ließ der französische Generalresident Jean de Hautecloque Ministerpräsident Chenik und drei seiner Minister verhaften; Habib Burgiba, der Führer des Neo-Destur, wurde deportiert. Der Bey antwortete mit passivem Widerstand; und im Land bahnte sich über nationalistische Terroraktionen und Gegenterror der Siedler eine allgemeine militärische Konfrontation an. Als im Juni 1954 ein letzter um Vermittlung bemühter Ministerpräsident zurücktrat, stand ihr Ausbruch unmittelbar bevor.

In Marokko beobachteten die französischen Behörden die Zusammenarbeit des Sultan Mohammed Ben Jussef mit der nationalen Unabhängigkeits-Partei (Istiqlal) zunächst mit Zurückhaltung. Nachdem sich die Politik vorsichtiger Evolution aber auch hier am vereinten Widerstand der weißen Siedler und der nationalen Kräfte festgelaufen hatte, begann im Mai 1947 mit der Berufung des General Juin zum Generalresidenten eine Politik systematischer Repression, die die Opposition zunehmend radikalisierte. Sie erreichte ihren Höhepunkt im August 1953, als die Koloniallobby den Berberführer El Glaoui zum Marsch auf Rabat anstiftete und Juins Nachfolger Guillaume dann im Schutz der Berber-Reiter den Sultan zwang, zugunsten des greisen Mulai Ben Arafa abzudanken. Die Regierung Laniel nahm das fait accompli hin und gab damit jeden Einfluß auf die Entwicklung der marrokanischen Angelegenheiten auf.

Die nationale Opposition aber, für die Ben Jussef nun zum Sinnbild des Widerstands wurde, reagierte mit einer nicht mehr endenwollenden Serie von Attentaten, auf die wiederum weißer Gegenterror und verschärfte Polizeirepression folgten. 1954/55 befand man sich auch hier in einem kaum noch verdeckten Krieg.

Selbst in Schwarzafrika, wo die Entwicklung nationaler Bewegungen noch nicht sehr weit gediehen war, standen die Zeichen eher auf Konfrontation als auf friedliche Entkolonialisierung. Die afrikanischen Abgeordneten, die an der Erarbeitung der Verfassung der IV. Republik mitgewirkt hatten, waren vom Ergebnis fast durchweg enttäuscht und nahmen darum den Kampf um die Unabhängigkeit auf; die Union française akzeptierten sie nur noch taktisch. Die Sammlungsbewegung für ein unabhängiges Afrika, die der Abgeordnete Félix Houphouet-Boigny von der Elfenbeinküste im Herbst 1946 ins Leben rief (Rassemblement démocratique africain, RDA), wurde rasch aktiv, besonders im westlichen Afrika; und die Behörden antworteten auf diese Aktivitäten mit einer Reihe von Schikanen, die die Bewegung in die Illegalität zu treiben drohten. Auf Madagaskar lancierten militante Nationalisten-Gruppen Ende März 1947 einen – schlecht vorbereiteten – Aufstand, dem etwa 500 französische Siedler und ein großer Teil ihrer eingeborenen Bediensteten zum Opfer fielen. Kolonisten und Behörden reagierten panikartig und grausam; ein Expeditionskorps von 18000 Mann stellte bis zum Herbst 1948 die »Ordnung« wieder her, freilich um den Preis von nahezu 90000 Toten. Der Dialog mit der Unabhängigkeitsbewegung des Landes war damit zu Ende. Die nationale Partei (Mouvement démocratique de la rénovation malgache, MDRM) wurde verboten, ihre Abgeordneten, obwohl in keiner Weise an der Auslösung des Aufstandes beteiligt, verhaftet.

Dennoch gelang es in den meisten Fällen, die Eskalation der Gewalt noch einmal zu stoppen. Als die Verfolgung des RDA in eine militärische Konfrontation überzugehen drohte – die meisten Abgeordneten wurden unterdessen steckbrieflich gesucht, und die Besatzung der Garnisonen in Westafrika war nach ersten Zwischenfällen verdoppelt worden – entschloß sich der Überseeminister der Regierung Pleven, François Mitterrand im Juli 1950 fürs Verhandeln. Er ließ den polizeilich gesuchten Houphouet-Boigny insgeheim nach Paris kommen, sicherte ihm freie politische Betätigung des RDA gegen die prinzipielle Anerkennung der Zugehörigkeit der afrikanischen Besitzungen zur Union française zu und sorgte dann mit energischem Eingreifen gegenüber der Kolonialverwaltung dafür, daß die Verfolgung des RDA auch tatsächlich aufhörte. Das brachte ihm zwar heftige Kritik von der Koloniallobby ein, sorgte aber gleichzeitig dafür, daß sich die Situation in Schwarzafrika entspannte. Zahlreiche RDA-Abgeordnete, die bislang eine Fraktionsgemeinschaft mit den Kommunisten gebildet hatten, weil diese als einzige Partei eine halbwegs antikolonialistische Linie vertraten, schlossen sich nun Mitterrands UDSR an. Sie fanden damit Zugang zu Regierungskreisen und schufen so eine wirkungsvolle Barriere gegen eine Rückkehr zur Repression. Anwälte einer friedlichen Entkolonialisierung in Schwarzafrika und in Paris konnten sich fortan gegenseitig stützen.

Vier Jahre später gelang es Mendès France, die Situation in Tunesien zu entschärfen. Anfang Juli 1954 nahm er Kontakt mit Habib Burgiba auf; dann sicherte er dem Bey bei einem demonstrativen Besuch in Karthago die interne Autonomie seines Landes zu und stellte die Verfolgung des Neo-Destur ein. Daraufhin konnte Anfang August eine neue repräsentative Regierung gebildet werden, die alsbald Verhandlungen über eine Neugestaltung der Beziehungen zwischen Frankreich und Tunesien aufnahm. Der Dialog, der damit begann, entwickelte sich wohl nur mühsam und geriet auch wiederholt in Gefahr, weil die Vorstellungen über das Ausmaß der Autonomie doch etwas auseinanderlagen und die Maximalisten beider Seiten sich gegenseitig die Bälle zuspielten. Allmählich konnte aber der Terrorismus eingedämmt werden; und nachdem Mendès' Nachfolger Edgar Faure im April des nächsten Jahres noch einmal direkt mit Burgiba verhandelt hatte, wurde auch in der Statusfrage ein Kompromiß gefunden. In dem Abkommenspaket, das die Regierungen beider Seiten am 3. Juni 1955 unterzeichneten, wurde Tunesien weitgehende Selbstregierung eingeräumt; Frankreich behielt das Recht zur Truppenstationierung und die Kontrolle der Außen- und Verteidigungspolitik; außerdem wurde den französischen Staatsbürgern in Tunesien ein besonderer Status zugestanden. Wenige Wochen später kehrte Burgiba im Triumph nach Tunis zurück.

Unterdessen nahmen die Unruhen in Marroko noch zu. Mendès France fand nicht den Mut und die Energie, auch hier die unheilige Allianz von Terroristen und Imperialisten gegen den Widerstand in der eigenen Regierungsmehrheit zu zerbrechen; und auch Faure wagte es zunächst nicht, hier aktiv zu werden. Als im Juni 1955 über 800 Attentate das Land erschütterten, beauftragte er einen neuen Generalresidenten mit der Suche nach einem Kompromiß. Dieser, der bisherige Hochkommissar an der Saar, Gilbert Grandval, säuberte Polizei und Verwaltung von kompromittierten Kräften und verlangte dann die Absetzung des Ersatzsultans Ben Arafa. In der Regierung fand sich für einen solch eindeutigen Schritt zunächst noch keine Mehrheit; darum kam es am Jahrestag der Absetzung des Sultans Ben Jussef am 20. August wieder zu blutigen Zusammenstößen, und Grandval reichte daraufhin seine Demission ein. Erst Ende September gelang es Faure, an der Obstruktion in den eigenen Reihen vorbei Ben Arafa zur Abdankung zu bewegen; und als der Frondeur El Glaoui daraufhin Ende Oktober die Rückkehr des alten Sultans verlangte, konnte endlich auch dieser Schritt im Kabinett durchgesetzt werden. Am 6. November kam die Regierung Faure mit Sultan Ben Jussef überein, Verhandlungen über den Übergang Marokkos zur »Unabhängigkeit in der Interdependenz« aufzunehmen. Das war mehr, als man vier

Monate zuvor in Marokko zugestanden hatte; und wenn diese Formel auch nur von einer Mitte-Links-Koalition getragen wurde, die mit der Regierungskoalition Faures nicht identisch war, so wurde dann auf dieser Basis am 28. Mai 1956 doch ein Vertrag zwischen Frankreich und Marokko unterzeichnet, der keinerlei Beeinträchtigung der marokkanischen Souveränität mehr vorsah.

Die Entlassung Marokkos in die vollständige Unabhängigkeit ließ freilich im Nachhinein die Konventionen mit Tunesien in einem fragwürdigen Licht erscheinen. Burgiba mußte, um nicht als Verräter an der nationalen Sache zu erscheinen und ein erneutes Aufflammen der Gewalttätigkeit zu riskieren, eine Aufhebung der verbliebenen Reservatrechte Frankreichs verlangen. Diesem Verlangen zu entsprechen, war nach der Entscheidung in der marokkanischen Frage nur logisch; und da unterdessen mit dem Kabinett Mollet die Regierungsgewalt an eine Formation übergegangen war, die sich eindeutiger zum Prinzip der Entkolonialisierung bekannte als die Mehrheit von Mendès France und Edgar Faure, konnte die Logik diesmal auch zur Geltung kommen. Am 20. März 1956 kamen die Regierungen Frankreichs und Tunesiens überein, die Vertragsbedingungen zu ändern, die der vollständigen Unabhängigkeit Tunesiens im Wege standen; und am 15. Juni unterzeichneten sie eine Konvention, die der Vereinbarung mit Marokko genau entsprach. Im November des gleichen Jahres setzte Frankreich, nunmehr Schutzmacht auf kooperativer Basis, die Aufnahme der beiden nordafrikanischen Staaten in die Vereinten Nationen durch.

Die gleiche Regierung Mollet war es auch, die aus der Erfahrung mit Indochina und Nordafrika den Schluß zog, mit der Entkolonialisierung Schwarzafrikas nicht zu warten, bis sich das anstehende Konfliktpotential in Gewalt entladen hatte. Unter aktiver Mitwirkung von Houphouet-Boigny, der diesem Kabinett (und auch den folgenden) als Sonderminister angehörte, bereitete sie ein »Rahmengesetz für die Übersee-Territorien« vor, das den afrikanischen Kolonien eine Halb-Autonomie gewährte: In allen fünfzehn afrikanischen Territorien wurden Parlamente auf der Basis des allgemeinen Wahlrechts installiert, dazu Exekutivräte, die diesen verantwortlich waren und zunehmend Regierungskompetenzen von der Kolonialverwaltung übernehmen konnten. Da es in den schwarzafrikanischen Besitzungen im Unterschied zu Nordafrika keine massiven Siedlerinteressen gab, fand diese Regelung am 23. Juni 1956 in der Nationalversammlung eine breite Mehrheit. Wieweit und wie schnell sich danach einzelne Territorien ihre Unabhängigkeit erkämpften, hing danach von der Energie und Autorität ihrer politischen Führer ab. Dabei wurde die Entwicklung allerdings auf die Bildung autonomer Staaten in den willkürlichen Grenzen ehemaliger Kolonien gelenkt und nicht etwa auf die Verselbständigung der größeren Verwaltungseinheiten Westafrika und Zentralafrika – sehr zum Leidwesen von weitblickenden Politikern wie Léopold Senghor und Sekou Touré, aber in Übereinstimmung mit den Wünschen Houphouet-Boignys, der sich für seine relativ solide Elfenbeinküste eine Sonderexistenz sichern wollte.

Die endgültige Entscheidung über die Preisgabe der französischen Vorrechte in Schwarzafrika war damit allerdings noch nicht gefallen. Als 1958 die Verfassung der V. Republik erarbeitet wurde, ließ de Gaulle in der Konstruktion der »Communauté française«, die an die Stelle der Union française trat, die faktische Vorrangstellung des Mutterlandes noch einmal festschreiben. Guinea, das unter der Führung Tourés die Zustimmung zu dieser Verfassung verweigerte und danach als unabhängig galt, verweigerte er jede Art von Kooperation und Hilfestellung. Schon nach kurzer Zeit mußte er aber feststellen, daß auf diese Weise der Einfluß Frankreichs in Afrika nicht zu retten war; und da er über genügend Flexibilität verfügte, um ein als überholt erkanntes Konzept fallen lassen zu können, stellte er sich dem Verlangen nach vollständiger Unabhängigkeit bald nicht mehr in den Weg. Als Senegal, der Sudan und Madagaskar im September 1959 die Übertragung der Communauté-Kompetenzen auf ihre Staaten verlangten, gab er nach; ebenso ein Jahr später, als Houphouet-Boigny, um nicht von der Unabhängigkeitswelle überrannt zu werden, die vollständige Unabhängigkeit für sein Land forderte und ihm die meisten der verbliebenen afrikanischen Staaten darin folgten. Wichtiger als die krampfhafte Aufrechterhaltung französischer Souveränitätsansprüche war dem französischen Präsidenten und den meisten seiner Landsleute unterdessen die Wahrung politischer und wirtschaftlicher Einflußmöglichkeiten.

11.4 Das algerische Drama

Lediglich in Algerien mündete der Kampf um die Unabhängigkeit von französischer Kolonialherrschaft noch einmal in einen regelrechten Krieg. Hier ließ die große Zahl der französischen Siedler – über 800 000 bei etwa acht Millionen autochtoner Einwohner – die Gewährung der Unabhängigkeit auch dann noch ausgeschlossen erscheinen, als sie anderswo schon längst als Gebot der Stunde erkannt worden war; gleichzeitig verlieh sie dem Widerstand gegen Reformen im Sinne des Assimilierungskonzepts, das den Interessen der Siedler vielleicht eher gerecht geworden wäre als die strikte Trennung vom Mutterland, besonders großes politisches Gewicht. Die Anwälte einer friedlichen Lösung des Kolonialkonflikts bewegten sich darum in Algerien auf einem besonders schwierigen Terrain, und wenn sich die Konfrontation zuspitzte, verloren sie nur zu leicht die Orientierung.

Als am 1. November 1954 eine Verschwörergruppe radikalisierter algerischer Nationalisten, die »Front de libération nationale« (FLN) um Achmed Ben Bella und Krim Bel Kassem mit einer Serie von Attentaten zum bewaffneten Kampf überging, reagierte die Regierung Mendès France mit demonstrativer Härte. Truppenverstärkungen wurden, zum Teil aus Indochina, nach Algerien beordert; die Algerische Volkspartei des Messali Hadj wurde verboten, ihre Anhänger verfolgt; und François Mitterrand, der als Überseeminister 1950 die Weichen für eine friedliche Entkolonialisierung Schwarzafrikas gestellt hatte, verkündete nun als Innenminister der Regierung Mendès France, daß Algerien zu Frankreich gehöre und es daher keine Verhandlungen mit den Rebellen geben könne. Dabei war ihm wohl bewußt, daß das Problem, das die Situation in Algerien stellte, mit Gewalt allein nicht gelöst werden konnte; er hielt es aber für notwendig, durch energisches Vorgehen das Vertrauen der Siedler zu gewinnen, um dann mit ihrer Unterstützung die überfälligen Reformen durchführen zu können.

Tatsächlich erreichte er mit seinen Gegenmaßnahmen nur, daß sich der Aufstand einer radikalen Minderheit zu einem allgemeinen Krieg ausweitete. Als er im Januar 1955 einen Reformplan vorlegte, der die Gleichstellung der Algerier mit den französischen Siedlern beschleunigen sollte, legte die Lobby der Algerienfranzosen lautstarken Protest ein und brachte der Abgeordnete von Constantine, René Mayer mit Hilfe einiger Parteifreunde die Regierung Mendés France zum Fall. Die Algerische Volksbewegung aber sah sich durch die Erfahrung der Repression ohne Reformen an die Seite der zunächst isolierten FLN gedrängt. Im August 1955, als schon über 100 000 französische Soldaten im Land standen, wurden die Untergrundkämpfer mit einem Schlag in der gesamten Region zwischen Constantine, Philippeville und Guelma aktiv und begann die Dialektik von Terror und (meist noch grausameren) Gegenterror.

Danach wandten sich auch die gemäßigten Vertreter der nationalen Bewegung vom Projekt einer Assimilation oder Integration ab, während die reformistischen Kräfte in Frankreich die Einstellung der Kämpfe und die Ablieferung der Waffen als Voraussetzung für die Verwirklichung der Reformpläne verlangten. Für eine Politik der Verständigung, wie sie nach Mendès France auch Edgar Faure auf seine Fahnen geschrieben hatte, gab es nun keinen Spielraum mehr.

Anfang 1956 unternahm Guy Mollet noch einmal einen Anlauf zur Entschärfung des Konflikts: Er berief an die Stelle des bisherigen Generalgouverneurs Jacques Soustelle, der sich der Position der Siedler angeschlossen hatte, den General Georges Catroux, der sich schon bei der Entspannung der Lage in Marokko bewährt hatte, zum residierenden Minister und beauftragte ihn mit der Vorbereitung umfassender sozialer Reformen sowie der Aufhebung des Zweiklassenwahlrechts. Als ihn aber demonstrierende Algerienfranzosen bei einem Besuch in Algier am 6. Februar den ganzen Haß der »colons« gegen die Reformer spüren ließen, ließ er Catroux sogleich wieder fallen. Für die Algerienfranzosen war damit klar, daß sie der Regierung in Paris ihren Willen aufzwingen konnten; die Algerier aber sahen sich in der Auffassung bestätigt, daß sie nur auf die Kraft ihrer Waffen rechnen konnten. Der Krieg wurde nun immer unerbittlicher: Das Ziel einer Integrationslösung immer noch vor Augen, stockte die Regierung Mollet das französische Truppenkontingent auf über 400 000 Mann auf, deckte sie die Entführung des Rebellenführers Ben Bella und ließ sie zu, daß die Fallschirmtruppen des Generals Massu, um dem Terrorismus das Wasser abzugraben, die Altstadt von Algier mit Foltermethoden »säuberten«.

Trotz aller militärischer Macht ließ sich der Widerstand der FLN aber nicht brechen. Von Tunesien, Marokko und anderen arabischen Staaten materiell gestützt, fand sie immer wieder neue Mitkämpfer, die die hohen Verluste ausglichen. Unterdessen ruinierten die gigantischen Kosten dieses Krieges den Franc, ramponierte das französische Vorgehen das Ansehen des Landes in der Weltöffentlichkeit und untergrub die Aussichtslosigkeit der Situation die Stabilität des Regimes: Während Mollet ebenso wie seine Nachfolger Bourgès-Maunoury und Gaillard durch rechte Parlamentsmehrheiten gehindert wurden, der algerischen Unabhängigkeitsbewegung auch nur im Ansatz entgegenzukommen, ließ das Entsetzen über die Praxis der Mitte-Links-Regierungen allmählich eine neue »linke« Bewegung jenseits der etablierten Parteien entstehen und begannen alle möglichen Elemente der Rechten über eine Ablösung des schwächlichen Parteienregimes nachzudenken. Tatsächlich sollte die IV. Republik die Auseinandersetzungen um Algerien nicht überstehen.

12. Von der IV. zur V. Republik

Je länger der Algerienkrieg andauerte, desto deutlicher wurden die Kosten, die Frankreich für den Bruch der Résistancekoalition und die partielle Restaurierung der Kräfte der III. Republik zu zahlen hatte: Die Unfähigkeit, Partikularinteressen soweit zu bündeln, daß handlungsfähige Regierungsmehrheiten zustande kamen, hatte nicht nur vielfältige Frustrationen und eine schleichende Entfremdung zwischen Regierenden und Regierten zur Folge; sie zehrte unterdessen auch an der ökonomischen wie an der moralischen Substanz der Nation. Eine Reform des Regimes, die die Halbheiten der Nachkriegsära zumindest teilweise überwand, wurde folglich zunehmend dringlicher; die Frage war nur, ob und zu welchen Bedingungen sie gelingen würde.

12.1 Die Lähmung der IV. Republik

Ein erster Anlauf zur Überwindung der Defizite im politischen System, die sich im Laufe der Nachkriegsära angesammelt hatten, begann mit der Ministerpräsidentschaft von Pierre Mendès France. Dessen Mut, auch unangenehme Wahrheiten zu sagen, verbunden mit der Fähigkeit, rasch und effektiv zu handeln und so überfällige Probleme vom Tisch zu schaffen, beeindruckte große Teile der modernen Eliten, der studentischen Jugend und der neuen Mittelschichten, die von der ökonomischen Modernisierung profitierten. Sein Programm einer Überwindung veralteter ideologischer Gegensätze, Stärkung der Exekutive auf Kosten der Parteiapparate und entschlossener Parteinahme für die Moderne war auch ihr Programm; und seine Erfolge bei der Bewältigung des Indochinakonflikts und der EVG-Krise bestärkten sie in der Hoffnung, daß es auch zu verwirklichen war. So entstand, ohne daß Mendès France sonderliche persönliche Ambitionen entwickelte, allmählich eine »mendesistische« Bewegung, lautstark propagiert von Jean-Jacques Servan-Schreiber und dessen Zeitschrift »Express«, aber auch mitgetragen von Kräften, die dessen amerikanischen Politikstil nicht mochten. Sie fand Anklang nicht nur bei Mendès Frances eigener Partei, den Radicaux, und der ähnlich strukturierten UDSR, sondern auch bei Teilen der SFIO in linkskatholischen

Kreisen, die bislang noch auf den MRP gesetzt hatten, und manchen früheren Anhängern de Gaulles.

Freilich mußte Mendès France schon in der Auseinandersetzung mit der eigenen Partei erfahren, daß die Partikularinteressen der etablierten Kräfte nicht so leicht zu überwinden waren. Sein Versuch, die Partei zu einem Instrument seiner Politik zu formen, stieß auf Widerstand; und als er es wagte, mit der Ankündigung einer Erweiterung der Rechte der Algerier gegen die Interessen der Lobby der Algerienfranzosen zu verstoßen, brachte eine Minderheit der eigenen Fraktion seine Regierung im Februar 1955 zu Fall. Sein Parteifreund Edgar Faure, dem es nach drei vergeblichen Anläufen anderer Parteien gelang, eine neue Mitte-Rechts-Regierung zu bilden, mußte wieder stärker auf die etablierten Parteien Rücksicht nehmen. Nur mit großen taktischen Anstrengungen und beträchtlichen Verzögerungen gelang es ihm, einige Elemente der Entkolonialisierungs- und Modernisierungspolitik seines Vorgängers fortzusetzen; gleichzeitig schuf er, indem er sich um den Zusammenhalt seiner Koalition sorgte, neue Barrieren gegen die im Mendèsismus angelegte Öffnung nach links und gegen die Durchsetzung von Mendès France bei den Radicaux. Die Widerstandskraft der Parteiapparate und Fraktionen gegen den Mendèsismus wurde noch dadurch gestärkt, daß sich gleichzeitig eine andere politische Bewegung entwickelte, die genau in die entgegengesetzte Richtung wirkte. Die Protestbewegung des Papierwarenhändlers Pierre Poujade, hervorgegangen aus einer Steuerverweigerungskampagne kleiner Einzelhändler, beschwor ebenfalls die Gemeinsamkeit der Franzosen gegen den Egoismus der Parteien, freilich mit einer ganz anderen Zielsetzung: gegen die durchgreifende Modernisierung und für die Erhaltung des bescheidenen Wohlstands, den Einzelhändler, Handwerker und Kleinbauern in den Jahren der Konsumgüterknappheit hatten erwerben können. Ohne präzises Programm, aber mit allen Ressentiments der »Kleinen« gegen die »Großen«, der »Provinz« gegen »Paris«, des »gesunden Menschenverstands« gegen die Technokraten fand sie großen Anklang, besonders in den zurückgebliebenen Gebieten südlich der Loire, und wurde sie somit zu einem Faktor, auf den die etablierten Parteien Rücksicht nehmen mußten. Poujades drastische Attacken auf Mendès France, bei denen auch antisemitische Elemente nicht fehlten, aktivierten den Widerstand gegen Modernisierungsforderungen der Mendesisten; und als er sich dann auch noch für die Anliegen der Algerienfranzosen engagierte, wurde seine Bewegung vollends zum schwer kontrollierbaren Sammelbecken für alle möglichen Kräfte der Beharrung.

Angesichts der wachsenden Resonanz von Mendesismus und Poujadismus ergriff Faure im Oktober 1955 die Initiative für eine Vorverlegung der für den Juni 1956 vorgesehenen Parlamentswahlen. Nur so schien es ihm möglich, die Mitte-Rechts-Koalition zu behaupten und ein ausreichendes Mandat für einen Durchbruch in der Algerienfrage zu finden.

Mendès France antwortete mit der Konstituierung einer »Republikanischen Front«, für die er neben der Mehrheit seiner eigenen Partei vor allem die SFIO gewann, daneben den Mitterrand-Flügel der UDSR und die gaullistischen Sozialrepublikaner um Jacques Chaban-Delmas. Beide Manöver gelangen jedoch nur zum Teil: In den Wahlen vom 2. Januar 1956 verlor die bisherige Regierungskoalition ihre Mehrheit, ohne daß die Republikanische Front sie gewinnen konnte. Die SFIO gewann zwar einige Prozentpunkte hinzu (von 14,6 auf 15,2 %), und auch die übrigen Elemente der Republikanischen Front konnten sich ganz gut behaupten; das Gros der Verluste der Mitte-Rechts-Koalition ging aber an die Poujadisten, die mit 11,6 % und 51 Abgeordneten eine über Erwarten starke Fraktion konstituieren konnten. Folglich war es in der neuen Nationalversammlung noch schwieriger, eine Mehrheit zu finden, als in der alten und wuchs das Unbehagen über das Ungenügen des politischen Systems weiter an.

Mit der Bildung der neuen Regierung beauftragte Staatspräsident René Coty (ein Konservativer, der den Sozialisten Auriol 1954 abgelöst hatte) den SFIO-Generalsekretär Guy Mollet. Das war insofern sinnvoll, als einerseits nun keine Mehrheit mehr ohne die SFIO zu bilden war, andererseits aber die Republikanische Front nicht ohne Unterstützung durch den MRP regieren konnte und Mendès France, der eigentliche Ministerpräsidenten-Aspirant der Republikanischen Front, seit seinem EVG-Manöver ein rotes Tuch für den MRP darstellte. Tatsächlich gewann Mollet für sein Minderheitenkabinett der Republikanischen Front die Stimmen der Christdemokraten und auch einiger konservativer Abgeordneter. In seiner Regierungspraxis war er freilich ähnlich eingeengt wie vor ihm France. Es gelang ihm wohl, die Römischen Verträge durchzusetzen und die Sozialleistungen des Staates in einer ganzen Reihe von Bereichen auszubauen; das dringendste Problem der Legislaturperiode, den Algerienkrieg, bekam er jedoch nicht in den Griff. Im Gegenteil: In seiner Amtszeit eskalierte der Krieg soweit, daß seine Kosten einen Stopp des sozialen Reformprogramms erzwangen und das Vertrauen in das Regime gründlich erschüttert wurde. Im Mai 1957 wurde er von einer negativen Mehrheit aus Kommunisten, Poujadisten, Konservativen und Radikalen gestürzt. Mendès France, der die Regierung schon ein Jahr zuvor aus Proteste gegen die Verschiebung der Algerienreformen verlassen hatte, hatte unterdessen auch seinen Einfluß auf die radikale Partei verloren.

Nach dem Niedergang des Mendèsismus war das Regime endgültig zur Unbeweglichkeit verurteilt. Mit Betreiben Mollets bildete der Radikale Maurice Bourgès-Maunoury eine Regierung, die der vorherigen in der Zusammensetzung weitgehend entsprach, sich aber mit programmatischen Aussagen weit mehr zurückhielt und darauf verzichtete, die dringend notwendige Finanzreform in Angriff zu nehmen. Auf diese Weise konnte sie sich über den Sommer retten. Als sie aber im September unter dem Druck der Vereinten Nationen ein Rahmengesetz für Algerien vorlegte, das – widersprüchlich genug – fortdauernde Zugehörigkeit zu Frankreich und autonome Selbstverwaltung zugleich ankündigte, wurde sie von den Gegnern jeder Verhandlungslösung gestürzt. Danach dauerte es 35 Tage, ehe im Zeichen allgemeiner Erschöpfung wieder ein Ministerpräsidenten-Kandidat eine Mehrheit fand. Christdemokraten und Konservative stimmten für den bisherigen Finanzminister Félix Gaillard von den Radicaux, nachdem dieser ihnen eine Erweiterung der Regierungsmannschaft nach rechts angeboten hatte. Gaillards Regierung der »Nationalen Union« verschob die Finanzreform weiter und machte damit, weil der Krieg in Algerien längst nicht mehr zu finanzieren war, einen neuen Bittgang nach Washington unausweichlich. Das aber kostete auch ihn die Mehrheit: Als er, um die amerikanische Anleihe nicht zu gefährden, eine US-»Vermittlungsmission« für Nordafrika akzeptierte, entzogen die Anwälte eines französischen Algeriens am 15. April 1958 auch ihm das Vertrauen.

Wieder vergingen lange Wochen, in denen die Blockierung des Regimes drastisch vorgeführt wurde. Es gab, solange man nicht auf die Kommunisten zurückgriff, keine Mehrheit für die Aufnahme von Verhandlungen mit der FLN; es gab aber auch, da die SFIO jetzt doch auf eine Verhandlungslösung zusteuerte, keine Mehrheit mehr für die Fortsetzung des Krieges mit allen Mitteln. Nach zwei vergeblichen Versuchen von Bidault und Pleven, in einem Zustand wachsender Spannung und quälender Ungewißheit, fand schließlich Pierre Pflimlin vom MRP genügend Zusagen für ein Kabinett der Mitte, das sich vage auf »Gespräche« mit der algerischen Befreiungsbewegung verpflichtete und den bisherigen Algerienminister Robert Lacoste ablöste. Die SFIO gehörte der neuen Formation nicht mehr an; sie fand sich aber nach diesen Zusagen zur parlamentarischen Unterstützung bereit.

12.2 Die Krise des Mai 1958

In dieser Situation erstürmten am 13. Mai 1958, dem Tag, an dem das Kabinett Pflimlin im Parlament bestätigt werden sollte, aufgebrachte Demonstranten das Amtsgebäude des Residierenden Ministers in Algier. Sie bildeten dort in aller Improvisation einen »Wohlfahrtsausschuß« und schickten, nachdem sich General Massu zu dessen Sprecher gemacht hatte, ein Telegramm an Staatspräsident Coty, das kategorisch die Bildung einer »Wohlfahrtsregierung« verlangte, die den Verbleib Algeriens bei Frankreich garantierte. Die Bewegung war alles andere als einheitlich: Während eine kleine Gruppe von Verschwörern auf die Etablierung eines faschistischen Regimes in Algier hinarbeitete und andere von einer Machtübernahme der Armee träumten, gab die große Masse der Demonstranten nur der Furcht vor einer Preisgabe Algeriens Ausdruck, die nun doch bevorzustehen schien, und schürten einige Anhänger de Gaulles die Unruhen, um dem General endlich den Weg zur Rückkehr an die Macht zu eröffnen. Dennoch bedrohte das Ganze die Autorität der Regierung, insbesondere da die in Algier präsente Generalität mehr oder weniger deutlich zu erkennen gab, daß sie nicht gewillt war, einen Rückzug aus Algerien mitzutragen.

Die Exekutive in Paris reagierte auf den Aufruhr mit bemerkenswerter Entschlossenheit. Zunächst erteilte der noch amtierende Ministerpräsident Gaillard dem Oberkommandierenden der Streitkräfte in Algerien, General Salan und dem Kommandeur der Fallschirmtruppen General Massu außerordentliche Vollmachten zur Wiederherstellung der Ordnung. Dann, nach der Investitur Pflimlins, bestätigte der neue Ministerpräsident die Vollmachten nur für Salan, unterbrach die Telefonverbindung nach Algerien und stellte den gaullistischen Algérie-française-Führer Jacques Soustelle unter Beobachtung. Am nächsten Tag trat die SFIO nachträglich in das Kabinett ein; Jules Moch, der 1947 die kommunistische Streikbewegung niedergeschlagen hatte, übernahm wieder das Innenministerium. Salan, auf dessen Haltung nun alles ankam, ließ sich von dieser Demonstration republikanischer Entschlossenheit beeindrukken: Er weigerte sich, mit Paris zu brechen, wie es die Frondeure von ihm erwarteten, und hielt sich stattdessen an die Fiktion der Legalität, die die Regierung ihm angeboten hatte. Damit lief der Aufruhr ins Leere: Die Armee schreckte vor dem entscheidenden Schritt zurück, und die Regierung konnte ihre Autorität nach und nach bekräftigen. Polizei und Präfekte reagierten auf die Notstandsorder Mochs besser als erwartet; und das Parlament beeilte sich, das Projekt einer Stärkung der Exekutive in Angriff zu nehmen, das zuvor unter Mendès France und Gaillard zweimal vergeblich diskutiert worden war.

Daß es nicht dabei blieb, war zum einen Angehörigen des Generalstabs von Salan zu verdanken, die für den 19. Mai die Landung von Fallschirmtruppen in Paris vorbereiteten, um dem steckengebliebenen Putschvorhaben doch noch zum Durchbruch zu verhelfen. Zum anderen und vor allem brachte sich jetzt de Gaulle selbst ins Spiel. Lange Zeit stummer Beobachter der Krise, gut informiert, aber skeptisch, ob sie ihm nützen könnte, entschloß er sich, den Kampf um die Macht aufzunehmen, als Pflimlin am 15. Mai einen Hochruf Salans auf den ehemaligen Führer des Freien Frankreichs nicht gleich ahndete. Am Nachmittag des 15. erklärte er in einer Pressemitteilung, daß er sich »bereit« halte, »die Verantwortung für die Republik zu übernehmen«, und kündigte für den 19. eine Pressekonferenz an. Danach stoppte er, ohne sich öffentlich von den Putschisten zu distanzieren, insgeheim die Putschvorbereitungen – wenig geneigt, die Macht mit den Generälen zu teilen, und darauf hoffend, daß die Nachricht vom bevorstehenden Putsch, die der Regierung nicht verborgen blieb, die Parteiführer schon in seine Arme treiben würde. Dieses

Kalkül ging allerdings nicht ganz auf: Die Regierungspolitiker, die nun in der Tat nach und nach bei ihm vorsprachen – allen voran Guy Mollet –, verlangten zunächst eine eindeutige Verurteilung der Putschisten. Selbst als am 24. Mai Fallschirmeinheiten auf Korsika landeten und sich der Insel mit Unterstützung lokaler de-Gaulle-Anhänger bemächtigten, blieb Pflimlin, der sich zwei Tage später mit dem General traf, bei der Forderung nach Desavouierung des Aufstands. Erst als de Gaulle daraufhin wahrheitswidrig verkündete, er habe »die notwendige reguläre Prozedur zur Übernahme einer republikanischen Regierung begonnen«, und die Generäle die Vorbereitungen zum Marsch auf Paris mit seiner Billigung wiederaufnahmen, gelang ihm der Durchbruch: Pflimlin wagte es nicht mehr, seinem Herausforderer öffentlich entgegenzutreten, und reichte darum, von Staatspräsident Coty dazu gedrängt, am Morgen des 28. seine Demission ein.

Damit war der Weg für de Gaulle nahezu frei. Angesichts der fortdauernden Putschdrohungen glaubte Coty, nur noch ihn mit der Bildung der Nachfolgeregierung beauftragen zu können, und wagten es die meisten Abgeordneten der Regierungsmehrheit nicht mehr, sich ihm zu widersetzen. Daß er, sich seiner Macht sogleich voll bewußt, außerordentliche Vollmachten für die Wiederherstellung der Ordnung und das Mandat für die Ausarbeitung einer neuen Verfassung verlangte, nahmen sie mehr oder weniger resigniert hin: Eine solche Selbstbeschränkung schien ihnen immer noch besser, als sich weiterhin der Gefahr eines Regimes der Generäle ausgesetzt zu sehen. Allein die Sozialisten zögerten noch, ob sie nicht doch den Widerstand fortsetzen sollten, auch wenn das ein erneutes Zusammengehen mit den Kommunisten bedeuten würde. Nachdem de Gaulle aber am 30. Mollet zugesichert hatte, sich gegebenenfalls einem Mißtrauensvotum des Parlaments zu beugen, ließ sich auch eine knappe Mehrheit der SFIO-Abgeordneten von ihrem Generalsekretär davon überzeugen, daß die Unterstützung des Generals doch das kleinere Übel darstellte. Damit war das letzte Hindernis beseitigt. Am 1. Juni erhielt de Gaulle das Vertrauen der Nationalversammlung für eine Regierung, der Mollet, Pflimlin, Pinay und andere Exponenten der alten Mehrheit als Minister angehörten; tags darauf räumten beide Kammern der neuen Regierung (nicht dem Regierungschef allein!) außerordentliche Vollmachten für sechs Monate ein, dazu den Auftrag zur Ausarbeitung einer neuen Verfassung, die anschließend einem Referendum unterworfen werden mußte.

Die Krise des Regimes hatte damit einen Ausgang genommen, der dem Bedürfnis der Franzosen nach Wahrung der nationalen Einheit entsprach, ihrer Angst vor einer neuen Spaltung der Nation und ihrer Scheu, Konflikte offen zu diskutieren. De Gaulle konnte Traditionalisten und Modernisierern, Gegnern und Befürwortern eines Rückzugs aus Algerien gleichermaßen als letztlich akzeptable Alternative erscheinen, weil er in seinen Aussagen bewußt mehrdeutig blieb und die Erinnerung an seine

Integrationsleistung in den Kriegsjahren aktivierte. Gewiß blieben sowohl in den Reihen der Aufrührer als auch bei den Verteidigern des Regimes eine ganze Menge Vorbehalte gegen den erklärten Gegner Vichys *und* der IV. Republik; doch reichten diese nicht aus, auf der einen oder anderen Seite ernsthaft Widerstand gegen den General zu mobilisieren, und kompensierten viele Zeitgenossen darum, nachdem er sich erst einmal durchgesetzt hatte, ihre bisherige Abneigung mit einem forcierten Vertrauensvorschuß. Auf diese Weise entstand in den Tagen nach dem 31. Mai eine neue Art von gaullistischer Bewegung, die in verwirrender Widersprüchlichkeit Elemente des Mendèsismus und des Poujadismus miteinander verknüpfte.

Notwendig war dieses Ergebnis freilich nicht. Die Politiker der Regierungsmehrheit zeigten trotz aller Versäumnisse der Vergangenheit genügend Standvermögen und Flexibilität, um mit dem Aufruhr in Algerien auch ohne Rückgriff auf den Führer der Befreiungsära fertig zu werden; die Armee stand bei aller Unzufriedenheit mit der Pariser Politik keineswegs geschlossen hinter den Putschplänen. Erst daß de Gaulle, um seine spezifischen Vorstellungen von einer republikanischen Ordnung durchzusetzen, die Schwächen der Politiker – ihre Konfliktscheu, ihre Entfremdung von der gesellschaftlichen Realität, ihre Berührungsangst gegenüber den Kommunisten – mit äußerster Geschicklichkeit ausnutzte, führte zum Triumph des Gaullismus. Dem vereinten Ansturm der Komplotteure und des strategisch überlegenen Generals war die IV. Republik nach den Jahren der wechselseitigen Blockierungen nicht mehr gewachsen.

12.3 Die Etablierung der V. Republik

Um seine Vorstellungen von einer Reform des Regimes verwirklichen zu können, mußte de Gaulle freilich den Vertrauensvorschuß, mit dem er in das Amt des Ministerpräsidenten berufen worden war, erst noch verdienen. Dazu gehörte insbesondere, daß er die Situation in Algerien unter Kontrolle bekam und die Armee wieder fest an die Regierungsgewalt band. Er reiste darum unmittelbar nach der Bestätigung seiner Regierung nach Algier und versicherte dort einer großen Menschenmenge von Algerienfranzosen und Moslems, er habe sie »verstanden« und er öffne ihnen »das Tor zur Aussöhnung«. Gestützt auf den Enthusiasmus, den diese bewußt doppeldeutigen, an die universalistische Tradition Frankreichs anknüpfenden Äußerungen hervorriefen, erinnerte er Armee und Verwaltung an ihre Gehorsamspflicht und dezimierte er so Schritt für Schritt das Lager der potentiellen Komplotteure. Die entscheidende Schlacht war gewonnen, als General Massu im September seine Kollegen von dem

Plan abbrachte, auf den von de Gaulle befohlenen Rückzug aus allen Organisationen mit politischem Charakter mit der Ausrufung des Generalstreiks zu antworten. Danach verloren die Wohlfahrtsausschüsse rasch an Bedeutung; und im Dezember konnte de Gaulle es wagen, General Salan abzuberufen und wieder zur Normalität der Trennung von ziviler und militärischer Verwaltung zurückzukehren.

Parallel dazu betrieb er die rasche Ausarbeitung der neuen Verfassung, zunächst nicht in öffentlicher Diskussion, wohl aber in enger Zusammenarbeit mit den Parteiführern, die sich Ende Mai für seine Berufung entschieden hatten. Insbesondere Mollet, Pflimlin und Pinay brachten ihre Erfahrungen mit den Schwächen der IV. Republik in die Beratungen ein; daneben sorgte de Gaulles Vertrauter Michel Debré als Justizminister der neuen Regierung für die Umsetzung der grundlegenden Ideen des Generals und des Sachverstands der Staatsrats-Experten. Das Ergebnis ihrer Arbeiten, vom Kabinett am 3. September akzeptiert, war ein Verfassungstext, der Elemente eines parlamentarischen und eines präsidialen Regimes zugleich enthielt und so genügend Flexibilität aufwies, um die Regierungsfähigkeit des Landes in unterschiedlichen politischen Situationen zu sichern. Der Ministerpräsident wurde danach vom Staatspräsidenten ernannt, ohne daß er der formellen Bestätigung durch die Nationalversammlung bedurfte. Diese behielt zwar das Recht, den Ministerpräsidenten mit einem Mißtrauensvotum zu stürzen; allerdings nur mit absoluter Mehrheit und mit dem Risiko, daß der Staatspräsident Neuwahlen ausschrieb (wenn auch erst nach Ablauf des ersten Jahres der Legislaturperiode). Die Macht des Parlaments wurde weiter eingeschränkt durch eine Begrenzung der Sitzungsperioden, durch die Beschränkung der Verhandlungsthemen, durch die Möglichkeit, Gesetzesvorhaben mit der Vertrauensfrage zu verknüpfen, und durch das Recht des Staatspräsidenten, auf Vorschlag der Regierung Volksentscheide über Fragen der »Organisation der öffentlichen Gewalt« anzusetzen.

Zur Grundlage einer Präsidialdemokratie wurden diese Verfassungsänderungen erst durch die Umstände, unter denen de Gaulle sie in die Praxis umsetzte: Das Vertrauen, daß die Bevölkerungsmehrheit dem General nach den Mai-Ereignissen entgegenbrachte, ließ sich soweit in Wählerstimmen umsetzen, daß er danach sowohl die Exekutive als auch die Legislative beherrschen konnte. Schon das für den 28. September angesetzte Referendum über den Verfassungsentwurf wurde im Zuge der von de Gaulle inszenierten Abstimmungskampagne zu einem Votum für oder gegen den General; und das Abstimmungsergebnis geriet zu einer glänzenden Bestätigung seines Machtanspruchs. 79,25 % der Abstimmenden, weit mehr als erwartet, sprachen sich für die Annahme der Verfassung aus; dabei lag die Wahlbeteiligung mit 85 % etwa 5 % höher als bei den regulären Wahlen der letzten Jahre. Das war eine bittere Niederlage für die Gegner der Berufung de Gaulles – insbesondere für die Kommunisten, die von den 5,5 Millionen Wählern, die im Januar 1956 für sie gestimmt hatten, schätzungsweise zwei Millionen verloren, aber auch für die Minderheit der Sozialisten, den Mitterrand-Flügel der UDSR und die Getreuen von Mendès France, die dem Kurs Mollets nicht zu folgen bereit waren.

In den Parlamentswahlen vom 23. und 30. November wurde das Votum für de Gaulle eindrucksvoll bestätigt: Die Kommunisten kamen nur noch auf 19,2 % (gegenüber 25,9 % 1956), die de-Gaulle-Gegner der demokratischen Linken (die freilich nur in einem Teil der Wahlkreise Kandidaten aufstellen konnten) sogar nur auf 1,2 %. Demgegenüber konnten die Erben der gaullistischen Sammlungsbewegung, die sich jetzt zu einer lockeren »Union für die Neue Republik« (UNR) zusammengeschlossen hatten, im 1. Wahlgang 20,4 % auf sich vereinen, und die konservativen »Unabhängigen« steigerten ihren Anteil, weil sie vielfach ebenfalls als Garanten einer gaullistischen Politik galten, von 15,3 % 1956 auf 22,1 %. Die Poujadisten, schon seit der Rückkehr zur Inflation 1957 auf dem Rückzug, verloren ihren Anhang fast vollständig. Die Rückkehr zum Mehrheitswahlrecht in zwei Wahlgängen – von der Regierungsmehrheit beschlossen, um den Einfluß der Parteiapparate und den Anteil kommunistischer Abgeordneter zu reduzieren – begünstigte de Gaulle noch weiter: Im zweiten Wahlgang entschieden sich 26 % der Wähler für die UNR und errang diese damit 198 Mandate; die Kommunisten brachten es dagegen mit 21 % nur noch auf 10 Sitze. Zusammen mit den Fraktionen der Gemäßigten (133) und der Volksrepublikaner (57) ergab sich daraus eine überwältigende, wenn auch nicht ganz homogene Mehrheit für die Politik des Generals.

Gleichzeitig bedeutete das Wahlergebnis eine empfindliche Niederlage der Linken. Zwar konnte die SFIO ihren Stimmenanteil von über 15 % in der Stichwahl behaupten; sie verlor jedoch über die Hälfte ihrer Abgeordnetensitze und das Gros ihrer Verbündeten von der »Republikanischen Front«. Die Folgen dieser Gewichtsverlagerung wurden Mollet drastisch vor Augen geführt, als die Regierung Ende Dezember ein Verordnungspaket zur Sanierung der zerrütteten Finanzen durchsetzte, das eine Expertengruppe unter dem früheren Poincaré-Mitarbeiter Jacques Rueff vorbereitet hatte: Zusammen mit einer Abwertung des Franc um 17,5 % und der Rückkehr zur freien Konvertibilität wurden zahlreiche Subventionen gestrichen und die Ausrichtung der Preise nach der Inflationsrate aufgegeben. Das war ein mutiger Schritt zur Erlangung der Wettbewerbsfähigkeit im Gemeinsamen Markt, der freilich die Lebenshaltungskosten der »kleinen Leute« zunächst einmal merklich erhöhte. Die Sozialisten legten darum scharfen Protest gegen die Austeritätsmaßnahmen ein, und als sie damit auf de Gaulle keinen Eindruck machten, entschlossen sie sich, sich aus der Regierungsverantwortung zurückzuziehen. Dem neuen Kabinett Debré, das de Gaulle Anfang Januar 1959 berief, nachdem er, wie allgemein erwartet, von einem Wahlmännergre mium zum ersten Staatspräsidenten der neuen Republik gewählt worden war, gehörte die SFIO nicht mehr an. Das Aufholen der Modernisierungsrückstände, das das neue Regime mit großer Tatkraft in Angriff nahm, vollzog sich so einmal mehr unter eher konservativ-paternalistischen Vorzeichen.

12.4 Der Rückzug aus Algerien

Das größte Problem, zu dessen Lösung man den General berufen hatte und bei dem die Politiker der vorherigen Regierungskoalition ihm auch gerne den Vortritt ließen, wurde unterdessen mit zurückhaltendem Pragmatismus angegangen. De Gaulle war sich bewußt, daß die Integrationslösung, wie sie der formalen Zugehörigkeit Algeriens zu Frankreich entsprach und auch von vielen seiner Anhänger erwartet wurde, bei dem unterdessen erreichten Grad der Auseinandersetzung mit dem algerischen Nationalismus nicht mehr zu verwirklichen war. Das führte ihn aber nicht zu der Schlußfolgerung, daß die Entlassung Algeriens in die Unabhängigkeit geboten sei; vielmehr hoffte er, irgendeine Art von »organischer Verbindung« zwischen Algerien und Frankreich durchsetzen zu können, ein Statut, das, wie er am 3. Oktober 1958 in einer Rede in Constantine formulierte, sowohl die »Persönlichkeit« Algeriens als auch »seine enge Solidarität mit der Metropole« respektierte. Um ein solches Statut zu erreichen, war er bereit, mit der FLN zu verhandeln; er hoffte aber, darüber hinaus auch algerische Gesprächspartner zu finden, die nicht von vornherein die strikte Unabhängigkeit anstrebten, und er legte großen Wert darauf, die militärische Situation soweit unter Kontrolle zu haben, daß die Verhandlungen aus einer Position der Stärke heraus geführt werden konnten.

Was de Gaulle den Algeriern anbot, war darum zunächst nur ein umfangreiches wirtschaftliches Entwicklungsprogramm (das dann in der Tat zu einer über fünfzigprozentigen Steigerung des Sozialprodukts führte) und eine Generalamnestie für die Aufständischen: In der Hoffnung auf die Wirkung der Sympathien, die er bei der moslemischen Bevölkerung genoß, appellierte er an die Rebellen, ihre Waffen abzugeben und sich zu einem »Frieden der Tapferen« bereitzufinden; die Regierung werde dann, so versprach er, auch mit den in Kairo residierenden Führern des Aufstandes über ihre Reintegration in das legale politische Leben Algeriens verhandeln. Das war freilich zu wenig, um die Unabhängigkeitsbewegung in ihrer Entschlossenheit treffen zu können. Die FLN, die im September 1958 eine »Provisorische Regierung der algerischen Republik« in Kairo installiert hatte, um ihren Anspruch auf Vertretung des gesamten algerischen Volkes zu bekräftigen, nahm nach einer kurzen

Phase der Irritation über die Sympathiebekundungen der Bevölkerung für den General den Guerillakampf wieder auf. Die ersten Verhandlungsfühler wurden daraufhin wieder abgebrochen; und die Algerienfranzosen setzten ihre Hoffnungen wieder ganz auf die militärische »Befreiung«, bei der General Challe, der Nachfolger Salans, im Frühjahr 1959 beachtliche Erfolge erzielte.

Unter dem Druck der internationalen Öffentlichkeit ging de Gaulle dann im September 1959 einen Schritt weiter: Er bot dem algerischen Volk die »Selbstbestimmung« an, freilich erst nach der Niederlegung der Waffen und einer Normalisierungsphase von unbestimmter Dauer. Das war wiederum nicht genug, um die FLN zur Einstellung der Kämpfe zu bewegen; es genügte aber, um auf der anderen Seite die Algerienfranzosen und die Armee, die sich deren Position weitgehend angeschlossen hatte, in Unruhe zu versetzen. Im Januar 1960 äußerte sich General Massu in einem Interview mit einer deutschen Zeitung kritisch über die Aufweichung des Prinzips des »französischen Algeriens«. Als er daraufhin von de Gaulle gleich seines Amtes enthoben wurde, entstand in Algier eine gewalttätige Demonstration, die manche Offiziere und Verschwörer zu einer – diesmal erfolgreichen – Neuauflage des 13. Mai 1958 nutzen wollten. Das zwang de Gaulle, sich stärker von der Integrationslösung abzusetzen, als es bislang notwendig gewesen war. In einer Fernsehansprache (zu der er in Generalsuniform erschien) warnte er die Armee, die Entscheidungen des Staatspräsidenten in Frage zu stellen. Jacques Soustelle, der sich zum prononciertesten Anwalt der Integrationslösung gemacht hatte, wurde aus der Regierung entlassen.

Noch war de Gaulle aber nicht bereit, die FLN als alleinigen Verhandlungspartner anzuerkennen. Erste offizielle Gespräche, zu denen zwei Vertreter der FLN-Regierung im Juni 1960 nach Mélun reisten, brachen rasch wieder ab, weil die Aufständischen die Waffen nicht ohne Garantien niederlegen wollten und de Gaulle davor zurückschreckte, die FLN von sich aus aufzuwerten. Erst als ihm ein erneuter Besuch in Algier Anfang Dezember des gleichen Jahres nicht nur die Feindseligkeit der Algerienfranzosen, sondern auch die Solidarisierung der Moslems mit der FLN vor Augen führte – beide demonstrierten mit grimmiger Entschlossenheit; und es waren über 100 Todesopfer zu beklagen –, rang er sich zu dem Unvermeidlichen durch: Er organisierte ein Referendum über die Einführung des Prinzips der Selbstbestimmung für Algerien; und nachdem er dafür am 8. Januar 1961 eine Mehrheit von 75,2 % der Abstimmenden gewonnen hatte (5 % weniger als zwei Jahre zuvor für die Verfassung), nahm er im Februar über seinen Emissär Georges Pompidou den Verhandlungsfaden wieder auf, ohne weiterhin auf einer vorherigen Niederlegung der Waffen zu bestehen. Im März kündigten beide Regierungen die bevorstehende Aufnahme von Verhandlungen an. Das Ausmaß der künftigen Bindungen Algeriens an Frankreich, soviel stand nunmehr fest, konnte nicht mehr mit Waffengewalt diktiert werden; die

Mehrheit der Nation war nicht mehr bereit, für die Behauptung der französischen Präsenz zu kämpfen.

Ein Teil der Offiziere und Generäle versuchte freilich, sich der nunmehr unvermeidlichen Entwicklung noch einmal entgegenzustellen. Sie waren sicher, unmittelbar vor dem militärischen Sieg zu stehen, fühlten sich den Algerienfranzosen und den auf ihrer Seite stehenden Algeriern gegenüber verpflichtet und hofften auf Unterstützung nicht nur in weiten Teilen der Armee, sondern auch bei den USA, die die antiatlantischen Züge in de Gaulles Außenpolitik unterdessen mit Mißbehagen registrierten. Im Laufe des Winters 1960/61 bildete sich darum in Algerien wie im Mutterland eine geheime »Organisation de l'Armée Secrète« (OAS), die sich systematisch auf einen gewaltsamen Kampf gegen de Gaulle vorbereitete. Vor diesem Hintergrund riefen in der Nacht zum 22. April 1961 vier Generäle in Algier einen Staatsstreich aus: General Challe, der zuvor seinen Abschied aus dem NATO-Hauptquartier genommen hatte, Challes Vorgänger Salan und die Generäle Jouhaud und Zeller. Gestützt auf Einheiten der Militärverwaltung, der Fallschirmspringer und der Fremdenlegion verhafteten sie den Generaldelegierten und kündigten sie die Aburteilung der Verantwortlichen für den Versuch einer Preisgabe Algeriens durch ein Kriegsgericht an. Ihr Unternehmen war allerdings von vornherein zum Scheitern verurteilt: Während manche Generäle und Offiziere noch zögerten, ob sie sich dem Aufstand anschließen sollten, gab de Gaulle in einer erneuten Fernsehansprache die »Vierteleinheit pensionierter Generäle« der Verachtung preis und befahl allen Soldaten, den Anordnungen der Komplotteure die Gefolgschaft zu verweigern. Der Aufstand brach danach rasch zusammen: Am 25. April gab sich Challe gefangen; Salan und Jouhaud verschwanden in den Untergrund.

Die Verhandlungen mit Vertretern der FLN-Regierung, die am 20. Mai in Evian begannen, führten zunächst nicht weit. Die FLN wollte die verwaltungsmäßig zu den algerischen Departements gehörende Sahara-Wüste auch für den künftigen algerischen Staat sichern, während man auf französischer Seite noch über eine Teilung des Landes nach vietnamesischem Muster nachdachte und auf jeden Fall die Sahara als Ölreservoir und Testgebiet für die Entwicklung von Atomwaffen behalten wollte. Nach dreieinhalb Wochen wurden die Verhandlungen daher abgebrochen; und auch eine neue Gesprächsrunde Ende Juli in Lugnin führte zu nichts. Unterdessen begann die OAS, auf die die Algerienfranzosen jetzt alle ihre Hoffnungen setzten, mit einer Serie von Attentaten und Sprengstoffanschlägen, die die »Defaitisten« beseitigen sollten. Im September gab es einen ersten erfolglosen Anschlag auf de Gaulle, Anfang 1962 eine ganze Reihe von Anschlägen auf prominente Befürworter der algerischen Unabhängigkeit. Sie provozierten im Mutterland pro-algerische Demonstrationen der Linken und in Algerien selbst neue Terrorakte der FLN, die sich damit endgültig als einzige politische Kraft des algerischen Volkes durchsetzte.

Diese Entwicklung brachte de Gaulle in die Defensive: Er mußte nun, um die Eskalation von Gewalt und Gegengewalt zu stoppen, eine rasche Lösung des Algerienkonflikts anstreben, ohne die militärische Überlegenheit der französischen Seite und die Differenzen innerhalb der algerischen Bevölkerung ins Spiel bringen zu können. Folglich führten die Verhandlungen, die am 10. Februar 1962 in aller Heimlichkeit in dem Juradorf Les Rousses wieder begannen, zu einer Durchsetzung der FLN-Positionen in allen wesentlichen Punkten. In den Abkommen, die am 18. März in Evian unterzeichnet wurden, wurde den Algeriern die Bildung eines unabhängigen und souveränen Staates zugestanden, der das gesamte Territorium der bisherigen französischen Verwaltung umfaßte. Frankreich behielt zwar einige Sonderrechte: Ölkonzessionen und das Recht zu Atomversuchen in der Sahara, einen Flottenstützpunkt in Mers-el-Kebir, eine Garantie für das Eigentum und die politische Freiheit der im Lande verbleibenden Franzosen. Aber es gab nach einer Übergangsfrist von zehn Wochen, in denen Frankreich noch die Souveränität ausübte, keine Möglichkeit mehr, die Einhaltung dieser Garantien zu erzwingen. Die Algerienfranzosen verstanden das Ergebnis darum auch als eine glatte Kapitulation; aus Furcht vor der Rache der Algerier (die durch neue Terrorakte der OAS zusätzlich genährt wurde) verließen die meisten von ihnen vor dem Ende der Übergangsfrist in aller Eile das Land, während OAS-Truppen öffentliche Einrichtungen und Produktionsstätten zerstörten und FLN-Brigaden solche Algerier zuhauf töteten, die in französischen Einrichtungen gedient hatten.

De Gaulle kleidete die Niederlage indessen in die Form eines Beitrags zum »Fortschritt«, indem er den Ehrgeiz der Nation darauf lenkte, die traditionelle zivilisatorische Mission Frankreichs nun auf dem Wege der Wirtschaftskooperation und Entwicklungshilfe auch für das neue Algerien fortzusetzen. Gleichzeitig nutzte er die notwendige innenpolitische Absicherung des Rückzugs aus Algerien zur Befestigung der eigenen Machtposition auch über die Zeit der Belastung mit dem Algerienproblem hinaus. Das Verhandlungsergebnis von Evian ließ er durch ein neues Referendum billigen (am 8. April), dem er gegen die Intentionen der Verfassung zugleich den Charakter eines Plebiszits über seine Person gab; und nachdem Angehörige der OAS Ende August erneut einen Mordanschlag auf ihn unternommen hatten (dem er nur wie durch ein Wunder entgangen war), setzte er in einem dritten Referendum am 28. Oktober die Direktwahl des Staatspräsidenten als neue Verfassungsbestimmung durch. Damit bekam das informelle Mandat, das es ihm erlaubt hatte, vom Amt des Staatspräsidenten aus die Geschicke des Landes zu leiten, eine legale Grundlage, die auch in »normalen« Zeiten und bei einem weniger charismatischen Staatspräsidenten fortbestand und somit ein wirksames Gegengewicht zu einer Rückkehr zur Herrschaft der Parteien bildete.

Die Parteiführer, die de Gaulle 1958 als das »kleinere Übel« akzeptiert hatten, mußten jetzt den Preis dafür bezahlen, daß sie ihm die Lösung des Algerienproblems überlassen hatten. Sie versuchten wohl, sich nach der Erledigung des Algerienkonflikts wieder größere Bewegungsfreiheit zu verschaffen, waren aber der Kraftprobe mit dem General nicht gewachsen. Als sie der Regierung wegen des ihrer Meinung nach verfassungswidrigen Referendums über die Einführung der Direktwahl am 5. Oktober das Mißtrauen aussprachen, löste de Gaulle die Nationalversammlung auf und mobilisierte die Abneigung der Wähler gegen »Parteiengezänk« und eine Rückkehr zur quälenden Unbeweglichkeit der späteren IV. Republik. Vor dem Hintergrund des Kriegsendes in Algerien, das mit Ausnahme der extremen Rechten fast überall mit Erleichterung aufgenommen wurde, hatte diese Kampagne den erhofften Erfolg: Nachdem sich im Referendum vom 28. Oktober 61,7 % der Abstimmenden für die Direktwahl des Staatspräsidenten ausgesprochen hatten (ein Drittel weniger als für die Evian-Verträge), votierten in den Parlamentswahlen vom 18. November 32 %, im 2. Wahlgang am 25. November sogar 42 % der Wähler für Kandidaten der UNR und konnte diese damit 233 Abgeordnetensitze erringen, nur neun weniger als die absolute Mehrheit. Die Unabhängigen bezahlten ihre Opposition gegen de Gaulles Algerienpolitik mit einem Rückgang von 22 auf 13 %; und auch die SFIO und der MRP erlitten deutliche Einbußen. Das Regime hatte sich, soviel stand Ende 1962 fest, dank der geschickten Manöver de Gaulles zu einem Zwei-Koalitionen-System entwickelt, in dem der Gaullismus fürs erste und auf absehbare Zeit die Rolle der regierenden Mehrheit in Anspruch nehmen konnte. Die von vielen ersehnte Stabilität des Staates war endlich erreicht, freilich um den Preis einer partiellen Entmündigung seiner Bürger.

13. Das französische Wirtschaftswunder

Abschied von den Großmachtträumen, Abschied vom Kolonialreich, Abschied vom Parteienregime: Daß Frankreich diese Modernisierungskrisen überstand, ohne daß der innere Konsens wieder zerbrach, war neben der Reife seiner politischen Führer auch dem beispiellosen wirtschaftlichen Wachstum zu verdanken, das wie in anderen Industrieländern nach dem Gelingen des Wiederaufbaus einsetzte. Das Nationaleinkommen, das 1948 wieder den Vorkriegsstand und 1950 das Niveau vor Einbruch der Weltwirtschaftskrise erreicht hatte, stieg in zwanzig Jahren nahezu auf die dreifache Höhe, von einem Index von 118 im Jahr 1950 (bezogen auf 1938 = 100) über 185 in 1960 auf 327 in 1970. Das Wachstum hielt nicht nur über lange Jahre hinweg an; es beschleunigte sich sogar noch mit zunehmender Dauer. So betrug die durchschnittliche Steigerung des Bruttoinlandprodukts zwischen 1949 und 1959 jährlich 4,5 %, von 1955 bis 1968 5,7 % und von 1969 bis 1973 6,1 %. Dieses spektakuläre Wachstum, das den politischen Konflikten viel von ihrer sozialen Schärfe nahm und die privaten Energien auf die Sicherung des eigenen Anteils am allgemeinen materiellen Zuwachs lenkte, begünstigte nicht nur die Neigung zu politischer Abstinenz, die sich de Gaulle zunutze machen konnte; es führte auch endlich zu jener Dynamisierung der Gesellschaft, auf die die Modernisierer so lange hingearbeitet hatten.

13.1 Faktoren des Wachstums

Die Expansion der 50er und 60er Jahre zeigte sich vor allem in einer Steigerung der Zuwachsraten der industriellen Produktion in bislang unbekanntem Ausmaß. Nachdem der Vorkriegsstand hier schon 1947 erreicht worden war und 1950 annähernd der Stand von 1929 (129, bezogen auf 1938 = 100), wuchs der Produktionsindex bis 1958 auf 213 an, d. h. in sieben Jahren um mehr als die Hälfte, mit einer jährlichen Steigerung von etwa 6 %. Danach kam bis 1967 noch einmal über die Hälfte dazu (von 213 auf 338) und dann bis 1973 eine weitere, diesmal knappe Hälfte (von 338 auf 452). Insgesamt wuchs die Industrieproduktion in 26 Jahren auf das Viereinhalbfache des Vorkriegsstandes. Das war weit mehr als in Großbritannien oder Belgien, in relativen Zahlen (d. h. von einem niedrigeren Ausgangsniveau) auch deutlich mehr als in den USA und nahezu soviel wie in der benachbarten Bundesrepublik.

Besonders großen Anteil an dieser Expansion hatte die chemische Industrie, die sich, auf produktive Forschungsarbeiten gestützt, neue Märkte für Textilien, Plastikartikel, Wasch- und Pflegemittel erschloß: Ihre Produktion wuchs allein in den Jahren 1952–1958 um 109 %. Die Elektroindustrie, die 1950 bereits auf das Doppelte des Vorkriegsstandes angewachsen war, weitete ihr Volumen im gleichen Zeitraum um 83 % aus, begleitet von einer Steigerung der Stromerzeugung um 52 %. Beträchtlich waren auch die Zuwachsraten in der Metallindustrie: Sie wuchs, ebenfalls im Zeitraum von 1952 bis 1958, um 63 % und löste damit die unter harten Konkurrenzdruck geratene Textilindustrie als quantitativer Spitzenreiter ab. Die Stahlindustrie überwand ihre langjährige Lethargie, ohne freilich mit ihrem soliden Zuwachs (37 % in den gleichen sechs Jahren) die steigende Inlandsnachfrage allein befriedigen zu können. Ebenso erlebten Schiffbau, Maschinenbau und Flugzeugbau beträchtliche Zuwachsraten, wenn auch von jeweils bescheidenen Ausgangspunkten aus. Noch spektakulärer war das Wachstum der Autoindustrie: Sie verdoppelte ihre Produktion in den Jahren 1952 bis 1958 und führte damit den Triumph des Individualverkehrs herbei, mit weitreichenden Folgen für den Zuschnitt der Erfahrungsräume und die Lebensgewohnheiten. Der Anteil der Haushalte, die über mindestens einen Wagen verfügten, stieg von 20 % 1953 auf 40 % 1964 und dann weiter auf 62 % 1973; dabei war der Export der Produktion bei wachsender Internationalisierung des Marktes konstant mehr als doppelt so groß wie der Import ausländischer Wagen.

Einen gewissen Aufschwung erlebte selbst die Landwirtschaft. Gewiß ging der Anteil der landwirtschaftlichen Produktion am Bruttosozialprodukt weiter zurück, von 15 % 1949 auf 10 % 1960 und weniger als 6 % 1971. Auch beschleunigte sich der ohnehin schon dramatische Exodus der Landbevölkerung weiter, von 80 000 Menschen jährlich in den 20er Jahren auf 130 000 zu Beginn der 60er. Der Anteil der in der Landwirtschaft Beschäftigten sank von 28,9 % 1949 auf 21,1 % 1962 und 15 % 1968. Doch ging gleichzeitig die Zunahme der Arbeitsproduktivität mit durchschnittlich 6,4 % pro Jahr sogar noch über den Produktivitätszuwachs der Industrie hinaus und konnte die Produktion darum noch um durchschnittlich 2,5 % pro Jahr gesteigert werden. Forcierte Mechanisierung, massiver Einsatz von künstlichem Dünger, Verfeinerung der Anbau- und Züchtungsmethoden und Vergrößerung der Produktionseinheiten erlaubten endlich den Anschluß an den Rhythmus des industriellen Sektors. Zu Beginn der 50er Jahre noch nicht genügend entwickelt, um die Bevölkerung ausreichend zu ernähren, erzielte die Landwirtschaft so bald Exportüberschüsse, die, zumal seit dem Inkrafttreten der Preisgarantien des Gemeinsamen Marktes in den 60er Jahren, relativ konstant zur Aufbesserung der Handelsbilanz beitrugen.

Der Produktivitätszuwachs war aber auch in den industriellen Branchen beträchtlich. Zwischen 1946 und 1962 wurde der Aufschwung von einer nahezu gleichbleibenden Zahl aktiver Beschäftigter getragen (19,3 bis 19,8 Millionen); und auch als nach 1962 die geburtenstärkeren Jahrgänge der ersten Nachkriegsjahre allmählich ins Berufsleben einrückten – die Gesamtbevölkerung wuchs von 40,5 Millionen 1946 auf 49,8 Millionen 1968 weit schneller, als je zuvor –, ging die Ausweitung der Produktion weit über die Zunahme der Beschäftigten hinaus. Die Beschäftigten arbeiteten wieder mehr: Infolge zahlreicher Überstunden, die bei einem chronischen Mangel an Arbeitskräften unausweichlich wurden, stieg die durchschnittliche wöchentliche Arbeitszeit bis 1958 wieder auf 46 Stunden und nahm sie erst Ende der 60er Jahre langsam wieder ab. Vor allem aber arbeiteten sie zusehends produktiver: Die Arbeitsproduktivität wuchs, bezogen auf die tatsächlich geleistete Arbeitszeit, Jahr für Jahr um 4 bis 4,5 % in der Industrie und im Dienstleistungsbereich und um 5 bis 5,6 % in der gesamten Volkswirtschaft.

Daß der Wiederaufbau in ein dynamisches Wachstum überging, war also, ähnlich wie in den anderen westlichen Industrieländern zu einem guten Teil eine Folge des Fortschritts in der Entwicklung der Produktivkräfte, der Erschließung neuer Ressourcen, der Entdeckungen und der technologischen Innovation. Wichtig war aber auch, daß die neuen Möglichkeiten auch weithin aufgegriffen wurden, mit bemerkenswerter Energie und mehr und mehr auch mit der Bereitschaft, sich über traditionelle Hemmnisse hinwegzusetzen. Ein technokratischer Elan, der sich den Naturwissenschaften und der Technik zuwandte, ein allgemeines Qualifikationsstreben, oft verbunden mit dem Ehrgeiz, der nachfolgenden Generation eine bessere Zukunft zu verschaffen, erhöhte Mobilität und die Bereitschaft zur Konzentration der Kräfte unter den Auspizien der staatlichen Planung sorgten für eine allgemeine Steigerung der Produktivität und des Angebotsvolumens. Dieses traf auf einen Nachfrageüberhang, der sich seit den Jahren der Weltwirtschaftskrise, des Krieges und der Nachkriegsnöte aufgestaut hatte und nun, da die amerikanischen Finanzhilfen die Durststrecke des Konsumverzichts abkürzten, dank wachsender Kaufkraft endlich befriedigt werden konnte. Da die Qualität des Angebots der Nachfrage soweit standhielt, daß einseitige Ausweitungen des Imports vermieden werden konnten, faßten die Unternehmer auch wieder Mut, ihre Gewinne zu reinvestieren; damit wurde das Vertrauen in den Aufschwung zur wichtigsten Grundlage für sein Gelingen.

Der Ausbau des staatlichen Interventionsapparates in der Befreiungsära hat diesen Prozeß nachhaltig gefördert. Die öffentlichen Unternehmen lieferten, in der Regel jedenfalls, Beispiele effizienter Modernisierung, die zur Nachahmung anregten; Steuererleichterungen, Leitzinssenkungen und Maßnahmen zur Exportförderung regten zur Investition an; Kaufkraftabschöpfungen zur Zügelung der Inflation und Sanierung des Haushalts bremsten die Nachfrage nur vorübergehend ab (1952, 1958 und 1963). Vor allem aber sorgte die Planungsbehörde für gezielte Investitionen in jenen »schweren« Sektoren wie die Montanindustrie, die Energieversorgung und das Verkehrswesen, die geringer Rendite erwarten ließen als die »leichten« Sektoren; und solange den Unternehmen noch Kapital fehlte, um der Investitionsnachfrage gerecht zu werden, subventionierte sie Modernisierungsanstrengungen ganz allgemein. Dabei ging der Anteil der öffentlichen Mittel an den Investitionen, der 1950 noch 50 % betrug, bald wieder zurück, teils weil sie ihre Initialfunktion schon erfüllt hatten, zum Teil aber auch, weil die ökonomisch wie politisch wiedererstarkte Industrie den staatlichen Einfluß wieder zurückdrängte. Parallel dazu griffen aber Techniken und Mentalität der staatlichen Planer auf den privaten Bereich über: So blieb über die Ausbreitung einer modernen Management-Elite in den Führungsetagen der Unternehmen der Effekt für die Förderung der Produktivität im wesentlichen gleich. Die jährlichen Zuwachsraten der Investition hielten sich ab 1953 bei 10 %.

Nachdem die Produktion in den meisten Sektoren bis Ende der 50er Jahre ein Niveau erreicht hatte, das internationale Wettbewerbsfähigkeit versprach, sorgte dann die schrittweise Öffnung der Märkte im Rahmen der Europäischen Wirtschaftsgemeinschaft im Laufe der 60er Jahre dafür, daß das Wachstum fortdauerte. Diese Öffnung nach Europa hin war nicht ohne Risiken. Sie setzte die französische Wirtschaft der direkten Konkurrenz des noch dynamischeren deutschen Partners aus, und das zu einem Zeitpunkt, da die Kosten des Algerienkrieges die Inflation anheizten und die öffentlichen Kassen leerten und die garantierten Absatzmärkte in den Kolonien verlorengingen. Daß das Wagnis gelang und die französische Wirtschaft folglich ein Produktivitätsniveau erreichte, das mit der Entwicklung auf internationaler Ebene Schritt halten konnte, war im wesentlichen zwei Umständen zu verdanken: Zum einen betrieben die Regierungen der 60er Jahre eine gezielte Förderung derjenigen Industriebereiche, die internationaler Konkurrenz ausgesetzt waren und Aussichten hatten, sich dort zu behaupten. Investitionshilfen, Förderung der Konzentration und eine beträchtliche Ausweitung des Forschungsbudgets (von 2,5 % des Haushalts im Jahr 1958 auf 6,2 % 1967) ermöglichten es so einige Bereiche, tatsächlich internationale Spitzenstellungen einzunehmen; andere konnten zumindest einigermaßen mithalten. Zum anderen sorgte ein beeindruckender Rückgang der Energiekosten, vor allem durch den Rückgriff auf das billiger gewordene Erdöl, für die weitgehende Beseitigung eines Handicaps, das das an natürlichen Energiequellen vergleichsweise arme Land bislang immer erheblich belastet hatte.

Freilich konnte die französische Wirtschaft ihre Weltmarktposition nur um den Preis zunehmender Konzentration behaupten. Während es in den 50er Jahren noch kaum Unternehmenszusammenschlüsse gegeben hatte – die Expansion war vorzugsweise von den mittleren Unternehmen getragen worden –, entstanden nach dem Übergang zum Gemeinsamen Markt eine ganze Reihe großer Unternehmensgruppen. Kleinere Unternehmen verfügten nicht mehr über genügend Kapital, um die notwendigen Innovationen zu finanzieren; ausländische Gruppen, besonders aus den USA und der Bundesrepublik, kauften sich in die französische Industrie ein; und besonders in der zweiten Hälfte der 60er Jahre setzte sich auch die Regierung für die Bildung großer Unternehmensgruppen ein, die auf dem internationalen Markt konkurrenzfähig waren. So konzentrierte sich die besonders dynamische chemische Industrie auf drei große Gruppen (Pechiney-Ugine-Kuhlmann, Rhône-Poulenc und Saint-Gobain-Pont-à-Mousson); in der Automobilindustrie behaupteten sich vier große Gruppen, die zudem zunehmend kooperierten (Renault, Peugeot, Citroen und Chrysler France); und bei der in Schwierigkeiten geratenen Stahlindustrie blieben nach schmerzhaften Einschnitten nur drei Gruppen übrig, die den Markt beherrschten (Wendel Sidelor, Denain Nord-Est Longwy und Creusot-Loire). Ausländische Investoren konnten sich insbesondere in der Nahrungsmittelindustrie, in der Erdölindustrie und in der Elektroindustrie durchsetzen. Gleichzeitig engagierte sich der Staat in besonderem Maße dort, wo große Forschungsinvestitionen notwendig waren, so in der Elektronikbranche, wo mit staatlicher Subvention eine französische Gruppe gegründet wurde (die Compagnie internationale d'Informatique, CII), und die Luftfahrtindustrie, die sich auf zwei staatliche Gruppen (SNECMA und SNIAS) und einen privaten Anbieter (Dassault) konzentrierte.

Die Konzentration der Unternehmen war verbunden mit einer Beschleunigung der Ablösung der Arbeitskraft durch Kapitaleinsatz. War der Pro-Kopf-Anteil des investierten Kapitals von 1950 bis 1957 jährlich um 2,4 % gestiegen, so wuchs er jetzt zwischen 1964 und 1973 um jährlich 5,5 %. Daraus resultierte zum einen noch einmal eine Steigerung der jährlichen Wachstumsrate des Nationaleinkommens um durchschnittlich einen Prozentpunkt (was einer Steigerung von 20 % gegenüber den vorherigen Zuwachsraten entsprach), zum anderen aber auch der Beginn einer strukturellen Arbeitslosigkeit. Die Zahl der Arbeitsplätze im industriellen Bereich nahm von 1962 an nicht mehr zu, so daß die neuen Arbeitskräfte der geburtenstarken Nachkriegsjahrgänge zum Teil auf den tertiären Sektor ausweichen mußten. Da auch dieser nur begrenzt expansionsfähig war, endete um die Mitte der 60er Jahre die Zeit der Vollbeschäftigung und erreichte die Arbeitslosigkeit dann bis 1973 einen Prozentsatz von 2 bis 3 %. Allmählich wurden so zu Beginn der 70er Jahre die Grenzen des Wachstums sichtbar.

13.2 Ungleicher Wohlstand

Ohnehin wurden die Früchte des Wachstums nicht überall gleichmäßig verteilt. Nicht nur, daß im Zuge des Aufschwungs viele kleine Unternehmen auf der Strecke blieben und ganze Branchen schmerzhafte Umstrukturierungen erlebten (so neben der Stahlindustrie insbesondere die Textilindustrie); das Wirtschaftssystem schleppte auch alte Ungleichheiten und Blockierungen weiter fort und verstand es nicht immer, neue zu vermeiden.

So gelang es nicht, den Kontrast zwischen dem dynamischen Nordosten mit Paris als überlastetem Zentrum und der »Wüste« des Zentrums und des Südwestens zu überwinden. Das Problem wurde zwar erkannt; und von 1950 an wurden auch eine ganze Reihe von Maßnahmen zur Förderung der unterentwickelten, mehr denn je vom Exodus und wirtschaftlichen Verfall betroffenen Regionen ergriffen. Die Tendenz zur wirtschaftlichen Konzentration, der Zwang zum rationellen Einsatz der beschränkten Mittel und das Gewicht der zentralistischen Tradition sorgten aber dafür, daß die meisten Investitionen weiterhin dort vorgenommen wurden, wo die Entwicklung ohnehin schon vorangeschritten war. Als 1955 ein Gesetz beschlossen wurde, das neue Industrieansiedlungen in einem Umkreis von 80 Kilometer um Paris im Prinzip verbot und Ansiedlungen in strukturschwachen Gebieten mit Steuererleichterungen und Beihilfen belohnte, kam über die Hälfte dieser Mittel den Randgebieten des Pariser Beckens zugute, von Reims bis Caen und Rennes. Die Dezentralisierungsanstrengungen der 60er Jahre halfen zwar einigen Regionen, ihren Rückstand zu verringern (so dem Zentrum, der Normandie, der Loire-Region, der Bretagne und der Region Poitou-Charentes); sie konnten aber nicht verhindern, daß sich das Schwergewicht sogar noch etwas weiter nach Nordwesten verschob. Lediglich die Konzentration auf die Pariser Region ließ etwas nach, insbesondere im industriellen Bereich.

Ähnlich akzentuierte das Wachstum noch die sozialen Unterschiede. So stieg der Reallohn der Facharbeiter etwa zwischen 1956 und 1964 um durchschnittlich 25 %, der Reallohn der Angestellten um 39,5 %. Der Mindestlohn, der für ungelernte Arbeitskräfte, darunter natürlich viele Frauen, gezahlt wurde, nahm im gleichen Zeitraum um ganze 3,8 % zu. Vergleicht man die Verteilung der Einkommen mit dem Anteil der einzelnen Gruppen an der Gesamtbevölkerung, so stellt man fest, daß die Inhaber der großen Firmen, die leitenden Angestellten und die Angehörigen der freien Berufe weit überproportional von dem Aufschwung profitierten, während Angestellte und Angehörige des mittleren Managements in etwa soviel erhielten, wie bei einer gleichmäßigen Verteilung zu erwarten gewesen wäre, und Arbeiter und Bauern stark benachteiligt wurden. Die 1968 durchgesetzte Anhebung der unteren Lohngruppen (über deren

Zustandekommen noch zu berichten sein wird) läutete wohl eine Trendwende ein, nach der sich die Einkommen wieder aufeinander zu bewegten; es dauerte aber auch danach noch einmal sieben Jahre, bis zumindest die Steigerung des Nominaleinkommens der Arbeiter prozentual mit dem Einkommensgewinn der Führungskräfte Schritt halten konnte. 1975 lag die Entlohnung pro Arbeitsstunde bei beiden Gruppen sechseinhalbmal so hoch wie 1955; dabei verdienten die Führungskräfte allerdings im Schnitt immer noch mehr als viermal soviel wie die Arbeiter.

Aufs Ganze gesehen ergab sich daraus, soweit man das nach den heute zur Verfügung stehenden Informationen schon feststellen kann, eine etwas breitere Streuung der Vermögen als vor Beginn der Weltwirtschaftskrise, allerdings mit einer deutlichen Bevorzugung der oberen Mittelklassen und einem breiten unteren Rand, der nach wie vor an der Grenze zum Existenzminimum oder auch darunter lebte. Zu Beginn der 70er Jahre verfügten 10 % der Haushalte über 50 % der Vermögen und 1 % der Haushalte über 15 % der Vermögen. Auf der anderen Seite blieb ein (bislang nicht genau erforschter) Prozentsatz von 6 bis 10 % der Haushalte, deren Einkünfte einschließlich der Sozialhilfen im Grunde nicht ausreichten, um das Existenzminimum zu sichern. Insbesondere alte Menschen zählten hierzu, deren Renten mit der Inflation nicht Schritt halten konnten, daneben langfristig Arbeitslose, viele nordafrikanische Hilfsarbeiter, manche Landarbeiter und Kleinhändler, die die Umstellung auf die großen Einzelhandelsketten nicht geschafft hatten.

Daß diese Ungleichheiten ertragen wurden, war zum einen darauf zurückzuführen, daß sie weitgehend im Verborgenen blieben; zum anderen resultierte der soziale Friede aber auch daraus, daß nahezu alle sozialen Schichten in den Genuß eines wachsenden Konsumgüterangebotes kamen, das die Lebensgewohnheiten zumindest der Tendenz nach nivellierte und, indem es die unterschiedlichen Schichten alle gleichermaßen als Konsumenten ansprach, die Gleichheit der Lebenschancen suggerierte. Hatten 1953 nur 8 % der Arbeiter einen eigenen Wagen, so waren es zwanzig Jahre später 72 %; und wenn sie dafür auch einen weit größeren Teil ihres Einkommens aufwenden mußten als etwa die leitenden Angestellten, so verschafften sie ihnen doch die gleiche Mobilität. Ähnlich demokratisierten sich in diesen zwanzig Jahren nach und nach die Ernährung und die Kleidung, die Ausstattung mit elektrischen Haushaltsgeräten und der Tourismus. Hinsichtlich des Wohnkomforts blieben die Unterschiede in den 50er Jahren noch beträchtlich, weil der seit dem Ersten Weltkrieg praktisch zum Erliegen gekommene Wohnungsbau mit dem plötzlichen Bevölkerungswachstum nicht schritthalten konnte; allmählich setzte aber auch hier eine Anpassung nach oben hin ein. Der Anteil der Wohnungen, die noch über kein eigenes Bad verfügten, sank von 89,6 % 1954 auf 35 % 1974. Das Fernsehen, 1958 in 5 % der Haushalte präsent und 1974 in 82,4 % aller Haushalte, dabei mehr von den unteren Klassen genutzt als vom traditionellen Bürgertum, verstärkte noch den

Eindruck des gleichen Lebenszuschnitts für alle und schuf zugleich eine neue Art der Öffentlichkeit, die jedermann erreichte, ohne daß er sich selbst artikulieren konnte.

Hinzu kam, daß die staatlichen Sozialleistungen noch über das schon 1944/45 erreichte Niveau hinaus ausgebaut wurden, zögernd zwar und nicht ohne neue Ungerechtigkeiten zu produzieren, aber doch so, daß eine gewisse Entlastung der sozial Schwachen möglich wurde. Insbesondere die Regierung Mollet setzte hier einen neuen Schub durch, so die Einführung der dritten Woche bezahlten Urlaubs und die Schaffung eines nationalen Solidaritätsfonds zur Unterstützung der Alten; und weitere Maßnahmen folgten dann zu Beginn der V. Republik. Sie ließen die öffentlichen Sozialleistungen auf über ein Drittel des Bruttosozialprodukts ansteigen und steigerten ihren Anteil an den Einkommen der Haushalte, der vor dem Krieg kaum 2 % betragen hatte, auf durchschnittlich ein Fünftel 1960 und ein Drittel in den 70er Jahren, bei einer gleichzeitigen Belastung mit direkten und indirekten Sozialabgaben in Höhe von 40 % der Einkünfte. Für die Masse der Kleinverdiener ergab sich daraus eine Einkommensaufbesserung um etwa ein Fünftel für die noch schlechter Gestellten entsprechend mehr.

Schließlich bot auch die Entwicklung des Bildungswesens ein Ventil gegen die Ansammlung allzu lebhaften Unmuts. Wer an dem Aufschwung weniger Anteil hatte als andere, konnte hoffen, seine Situation durch zusätzliche Qualifizierung zu verbessern oder zumindest seinen Kindern durch verbesserte Ausbildung einen sozialen Aufstieg zu ermöglichen. So entstand in den ersten Nachkriegsjahren eine lebhafte Bildungsbewegung und weiteten sich die Bildungseinrichtungen weit über das demographische Wachstum hinaus aus. Die Zahl der Schüler, die Einrichtungen der Sekundarstufe (11 bis 18 Jahre) besuchten, stieg von 740 000 im Schuljahr 1946/47 über 1,8 Millionen im Jahr 1961/62 auf 3,5 Millionen 1971/72. Noch stärker stieg die Zahl der Studenten: von 129 000 in 1946/47 über 232 000 in 1961/62 auf 697 000 in 1971/72. Die staatlichen Einrichtungen konnten mit diesem Wachstum kaum Schritt halten. Immerhin stieg der Anteil der Bildungsaufwendungen am Staatshaushalt von 7 % zu Beginn der 50er auf 17 % 1967 und hielt er sich von da an auf diesem Niveau; doch blockierte der Korporatismus der Lehrerverbände immer wieder die nötige Anpassung der Lehrinhalte und Strukturen an die Erfordernisse einer modernen Industriegesellschaft und sorgte die fortdauernde Dominanz der traditionellen Kultur weiter für eine wirksame soziale Selektion. Dessenungeachtet trug der Bildungseifer lange Zeit die erhofften Früchte: Wer ein Diplom erworben hatte, fand zumindest bis Mitte der 60er Jahre ohne Schwierigkeiten eine entsprechende Stelle; und viele Berufstätige konnten sich, weil es an qualifiziertem Personal allenthalben noch fehlte, über Zusatzqualifikationen Schritt für Schritt nach oben arbeiten. Mehr als die politischen Erfolge der Arbeiterbewegung ließ die zunehmende volkswirtschaftliche Bedeutung des Wissens und der spezialisierten Qualifikation die Klassenschranken allmählich durchlässiger werden.

13.3 Dispersion und neue Klassenbildung

Aus den Zugeständnissen an die Erfordernisse der Konsumgesellschaft ergab sich freilich keine Egalisierung der Lebenschancen; vielmehr ging, wie es bei den politischen Verhältnissen kaum anders sein konnte, die zunehmende Verflüssigung der hergebrachten Sozialmilieus mit der Bildung neuer Klassenschwerpunkte einher, die die alten Ungleichheiten neu akzentuierten.

So verstanden es traditionelle Großgrundbesitzer und ein Teil der bäuerlichen Unternehmer, zusammen weniger als 10 % der verliebenen Bauern, die strukturelle Agrarrevolution zur Bildung landwirtschaftlicher Großunternehmen zu nutzen, die mit expandierenden mittelständischen Industrieunternehmen vergleichbar waren und ihre Eigentümer ökonomisch wie sozial in die Nähe des Großbürgertums rückte. Darunter blieb eine große Gruppe bäuerlicher Familienbetriebe, die mit dem Mut zum unternehmerischen Risiko und mit sehr unterschiedlichen Erfolgen auf die maschinenintensive Modernisierung setzten, und eine zunehmend marginalisierte Gruppe von Kleinbauern, die an den unteren Rand der allgemeinen Einkommensskala rückte. Beide litten unter der gleichen Tendenz zur Selbstausbeutung und unter der verschärften Isolation des Landlebens, bewegten sich aber im übrigen in ihrer Mentalität und in ihrem sozialen Status zunehmend voneinander weg, die einen in das Lager der aufsteigenden Mittelschichten, die anderen an den Rand der Gesellschaft. Parallel dazu näherten sich die Landarbeiter, deren Zahl noch stärker zurückging als die Zahl der Hofeigner, allmählich dem Status der unqualifizierten Arbeiter in der Industrie: Die langjährigen Bemühungen der Gewerkschaften, hier Fuß zu fassen, hatten endlich Erfolg; und 1968 gelang es ihnen auch, die formale Gleichstellung der Landarbeiter mit den Industriearbeitern durchzusetzen.

Diese, die größte Gruppe unter den Beschäftigten, mit immer noch leicht steigender Tendenz (von 33,8 % der Aktivbevölkerung 1954 auf 37,7 % 1975), erlebten denn auch den größten Zuzug aus dem ländlichen Bereich; ebenso wie ausländische Arbeiter die Reihen der gelernten Arbeitskräfte nicht nur in der Industrie, sondern auch auf dem Lande verstärkten. Dabei stellten nun die angelernten »Ouvriers spécialisés« die stärkste Fraktion der Industriearbeiter. Rasch austauschbar, zur Mobilität gezwungen und ohne großen Bewegungsspielraum in einem Produktionsprozeß, den sie nicht mehr überschauten, neigten sie mehr als die traditionellen Facharbeiter dazu, ihre Identität außerhalb der Arbeitswelt zu suchen, und verstärkten somit die Tendenz zur Integration der Arbeiterklasse in die Konsumgesellschaft. Das außerordentlich hohe Maß an Fremdbestimmung und die fortdauernde Schwierigkeit, mit den öffentlich propagierten Maßstäben des Konsums Schritt zu halten, sorgten allerdings dafür, daß auch bei ihnen, ebenso wie bei den unqualifizierten Hilfsarbeitern, ein Rest von Klassenbewußtsein erhalten blieb; es äußerte sich freilich weniger in der Bereitschaft zu kollektivem Handeln als in der Suche nach individuellen Emanzipationsstrategien. Der gewerkschaftliche Organisationsgrad sank mit dem Aufschwung der Befreiungsära wieder unter die 20 %-Marke; dennoch konnte insbesondere die CGT ihre Rolle als Wortführerin der Arbeiter-Unzufriedenheit behaupten.

Aus der Schwerpunktverlagerung auf die angelernten Arbeiter ergab sich keineswegs eine Marginalisierung der Facharbeiter. Diese wurden wegen des zunehmenden Bedarfs an qualifizierten Produkten nach wie vor gebraucht, so daß ihr Anteil in den 60er Jahren sogar wieder prozentual zunahm. Sie fanden dabei allerdings nicht die Geschlossenheit ihres früheren Milieus wieder; vielmehr kamen sie von ganz unterschiedlichen Produktionsstätten zum Einsatz – voneinander getrennt und mit deutlichem Abstand zur Masse der Angelernten und Ungelernten. Außerdem wurden die Grenzen zu der zunehmenden Zahl von Technikern, Verwaltungsangestellten und Ingenieuren fließend: Beide Gruppen hatten spezialisierte Funktionen in einem nicht von ihnen gelenkten Produktionsprozeß zu übernehmen; beide waren aber auch oft für die Anleitung und die Kontrolle der Fließbandarbeiter und Hilfskräfte zuständig. Daraus resultierten sowohl Tendenzen zur »Verbürgerlichung« der qualifizierten Arbeiter als auch Tendenzen zur »Proletarisierung« der mittleren Führungskräfte, ohne daß sich hier wie dort ein klares Klassenprofil abzeichnete.

Ohnehin überlappten sich die mittleren und oberen Kategorien der Arbeiter mehr und mehr mit den Angestellten, deren Zahl mit dem Ausbau der Dienstleistungsgewerbe, dem Wachsen der Staatsaufgaben und der Bürokratisierung des Produktionsprozesses rasch zunahm (von 10,8 % der Aktivbevölkerung 1954 auf 17,7 % 1975; dazu die mittleren Führungskräfte, deren Anteil im gleichen Zeitraum von 5,8 % auf 12,7 % stieg). Auf der einen Seite rückten die qualifizierten Facharbeiter im Lohnniveau über einen guten Teil der Angestellten hinaus; auf der anderen Seite näherte sich die große Masse der Büroangestellten und Verkäufer den Arbeitsbedingungen nach den angelernten Arbeitern an. Die traditionellen Schranken, die die Angestellten von der Welt der Arbeiter getrennt hatten, wurden folglich allmählich abgebaut. Allerdings richteten sie ihren Blick weiterhin nach oben und ermöglichte ihnen die Fülle neuer Dienstleistungsfunktionen, verbunden mit ihrer größeren Vertrautheit mit der bürgerlichen Kultur, auch tatsächlich eher den Aufstieg in die Reihen der Mittelklassen.

Die mittleren Angestellten und Beamten, auch sie in voller Expansion, entwickelten sich so zum eigentlichen Epizentrum der Gesellschaft: Vielfach hierarisch gegliedert, aber mit zahlreichen Möglichkeiten zur Promotion und mit gleitenden Übergängen nach unten und nach oben (der die Hervorhebung der mittleren Führungskräfte in den offiziellen Statistiken nicht gerecht wird), absorbierte diese Gruppe sowohl Aufsteiger als auch Angehörige traditioneller bürgerlicher Berufe, die durch die wirtschaftliche Konzentration in Schwierigkeiten geraten waren. Zugleich prägte sie, für die Masse der »kleinen Leute« als Zielperspektive eben noch vorstellbar und für die Produzenten des Massenmarktes als Leitbild opportun, mit ihrer Mischung von Überschaubarkeit und Flexibilität dem gesellschaftlichen Leben ihre Züge auf, verlieh der Konsumideologie ihren materiellen Rückhalt und verhalf damit einem neuen Mittelstandsbewußtsein zum Durchbruch, das die hergebrachte kulturelle Hegemonie des Bürgertums eher ablöste als modifizierte.

Die enorme Absorptionsfähigkeit dieses »neuen Mittelstandes« erklärt auch, wieso sich der weitere Abstieg des traditionellen mittleren Bürgertums und Kleinbürgertums, dessen Anfänge die III. Republik so stark belastet hatten, nun ohne größere gesellschaftliche Erschütterungen vollzog. Gewiß endete der Kampf der selbständigen Handwerksmeister und Einzelhändler, die 1954 zusammen noch 11,5 % der Aktivbevölkerung ausmachten, ums Überleben in einer vom Zwang zur Konzentration geprägten Marktwirtschaft für manch einen mit radikaler Selbstausbeutung oder schmerzhafter Deklassierung. Auch führten die Versuche des Staates, den Marktgesetzen Geltung zu verschaffen, zweimal zur Bildung aggressiver Protestbewegungen: zur »Union de défense des commerçants et artisans« (UDCA) unter Pierre Poujade 1954 und zur weniger populistischen, dafür aber dauerhaften »Union nationale des artisans et travailleurs indépendants« (UNATI) unter Gérard Nicoud 1969. Doch fanden diejenigen, denen weder die Expansion noch die Spezialisierung gelang, zumeist eine neue, oft verwandte Tätigkeit im Angestellten- oder Facharbeiterbereich, die sie weder sozial noch ökonomisch degradierte, und gelang ihnen dank ihres Vorsprungs an Wissen und unternehmerischem Elan in dem neuen Milieu oft auch noch ein gewisser Aufstieg.

Nachdem so der Ausbau des Sozialstaates und das Wachstum des »neuen Mittelstandes« für eine Dämpfung sozialer Spannungen sorgten, war es keine Überraschung mehr, daß das gehobene Bürgertum den Aufschwung zu einer Konsolidierung seiner Position nutzen konnte. Wohl gab es auch hier Veränderungen: den Zuzug einer Reihe leistungsbetonter Aufsteiger und eine strukturelle Verschiebung vom Vermögen zum Wissen, vom Kapital zur Leistung. Doch fiel kaum jemand, der schon zu dieser Schicht gehörte, wieder aus ihr heraus, und konnte sie ihren Wohlstand insgesamt deutlich vermehren. Das gilt sowohl für die Angehörigen der freien Berufe, die ihre Korporationsrechte dazu nutzten, ihre soziale Position bei im wesentlichen gleichbleibender Zahl zu behaupten und sich zugleich einen besonders großen ökonomischen Zugewinn zu verschaffen, als auch für die leitenden Angestellten und Beamten, deren Zahl sich angesichts der zunehmenden Bedeutung des tertiären Sektors in zwanzig Jahren mehr als verdoppelte (von 2,3 % der Aktivbevölkerung 1954 auf 5,9 % 1975). Im Lager der Unternehmer sah es insofern etwas schwieriger aus, als die Konzentration das Risiko des Absturzes vergrößerte und viele Kapitalbesitzer entmachtete; doch wurde der Verlust an Sicherheit und Entscheidungsfreiheit häufig durch materiellen Zuwachs kompensiert.

Die Konzentration von Macht und Kapital führte allerdings nicht zur Konstituierung einer homogenen Entscheidungselite. Die Beziehungen zwischen Kapitaleignern und Managern blieben konfliktträchtig, ebenso die Beziehungen zwischen Verwaltungselite und politischer Elite; und trotz des oft gemeinsamen Hintergrunds hielt sich auch eine deutliche Distanz zwischen den Führungskräften der Verwaltung und den deutlich besser bezahlten, dafür aber häufig vom Wohlwollen weniger Großkapitalisten abhängigen Spitzenmanagern. Eine eindeutig herrschende Klasse war folglich nicht mehr auszumachen. Dessenungeachtet gab es nach wie vor viele Querverbindungen zwischen wirtschaftlichen Eliten und politischen Notabeln und entwickelten Politiker und Technokraten den gleichen aktivistischen Lebensstil. Und natürlich rekrutierten sich die verschiedenen Eliten nach wie vor vorwiegend aus dem gehobenen bürgerlichen Milieu, während die Masse der kleinen Angestellten und insbesondere der Arbeiter durch eine Reihe höchst wirkungsvoller Barrieren daran gehindert wurde, in der gesellschaftlichen Hierarchie allzuweit voranzukommen. Die Grenzen zwischen mittlerem und gehobenem Bürgertum blieben zwar fließend, doch blieb, was Einkommen, Vermögen und Einfluß betraf, auch der Abstand zwischen diesen beiden Gruppen beträchtlich und nahm er mit zunehmender Konsolidierung des Wachstums sogar noch zu.

Am Ende des Umbruchs, der zu Beginn der 50er Jahre einsetzte und sich in den 60er Jahren beschleunigt vollzog, stand somit weder die Restauration der bürgerlichen Dominanz der Vorkriegszeit noch die Etablierung jener sozialen Demokratie, auf die viele hofften und von der noch mehr sprachen. Der Staat war stärker geworden, die Wirtschaft produktiver, die Gesellschaft durchlässiger; und die neuen Eliten der Résistance-Generation hatten sich fest in die Machtstruktur integriert. Doch machten sich die Unterschiede im materiellen wie im kulturellen Erbe nach wie vor in starkem Maße bemerkbar und führte die beschleunigte Entfaltung der Produktivkräfte darum zur Herausbildung von drei deutlich voneinander getrennten gesellschaftlichen Zentren, um die sich die verschiedenen Klassen und Schichten herumgruppierten: eine in sich mehrfach gebrochene Machtelite, eine breite Masse von lohnabhängigen Normalverbrauchern, und eine aktive neue Mittelklasse, deren Expansion für den Bestand des Systems unverzichtbar war. Der Abstand zwischen diesen Zentren blieb groß, die hierarchische Gliederung vielfältig, und die Partizipationsmöglichkeiten blieben gering. Das war eine Situation, die – bei allem Fortschritt gegenüber der Zeit der »blockierten Gesellschaft« – notwendigerweise neue Frustrationen hervorrufen mußte. Die Frage war nur, ob es gelingen würde, diese so zu bündeln, daß sich daraus Alternativen zur gaullistischen Variante des modernen Wohlfahrtsstaates entwickeln ließen.

14. Die Innenpolitik des Wachstumsstaats

Das Problem der Organisation der industriellen Gesellschaft, die sich im Gefolge des französischen Wirtschaftswunders etablierte, war mit der Konsolidierung der V. Republik als Präsidialregime noch nicht gelöst. Gewiß war die zuvor so bedrückende Belastung mit dem Algerienkrieg überwunden und verfügte das Land endlich wieder über eine handlungsfähige Exekutive. Doch war die Stärke dieser Exekutive eng an die Person de Gaulles gebunden, wurde sie weder von einem kohärenten Programm noch von einer eigenständigen politischen Formation getragen und war darum ungewiß, wie sie den Abbau der Ausnahmesituation charismatischer Herrschaft überstehen würde. Ebensowenig war klar, wie die unterschiedlichen gesellschaftlichen Interessen in Zukunft zur Geltung kommen sollten, ob die oppositionellen Kräfte je in der Lage sein würden, ihrerseits den Präsidenten zu stellen, und ob die neue Verfassungsordnung folglich auf Dauer genügend Legitimation erwerben würde. Sowohl de Gaulle als auch seine innenpolitischen Gegner standen vor der Aufgabe, neue Formen der politischen Willensbildung zu entwickeln, die den Bedürfnissen einer in Bewegung geratenen Gesellschaft entsprachen.

14.1 Vergebliche Integrationsversuche

De Gaulle versuchte sie dadurch zu lösen, daß er den direkten Kontakt zur Bevölkerung verstärkte und dabei die Notwendigkeit predigte, die Modernisierung des Landes mit Erfolg anzupacken. In ungezählten Provinzreisen, dramatischen Fernsehauftritten und kunstvoll inszenierten Pressekonferenzen suchte er die Nation »in ihren Tiefen« zu erreichen, an das Gewissen eines jeden einzelnen zu appellieren und sich so das Mandat für die Lenkung der Geschicke der Nation immer wieder bestätigen zu lassen. Die Parteien drängte er als schädliche Vertreter egoistischer Partikularinteressen zur Seite, ebenso die lokalen oder regionalen Notabeln, die Gewerkschaften und die seit der Beschleunigung des Wachstums vermehrt auftretenden Interessenverbände. Die UNR organisierte er bewußt nicht als Massenpartei, sondern als lockere Sammlung von Führungskräften unterschiedlicher Herkunft und unterschiedlicher politischer Couleur, die sich für die Durchsetzung seiner Politik zur Verfügung stellten. Sie verfügte weder über ein ausdiskutiertes Programm noch durfte sie eine autonome Führungsstruktur entwickeln; es wurde ihr noch nicht einmal gestattet, mit dem Namen de Gaulles zu werben und Exklusivität für die Vertretung gaullistischer Positionen zu beanspruchen. Anstelle der Zwischengewalten stärkte er überall die Position der Fachleute, die im Auftrag der Exekutive agierten; und im Zuge der Konsolidierung seiner Position löste er auch an der Spitze der Exekutive die Politiker mehr und mehr durch Technokraten ab. Ministerpräsident Debré, dem die Etablierung eines starken parlamentarischen Regimes nach britischem Muster vorschwebte, mußte sein Amt im April 1962 an Georges Pompidou abgeben, einen früheren Kabinettsdirektor de Gaulles, der zwischenzeitlich Karriere bei der Rothschild-Bank gemacht hatte und dem politischen Publikum völlig unbekannt war. Er sollte helfen, den direkten Dialog zwischen dem Präsidenten und seinem Volk zu vertiefen, und im übrigen für den Aufbau einer leistungsfähigen Verwaltung sorgen, die im Interesse der Nation ausführte, was das Volk dem Präsidenten anvertraut hatte.

Das war eine Konzeption, die naturgemäß viel Beifall in den Reihen der Technokraten fand und auch gut mit der verbreiteten Neigung zur politischen Apathie korrespondierte. Sie vereinte traditionellen Apolitismus mit modernistischer Wohlfahrtsstaats-Ideologie und bot darum den verschiedensten gesellschaftlichen Gruppen einen Ansatzpunkt zur Identifikation. Nachdem die Anhänger des Präsidenten in der Wahl vom November 1962 einen so eindrucksvollen Sieg errungen hatten, näherten sich ihr auch die geschlagenen Konservativen an, die bislang die Hauptnutznießer des Notabelnprinzips gewesen waren: Von den knapp fünfzig »Unabhängigen«, die in die Nationalversammlung zurückkehrten, konstituierten sich 36 unter der Führung von Pompidous Finanzminister Valéry Giscard d'Estaing zu einer Fraktion »Unabhängiger Republikaner«, die den Abschied von Algerien rasch verschmerzte und sich entschloß, den Weg der technokratischen Modernisierung an der Seite de Gaulles mitzugehen. Sie verhalf de Gaulle zu der nötigen parlamentarischen Mehrheit und erleichterte ihm damit, auch wenn sie sich ihre Unterstützung gelegentlich bezahlen ließ, grundsätzlich das Regieren über den Parteien. So konnte die zweite Regierung Pompidou das Tempo des Modernisierungsprogramms im Windschatten der Autorität des Präsidenten ziemlich geräuschlos beschleunigen.

Indessen verschlimmerte de Gaulle mit der Schwächung der Zwischengewalten noch das Übel, gegen das er angetreten war. Weil die Zentralgewalt weder alles wissen noch alles regulieren konnte und es auch kein politisches Gegengewicht gegen heimliche Obstruktion in der Verwaltung mehr gab, breitete sich rasch neue Unzufriedenheit aus; und weil sich diese Unzufriedenheit nicht mehr auf legitimen Wegen artikulieren konnte, schlug sie sich noch stärker als zuvor in ungehemmter Reklamation von Partikularinteressen nieder, bisweilen gesteigert bis zur gewalttätigen Bekundung ohnmächtigen Protests. Die Repräsentanten des Staates und auch de Gaulle selbst reagierten auf die Zeichen der Unbotmäßigkeit mit Unverständnis und Repression; und so ging die charismatische Herrschaft allmählich in eine autoritäre über – von denjenigen, die von der Entwicklung profitieren, nur passiv unterstützt und von den Unzufriedenen mit wachsendem Mißmut ertragen. Schon im Frühjahr 1963 signalisierte ein Bergarbeiterstreik, auf welch schwachen Grundlagen die Herrschaft de Gaulles beruhte: Als er den Ausstand, der nahezu die gesamte Schwerindustrie lahmlegte, durch die Zwangsverpflichtung der Arbeiter beenden wollte, wurde seine Anordnung nicht befolgt; nach über einem Monat, in dem er zusehends an Ansehen verlor, mußte er schließlich den Forderungen der Streikenden nachgeben. Dieses Warnsignal wurde jedoch nicht beachtet; die schleichende Desintegration von Staat und Gesellschaft dauerte an, ohne daß de Gaulle ihr entgegenzusteuern vermochte.

Unterdessen hatten sich in Reaktion auf die Unbeweglichkeit der traditionellen Parteien und die von de Gaulle betriebene Entpolitisierung des öffentlichen Lebens eine ganze Reihe politischer Clubs gebildet, die eine Erneuerung demokratischer Strukturen in der Tradition des Mendesismus betrieben – so der »Club Jean Moulin« mit Georges Suffert, Michel Crozier, Maurice Duverger und anderen, die »Citoyens 60«, die Linkskatholiken wie Gabriel Bergougnoux und Jacques Delors sammelten, und die »Convention des Institutions Républicaines« (CIR) um François Mitterrand und Charles Hernu. Aus ihren Reihen ging der erste Versuch hervor, eine Alternative zu de Gaulle durchzusetzen: die Kandidatur eines Vertreters der demokratischen Linken für die Präsidentschaftswahlen 1965, die zugleich dafür sorgen sollte, auf der Grundlage von SFIO, MRP, Radicaux, nichtkommunistischen Gewerkschaften und Clubs eine neue demokratische Reformpartei zu schaffen. Tatsächlich gelang es den Initiatoren dieses Projekts – der »Club Jean Moulin« und die Zeitschrift »Express« – mit einer geschickt inszenierten Kampagne, die den künftigen Kandidaten zunächst nur als »Monsieur X.« vorstellte, den zögernden Parteizentralen schon Ende 1963 den sozialistischen Bürgermeister von Marseille, Gaston Defferre, als gemeinsamen Präsidentschaftskandidaten aufzuzwingen. Die Verhandlungen über die Parteifusionierung gestaltete sich jedoch äußerst schwierig; und das Defferre weniger als Herausforderer der etablierten Parteiführer denn als Vermittler auftrat, endeten sie schließlich im Juni 1965 mit einem Mißerfolg. Nachdem der MRP, durch die Intransigenz Mollets herausgefordert, dem Vorhaben eine Absage erteilt hatte, zog Defferre seine Kandidatur zurück.

Danach zogen die Mitte und die Linke getrennt und ohne klar umrissene Programme in den Wahlkampf. Bei der Linken konnte sich Mitterrand als Kandidat durchsetzen, gestützt auf eine lockere »Fédération de la

Gauche démocrate et socialiste« (FGDS) aus SFIO, CIR und Teilen der Radicaux. Er fand auch die Unterstützung der Kommunisten (die eine Neuauflage des Bündnisses der demokratischen Linken mit dem MRP natürlich verhindern wollten) und konnte sich somit immerhin als einziger Kandidat der Linken präsentieren; ein verbindliches Regierungsprogramm für diese heterogene Linkskoalition konnte er freilich nicht vorlegen. Daneben präsentierte sich der neue MRP-Vorsitzende Jean Lecanuet als Kandidat der Mitte gänzlich ohne überparteiliche Absprachen, allein in der vagen Hoffnung auf eine neue Mehrheit zwischen Gaullismus und traditionellen Arbeiterparteien. Eine sonderlich glaubwürdige Alternative zur bisherigen Mehrheit war folglich nicht in Sicht. Dennoch entschied sich de Gaulle – wie es scheint, erst im Sommer oder Herbst 1965 –, entgegen seinen ursprünglichen Absichten noch einmal selbst für das Präsidentenamt zu kandidieren: Offensichtlich erschien ihm die Opposition doch zu bedrohlich und das eigene Lager zu wenig gefestigt, um Pompidou oder einen anderen Nachfolger ins Rennen zu schicken.

Daß de Gaulle danach nicht schon aus dem ersten Wahlgang am 5. Dezember 1965 mit absoluter Mehrheit hervorging, kam für alle Beobachter überraschend und zeigte das unterdessen tatsächlich schon erreichte Maß der Erosion charismatischer Herrschaft an. Der amtierende Präsident konnte nur 43,7 % der Stimmen auf sich vereinen, weniger als seine beiden Herausforderer zusammen. Von diesen erhielt Mitterrand 32,2 %, deutlich mehr als erwartet, und Lecanuet 15,8 %. In der Stichwahl am 19. Dezember konnte sich de Gaulle dann allerdings noch einmal mit 54,5 zu 45,4 % gegen Mitterrand durchsetzen: Die Wähler der Mitte leisteten der Empfehlung Lecanuets, gegen den General zu stimmen, nur zu einem geringen Teil Folge. Das war rechnerisch ein großer Wahlsieg, politisch aber nur ein zweifelhafter Erfolg: Er lag deutlich unter dem Ergebnis des Referendums vom Oktober 1962 (61,7 %) und kam nach einer Kampagne zustande, in der der Kritiker der »Parteien von gestern« mit einem Male selbst als Repräsentant einer unbeweglich gewordenen Macht erschienen war, während Mitterrand als Hoffnungsträger einer »modernen Linken« Eindruck gemacht hatte.

Das Prestige, das Mitterrand mit seinem Achtungserfolg gegenüber de Gaulle sammeln konnte, reichte freilich nicht aus, um seinerseits eine handlungsfähige Alternativmehrheit zu formieren. Es gelang ihm wohl, die FGDS auf ein gemeinsames Wahlprogramm für die Anfang 1967 anstehenden Parlamentswahlen zu verpflichten und die Radicaux davon zu überzeugen, geschlossen auf Listen der FGDS anzutreten; und Ende 1966 brachte er auch ein Abkommen zwischen FGDS und kommunistischer Parteiführung zustande, in dem sich beide Seiten zur Stichwahlhilfe verpflichteten. Doch blieb eine Absprache mit der PCF über ein mögliches Regierungsprogramm weiterhin außer Reichweite und ging die erhoffte Verschmelzung der demokratischen Linken auch ohne MRP nicht weiter voran. Es blieb unentschieden, ob die Ablösung de Gaulles über eine Regierung der linken Mitte oder über ein Regierungsbündnis mit den Kommunisten angestrebt werden sollte, und es blieb bei heftigen Spannungen zwischen den verschiedenen Flügeln einer möglichen Linksmehrheit. Folglich konnte das Bündnis aus FGDS und PCF seine Position in den Wahlen vom 5. und 12. März 1967 kaum ausbauen (zusammen 43,5% im ersten Wahlgang, gerade ein halbes Prozent mehr als 1962); lediglich seine parlamentarische Vertretung gewann dank der verbesserten Stichwahlhilfe deutlich an Gewicht (von zusammen 135 auf 194 Abgeordnete). Daneben behauptete das Demokratische Zentrum, ein lockerer Zusammenschluß des MRP mit einigen konservativen und Mitte-Links-Abgeordneten, mit 13,4% knapp den Anteil, den Lecanuet 1965 auf sich vereint hatte. Die Regierungsmehrheit, die mit einer gemeinsamen Liste von Gaullisten und Giscardianern angetreten war, behielt nur dank der Resultate in den Übersee-Departements eine knappe absolute Mehrheit.

Blieben so die Anläufe zur Entwicklung einer demokratischen Alternative fürs erste in den Gegensätzen innerhalb der Linken stecken, so gelang es auf der anderen Seite aber auch de Gaulle nicht, seiner Bewegung noch einmal neues Leben einzuhauchen. Er spürte wohl unterdessen, daß der von ihm angestrebte Dialog zwischen dem Präsidenten und seinem Volk nicht recht zustande kam und redete darum immer häufiger von der Notwendigkeit, die Gesellschaft durch »participation« gründlich umzubauen. Doch waren ihm die Gründe für seine Schwierigkeiten nicht hinlänglich klar und hinderten ihn zudem, die eng gewordenen parlamentarischen Mehrheitsverhältnisse, Reformprojekte großen Stils entschlossen anzugehen. Das wirtschaftliche Wachstum wurde weiter über Erleichterungen für die Industrie und nicht etwa über Maßnahmen zur Stärkung der Kaufkraft gefördert; eine Initiative der Linksgaullisten zur Einführung einer Gewinnbeteiligung der Arbeitnehmer führte nur zu einem ganz bescheidenen Ergebnis. Unbeweglichkeit wurde somit zum wichtigsten Kennzeichen des politischen Lebens in der zweiten Hälfte der 60er Jahre.

14.2 Die Krise des Mai 1968

Wie groß das Protestpotential war, das sich auf diese Weise ansammelte, wurde schlagartig deutlich, als sich im Frühjahr 1968 aus scheinbar nichtigem Anlaß heftige Unruhen entwickelten, die die Autorität der Regierung in Frage stellten. Sie begannen, kaum beachtet, Ende März mit einer Auseinandersetzung zwischen Studenten und dem Dekanat der Philosophischen Fakultät der Sorbonne, die in den Pariser Vorort Nanterre ausgelagert worden war. Dabei ging es zunächst um praktische Fragen der

Studienorganisation; als die Universitätsleitung auf die Besetzung von Universitätsräumen mit zeitweiliger Schließung der Fakultät und Polizeieinsatz reagierte, weitete sich der Protest gegen die erstarrte Universitätsstruktur dann aber rasch zur Kritik an den »spätkapitalistischen« Gesellschaftsverhältnissen generell aus, mit heftiger Empörung über den »schmutzigen Krieg« der USA in Vietnam und der Forderung nach Aufhebung der »Entfremdung« in allen Lebensbereichen. Anfang Mai hatten sich soviele Studenten mit der Protestbewegung solidarisiert, daß sich die Universitätsleitung genötigt glaubte, die gesamte Sorbonne schließen zu müssen; daraufhin lieferten sich demonstrierende Studenten und Polizisten tagelange Auseinandersetzungen, die in der »Nacht der Barrikaden« vom 10. zum 11. Mai ihren dramatischen Höhepunkt erreichten: Nachdem die Polizei an die sechzig von Studenten errichtete Barrikaden gestürmt hatte, wurden über 400 verletzte Opfer der Straßenkämpfe gezählt.

Das massive Vorgehen der Polizei wurde zum Anlaß für eine Ausweitung des Protestes über das studentische Milieu hinaus. Die Gewerkschaftszentralen riefen über den 13. Mai zu einem Generalstreik gegen die Polizeimaßnahmen auf. In Paris beteiligten sich daraufhin Arbeiter und Studenten, zusammen über 200000 Menschen, an einem gemeinsamen Demonstrationszug; die Bewegung griff auf die Provinzstädte über; und in zahlreichen Betrieben kam es zu Arbeitsniederlegungen und Fabrikbesetzungen. Bis zum 20. Mai traten, ohne daß die Gewerkschaftszentralen die Entwicklung irgendwie unter Kontrolle hatten, zehn Millionen Arbeitnehmer in den Ausstand und legten damit weite Bereiche der nationalen Produktion lahm. In den besetzten Fabriken bildeten sich spontane Aktionskomitees, die über Partizipationsstrategien diskutierten; und auf den Straßen der Hauptstadt vermengten sich Kundgebungen, Feiern und neue Zusammenstöße mit der Polizei zu einem einzigen großen »Happening«.

Hinter dieser gewaltigen Ansammlung von Protest und Verweigerung standen unterschiedliche Impulse: Die Frustration der Arbeiter über die seit langem andauernde krasse Benachteiligung bei der Verteilung der Früchte des Wirtschaftswunders; das Erschrecken insbesondere junger und qualifizierter Arbeitskräfte über die Gefahr neuer Arbeitslosigkeit, wie sie sich seit der Rezession von 1967 nach einer langen Zeit der Vollbeschäftigung wieder bemerkbar machte; die Schwierigkeiten der geburtenstarken ersten Nachkriegsjahrgänge mit einem rigiden Universitätssystem; die Furcht vieler Studenten, keinen adäquaten Platz in der Gesellschaft mehr zu finden; die Abscheu vieler Bürger vor einer Staatsgewalt, die auf Krisensymptome anscheinend nur mit autoritärer Repression zu antworten wußte; moralische Empörung über Kriegsverbrechen, die im Namen der »Freien Welt« begangen wurden; Auflehnung gegen ein bürgerliches Wertesystem, das den Erfordernissen der dynamisierten Industriegesellschaft nicht mehr entsprach. Zu einem kohärenten Programm konnten sich diese Impulse nicht verdichten; und so kamen auch Versuche, eine gemeinsame Strategie von Arbeitern und Studenten zu entwickeln, über erste Ansätze nicht hinaus. Gemeinsam war allen Beteiligten aber die Zurückweisung der Entpolitisierungsversuche der gaullistischen Technokratie, häufig sogar verbunden mit vermehrtem Streben nach Selbstbestimmung. Das stellte nicht nur eine gewisse Identität der Mai-Bewegung her, sondern ließ sie auch trotz ihrer Disparatheit zu einer ernsthaften Herausforderung für das Regime werden.

Tatsächlich versagten alle Mittel, die der Staatsführung herkömmlicherweise zur Eindämmung solcher Unruhen zur Verfügung standen. Als Ministerpräsident Pompidou in einer eilig angesetzten Fernsehrede am 11. Mai die Wiedereröffnung der Sorbonne ankündigte und die Beteiligung aller interessierten Gruppen an der Vorbereitung einer Hochschulreform versprach, wurde das nur als Ermutigung zu weiteren Protestaktionen verstanden. De Gaulles Fernsehansprache vom 24. Mai, in der er in bewährter Manier ein baldiges Referendum über ein weitreichendes »Partizipations«-Gesetz ankündigte, wurde als billiges Manöver abgetan und erschütterte darum die Autorität des Generals selbst in den Reihen seiner Anhänger. Noch nicht einmal Pompidous Bemühungen, den streikenden Arbeitern eine substantielle Lohnerhöhung zu vermitteln, führten zu dem erhofften Erfolg: Pompidou fand dafür wohl die Unterstützung der CGT und der kommunistischen Parteiführung, die die Streikbewegung zu einem traditionellen Lohnkampf umzufunktionieren suchten, um die Kontrolle über ihren Arbeiteranhang nicht zu verlieren; und die Arbeitgeber fanden sich aus Furcht vor einer weiteren Zuspitzung der Situation auch zu weitgehenden Zugeständnissen bereit: Erhöhung des Mindestlohns in der Industrie um 36 %, in der Landwirtschaft um 56 %, generelle Lohnerhöhung in zwei Tranchen zu je 10 %, zahlreiche Verpflichtungen zur Verbesserung der Sozialleistungen und zur Stärkung der Stellung der Gewerkschaften in den Betrieben. Als die CGT-Führer diese »Grenelle-Vereinbarungen« vom 27. Mai (so genannt nach dem Verhandlungsort, dem Sitz des Arbeitsministeriums in der rue Grenelle) den Renault-Arbeitern präsentierten, wurden sie ausgebuht; die Streiks gingen weiter.

Nach diesen Fehlschlägen waren die Regierenden ratlos und begann sich ihre Macht sichtlich aufzulösen. Am Nachmittag des 27. Mai wurde in einer Versammlung im Stadion Charléty, die vom Studentenverband UNEF und der linkssozialistischen PSU (Parti Socialiste Unifié, hervorgegangen aus einer Abspaltung von der SFIO nach Mollets Votum für de Gaulle 1958) organisiert worden war, die Parole ausgegeben, daß »die Revolution möglich« sei. Tags darauf erklärte Mitterrand in einer Pressekonferenz, es gäbe keinen Staat mehr und es müsse jetzt eine Übergangsregierung organisiert werden, am besten mit Mendès France an der Spitze. Und am 29. Mai verschwand de Gaulle aus Paris, ohne auch nur seinen Premierminister über seinen Verbleib zu informieren. Wie später bekannt wurde, flog er mit seiner Frau zum Oberbefehlshaber der französischen Truppen in Deutschland, General Massu nach Baden-Baden – offensichtlich nahe daran, abzudanken und in der Bundesrepublik um Exil nachzusuchen, zugleich aber noch auf der Suche nach einer Möglichkeit, die Dinge wieder in den Griff zu bekommen.

Von Massu entsprechend bestärkt, entschloß sich de Gaulle am Nachmittag des 29., den Kampf noch einmal aufzunehmen. Er war sich nun nicht nur der Unterstützung durch die Armee vollkommen sicher, sondern spekulierte vermutlich auch darauf, daß sein Verschwinden schon genügend Angst vor dem Chaos produzieren würde, um die Mehrheit der Bevölkerung zu einem neuen Vertrauensvotum für ihn zu bewegen. Tatsächlich brachte seine Rückkehr allein aber noch nicht die Wende. Entscheidend wurde vielmehr, daß ihm Pompidou am 30. Mai das Zugeständnis abrang, auf das angekündigte Referendum vorerst zu verzichten und stattdessen Neuwahlen zur Nationalversammlung anzusetzen. Das brachte den angeschlagenen General aus der Schußlinie und akzentuierte zugleich die Gegensätze in den Reihen seiner Gegner. Zum Bruch mit dem Parlamentarismus war ja nur eine Minderheit der Mai-Bewegung bereit; die Mehrheit konzentrierte ihre Hoffnungen jetzt auf die Wahlentscheidung und begab sich damit auf ein Terrain, auf dem sie ungleich schwächer war als in der direkten Konfrontation mit dem Regime. Erst nach dieser Modifizierung der Frontstellung ließ sich die Angst der schweigenden Mehrheit mit Aussicht auf Erfolg mobilisieren: Nachdem de Gaulle am Nachmittag des 30. in einer Rundfunkansprache die Auflösung der Nationalversammlung bekanntgegeben hatte, sammelten sich 300 000 bis 400 000 Menschen zu einer von den Gaullisten organisierten »republikanischen« Gegendemonstration auf den Champs Elysées; und in den folgenden Tagen bis zum ersten Wahlgang am 23. Juni konnte die Regierung die Mai-Bewegung hemmungslos als kommunistischen Umsturzversuch diskreditieren. Mitterrand, der sich der Macht schon ganz nahe geglaubt hatte, saß nun zwischen allen Stühlen: Von den Parteien bis in die Reihen der Linken hinein als voreiliger Usurpator attakkiert und von der extremen Linken, die auf eine Fortsetzung des außerparlamentarischen Kampfes hoffte, als opportunistischer Parteipolitiker von gestern verachtet.

Mit der Verschiebung der Nachfrage auf die Wahlentscheidung setzte die Desintegration der Mai-Bewegung ein. In den ersten Junitagen nahmen die Arbeiter und Angestellten in den Verkehrsbetrieben, im Bergbau, bei der Post und bei den Elektrizitätswerken die Arbeit wieder auf, nachdem ihnen in Branchenverhandlungen materielle Genugtuung geleistet worden war. Mitte des Monats konnte die Polizei die besetzte Sorbonne räumen, ohne erneut mit gewaltigen Solidaritätsbekundungen mit den Studenten rechnen zu müssen. Und Ende Juni, nachdem es zuvor noch einmal zu heftigen Zusammenstößen mit der Polizei gekommen war, konnte die CGT auch die Arbeiter in der Metallindustrie und im Automobilbau dazu bringen, die Verhandlungsergebnisse zu akzeptieren. In der Woche zwischen dem ersten und zweiten Wahlgang (23. und 30. Juni) wurden die letzten besetzten Gebäude geräumt und kehrten auch die Rundfunk-Mitarbeiter, die die letzte Hochburg der Streikbewegung gebildet hatten, wieder zur Arbeit zurück.

Die Wahlen selbst zeigten mit aller Deutlichkeit, daß die Mehrheit im Lande die Aufbruchstimmung der Protestbewegung in der Hauptstadt und in den industriellen Zentren nicht teilte und daß sich die Mobilisierung der Angst folglich auszahlte: Viele Wähler der Mitte, die 1965 und 1967 den Machtanspruch de Gaulles zurückgewiesen hatten, stimmten nun aus Furcht vor der Revolution für die Gaullisten, die sich als »Union pour la Défense de la République« (UDR) präsentierten; und manche traditionelle Linkswähler wandten sich von ihren angestammten Parteien ab, teils weil sie ihnen zuviel und teils weil sie ihnen zuwenig revolutionäres Engagement gezeigt hatten. So stieg der gaullistische Stimmenanteil von 38,2 % 1967 auf über 46 %, während die Parteien der Mitte von 17,4 % auf 12,3 % fielen und die FGDS wie die PCF je zwei Prozentpunkte verloren. Dank des Mehrheitswahlrechts ergab sich daraus eine absolute Mehrheit für die UDR (293 von 487 Sitzen, 93 mehr als 1967) und eine Halbierung der sozialistischen wie der kommunistischen Sitze. Die PSU, die von allen Parteien am ehesten berechtigt war, die »Themen des Mai« für sich zu reklamieren, konnte ihren Stimmenanteil von 2,2 % auf 3,9 % steigern; sie blieb damit aber weit hinter ihren Erwartungen zurück und konnte keinen einzigen Parlamentssitz erringen. Eindrucksvoller konnte der Zusammenbruch der Mai-Revolte kaum ausfallen.

14.3 Von de Gaulle zu Pompidou

De Gaulle ließ sich freilich durch den spektakulären Wahlerfolg nicht täuschen: Er sah deutlich, daß damit seine Autorität noch nicht wiederhergestellt war; und er fürchtete, daß die Ursachen, die zu der Revolte geführt hatten, noch keineswegs beseitigt waren und folglich über kurz oder lang eine Neuauflage der Mai-Ereignisse drohte, die dann womöglich nicht mehr unter Kontrolle gebracht werden konnte. Um dem zuvorzukommen, verfolgte er das Projekt der »Partizipation« nun mit aller Dringlichkeit, und verband er es auch noch einmal mit einem Votum für seine Person. Als ersten Schritt hierzu löste er Pompidou als Ministerpräsidenten durch den bisherigen Außenminister Couve de Murville ab: Der Mann, dessen Rat ihn in der Mai-Krise gerettet hatte, war ihm einerseits als der eigentliche Krisenmanager zu populär geworden; andererseits stand er den Partizipations-Plänen sichtlich mit einer gewissen Skepsis gegenüber. Sodann beauftragte de Gaulle den neuen Erziehungsminister, den agilen Edgar Faure (der sich unterdessen der gaullistischen Partei angeschlossen hatte) mit einer Universitätsreform, die Studenten und gesellschaftlichen Gruppen Mitbestimmungsmöglichkeiten eröffnen und das starre Hochschulwesen dezentralisieren sollte. Ende Juli gab er Anweisungen, ein Mitbestimmungs-Gesetz vorzubereiten, das die Partizipation in den Betrieben verankern sollte. Gleichzeitig begann er mit Vorarbeiten zu einem Referendum, das neue regionale Zwischengewalten schaffen und die zweite Kammer in eine Vertretung wirtschaftlicher und gesellschaftlicher Gruppierungen umwandeln sollte.

Freilich mußte er jetzt die bittere Erfahrung machen, daß sich substantielle Strukturreformen von seiner Position aus kaum durchsetzen ließen: Diejenigen, die ihn gewählt hatten, wollten sie zumeist nicht; und diejenigen, die sie wollten, vertrauten ihm nicht. Schon die Universitätsreform stieß auf hartnäckigen Widerstand. Faure konnte zwar Ende November 1968 ein entsprechendes Rahmengesetz durch das Parlament bringen; die Universitäten erhielten jedoch nie die finanzielle Autonomie, die zu ihrem Funktionieren notwendig gewesen wäre, und wurden zudem oft mit einer restriktiven Auslegung seiner Bestimmungen konfrontiert. Das Projekt innerbetrieblicher Mitbestimmung wurde sowohl von den Unternehmern als auch von den Gewerkschaften heftig attackiert und blieb darum schon in der Regierungsbürokratie stecken; es gab niemanden, der in der Lage gewesen wäre, Konsens über eine abstimmungsreife Gesetzesvorlage herzustellen. Das Projekt einer Verfassungsreform kam immerhin über das Planungsstadium hinaus; es dauerte aber über ein halbes Jahr, ehe ein Termin für das Referendum angesetzt werden konnte, und es ging auch hier nicht ohne Kompromisse ab, die die ursprüngliche Intention stark verwässerten. Die Mitglieder der neuen Regionalräte sollten nicht direkt gewählt, sondern von den Honoratioren der kommunalen und departementalen Räten entsandt werden; der Senat sollte nicht etwa abgeschafft, sondern nur seiner legislativen Kompetenz beraubt und um Vertreter der wirtschaftlichen und sozialen Organisationen ergänzt werden.

De Gaulle setzte alles daran, wenigstens dieses eingeschränkte Partizipations-Programm durchzusetzen: Anfang April 1969 erklärte er unmißverständlich, er werde zurücktreten, wenn das Volk den vorgeschlagenen Verfassungsänderungen nicht zustimmen sollte. Damit hatte er jedoch seine Karten überreizt: Nachdem die Mai-Ereignisse eine breite bürgerliche Mehrheit in der Nationalversammlung gebracht hatten, glaubten es insbesondere weite Kreise des Honoratiorenbürgertums nicht mehr nötig zu haben, einer Einschränkung ihrer Machtstellung zuzustimmen, nur um de Gaulle zu halten. Die Aussicht auf seinen Rücktritt schreckte sie um so weniger, als Pompidou im Januar beiläufig erklärt hatte, er stehe im Fall einer Neuwahl als Kandidat für das Amt des Staatspräsidenten zur Verfügung. Damit schien ein Wechsel im Amt des Staatspräsidenten ohne größeres Risiko möglich; und manch einer sah in dem Referendum jetzt sogar die Chance, einen verbrauchten Präsidenten, der an Integrationskraft eingebüßt hatte und die etablierte Mehrheit mit unangenehmen Reformprojekten traktierte, durch einen Nachfolgekandidaten abzulösen, der sich in den kritischen Mai-Tagen als Krisenmanager bewährt hatte. So entschlossen sich zunächst die Zentristen und dann auch die Mehrheit der Unabhängigen Republikaner um Giscard d'Estaing (die beide über starke Bastionen im Senat verfügten) zur Ablehnung des Reformentwurfs; und am 27. April 1969, gerade zehn Monate nach dem Wahltriumph der UDR, sprach sich eine Mehrheit von 53,2:46,7% der Wähler gegen die Doppelreform aus. Unmittelbar nach Bekanntwerden des Abstimmungsergebnisses erklärte de Gaulle seinen Rücktritt: Was ihm notwendig schien, um die französische Gesellschaft nach dem Modernisierungsschub wieder in ein Gleichgewicht zu bringen, war mißlungen.

De Gaulles Scheitern brachte der Opposition keine Vorteile. In den Reihen der nichtkommunistischen Linken war man zwar seit den Mai-Ereignissen von der Dringlichkeit einer Verschmelzung der heterogenen Elemente der FGDS überzeugt; aber noch war man sich nicht einig, ob die neue Partei die Macht im Bündnis mit der Mitte anstreben sollte oder im Bündnis mit den Kommunisten; und noch wehrte sich auch Mollet dagegen, die SFIO in der neuen Formation aufgehen zu lassen. In der ungeklärten Situation versuchte Defferre, die Entscheidung für das Bündnis mit dem Zentrum zu forcieren, indem er sogleich nach de Gaulles Rücktritt seine Kandidatur für das Präsidentenamt ankündigte. Er fand dafür die Unterstützung Mollets, der deutlich sah, daß ihn eine erneute Kandidatur Mitterrands den Parteivorsitz zu kosten drohte, und im übrigen nach dem Wahldesaster von 1968 davon überzeugt war, daß nur ein Kandidat der Mitte Aussichten hatte, eine Mehrheit der Wähler auf sich zu vereinen. Ein Teil der Clubs, darunter Mitterrands CIR, trug die Kandidatur Defferres jedoch nicht mit; und auch die bisherigen Anhänger der SFIO zeigten sich wenig begeistert. Im ersten Wahlgang am 1. Juni 1969 erhielt Defferre ganze 5% der Stimmen.

Folglich konnte Pompidou ungefährdet de Gaulles Nachfolge antreten. Der Kandidat des Zentrums, der bisherige Präsident des Senats und Interims-Staatspräsident Alain Poher, erhielt im ersten Wahlgang 23%; das war auch zusammen mit den Stimmen der Defferre-Wähler nicht genug, um Pompidou im zweiten Wahlgang schlagen zu können. Die Kommunisten, die im ersten Wahlgang Jacques Duclos als eigenen Kandidaten auch gegen Defferre aufgestellt hatten, empfahlen für die Stichwahl Stimmenthaltung, um ihre Isolierung durch einen Präsidenten der Mitte zu verhindern. Damit war der Weg zu einem deutlichen Wahlsieg Pompidous (57,5:43,5% der abgegebenen Stimmen) frei. Die »Partei der Angst«, die sich in Reaktion auf die Mai-Ereignisse gebildet hatte, erwies sich als stabil genug, um die bisherige Mehrheit über den Abgang de Gaulles hinweg zusammenzuhalten. Sie trug damit entscheidend zur Stabilisierung der Verfassungsordnung der V. Republik bei, freilich um den

Preis einer wachsenden Rechts-Links-Polarisierung, die für einen Präsidenten der Mitte ebensowenig Raum ließ wie für de Gaulles etwas nebulös geratene Versuche, die Spaltungen in der französischen Gesellschaft zu überwinden.

14.4 Die Entstehung der Linksunion

Der Wechsel von de Gaulle zu Pompidou leitete somit eine Phase vordergründiger Konsolidierung ein: Die Mehrheit blieb stabil, aber sie bewegte kaum etwas und verhinderte damit einen Abbau der Konfliktpotentiale. Pompidou trieb die wirtschaftliche Modernisierung weiter voran, indem er sich insbesondere um ein investitionsfreudiges Klima bemühte und ehrgeizige Großprojekte förderte, so zum Beispiel den Bau des Überschall-Verkehrsflugzeugs »Concorde« oder die Etablierung eines neuen schwerindustriellen Zentrums in Fos bei Marseille. Soziale Reformen beschränkte er dagegen auf ein absolutes Minimum, sowohl aus Rücksicht auf seine konservativen Verbündeten, die de Gaulles Reformversuche nicht mitgetragen hatten, als auch aus marktwirtschaftlicher Überzeugung. Premierminister Jacques Chaban-Delmas, von Pompidou aufgrund seiner Fähigkeit zur Integration heterogener Kräfte ausgewählt, kündigte zwar im September 1969 den Aufbruch zu einer »neuen Gesellschaft« an; er tat dies jedoch ohne Absprache mit dem Präsidenten und konnte darum tatsächlich nur sehr bescheidene Reformprojekte präsentieren, die zudem auf vielfachen Widerstand in der Regierungskoalition stießen.

So wurde Erziehungsminister Faure nicht in das neue Kabinett übernommen und sein Universitätsgesetz verwässert; von weiteren Reformprojekten im Erziehungsbereich wurde nur noch eine Reform der Lehrlingsausbildung, eine Erweiterung der Fortbildungsmöglichkeiten für Berufstätige und eine Aufwertung der technologischen Fächer durchgeführt. Die Regionen wurden nicht als neue Gebietskörperschaften eingeführt, sondern nur als öffentliche Einrichtungen zur regionalen Wirtschaftsförderung, die sich mit der Koordination der Aktivitäten der Kommunen und der Departements begnügen mußten. Die Gewährung einer gewissen internen Autonomie für die verschiedenen Programme der staatlichen Rundfunkanstalt ORTF wurde vielerorts mit Zähneknirschen quittiert und dann durch die Ernennung eines regierungskonformen Generaldirektors teilweise wieder zurückgenommen. Manche Vorhaben wurden ganz aufgegeben, so eine Reform des Bodenrechts, die Stadtplanung und Flurbereinigung erleichtern sollte; und andere Projekte wurden erst gar nicht in Angriff genommen, so eine Reform der Einkommensteuer oder eine Reform des Sozialversicherungssystems. Je länger die Amtszeit von Chaban-Delmas andauerte, desto heftiger wurden die Attacken gegen seine Reforminitiativen und desto weniger konnte er durchsetzen. Anfang Juli 1972 mußte er schließlich sein Amt abgeben.

Unter seinem Nachfolger Pierre Messmer kamen die Reformvorhaben vollends zum Erliegen. Der neue Premierminister gehörte zum Kreis der orthodoxen Gaullisten, die die seit 1969 eingetretenen Neuerungen mit Skepsis verfolgt hatten und sich nun, insbesondere nach dem Tod des Generals im November 1970, in allen Bereichen für die Wahrung des Status quo einsetzten. Er verstand sich zudem eher als Zuarbeiter des Präsidenten denn als Politiker mit eigener Aura und ermöglichte Pompidou folglich einen noch stärkeren Zugriff auf die Führung der Regierungsgeschäfte als zuvor. Daraus ergab sich nicht nur ein Abbremsen der Reforminitiativen, sondern bald auch ein Nachlassen der Regierungstätigkeit überhaupt: Pompidou begann just zu dem Zeitpunkt, da er alle Fäden der Exekutive in der Hand hielt, unter den Auswirkungen einer krebsartigen Erkrankung zu leiden, die ihn bald dahinraffen sollte. Obwohl er seine Amtsgeschäfte mit bemerkenswerter Disziplin fortsetzte (und seine Umgebung darum auch kaum etwas von seinem Zustand erfuhr), fehlte ihm nun doch häufig die Kraft, um in allen Feldern der Regierungspolitik so präsent zu sein, wie es seine Machtfülle erforderte, und mangelte es seinen Aktionen bisweilen an Entschiedenheit oder Folgerichtigkeit.

Angesichts des wachsenden Immobilismus der Exekutive machte sich ein Gefühl der Malaise breit: Grabenkämpfe, Pannen und Skandale häuften sich; und der Präsident verlor allmählich an Ansehen. Im April 1972 blieben 39,5 % der Wähler einem Referendum fern, das die Erweiterung der EWG sanktionieren und damit Pompidou einen Popularitätserfolg verschaffen sollte; weitere 7,1 % enthielten sich der Stimme. In den Parlamentswahlen vom März 1973 schrumpfte die spektakuläre Mehrheit von 1968 wieder auf den knappen Vorsprung von 1967 zusammen (37,9 % der abgegebenen Stimmen für die Regierungsparteien im ersten Wahlgang, statt 46 % 1968; im zweiten Wahlgang eine Mehrheit von 275 statt 372 Sitzen). Sieben Monate später verfehlte ein Gesetzesentwurf zur Reduzierung der Amtszeit des Staatspräsidenten von sieben auf künftig fünf Jahre in beiden Kammern knapp die zur Verfassungsänderung nötige qualifizierte Mehrheit. Die Anzeichen für die Erschöpfung des Präsidenten waren nun unübersehbar; und in weiten Teilen der Öffentlichkeit begann man, die Führungsschwäche der Exekutive zu beklagen.

Anders als de Gaulle befürchtet hatte, führte der Verzicht auf substantielle Reformen aber nicht zu neuen Unruhen. Vielmehr überwand die Opposition ihre inneren Divergenzen jetzt soweit, daß ein Machtwechsel nach den Regeln des Systems allmählich als eine realistische Möglichkeit erschien. Bei der SFIO hinterließ das Scheitern Defferres bei den Präsidentschaftswahlen 1969 einen so verheerenden Eindruck, daß sich der Parteitag von Issy-les-Moulineaux im Juli 1969 im Grundsatz für ein Bündnis mit den Kommunisten aussprach und der Vereinigung mit den

Clubs zustimmte. Mollet konnte nur noch erreichen, daß statt Mitterrand der Wortführer der eher moderaten Clubs, Alain Savary zum Generalsekretär der neuen »Parti socialiste« (PS) gewählt wurde. Zwei Jahre später war es auch damit vorbei: Auf dem Parteitag von Epinay im Juni 1971 gelang es Mitterrand, gestützt auf ein Bündnis mit Defferre und den militanten Marxisten des CERES (Centre d'études, de recherches et d'éducation socialistes unter der Leitung von Jean-Pierre Chévènement), die Führung der Partei zu übernehmen und den Mollet-Apparat völlig zu verdrängen. Gleichzeitig wurde beschlossen, mit den Kommunisten über ein gemeinsames Regierungsprogramm zu verhandeln, das beide Partner für die Dauer einer Legislaturperiode binden und somit dem Wähler eine verantwortliche Alternative zur gaullistischen Mehrheit offerieren sollte.

Von den Kommunisten wurde die Idee eines gemeinsamen Regierungsprogramms der »Linksunion« sogleich aufgegriffen. Lange Zeit in der stalinistischen Orthodoxie befangen, hatten sie seit Beginn der 60er Jahre unter ihrem neuen Generalsekretär Waldeck Rochet zögernde Schritte in Richtung auf eine Demokratisierung ihres Sozialismus-Konzepts unternommen und dann nach den Unruhen des Frühjahres 1968 versucht, das Erbe der Mai-Bewegung für sich zu gewinnen. Beides führte sie dazu, ein inhaltlich verpflichtendes Regierungsbündnis mit der neuen sozialistischen Partei zu akzeptieren: Es stellte zwar den traditionellen kommunistischen Führungsanspruch infrage, wurde aber von den Anhängern der Partei erwartet und trieb damit die Emanzipation des französischen Kommunismus vom sowjetischen Vorbild voran. Am 27. Juni 1972 unterzeichneten Mitterrand und Georges Marchais (der unterdessen den erkrankten Waldeck Rochet abgelöst hatte) ein 34 Kapitel umfassendes Programm, das die Verstaatlichung von einem Dutzend großer Unternehmen als Kernstück einer sozialistischen Umgestaltung des Landes ankündigte. 14 Tage später schloß sich eine Minderheit der Radicaux unter der Führung von Robert Fabre diesem Programm an. Auch sie hatte sich davon überzeugen lassen, daß ein demokratischer Wechsel nur im Bündnis mit den Kommunisten zu haben war.

Die Verständigung über ein gemeinsames Regierungsprogramm gab der Opposition beträchtlichen Auftrieb: Sie aktivierte die in den langen Jahren der Isolation erstarrte PCF und führte der PS zahlreiche neue Mitglieder und Anhänger zu, insbesondere aus den Reihen derjenigen, die 1968 ihren Unmut mit den herrschenden Verhältnissen bekundet hatten und seither auf der Suche nach einer politischen Strategie waren. In den Wahlen vom März 1973 konnten die Sozialisten zusammen mit den linken Radicaux 20,7 % der Stimmen erringen, ein gutes Viertel mehr als die FGDS 1968 und nahezu soviel wie die PCF. Zusammen waren die Linksparteien so stark, daß sich die Regierungsmehrheit nur mit Unterstützung des Zentrums behaupten konnte. Damit war wohl das unmittelbare Ziel des Gemeinsamen Programms verfehlt; ein Machtwechsel in naher

Zukunft war aber durchaus plausibel geworden, und die Aussicht auf diesen Wechsel führte der »Linksunion« weitere Kräfte zu.

Auf diese Weise konnte die V. Republik trotz des Immobilismus der Pompidou-Exekutive das Stadium des prekären Provisoriums überwinden: Diejenigen, die mit der Entwicklung der Republik unzufrieden waren, fanden nun ein Ventil im Rahmen der bestehenden Verfassungsordnung. Das verlieh dieser Ordnung nach der plebiszitären erstmals auch demokratische Legitimation und brachte ihr jene breite Akzeptanz, um die de Gaulle vergeblich gekämpft hatte. Von der fortdauernden Hochkonjunktur begünstigt, entwickelte sich die cäsaristische Herrschaft aus der Zeit des Algerienkonflikts zu einem weithin konsensfähigen Zweikoalitionen-System, das über die Intentionen seines Begründers hinausging, auch wenn es ihm viel verdankte.

15. Die Außenpolitik des Gaullismus

Die Konsolidierung der V. Republik spiegelte sich mit der Zeit auch in einer kraftvolleren Außenpolitik wider. Dabei blieben die grundlegenden Probleme gegenüber den Verhältnissen zur Zeit der IV. Republik im wesentlichen unverändert: Frankreich mußte versuchen, Sicherheit vor der Sowjetunion, Sicherheit vor Deutschland und Eigenständigkeit gegenüber der amerikanischen Führungsmacht miteinander in Einklang zu bringen, sich dabei weder isolieren noch vereinnahmen zu lassen und so ein Maximum an Einfluß in einem vom Ost-West-Konflikt geprägten internationalen System zu entwickeln. Auch blieben die Optionen, die die Politiker der IV. Republik getroffen hatten, grundsätzlich erhalten: für das westliche Bündnis, für eine enge Zusammenarbeit der westlichen Europäer und für eine weitgehend partnerschaftliche Einbindung der Bundesrepublik. Doch ermöglichte die Konzentration der außenpolitischen Entscheidungsgewalt auf de Gaulle jetzt ein höheres Maß an Einfallsreichtum und Effektivität und gab die Fixierung des Generals auf die »Grandeur« Frankreichs der außenpolitischen Praxis zugleich ein einheitliches national betontes Gepräge, das auch nach innen hin stilbildend wirkte.

15.1 Vergebliche Anläufe

Für de Gaulle bestand das vorrangige Ziel französischer Außenpolitik nach dem Abschluß der Ost-West-Blockbildung darin, den Spielraum Frankreichs und seiner europäischen Nachbarn innerhalb des westlichen Blocks zu erweitern und dabei insbesondere die Abhängigkeit der europäischen Verbündeten von der amerikanischen Abschreckungsgarantie abzubauen. Das schien ihm zunächst einmal ein selbstverständliches Gebot nationaler Würde und nationalen Prestiges zu sein. Darüber hinaus hielt er aber auch die amerikanische Abschreckungsgarantie für Europa für fragwürdig, seit sowjetische Langstreckenbomber mit atomarer Bewaffnung amerikanisches Territorium erreichen konnten. Und langfristig schien ihm das westliche Europa mit Frankreich an der Spitze prädestiniert, für einen Abbau des Ost-West-Konflikts zu sorgen: Nur eine zutiefst europäische Nation wie Frankreich konnte an die nationalen Traditionen östlichen Machtbereichs appellieren und so den ideologisch begründeten Zugriff der Sowjetmacht auf diesen Teil Europas relativieren, Ideologien und Bündnissysteme waren in seiner Sicht nur akzidentielle Realitäten, die auf Dauer der Kraft der Nationen in einem Europa »vom Atlantik bis zum Ural« (so eine Formulierung aus dem Jahre 1964) unterlegen waren.

Einen ersten Vorstoß zur Stärkung der Position Frankreichs in der westlichen Allianz unternahm de Gaulle schon im September 1958, kaum daß er die Algerien-Frondeure in Armee und Verwaltung unter Kontrolle gebracht hatte. In zwei gleichlautenden Memoranden an den amerikanischen Präsidenten Eisenhower und den britischen Premierminister Macmillan forderte er am 17. September 1958 die Ergänzung des Atlantikpaktes um ein Dreierdirektorium, bestehend aus den USA, Großbritannien und Frankreich, das für die Sicherheit des Westens weltweit (und nicht nur auf das nordatlantische Bündnisgebiet beschränkt) Verantwortung tragen und im Konfliktfall über den Einsatz der Atomwaffe entscheiden sollte. Gleichzeitig kündigte er an, die französische Regierung mache die »Entfaltung ihrer gegenwärtigen Mitarbeit in der NATO« von Fortschritten in Richtung auf einen solchen gleichberechtigten Status abhängig. Damit war das Problem der ungleichen Sicherheit zwischen der amerikanischen Atommacht und ihren europäischen Verbündeten angesprochen, zugleich aber ein Gleichberechtigungsanspruch formuliert, der weit über die aktuellen Möglichkeiten Frankreichs hinausging.

Eisenhower wies denn auch in seiner Antwort gleich auf die entscheidende Schwäche der de Gaulleschen Konstruktion hin: Er lehnte es ab, die übrigen Verbündeten von den Entscheidungsprozessen auszuschließen, und machte damit deutlich, daß de Gaulle für Frankreich im Grunde das Gleiche wollte, was er an der amerikanischen Position kritisierte. Die Kontroverse, die sich da anbahnte, wurde zunächst nicht ausgetragen, vor allem deswegen nicht, weil de Gaulle sich keine Kraftprobe mit seinen Verbündeten leisten konnte, solange er noch unter dem Druck des Algerienkriegs stand. Außerdem ließ ihm der offensive Kurs, zu dem Chruschtschow zwei Monate später mit dem Berlin-Ultimatum überging, eine Forcierung innerwestlicher Gegensätze vorerst nicht geraten erscheinen. Gleichwohl suchte er den Spielraum der französischen Politik in Kontakten nach allen Seiten hin allmählich zu erweitern und gab er durch entsprechende Gesten zu verstehen, daß er sich nicht auf Dauer mit dem Status quo zufrieden geben wollte.

Daneben trieb er den Aufbau einer eigenen französischen Atomstreitmacht voran. Die Vorbereitungen dazu waren schon in den Jahren der IV. Republik getroffen worden: Seit Anfang der 50er Jahre hatte eine zunehmend einflußreichere Lobby um den General Ailleret für den Bau einer französischen Atombombe gekämpft; und nachdem schon die Ministerpräsidenten Mendès France, Edgar Faure und Guy Mollet fernab von jeder öffentlichen Diskussion die Weichen für eine militärische Nutzung der Atomenergie gestellt hatten, hatte Ministerpräsident Félix Gaillard im April 1958 den Befehl zum Bau einer ersten Bombe gegeben. De Gaulle ging nun, beginnend mit einer Rede vor Offizieren der Kriegsakademien im November 1959, dazu über, die Notwendigkeit einer nationalen »force de frappe« auf atomarer Grundlage öffentlich zu diskutieren; und nachdem im Februar 1960 die erste französische Atombombe ganz dem von Gaillard in Kraft gesetzten Zeitplan entsprechend mit Erfolg gezündet worden war (auf einem Testgelände bei Reggan in der Sahara), setzte er größere Mittel zur atomaren Bewaffnung von Bombern und zum Bau von Mittelstreckenraketen ein, die sowjetisches Territorium erreichen konnten.

Im Sommer 1960 begann de Gaulle, bei den EWG-Partnern für eine eigenständige Organisation europäischer Interessen im Rahmen des westlichen Bündnisses zu werben. Das erschien ihm nicht nur notwendig, um dem von Eisenhower formulierten Argument einer Vernachlässigung der Verbündeten zu begegnen; es ging ihm auch darum, die Idee einer »multilateralen« NATO-Atomstreitmacht für Europa aus dem Weg zu räumen, die die amerikanische Regierung unterdessen lanciert hatte, um die Bildung einer autonomen atomaren Entscheidungszentrale auf dem europäischen Kontinent zu verhindern. Der Vertragsentwurf für eine europäische »Staatenunion«, die die französische Regierung nach zwei – schon recht kontroversen – EWG-Gipfeltreffen und mehrwöchiger Kommissionsarbeit unter dem Vorsitz des de Gaulle-Mitarbeiters Christian Fouchet im Oktober 1961 vorlegte, sah die Bildung eines Ständigen Rates der europäischen Regierungschefs vor, der, von einer Beamtenkommission und zusätzlichen Treffen der Außenminister unterstützt, viermal im Jahr zusammenkommen und nach dem Einstimmigkeitsprinzip über eine gemeinsame Außen- und Verteidigungspolitik entscheiden sollte; außerdem sollten ihm die schon bestehenden Institutionen EGKS, EWG und EURATOM untergeordnet werden. Damit sollte die Bildung eines autonomen Machtzentrums eingeleitet werden; Fortschritte an europäischer Integration sollte es allerdings nur noch soweit geben, wie gemeinsame Positionen bereits entwickelt waren. Wieweit der europäische Integrationsprozeß danach noch tragen würde, war nicht abzusehen; sicher war nur, daß er, vom aktuellen Zuschnitt der Sechser-EWG ausgehend, zu einer Bekräftigung der französischen Führungsrolle im westlichen Europa führen mußte.

Dazu waren die EWG-Partner jetzt freilich ebensowenig bereit wie bei Kriegsende. Insbesondere der niederländische Außenminister Joseph Luns und sein belgischer Kollege Paul-Henri Spaak verlangten daher eine Einbeziehung Großbritanniens in die Europäische Union und (widersprüchlich genug) zugleich eine stärker supranationale Ausrichtung der Gemeinschaftsstrukturen. Vergeblich versuchte de Gaulle, dagegen das Vertrauen Adenauers zu mobilisieren, nicht zuletzt dadurch, daß er ihm in der Berlin-Frage wiederholt demonstrativ seine Solidarität bekundete. Auch der Verzicht auf die Einbeziehung der bestehenden europäischen Institutionen, den er Adenauer im Februar 1962 zugestand, half nichts: Die EWG-Partner bestanden darauf, zumindest für die Zukunft einen supranationalen Ausbau der Politischen Union in den Vertrag hineinzuschreiben; und Luns hielt an der Forderung nach einer britischen Mitgliedschaft von Anfang an fest. Da sich de Gaulle auf das erste nicht einlassen wollte, solange die unabhängige Orientierung Europas nicht gesichert war, und das zweite als unwiderrufliche Bindung an die amerikanische Führungsmacht kategorisch ablehnte, endeten die Verhandlungen im Frühjahr 1962 mit einem Eklat: Die Außenminister der Sechs erklärten das Projekt am 17. April für gescheitert; und de Gaulle beschimpfte die Integrations-Anhänger vier Wochen später in einer Pressekonferenz als illusionäre Verfechter einer »Volapük«-Einheitssprache, die einer amerikanischen Dominanz über Europa den Weg bereiteten.

Nach dem Scheitern der Fouchet-Pläne versuchte de Gaulle, wenigstens die Bundesrepublik für einen unabhängigeren Kurs gegenüber den USA zu gewinnen. Im Juli 1962 bereitete er Adenauer bei seinem Staatsbesuch einen demonstrativ herzlichen Empfang; und zwei Monate später gestaltete er seinen Gegenbesuch in der Bundesrepublik zu einem regelrechten Fest der deutsch-französischen Aussöhnung. Dabei kam ihm entgegen, daß Adenauer ein gespanntes Verhältnis zu dem neuen amerikanischen Präsidenten Kennedy hatte und darum von sich aus die Annäherung an Frankreich suchte. Als er ihm die Verabschiedung einer feierlichen Erklärung über die künftige enge Zusammenarbeit der beiden Länder vorschlug, bestand Adenauer gleich darauf, diese Zusammenarbeit in Vertragsform zu kleiden, um damit auch spätere Regierungen zu binden. So unterzeichneten der französische Präsident und der deutsche Bundeskanzler am 22. Januar 1963 in Paris einen Vertrag, der die beiden Länder zur Zusammenarbeit in der Außen- und Verteidigungspolitik verpflichtete und einen engmaschigen Konsultationsmechanismus installierte: Gemeinsame Gipfeltreffen mindestens zweimal pro Jahr, Treffen der Außenminister alle drei Monate, und Treffen nachgeordneter Verantwortlicher alle zwei Monate. Außerdem wurde ein Deutsch-Französisches Jugendwerk geschaffen, das die Annäherung der Bevölkerung, für die de Gaulles Reisediplomatie schon viel getan hatte, auf dauerhafte Grundlagen stellen sollte.

Indessen beruhte diese Annäherung der Bundesrepublik an die französische Position zu einem Teil auf einem Mißverständnis: Adenauer suchte in de Gaulle weniger den Führer eines unabhängigeren Europas als vielmehr einen Verteidiger der Geschlossenheit der westlichen Welt, der den Entspannungstendenzen Kennedys Einhalt gebot. Außerdem geriet er bald in innenpolitische Bedrängnis: Die einen attackierten ihn, weil er die Priorität des Bündnisses mit den USA ins Wanken gebracht hatte; die anderen griffen ihn an, weil sie den Widerstand gegen die Entspannung

211

nicht länger mittragen wollten und nun eher in Kennedy als in de Gaulle einen Partner für die Entspannungspolitik sahen. Nach einer denkbar verworrenen Debatte ratifizierte der Deutsche Bundestag den Vertrag unter Hinzusetzung einer Präambel, die all das bekräftigte, was de Gaulle bekämpfte: die engen Bindungen an die USA, das Streben nach Supranationalität und das Bemühen um eine Aufnahme Großbritanniens in die EWG. Danach war für die Entwicklung einer tatsächlich gemeinsamen Außenpolitik kein Raum mehr. Der deutsch-französische Vertrag blieb in dieser Beziehung toter Buchstabe; mehr noch: Aus der wechselseitigen Enttäuschung ergab sich, zumal nach dem Wechsel von Adenauer zu Erhard, eine merkliche Klimaverschlechterung zwischen Paris und Bonn.

15.2 Nationaler Alleingang

Nachdem so die Anläufe zu größerer Eigenständigkeit im westeuropäischen Verbund teils am überzogenen Anspruch de Gaulles und teils an den Illusionen seiner Partner gescheitert waren, führte de Gaulle den Kampf um Unabhängigkeit von den USA als strikt nationale Kampagne weiter und stellte er sich jedem weiteren Ausbau der europäischen Institution in den Weg. Er tat dies um so offensiver, als die Beendigung des Algerienkrieges unterdessen den Weg zu einer Reorganisation der französischen Streitkräfte freigemacht hatte und mit dem von Kennedy im Oktober 1962 erzwungenen Abbau der sowjetischen Raketenbasen auf Kuba das Übergewicht der USA in der Weltpolitik noch einmal bekräftigt worden war. Ein offensives Vorgehen der Sowjetunion in Europa war danach in de Gaulles Sicht nicht mehr zu befürchten; stattdessen drohte ein amerikanisch-sowjetisches Arrangement über die Köpfe der Europäer hinweg. Unter diesen Umständen schien der Kampf um größere Unabhängigkeit nicht nur dringlicher geworden; es boten sich auch größere Erfolgsaussichten, selbst wenn die europäischen Partner die französische Position nicht mittrugen.

Die amerikanischen Versuche, den europäischen Emanzipationstendenzen durch die Entwicklung einer multilateralen NATO-Atomstreitmacht für Europa (MLF) zuvorzukommen, bekämpfte de Gaulle darum mit aller Härte. Als die britische Regierung Ende Dezember 1962 die Integration der britischen Atomwaffen in die NATO-Struktur als Gegenleistung für die Lieferung amerikanischer Trägerraketen akzeptierte, sah er darin den endgültigen Beweis für die Absicht der Briten, sich als trojanisches Pferd der USA in Europa zu betätigen. Auf einer spektakulären Pressekonferenz am 14. Januar 1963 begründete er nicht nur, warum für Frankreich ein Abkommen nach britischem Muster nicht in Frage kam; er lehnte auch einen Beitritt Großbritanniens zur EWG kategorisch ab und setzte damit ohne weitere Konsultation mit seinen EWG-Partnern einen Schlußstrich unter die Beitrittsverhandlungen, die nach dem britischen Aufnahmeantrag vom August 1961 begonnen hatten. Danach arbeitete er mit einer Kombination von Drohungen und neuen Kooperationsangeboten gegen die Befürworter einer multilateralen Atomstreitmacht in der Bundesrepublik und trieb zugleich den Aufbau der nationalen »force de frappe« voran. Bis Ende 1964 konnten 50 Flugzeuge vom Typ Mirage IV in Dienst gestellt werden, die mit Atombomben ausgerüstet waren. Sie besaßen nur geringen strategischen Wert, da sie im Ernstfall leicht ausgeschaltet werden konnten; politisch demonstrierten sie jedoch den Willen Frankreichs zu einer eigenständigen Verteidigung und nährten sie in der Bundesrepublik und anderswo vage Hoffnungen auf eine autonome Atommacht der Europäer, die dem amerikanischen MLF-Angebot entgegengesetzt werden konnten.

Während die Auseinandersetzung um die MLF noch andauerte, machte sich de Gaulle daran, die EWG nach seinen Bedürfnissen zurechtzustutzen. Zunächst verlangte er die Verwirklichung der im EWG-Vertrag festgelegten Grundsätze zur Schaffung eines europäischen Agrarmarktes in der Form, die der französischen Landwirtschaft einen praktisch unbegrenzten Absatz ihrer Produkte zu Festpreisen garantierte. Dann, als die EWG-Kommission sich anschickte, die Verwaltung des Agrarmarktes im Gegenzug zu einer Stärkung der Gemeinschaftsorgane zu nutzen, brach er die Verhandlungen am 30. Juni 1965 ab und stellte die Mitarbeit Frankreichs in den Organen der Gemeinschaft ein. Nach sieben Monaten der »Politik des leeren Stuhls« erreichte er zumindest in der Hauptsache, was er wollte: Im »Luxemburger Kompromiß« vom 28. Januar 1966 gestand er zwar zu, daß die Kompetenz der Kommission nicht, wie ihm vorgeschwebt hatte, weiter eingeschränkt wurde und der Agrarmarkt durch Direkteinnahmen der Gemeinschaft finanziert wurde; dafür konzedierten ihm die EWG-Partner aber die Finanzierung der Absatzgarantien durch die Gemeinschaft und den Verzicht auf die Abschaffung des Vetorechts im Ministerrat, wie sie nach den Vertragsbestimmungen vom 1. Januar 1966 an möglich gewesen wäre. Damit war einerseits den Bedürfnissen des Agrarexportlandes Frankreich Rechnung getragen, andererseits aber auch dafür gesorgt, daß die EWG den französischen Unabhängigkeitsbestrebungen nicht so bald in die Quere kommen würde.

Noch spektakulärer als das Veto gegen den Übergang zum Mehrheitsprinzip in der EWG war der Austritt aus der militärischen Organisation der NATO für Europa, den de Gaulle am 7. März 1966 in einem Brief an Präsident Johnson ankündigte. Frankreich zog seine Truppen aus dem Kommandobereich der NATO zurück und forderte seine Verbündeten auf, interalliierte Stützpunkte auf französischem Territorium in kurzer Frist zu räumen. Da diese den französischen Nationalismus nicht noch weiter anstacheln wollten, verschwanden die alliierten Truppen in der Tat bald ziemlich geräuschlos aus dem Land und wurde das Hauptquartier der NATO von Paris nach Brüssel verlegt. Damit war sichergestellt, daß die französische Regierung im Krisenfall selbst entscheiden konnte, wie sie ihre Bündnispflichten interpretierte, und es war die Gefahr einer Vereinnahmung der französischen Atommacht durch die NATO endgültig gebannt. An der sicherheitspolitischen Gesamtlage änderte sich dadurch freilich nicht viel: Frankreichs Sicherheit blieb weiter von der Präsenz substantieller amerikanischer Truppenverbände in Europa abhängig; und was es dadurch an Entscheidungsfreiheit gewann, daß es die Lasten dieser Präsenz einseitig auf die Alliierten abschob, büßte es durch den Verlust an Einflußmöglichkeiten auf die NATO-Planung zum Teil wieder ein. Ähnlich wie die Indienstnahme der ersten Atom-Flugzeuge war darum auch dieser Schritt vorwiegend symbolischer Natur: Demonstration des Strebens nach Unabhängigkeit und nationaler Größe, für das die adäquate Strategie erst noch gefunden werden mußte.

Das galt um so mehr, als der Auszug aus der Militärorganisation des Atlantikpaktes mit heftigen Angriffen auf die USA verbunden war: zunächst gegen das amerikanische Engagement in Vietnam, in dem de Gaulle eine Verletzung des Indochina-Abkommens von 1954 sah; dann gegen die amerikanische Intervention in Santo Domingo, gegen die Funktion des Dollars als Weltreservewährung, gegen das amerikanische Engagement für Israel und gegen das Vordringen des »angelsächsischen« Einflusses im französischsprachigen Teil von Kanada. Bisweilen nahm diese antiamerikanische Kampagne skurrile Formen an – so, als de Gaulle bei einem offiziellen Besuch in Kanada die Autonomiebestrebungen unter den frankophonen Kanadiern ermunterte und eine Rede in Montreal mit einem Hoch auf das »freie Quebec« schloß. Häufig sagte er mit seiner Kritik an den USA jedoch nur offen, was neben einer Mehrheit der Franzosen auch ansonsten viele Europäer insgeheim dachten. Das gab ihm die Aura eines Führers einer potentiellen Dritten Kraft in der Weltpolitik und trug so zur Stärkung des französischen Prestiges bei, auch wenn sich die verschiedenen Attacken nicht zu einer kohärenten Strategie verdichteten und darum auch kaum zu einer Veränderung der realen Verhältnisse führten.

Bis die Entwicklung des französischen Militärpotentials den symbolischen Vorwegnahmen auch nur einigermaßen nachkam, ging die Amtszeit de Gaulles zu Ende. 1968 wurden 18 Abschußrampen für Mittelstreckenraketen, die die westlichen Städte der Sowjetunion erreichen konnten, auf dem »Plateau d'Albion« in der Haute Provence fertiggestellt. Ihre Ausrüstung mit Atombomben dauerte dann aber noch einmal drei bis vier Jahre, so daß sie erst 1971 vollständig operationell waren. Im gleichen Jahr wurde das erste französische Atom-U-Boot, das seit 1962 geplant und 1967 vom Stapel gelaufen war, mit 16 Mittelstreckenraketen bestückt. Vier weitere U-Boote, die ebenfalls seit 1962 in der Planung waren, folgten danach im Abstand von jeweils zwei Jahren. Damit erwarb Frankreich in der Ära Pompidou eine Art Rückversicherung für den Fall, daß die weltweite Abschreckung versagen sollte und die USA dann bei einer sowjetischen Aggression in Europa vor dem Einsatz ihrer strategischen Rüstung zurückschreckten. Das stärkte die französische Position innerhalb des westlichen Bündnisses in doppelter Weise: Es garantierte einen unaufhebbaren politischen Vorsprung vor der ökonomisch immer mächtiger werdenden Bundesrepublik und ein größeres Maß an Unabhängigkeit gegenüber strategischen Planungen und Aktionen der USA.

Freilich blieben die realen Möglichkeiten der französischen Politik auch jetzt noch ein gutes Stück hinter ihrem rhetorischen Anspruch zurück. Die Abhängigkeit von der amerikanischen Gesamtplanung und von der Entwicklung des amerikanisch-sowjetischen Verhältnisses ließ sich im Zeitalter der Abschreckung grundsätzlich nur mildern, nicht aufheben; und auch was an Milderung im Verein mit den westeuropäischen Nachbarn möglich gewesen wäre, wurde zum Teil verpaßt, weil die Einseitigkeit der französischen Aktionen nicht eben dazu beitrug, das Bewußtsein der Europäer für ihre gemeinsamen Interessen zu schärfen. So hat die Vehemenz des de Gaulleschen Alleingangs wohl dafür gesorgt, daß der französische Unabhängigkeitswille überlebte und der Manövrierraum der französischen Politik größer wurde; sie hat im Ärger über die amerikanische Übermacht und die mangelnde Einsicht der Europäer aber auch manche Ansätze zu einer soliden Unabhängigkeitspolitik wieder zerstört, die in den ersten europäischen Institutionen schon angelegt waren. Zudem führte die Konzentration auf die »force de frappe« zu einer Vernachlässigung der konventionellen Verteidigung, die der Operationsfähigkeit der französischen Politik teuer zu stehen kam: Um bei der ständigen Modernisierung der atomaren Arsenale mithalten zu können, mußte in den atomaren Bereich finanziell soviel investiert werden, daß bei der notorischen Knappheit der Ressourcen für den konventionellen Sektor nicht mehr soviel übrig blieb, wie es zur Glaubwürdigkeit französischer Machtpolitik unterhalb der atomaren Schwelle notwendig gewesen wäre.

15.3 Entspannungspolitik

Gleichwohl hat de Gaulle mit seinem Bemühen um größere Unabhängigkeit von den USA ein Stück weit dazu beigetragen, daß Entspannung im Ost-West-Konflikt möglich und die Gemeinsamkeit der Europäer über die Ost-West-Spaltung hinweg zumindest in Ansätzen wieder sichtbar wurde. Die Kombination von ideologischer Fixierung auf die Nationen und sicherem Gespür für machtpolitische Entwicklungen und gesellschaftliche Stimmungen hat ihn im Laufe der 60er Jahre zum Wortführer einer europäischen Entspannungspolitik werden lassen; und wenn die Ergebnisse seiner Politik infolge der Fragwürdigkeit und Begrenztheit mancher seiner Mittel auch hier deutlich hinter den artikulierten Erwartungen zurückblieben, so hat er mit seiner Entspannungs-Rhetorik doch Entwicklungen angestoßen, die nicht wieder rückgängig gemacht werden konnten.

Die Vision von der künftigen Ordnung Europas, die er im Zuge seiner Entspannungspolitik entwickelte, ging durchaus von westlichen Vorstellungen aus; sie war aber in der Ausgestaltung flexibel und damit auf lange Sicht auch praktikabel. »Détente, Entente und Kooperation« waren die zentralen Begriffe seiner Konzeption; sie sollten schrittweise entwickelt werden und damit allmählich zum Abbau der Blöcke in Europa führen. Dabei kam der Bildung eines starken, von den USA unabhängigen Westeuropas eine Schlüsselrolle zu: Es sollte den amerikanischen Zugriff auf das westliche Europa mildern, damit einen wesentlichen Grund für den sowjetischen Zugriff auf das östliche Europa beseitigen und außerdem die Führer der osteuropäischen Staaten ermutigen, ihrerseits aus dem Schatten der übermächtigen Sowjetunion herauszutreten. Außerdem war die Entwicklung besonders freundschaflicher Beziehungen zur Sowjetunion unabdingbar: Sie sollten garantieren, daß die Aufweichung der Blöcke in Moskau nicht als Affront aufgefaßt wurde, sondern als eine Entwicklung, die – zusammen mit einer Überwindung des totalitären Systems in der Sowjetunion selbst – letztlich auch im Interesse der Sowjetgesellschaft und ihrer Führer lag. Langfristig sollten sich also die westlichen Vorstellungen von Demokratie und Friedensordnung überall in Europa durchsetzen; freilich nicht auf dem Wege der Konfrontation, sondern über die Entwicklung kooperativer Beziehungen, die viele Zwischenstadien und Kompromisse zuließ.

Schon sehr früh, auf einer Pressekonferenz im März 1959, hat de Gaulle die deutschen Verbündeten darauf hingewiesen, daß auch Fortschritte in der deutschen Frage nur auf diesem Wege zu erzielen waren: über pragmatische Annäherung und Stärkung der deutsch-deutschen Beziehungen auf allen Gebieten. Daß das Ziel einer solchen Politik nicht die Wiederherstellung der deutschen Einheit nach traditionellem Muster sein konnte, hat er mit Rücksicht auf die Empfindungen der Deutschen nicht so laut gesagt; intern ließ er aber keinen Zweifel daran, daß ihm allenfalls »eine Art Konföderation« deutscher Staaten mit der Sicherheit Europas vereinbar schien; und aus der Notwendigkeit einer Anerkennung der bestehenden Ostgrenzen machte er auch nach außen hin keinen Hehl. Die deutsch-deutsche Annäherung war ihm allerdings auch kein vordringliches Anliegen. Solange sich die Westdeutschen nicht selbst allzu weit in diese Richtung bewegten, lehnte er es ab, auf die sowjetische Forderung nach Anerkennung der DDR einzugehen. Wichtig war ihm in erster Linie, daß die Deutschen nicht durch eine Verletzung ihres Nationalgefühls in eine antiwestliche Position getrieben wurden und daß jede Bewegung in der deutschen Frage in Übereinstimmung mit den europäischen Nachbarn erfolgte. Der Entspannungspolitik kam in diesem Zusammenhang eine doppelte Funktion zu: Sie sollte die Hoffnungen der Deutschen allmählich umorientieren, vom traditionellen Nationalstaatsmodell weg zu einem friedlichen Nebeneinander in Europa; und sie sollte jene gesamteuropäische Sicherheitsorganisation vorbereiten, die er für eine endgültige Regelung der deutschen Frage als unerläßlich betrachtete.

Als deutlich wurde, daß das eigenständige Westeuropa nicht so bald zustandekommen würde, begann de Gaulle, den Weg von der Détente zur Kooperation exemplarisch vorzuexerzieren. Im Januar 1964 nahm er als ersten Schritt zur Auflockerung der Blöcke diplomatische Beziehungen zu China auf. Vom Sommer 1964 an folgten eine ganze Reihe von Ministerbesuchen in den osteuropäischen Ländern und der Sowjetunion, gefolgt von Besuchen osteuropäischer Regierungsdelegationen in Paris. Nachdem so das Klima aufgelockert worden war, reiste de Gaulle vom 20. Juni bis 1. Juli 1966, also gerade drei Monate nach der Aufkündigung der NATO-Verträge, zu einem Staatsbesuch in die Sowjetunion. Er ließ dort die Freundschaft zwischen »Rußland« und Frankreich hochleben und präsentierte die Achse Paris–Moskau als Motor der Überwindung der Spaltung Europas. Konkret wurde die Bildung einer ständigen französisch-sowjetischen Kommission beschlossen, die den wirtschaftlichen und wissenschaftlichen Austausch zwischen beiden Ländern intensivieren sollte und dann tatsächlich zu Projekten wie der Lieferung von Automobilwerken und der Übernahme des französischen Farbfernsehsystems durch die Sowjetunion führte. Außerdem wurde eine direkte Telefonverbindung zwischen dem Elyséepalast und dem Kreml eingerichtet. Sechs Monate später kam Ministerpräsident Kossygin zu einem ausgiebigen Gegenbesuch nach Frankreich, der beiden Seiten noch einmal Gelegenheit gab, ihren Willen zur Zusammenarbeit zu bekräftigen und das Entspannungsthema zu forcieren.

Die osteuropäischen Länder besuchte de Gaulle erst, nachdem auf diese Weise ein gewisses Vertrauensverhältnis zur Sowjetunion hergestellt war. Seine Appelle an die Kraft der Nationen sollten auf keinen Fall den Eindruck erwecken, als ob er einer einseitigen Aufkündigung des Warschauer Paktes das Wort redete. Als er im Juli 1967 Polen einen Staatsbesuch abstattete, stellte er zwar Frankreich als Vorbild auf dem Weg zur Unabhängigkeit hin; er hütete sich aber, in der Frage, wie die Polen größere Bewegungsfreiheit gewinnen sollten, allzu konkret zu werden. Rumänien, das unter Ceaucescu von sich aus zur Distanzierung von der Moskauer Außenpolitik übergegangen war, besuchte er erst im Mai 1968 (während sich in Paris die Krise entwickelte, die sein Regime erschüttern sollte). An der Haltung der deutschen Bundesregierung, die mit der Herstellung privilegierter Beziehungen zu den osteuropäischen

Staaten den umgekehrten Weg zu gehen versuchte, übte er deutliche Kritik; und als im August 1968 die Truppen des Warschauer Paktes dem Prager Frühling ein gewaltsames Ende setzten, da machte er die Ostpolitik der Großen Koalition in Bonn für diese tragische Entwicklung mitverantwortlich.

Die Vorwürfe an die Adresse Bonns konnten freilich kaum verdecken, daß die brutale Disziplinierung der Tschechoslowakei den Hoffnungen auf eine allmähliche Überwindung der Spaltung Europas, die de Gaulle genährt hatte, einen schweren Schlag versetzte. Sie zeigte, daß die sowjetische Führung in der Wahl ihrer Mittel nicht (oder zumindest noch nicht) so flexibel war, wie es nach de Gaulles Konzept notwendig gewesen wäre, und machte indirekt auch deutlich, daß Frankreich trotz aller Anstrengungen nicht über die Macht verfügte, das Tempo der Entspannung in Europa zu bestimmen. Notgedrungen wurde der Ton der französischen Politik nüchterner, schon in den letzten Amtsmonaten de Gaulles und erst recht unter der Präsidentschaft Pompidous, der die Vitalität der Nationen in Europa nicht so optimistisch einschätzte wie sein Vorgänger. An der Substanz der französischen Entspannungspolitik änderte sich damit aber nichts. Sie bemühte sich, wie Pompidous Staatsbesuch in der Sowjetunion im Oktober 1970 und Breschnjews Gegenbesuch in Frankreich im Oktober 1971 zeigten, weiterhin darum, die Beziehungen zur Sowjetunion zu pflegen, um so die Voraussetzungen für eine Aufweichung der Blöcke zu schaffen.

15.4 Korrekturen in der Europapolitik

Im Grundsatz war Pompidou darum auch durchaus einverstanden, als sich die sozialliberale Bundesregierung um Willy Brandt und Walter Scheel vom Herbst 1969 an daran machte, in direktem Kontakt mit Moskau die seit langem überfällige Flurbereinigung in der deutschen Frage vorzunehmen. Ihre Bereitschaft, die Oder-Neiße-Grenze anzuerkennen, erleichterte das französische Bemühen, die Abhängigkeit der osteuropäischen Staaten von der Sowjetunion zu lockern; und ihre Bemühungen um Klimaverbesserung auf der Grundlage des Status quo förderte den von Frankreich angestrebten Abbau der Blockkonfrontation. In die Genugtuung darüber, daß die Deutschen endlich die Mahnungen de Gaulles befolgten, mischten sich aber bald neue Sorgen über die Möglichkeit eines deutsch-sowjetischen Alleingangs. Insbesondere Pompidou fürchtete, die deutsch-sowjetische Annäherung sei der Anfang einer »Finnlandisierung« der Bundesrepublik, die Frankreich schließlich nur noch die Wahl lassen werde, die sowjetische Hegemonie in Europa zu akzeptieren oder in die Arme der USA zurückzukehren. Als sich Willy Brandt und

Egon Bahr im September 1971 mit Generalsekretär Breschnjew in Oreanda auf der Krim trafen, ohne zuvor die Alliierten von diesem Besuch unterrichtet zu haben, glaubte er für einen Moment ernsthaft, die Bundesrepublik sei bereits dabei, das westliche Bündnis zu verlassen.

Dahinter stand zunächst einmal Pompidous persönliche Verärgerung darüber, daß mit einem Mal nicht mehr der französische Staatspräsident, sondern der deutsche Bundeskanzler als Entspannungspolitiker im Brennpunkt der Weltöffentlichkeit stand. Auch machte sich erneut bemerkbar, daß französische und deutsche Entspannungspolitiker bislang nicht den Weg zueinander gefunden hatten, vielmehr in oft verquerer Frontstellung nebeneinander operierten. Über die Mißverständnisse hinaus hatten die Dissonanzen aber auch einen realen Kern: Die Verantwortlichen in Paris spürten deutlich, daß hier Entwicklungen im Gange waren, die sie nicht mehr unter Kontrolle hatten und die zudem den französischen Anspruch in Frage stellten, an der Spitze der Nationen eines unabhängigen Europas zu stehen. Auf das zweite mochte man zur Not verzichten; das erste aber konnte nicht ohne Gegenmaßnahmen hingenommen werden, weil es sofort wieder die alte Frage nach der doppelten Sicherheit vor der deutschen und vor der sowjetischen Gefahr aufwarf.

Die Aussicht auf ein allzu eigenständiges Operieren der Westdeutschen war um so besorgniserregender, als die deutsche Wirtschaft ihre französische Konkurrenz unterdessen deutlich hinter sich ließ und die Westdeutschen nicht länger bereit waren, ihre Wirtschaftskraft aus politischen Rücksichten zu verstecken. Als im Herbst 1968 die Belastung des Dollars durch die Kosten des Vietnamkrieges und die Belastung des Franc durch die Kosten der Mai-Unruhen zu einem Run auf die Deutsche Mark führten, widersetzte sich die Bundesregierung der von Washington wie von Paris vorgebrachten Forderung nach Aufwertung der Mark und erzwang damit praktisch die Abwertung des Franc. De Gaulle weigerte sich zwar, sie zu vollziehen und suchte stattdessen mit einer Reihe restriktiver Währungs- und Wirtschaftsmaßnahmen über die Runden zu kommen. Langfristig war die Abwertung aber im Interesse der französischen Wirtschaft unumgänglich; und im August 1969 hat Pompidou dann auch eine besonders drastische Herabstufung des Franc-Kurses vorgenommen. Entsprechend groß war die Erbitterung über die deutsche Haltung.

Die Beunruhigung über das Selbstbewußtsein der Bundesrepublik veranlaßte de Gaulle, auf Großbritannien zuzugehen. Anfang Februar 1969 schlug er dem britischen Botschafter in Paris britisch-französische Gespräche über eine gemeinsame Politik vor – insbesondere hinsichtlich der Haltung gegenüber den USA –, aus denen dann eine Neuformation der europäischen Institutionen hervorgehen sollte: Großbritannien und Frankreich sollten zusammen mit der Bundesrepublik und Italien einen »Politischen Rat« bilden und die EWG daneben nur noch in der Form einer Freihandelszone fortgeführt werden. Dieser Vorstoß führte zunächst nicht allzu weit, vor allem deswegen nicht, weil der britischen

Regierung nichts an einer exklusiven Achse Paris–London lag. Premier-minister Wilson unterrichtete die Partner der Gemeinschaft von dem französischen Vorschlag, sorgte damit für beträchtliche Aufregung und erreichte, daß die französische Regierung die Initiative dementierte. Nach der Wahl Pompidous zum Staatspräsidenten gab die neue Regie-rung aber sogleich ihre Bereitschaft zu erkennen, das britische Beitritts-gesuch diesmal positiv zu behandeln, ohne auf vorherigen Zusicherungen hinsichtlich eines unabhängigen Kurses gegenüber Washington zu beste-hen. Sie versuchte zwar noch, im Gegenzug eine Politische Union nach Art der Fouchet-Pläne durchzusetzen; als sie damit aber nicht durch-drang, akzeptierte sie das Prinzip der britischen Mitgliedschaft aber auch so.

Auf der Haager Gipfelkonferenz der (seit 1967 fusionierten) Europäi-schen Gemeinschaften am 1. und 2. Dezember 1969 konnte daher die Aufnahme von Beitrittsverhandlungen mit Großbritannien, Irland, Dänemark und Norwegen beschlossen werden, die dann zur Erweiterung der Gemeinschaft um die drei Erstgenannten zum Jahresbeginn 1973 führten. Als Gegenleistung konnte Frankreich nur die endgültige Finan-zierung des Agrarmarktes durch Eigeneinnahmen der Gemeinschaft durchsetzen sowie einen vagen Grundsatzbeschluß zur politischen Zusammenarbeit, der weit hinter der Konzeption der Fouchet-Pläne zurückblieb: Die »Europäische Politische Zusammenarbeit« (EPZ), die dann nach einem Ausschußbericht im Herbst 1970 installiert wurde, begnügte sich mit regelmäßigen Treffen der Außenminister der Gemein-schaft und häufigen Konsultationen außenpolitischer Beamter unter wechselndem Vorsitz. Damit war wohl ein Gegengewicht gegen eine mögliche Dominanz der Bundesrepublik innerhalb der Gemeinschaft geschaffen und ein Instrument zur Entwicklung gemeinsamer außenpo-litischer Positionen gebildet; es war aber gleichzeitig dafür gesorgt, daß dieses Instrument kaum wirksam werden konnte und die Vision eines politischen handlungsfähigen und von den USA unabhängigen Europas in unerreichbare Ferne rückte.

Noch größere Abstriche an der de Gaulleschen Konzeption nahm Pompidou vor, als er aus Sorge vor einem möglichen Hinüberleiten der Bundesrepublik in den sowjetischen Machtbereich für eine strikte Fest-schreibung der amerikanischen Truppenpräsenz in Europa eintrat. Bei seinem Staatsbesuch in den USA im Februar/März 1970 beschwor er Prä-sident Nixon eindringlich, am militärischen Status quo in Europa festzu-halten. Um das Risiko einer Ausdünnung der westlichen Präsenz in der Bundesrepublik auszuschalten, blockierte er jeden Ansatz zu Ost-West-Verhandlungen über wechselseitige Truppenreduzierungen in Europa; und als 1973 gleichwohl die MBFR-Gespräche in Wien begannen, lehnte er für Frankreich eine Teilnahme ab. Das war, nachdem ein starkes Europa als Mittel zur Kontrolle der Bundesrepublik ausgeschieden war, eine deutschlandpolitisch durchaus konsequente Haltung; zur gleichwohl fortgesetzten entspannungspolitischen Offensive stand sie freilich in einem deutlichen Widerspruch.

Einmal mehr konterkarierte so die Sorge vor einem Wiederaufleben der deutschen Gefahr die Bemühungen um größere Unabhängigkeit im Ost-West-Konflikt. Die Einsicht, daß allein die Entwicklung tatsächlich partnerschaftlicher Beziehungen zur Bundesrepublik in der Lage war, den Widerspruch zwischen den gegensätzlichen Imperativen französischer Außenpolitik aufzuheben, kam nicht mehr zum Tragen. Mehr noch: Indem die Erben de Gaulles nun die »force de frappe«, den Austritt aus der Atlantikpakt-Organisation und die Absage an den europäischen Supranationalismus zu zentralen Elementen des außenpolitischen Gaullismus hochstilisierten, ließen sie die Einsicht in die Notwendigkeit einer konstruktiven Europapolitik weitgehend in Vergessenheit geraten. Damit verlor die gaullistische Außenpolitik zur gleichen Zeit, in der sie über die bisherigen Parteigrenzen hinweg allmählich konsensfähig wurde, viel von ihrer ursprünglichen Veränderungskraft und entwickelte sich Fankreich entgegen den Intentionen des Generals zu einer Macht, die den Status quo in Europa garantieren half.

16. Die Ära Giscard d'Estaing

Als Pompidou am 2. April 1974 starb, waren die Jahre des ungehemmten Wachstums und der durchgreifenden Modernisierung schon vorbei. Die Vervierfachung des Rohölpreises im Herbst 1973 hatte die bislang schleichende Inflation so drastisch verstärkt, daß die Investitionen zurückgingen und die Zuwachsraten der industriellen Produktion einen deutlichen Einbruch erlebten – von 7,2 % im Durchschnitt der Jahre 1969 bis 1973 auf 2,5 % jährlich in den Jahren 1973 bis 1979. Bei fortdauerndem Produktivitätszuwachs und wachsender Aktivbevölkerung ergab sich daraus ein rasches Anwachsen der Arbeitslosenzahlen. Eine Erschütterung des Regimes blieb jedoch aus – nicht nur, weil das Ausmaß der neuen Wirtschaftskrise erst mit der Zeit sichtbar wurde, sondern vor allem, weil die Institutionen der V. Republik und die Themen de Gaulles unterdessen weithin konsensfähig geworden waren. Pompidous Tod bildete darum den Auftakt zu einem ganz regulären Kampf um die Macht, bei dem die Konkurrenten auffallend viele Übereinstimmungen zeigten. Alle betonten mit Blick auf die wahlentscheidende Mitte die Notwendigkeit von Reformen; keiner wagte sich dabei allzu weit vor; und keiner war nach den Jahren des Wachstums sonderlich für die Aufgaben gerüstet, die durch den Übergang zur »postindustriellen« Gesellschaft auf ihn zukamen.

16.1 Der Sieg Giscard d'Estaings

Der erste, der das Ringen um die Nachfolge Pompidous für sich zu entscheiden suchte, war Jacques Chaban-Delmas. Der erste Ministerpräsident Pompidous glaubte sich seit seinem Rücktritt »in der Reserve der Republik« stehend und war zudem davon überzeugt, mit seinem Profil als reformfreudiger Anwalt der »neuen Gesellschaft« genügend Oppositionswähler auf seine Seite hinüberziehen zu können. Um den widerstrebenden konservativen Gaullisten das Gesetz des Handelns aufzuzwingen, erklärte er schon am 4. April, kaum daß die Bestattungsfeierlichkeiten für den verstorbenen Staatspräsidenten zu Ende waren, seine Kandidatur für die bevorstehenden Wahlen. Der Überraschungscoup mißlang jedoch – vor allem deswegen, weil sich Finanzminister Valéry Giscard d'Estaing vier Tage später ebenfalls zum Kandidaten erklärte. Der Führer der Unabhängigen Republikaner hatte schon in den 60er Jahren darauf spekuliert, mit seiner Politik der bedingten Unterstützung de Gaulles einst das Erbe des Generals antreten zu können. Seine Pläne waren 1968/69 durch die besonderen Umstände, die Pompidou ins Amt getragen hatten, durchkreuzt worden; er hatte sie aber nicht aufgegeben und war nun entschlossen, die neue Chance wahrzunehmen, die sich ihm durch den unverhofften Tod Pompidous bot. Chaban-Delmas hatte das gaullistische Lager nicht so geschlossen hinter sich wie seinerzeit Pompidou; das ließ es als aussichtsreich erscheinen, von der Position des Juniorpartners aus um das gaullistische Erbe zu kämpfen. Da somit beide Bewerber glaubten, über gute Wahlchancen zu verfügen, ging das Regierungslager gespalten in den Wahlkampf. Versuche, die beiden zum Rücktritt zu bewegen und an ihrer Stelle Premierminister Messmer als Einheitskandidaten der Mehrheit zu präsentieren, schlugen fehl.

Demgegenüber bot die Opposition ein bemerkenswert geschlossenes Bild. Kommunisten, Sozialisten und linke Radikalsozialisten präsentierten, wie es dem Sinn des Gemeinsamen Programms der Linksunion entsprach, François Mitterrand als gemeinsamen Kandidaten, dem auch die alleinige Verantwortung für die inhaltliche Ausgestaltung des Wahlkampfes oblag. Die Kommunisten hielten sich bewußt zurück, als Mitterrand mit Blick auf die Wähler der Mitte auf Distanz zu den radikalen Aussagen des Gemeinsamen Programms ging; und sie hielten auch dann noch an ihrer vorbehaltlosen Unterstützung des Kandidaten der Linksunion fest, als die sowjetische Führung durch entsprechende Gesten ihres Botschafters zu erkennen gab, daß ihre Sympathien Giscard d'Estaing galten. Selbst die PSU, die 1969 noch ihren Generalsekretär Michel Rocard ins Rennen geschickt hatte, verzichtete diesmal auf Profilierungsversuche und sprach sich gleich zum ersten Wahlgang für den Kandidaten der Linksunion aus. Entsprechend konnte Mitterrand als Kandidat einer Linken auftreten, die nach Jahren der Auseinandersetzungen endlich begriffen hatte, daß eine Änderung der Machtverhältnisse unter den Bedingungen der V. Republik nur in gemeinsamer Anstrengung zu erreichen war, und der es mit ihrem Zusammenrücken zudem gelungen war, weite Teile des Protestpotentials von 1968 an sich zu binden. Die Kombination von Innovationsversprechen und Solidätsgarantie, die auf diese Weise entstanden war, ließ auch seine Kandidatur aussichtsreich erscheinen.

Für den Ausgang des Ringens war es zunächst von Bedeutung, daß eine Gruppe von Pompidou-orientierten Gaullisten um den jungen Innenminister Jacques Chirac ihre Opposition gegen den Reformismus von Chaban-Delmas soweit trieb, daß sie sich dem Nicht-Gaullisten Giscard anschloß. Nachdem die Kandidatur Messmers gescheitert war, erklärten sich 39 Abgeordnete und vier Minister aus den Reihen der Gaullisten in einem »Manifest der 43« für den Kandidaten der Unabhängigen Republikaner. Mindestens ebenso wichtig wurde, daß es Giscard d'Estaing trotz dieser Unterstützung durch konservative Gaullisten fertigbrachte, durch geschicktes Ausspielen seiner Distanz zu de Gaulle und seiner Jugendlichkeit (er war mit 48 Jahren ein gutes Jahrzehnt jünger als seine beiden Rivalen) als der reformfreudigere Kandidat des Regierungslagers zu erscheinen. Das brachte ihm nicht nur die Unterstützung des »Mouvement Reformateur«, zu dem sich unterdessen das Zentrum Lecanuets und die Mehrheit der Radicaux um Jean-Jacques Servan-Schreiber zusammengefunden hatten, sondern auch die Stimmen zahlreicher Wähler der Mitte, die ursprünglich eher geneigt waren, für den Reformkurs von Chaban-Delmas zu votieren. Der leichte Vorsprung in den Meinungsumfragen, den Chaban-Delmas zu Beginn des Wahlkampfes gegenüber seinem Rivalen hatte, ging bald verloren und machte einem immer größeren Abstand Platz. Im ersten Wahlgang am 5. Mai konnte Giscard mit 32,6 % mehr als doppelt soviel Stimmen wie Chaban-Delmas auf sich vereinen; dieser schied mit 15,1 % aus der Konkurrenz aus.

Der Endkampf zwischen Giscard d'Estaing und Mitterrand entwickelte sich danach zu einem Kopf-an-Kopf-Rennen, mit leichtem Vorteil für den Kandidaten des Regierungslagers, aber durchaus ernsthaften Chancen für den Kandidaten der Opposition. Dabei wurden die Argumente der beiden Konkurrenten notgedrungen immer ähnlicher; zugleich erreichte aber auch die Rechts-Links-Polarisierung eine Intensität, die bislang unbekannt war. Schließlich siegte Giscard am 19. Mai mit dem denkbar knappen Vorsprung von 50,8:49,2 % der abgegebenen Stimmen. Ganze 212 300 Wähler, weniger als 1 %, gaben den Ausschlag. Daß sie sich nicht anders entschieden, hatte zwei erkennbare Gründe: Zum einen machte sich die größere Professionalität des Giscardschen Wahlkampf-Teams bemerkbar und erwies sich Giscard auch als telegener als sein Konkurrent, insbesondere in einem Fernsehduell neun Tage vor dem zweiten Wahlgang. Und zum anderen war der Graben, der die Kommunisten einst von den übrigen Parteien getrennt hatte, trotz der kommunistischen Bekenntnisse zur Demokratie und trotz des Übergangs zur Entspannungspolitik noch nicht weit genug zugeschüttet, um genügend Chaban-Delmas-Wähler zu bewegen, sich einem Kandidaten anzuvertrauen, der auch kommunistische Minister in seine Regierung aufzunehmen gedachte.

Geschick und glückliche Umstände führten so denjenigen Bewerber in das Präsidentenamt, der am stärksten in der Tradition Pompidous stand. Giscard d'Estaing teilte nicht nur die Begeisterung seines Vorgängers für den Versuch einer Synthese von wirtschaftlicher Modernisierung und Konservierung der bestehenden Sozialstrukturen; er stand auch für die Aussöhnung von gaullistischen Technokraten und traditionellen Notabeln, an der schon sein Vorgänger gearbeitet hatte. Indem er zunächst das bislang noch oppositionelle Zentrum für das Regierungslager gewann und dann Chirac als den Wortführer der gaullistischen Technokraten zum Premierminister bestellte, führte er eine Strategie zu Ende, die mit dem Widerstand gegen de Gaulles Reformpläne von 1968/69 begonnen hatte: Die Allianz aus Technokraten und Notabeln, die schon de Gaulle gestürzt hatte, wurde nun zur eigentlichen Grundlage des Regimes. Damit war zugleich entschieden, daß das »Changement«, das Giscard in der Schlußphase seines Wahlkampfs angekündigt hatte, vorwiegend kosmetischer Natur sein würde. Substantielle Veränderungen der Machtverhältnisse ließ die Konstellation, in der Giscard seinen Sieg errungen hatte, nicht zu.

16.2 Reformen und Manöver

Das knappe Wahlergebnis zeigte aber auch an, daß sich der neue Präsident mit einer Politik des Status quo allein nicht auf Dauer behaupten konnte. In den Wahlkreisen, die 1973 noch Bastionen der Mehrheit gewesen waren, hatte die Linksunion oft spektakuläre Gewinne erzielt. Außerdem verfügte sie über die Mehrheit bei jenen Wählerschichten, die quantitativ im Wachsen waren: bei den Angestellten, den mittleren Führungskräften, den Wählern unter 35 Jahren, den Einwohnern der großen Städte. Giscards solide Mehrheit bei den Bauern und bei den Rentnern fiel demgegenüber nicht ins Gewicht: Wenn es ihm nicht gelang, neue Wähler aus den Reihen der Arbeiter, der Jugend und der sozialen Aufsteiger hinzuzugewinnen, dann drohte die Mehrheit für die konservativ-gaullistische Allianz beim nächsten Urnengang verlorenzugehen.

Der Verlust der Mehrheit drohte um so rascher, als die neue Wirtschaftskrise den Problemdruck, der auf der französischen Gesellschaft lastete, nachhaltig verstärkte. Inflation und wachsende Arbeitslosigkeit verschärften die sozialen Ungleichheiten und ließen Reformen zugleich immer dringlicher erscheinen: Um die Inflation zu stoppen, mußte der Konsum gedrosselt werden; das aber war noch am ehesten zu erreichen, wenn man endlich zu einer höheren Besteuerung der großen Einkommen überging; und es war auch nur auf diese Weise durchzusetzen, ohne zugleich neue soziale Unruhen zu provozieren. Und um die Drosselung des Konsums nicht mit weiterer Arbeitslosigkeit zu bezahlen, mußte die Wettbewerbsfähigkeit der Industrie gesteigert werden; das ging um so eher, je mehr sich die Arbeitnehmer mit ihren Unternehmen identifizierten, je mehr die Sozialpartner in die Verantwortung eingebunden wurden und je effektiver und flexibler die öffentliche Gewalt auch auf regionaler Ebene die Weichen stellte. Je länger die Krise andauerte, desto lauter mußte folglich der Ruf nach der Opposition werden und desto zwingender stellte sich der Regierung die Forderung nach einer Flucht nach vorn.

Zu Reformen verurteilt und zugleich an ihrer Durchführung gehindert, versuchte Giscard d'Estaing die Wähler der Mitte zunächst durch eine Liberalisierung des Regierungsstils zu beeindrucken. In bewußtem Kontrast zur hoheitlichen Theatralik de Gaulles präsentierte er sich als volksnaher und aufgeschlossener Präsident, für den Regieren gleichbedeutend mit Reformieren war und der darum das Gespräch mit allen Bürgern suchte, auch und gerade mit denjenigen, die bei der Wahl für den Kandidaten der Linksunion gestimmt hatten. Um seine Gesprächsbereitschaft zu unterstreichen, griff er zu Gesten wie der Einladung von Müllkutschern zum Weihnachtsfrühstück im Elyséepalast oder wiederholten Abendessen bei Durchschnittsfamilien, die ihm die Sorgen darlegen wollten. Gleichzeitig strahlte er in Fernsehauftritten verbindlichen Optimismus aus, führte er im Parlament aktuelle Diskussionsstunden ein und behandelte er die Opposition mit ausgesuchter Höflichkeit, die die Rechts-Links-Polarisierung des Wahlkampfs in Vergessenheit geraten lassen sollte. In seinen Ansprachen und Schriften, insbesondere in einer Programmschrift über die »Französische Demokratie«, die im Herbst 1976 erschien, propagierte er das Ideal einer liberalen und solidarischen Demokratie, die die Ungerechtigkeiten und Spaltungen der Vergangenheit hinter sich ließ.

Von den angekündigten Reformen wurden insbesondere solche verwirklicht, bei denen mit wenig Widerstand zu rechnen war und die wenig Kosten verursachten. So wurde das Volljährigkeitsalter auf 18 Jahre gesenkt, das Scheidungsrecht vereinfacht, der Zugang zu empfängnisverhütenden Mitteln liberalisiert und eine Fristenregelung für Abtreibungen eingeführt (letzteres allerdings gegen Widerstand aus den eigenen Reihen und mit Hilfe der Stimmen der Opposition). Desgleichen wurde die staatliche Rundfunkanstalt ORTF in mehrere selbständige Gesellschaften aufgeteilt; die Verwaltung der Stadt Paris wurde aus der Regierungsverantwortung herausgenommen und erstmals einem eigenen Bürgermeister übertragen; das Parlament erhielt das Recht, den Verfassungsgerichtshof anzurufen. Auch wurde die politische Zensur für Filme abgeschafft, der Unterricht in der Sekundarstufe reformiert und der Strafvollzug humanisiert. Und schließlich ließen sich auch auf dem sozialen Sektor einige Reformen durchführen, so die Generalisierung des Sozialversicherungssystems, die Einführung von Schutzvorschriften bei Massenentlassungen und die Senkung des Rentenalters bei schwerer körperlicher Arbeit.

Dagegen stieß Giscard an die Grenzen seiner Macht, als er versuchte, größere Steuergerechtigkeit zu schaffen und die Mitbestimmung in den Betrieben durchzusetzen. Die Gewerbesteuer und das Bodenrecht ließen sich nur unter großen Schwierigkeiten reformieren, mit Abstrichen an den ursprünglichen Vorlagen und denkbar knappen parlamentarischen Mehrheiten. Die Einführung einer Kapitalzuwachssteuer stieß auf soviel Widerstand, daß von der ursprünglichen Regierungsvorlage kaum etwas übrig blieb und die »abgemilderte« Fassung auch erst nach zweijähriger Beratungszeit mit Mühe durch das Parlament kam. Das Projekt eines Betriebsverfassungsgesetzes erlebte ein ähnliches Schicksal wie schon unter de Gaulle: Nachdem Giscard seine Einführung als vordringlich bezeichnet hatte, wurde im Juli 1974 eine Kommission mit der Erarbeitung einer Vorlage betraut; diese legte ihren Bericht im darauffolgenden Februar vor, und danach war von dem Projekt nichts mehr zu hören. Um die Bezieher kleiner und mittlerer Einkommen gleichwohl nicht zu verärgern, beschränkte sich die wirtschaftspolitische Krisensteuerung auf die Schaffung von Produktionsanreizen und Konsumförderung; das aber heizte die Inflation nur noch weiter an und begünstigte einmal mehr die Sachwertbesitzer.

Der Abstand zwischen Ankündigungen und gesellschaftlicher Realität blieb folglich zu groß, um die Wähler der Mitte auf Dauer an das Regierungslager zu binden. Vom Herbst 1974 an kündeten neue Streikbewegungen von der fortdauernden Unzufriedenheit. Regionale Autonomiebewegungen in Okzitanien, in der Bretagne und auf Korsika machten sich erstmals lautstark bemerkbar. Belegschaften von Betrieben, die vor dem Konkurs standen, gingen in großer Zahl zu Selbstverwaltungsexperimenten über, wie sie die Arbeiter der Uhrenfabrik Lip in Besançon seit dem Sommer 1973 vorexerzierten. Vor allem aber ging der Aufstieg der neuen Sozialistischen Partei scheinbar unaufhörlich weiter. Im Herbst 1974 schloß sich ihr die Mehrheit der PSU um Michel Rocard an; danach stiegen die Mitgliederzahlen auf mehr als das Doppelte und die Zustimmung in den Meinungsumfragen auf ein gutes Drittel der Wählerschaft. Damit wurde die PS zur stärksten Partei des Landes und die Linksunion insgesamt stärker als die Regierungsmehrheit. Die Kantonalwahlen vom März 1976 bestätigten diesen Trend: 52,5 % der Stimmen gingen an Kandidaten der Linksunion; zählte man zu ihnen noch Kandidaten anderer oppositioneller Gruppierungen hinzu, waren es sogar 56,5 %.

Angesichts der drohenden Niederlage in den kommenden Parlamentswahlen brachen im Regierungslager Meinungsverschiedenheiten über die einzuschlagende Strategie auf. Premierminister Chirac, von den Strukturreformen ohnehin wenig begeistert, forderte den Übergang zu einem offensiv antisozialistischen Kurs, möglicherweise mit vorgezogenen Neuwahlen, auf jeden Fall mit energischen Maßnahmen zur Bekämpfung der Inflation. Demgegenüber beharrten die Reformatoren um Lecanuet auf der Notwendigkeit von Reformen und von Bemühungen um eine Öffnung nach links, sei es um Wähler zurückzugewinnen, die zur PS abgewandert waren, oder sogar, um die PS aus dem Bündnis mit den Kommunisten zu lösen und langfristig zu einer Mitte-Links-Koalition überzugehen. Staatspräsident Giscard d'Estaing blieb in dieser Auseinandersetzung merkwürdig unentschieden: Er beauftragte Chirac nach der Niederlage in den Kantonalwahlen mit einer stärkeren Koordination der Mehrheitsparteien, schritt dann aber nicht ein, als Lecanuet die Unabhängigen Republikaner zur Bildung einer besonderen Reformallianz innerhalb des Regierungslagers aufforderte. Chirac zog daraus den Schluß, daß eine einheitliche Strategie des Regierungslagers nicht mehr möglich war, und daß er gut daran tat, sich auf eine eigene politische Karriere unabhängig von Giscard vorzubereiten. So trat er Ende August 1976 von sich aus vom Amt des Premierministers zurück und nutzte dann den Respekt, den ihm dieser völlig ungewohnte Schritt in den eigenen Reihen verschaffte, um die gaullistische Partei als »Rassemblement pour la République« (RPR) straffer zu organisieren und sich zu ihrem Präsidenten wählen zu lassen. Die Kampfansage an die Adresse von Giscard, die in diesem Manöver lag, wurde noch deutlicher, als es ihm in den Gemeinderatswahlen vom März 1977 gelang, sich gegen den Kandidaten des Elyséepalastes das neue Amt des Bürgermeisters von Paris zu erkämpfen. Fortan mußte Giscard mit einem Rivalen aus dem Regierungslager rechnen.

Um den Riß in der Koalition, der durch die Distanzierung Chiracs entstanden war, nicht noch zu vertiefen, ernannte Giscard einen parteilosen Experten zum neuen Premierminister: den Ökonomieprofessor Raymond Barre, der zuletzt als Außenhandelsminister gedient hatte und früher Vizepräsident der Brüsseler EG-Kommission gewesen war. Die Entscheidung für ihn konnte unmöglich als Affront gegen Chirac gedeutet werden und stellte zugleich einen Appell an die Parteien dar, sich nun auf die Bekämpfung der Wirtschaftskrise zu konzentrieren und die Meinungsverschiedenheiten über strategische Fragen zurückzustellen. Tatsächlich gelang es Giscard damit, alle Parteien der Mehrheit im Kabinett zu halten und die Auseinandersetzungen zu dämpfen. Der Reformelan wurde gebremst, ohne daß darauf eine antisozialistische Offensive folgte; stattdessen rückte der »Plan Barre« zur Bekämpfung der Krise in den Mittelpunkt der Regierungspolitik.

Damit ließen sich die Wähler, die zur Linken abgewandert waren, aber nicht zurückholen. Barre ging in einer ersten Phase zu einem vorwiegend deflationistischen Kurs über, mit dreimonatigem Preisstopp, Einfrieren der Spitzengehälter, Steuererhöhungen und nur vorsichtig dosierten Investitionshilfen. Das führte zwar zu einer Reduzierung der Inflationsrate von 12,6 % auf 9,3 % 1977, doch erhöhte sich zugleich die Zahl der Arbeitslosen von 700 000 1975 auf 1,4 Millionen 1978. Barre mochte zu Recht darauf hinweisen, daß die Krise ohne seine Intervention Ausmaße wie in Großbritannien oder Italien erreicht hätte; er konnte aber nicht verhindern, daß die Zukunft ungewiß erschien und die Notwendigkeit von strukturellen Reformen stärker denn je ins Auge stach. In den Gemeinderatswahlen vom März 1977 wurde der Vorsprung der Linksunion erneut deutlich, und auch die Meinungsumfragen bestätigten ihn immer wieder.

Daß die Regierungsmehrheit die Parlamentswahlen vom März 1978 dennoch unangefochten überlebte, verdankte sie allein der kommunistischen Partei. Für diese waren die Auswirkungen der Linksunion-Strategie nicht so eindeutig positiv wie für die Sozialisten: Sie gewann zwar die Aussicht auf eine Rückkehr an die Macht nach Jahrzehnten der Isolierung, bezahlte dafür aber mit dem Verlust der führenden Rolle innerhalb der Linken. Ihr Übergang zu einer »eurokommunistischen« Linie, die das sowjetische Vorbild in Frage stellte und immer größere Zugeständnisse an westliche Demokratievorstellungen machte, konnte nicht verhindern, daß die Zugewinne der Linksunion allein der PS zugute kamen und diese sogar als unterdessen glaubwürdige Alternative Wähler für sich gewinnen konnte, die bislang aus Protest immer für die Kommunisten gestimmt hatten. Von den etwa 52 % Wählerstimmen, die der Linksunion in den Meinungsumfragen prophezeit wurden, entfielen allenfalls 20 % auf die PCF, weniger als bei den Wahlen von 1973. Für eine Partei, die ihr Selbstbewußtsein aus der Gewißheit bezog, »Avantgarde der Arbeiterklasse« zu sein, war das eine äußerst fatale Entwicklung.

Um einer Marginalisierung durch die siegreiche PS zuvorzukommen, trat die PCF-Führung im Frühjahr 1977 mit demagogischen Maximalforderungen zur Aktualisierung des Gemeinsamen Programms an die Öffentlichkeit. Die Sozialleistungen, die das Programm versprach, sollten in einer Weise konkretisiert werden, die unter den Bedingungen der Krise offensichtlich nicht zu finanzieren war; und die Nationalisierung, die es ankündigte, sollten angesichts der gewandelten Besitzverhältnisse derart ausgeweitet werden, daß zentrale Bereiche der französischen Wirtschaft unter die Kontrolle eines kommunistischen Planungsministers fielen. Das waren Forderungen, an deren uneingeschränkte Verwirklichung sie wohl selbst nicht glaubte; sie wollten aber helfen, linken Wählern noch einmal die Avantgarde-Rolle der PCF vor Augen zu führen und die PS auf präzise Abmachungen festzulegen, die nach einem Wahlsieg nicht mehr so leicht vom Tisch gewischt werden konnten. Dieses Kalkül ging freilich nicht auf: Die Sozialisten sahen wohl, daß die Linksunion zu scheitern drohte, wenn sie nicht auf die kommunistischen Forderungen eingingen; sie mußten aber auch bei einer Durchsetzung der kommunistischen Vorstellungen mit einer Wahlniederlage der Linksunion rechnen. Folglich endeten die Verhandlungen um eine Aktualisierung des Gemeinsamen Programms nach einigem Finassieren in der Nacht vom 22. zum 23. September 1977 mit einem Eklat. Die Delegationen trennten sich, ohne sich über das Ausmaß der Nationalisierungen verständigt zu haben.

Das Spektakel der Auseinandersetzung um das Gemeinsame Programm beeinträchtigte die Wahlchancen der Linken in doppelter Weise: Es zerbrach die Einheitsdynamik, die den Linksparteien bislang einen kontinuierlichen Stimmenzuwachs eingebracht hatte; und es nahm der linken Alternative in den Augen gemäßigter Wähler wieder ihre Glaubwürdigkeit. Demgegenüber half es wenig, daß sich Marchais nach dem ersten Wahlgang am 12. März 1978 zu einem Abkommen über wechselseitige Stichwahlhilfe und die Bildung einer gemeinsamen Regierung mit den Sozialisten bereitfand: Da die Streitfragen nicht geklärt waren und die Kommunisten, anders als 1974, keine Bereitschaft zum Verzicht auf »empfindliche« Ministerien zu erkennen gaben, blieb ein entscheidender Prozentsatz der Wähler der Mitte bei der Auffassung, daß die bisherige Malaise immer noch eher zu ertragen war als die Regierung einer zerstrittenen Linksunion. In beiden Wahlgängen zusammengenommen erreichte die Linksunion 48,6 % der Stimmen, nahezu drei Prozentpunkte weniger als in den Gemeinderatswahlen ein Jahr zuvor. Die Regierungsmehrheit konnte mit 51,0 % an die Stärke von 1974 anknüpfen; dabei gewannen Republikaner und Reformatoren, nachdem sie sich in letzter Minute zur »Union pour la Démocratie française« (UDF) zusammengeschlossen hatten, gegenüber den Gaullisten deutlich an Gewicht.

16.3 Von Giscard zu Mitterrand

Giscard d'Estaing sah in dem Wahlsieg, den lange Zeit kaum jemand für möglich gehalten hatte, eine eindrucksvolle Bestätigung seines Kurses. Künstliche Dramatisierungen, wie sie Chirac verlangte, waren offensichtlich unangebracht; vielmehr half gerade der verbindliche Stil, den der Präsident pflegte, die aufsteigenden neuen Mittelschichten für das Regierungslager zu gewinnen. Die nächste Kraftprobe, die Präsidentschaftswahlen in 1981, steuerte er darum mit großer Zuversicht an. Demgegenüber fiel die Opposition in eine schwere Depression. Die Kommunisten, denen die antisozialistische Polemik nichts eingebracht hatte, schwankten zwischen dogmatischer Verhärtung und opportunistischen Bekenntnissen zur Linksunion und zum Eurokommunismus hin und her, ohne zu einer irgendwie überzeugenden Linie zu finden. Und die Sozialisten begannen an dem Sinn der Linksunion-Strategie zu zweifeln, ohne eine Alternative parat zu haben. Zum Bündnis mit dem Zentrum konnten sie nicht zurück, weil sie dann das Gros ihrer Anhänger wieder an die Kommunisten verloren hätten; mit den Kommunisten aber waren Wahlen offensichtlich nicht zu gewinnen. In Teilen der Partei wurde die Frage laut, ob Mitterrand nach drei vergeblichen Anläufen nicht die Aura eines Verlierers anhaftete. Rocard, der in den Meinungsumfragen als ein weit attraktiverer Präsidentschaftskandidat erschien, drängte immer ungeduldiger, ihm Platz zu machen.

Indessen übersahen beide, der Präsident wie die Opposition, daß sich an der Ausgangslage wenig geändert hatte. Der Vorsprung des Regierungslagers war nach wie vor denkbar knapp; und der Problemdruck, der auf der Gesellschaft lastete, wurde nicht geringer. Im Gegenteil: Weil sich die Regierungsmehrheit jetzt sicher fühlte, unternahm sie keine Anstrengungen mehr, schwierige Reformen durchzusetzen. Gesetzesinitiativen zur Parteienfinanzierung, zur Kumulierung von Mandaten in unterschiedlichen Repräsentativkörperschaften und zur Einführung des Verhältniswahlrechts bei den Kommunalwahlen in den großen Städten verliefen sich nach zweijähriger Auseinandersetzung im Sande; und ein Anlauf zur Liberalisierung der Strafprozeßordnung endete mit ihrer Verschärfung. Weitere Reformen wurden danach nicht mehr in Angriff genommen. Stattdessen verzettelten Chirac-Anhänger und Giscardianer ihre Kräfte in einem permanenten Kleinkrieg um die Führungsrolle innerhalb der Regierungsmehrheit.

Nachdem substantielle Reformen ausblieben, gelang es auch nicht, die Wirtschaftskrise abzubremsen. Angesichts der dramatischen Zunahme der Arbeitslosigkeit ging Barre vom Kampf gegen die Inflation zur gezielten Förderung von Investitionen über: Die Industriepreise wurden wieder freigegeben und Aktienkäufe steuerlich begünstigt; außerdem wurden die Unternehmen ermuntert, mit der nach 1968 üblich gewordenen Praxis der Kollektivverträge mit Arbeitnehmerorganisationen wieder zu brechen. Das führte in der Tat zu einer leichten Verbesserung der Erträge; es hatte aber auch einen neuerlichen Anstieg der Inflationsrate zur Folge: 1980 erreichte sie die stolze Höhe von 13,6 %. Investitionen von privaten Unternehmern und Anlegern blieben gleichwohl aus. Folglich stieg auch die Zahl der Arbeitslosen weiter an – auf 1,6 Millionen im Frühjahr 1981, 6,7 % der Aktivbevölkerung. Gründe, einen Wechsel herbeizuwünschen, gab es also weiterhin zu Genüge.

Gewiß stand die Linksunion nun nicht mehr als glaubwürdige Alternative zur Verfügung. Auf der anderen Seite war das Scheitern des Gemeinsamen Programms in den Augen mancher Wähler der Mitte aber auch eine Garantie dafür, daß ein sozialistischer Präsident eben nicht unter den Einfluß der Kommunisten geraten würde, und trugen die fortdauernden Attacken der PCF gegen die angebliche »Klassenkollaboration« der sozialistischen Bruderpartei ungewollt dazu bei, das sozialdemokratische Profil der PS zu stärken. Gleichzeitig verlor Giscard d'Estaing das entscheidende Argument, das ihm 1974 die Stimmen der Mitte eingebracht hatte: Nach siebenjähriger Verwaltung des Status quo war die Ankündigung von Reformen nicht mehr glaubwürdig. Da die Gaullisten versuchten, ihre Stärke im Parlament gegen ihn auszuspielen, sah er sich zudem gezwungen, mehr und mehr auf die Prärogativen des Präsidentenamtes zurückzugreifen; das ließ ihn in einen zunehmend monarchistischen Amtsstil abgleiten, der in einem empfindlichen Kontrast zu seinem liberalen Programm stand. Eine Reihe undurchsichtiger Skandale, so die Rätsel, die die Ermordung des ehemaligen Staatssekretärs Jean de Broglie aufwarf, und die Gerüchte über Diamantengeschenke des zentralafrikanischen »Kaisers« Bokassa an Giscard, bekräftigten den Eindruck einer selbstherrlichen Technokratie, die den Kontakt zu den Bügern verloren hatte.

Es war daher kein Wunder, daß François Mitterrand die Präsidentschaftswahlen vom April 1981 entgegen den Erwartungen der meisten Zeitgenossen doch noch für sich entscheiden konnte. Nach einer Phase taktischen Zögerns rief er im Oktober 1980 die sozialistische Partei zum Schiedsrichter zwischen ihm und Rocard aus und provozierte damit eine eindrucksvolle Bestätigung seiner Führungsposition; danach präsentierte er sich im Wahlkampf als erfahrener Staatsmann, der unbeirrt von den Attacken der Kommunisten und der Rechten seinen Weg geht. Daß neben ihm auch Chirac gegen Giscard kandidierte, kam ihm ebenso zugute wie die Kandidatur von Marchais für die kommunistische Partei: Die Kampagne von Chirac ließ die vergangenen sieben Amtsjahre von Giscard auch für Wähler der bisherigen Mehrheit in einem schlechten Licht erscheinen, während die Angriffe von Marchais auf Mitterrand sowohl in der Mitte als auch auf der Linken kontraproduktiv wirkten. So konnte Mitterrand schon im ersten Wahlgang am 26. April mit 25,8 % drei Prozentpunkte mehr auf sich vereinen, als seine Partei in den Wahlen von 1978 erhalten hatte. Marchais zahlte für den Zickzack-Kurs der Kommunisten mit einem dramatischen Rückgang auf 15,3 %. Ebenso deutlich blieb Chirac mit 17,9 % hinter dem amtierenden Staatspräsidenten zurück, der 28,3 % der Stimmen erhielt, vier Prozentpunkte weniger als bei der gleichen Gelegenheit sieben Jahre zuvor.

Da die Kommunisten es sich mit Blick auf die Erwartungen ihrer Klientel nicht leisten konnten, Mitterrand die Unterstützung zu versagen, Chirac hingegen den zuvor attackierten Präsidenten nur halbherzig unterstützte, ergab sich daraus im zweiten Wahlgang am 10. Mai ein deutlicher Sieg von Mitterrand über Giscard d'Estaing: Der Herausforderer erhielt 51,7 %, während der bisherige Amtsinhaber nur 48,2 % auf sich vereinigen konnte. Schätzungsweise 30 % der Chirac-Wähler des ersten Wahlgangs enthielten sich entweder der Stimme oder entschieden sich jetzt für Mitterrand. Der Wille zum Wechsel und das Vertrauen für Mitterrand, die hier zum Ausdruck kamen, wurden noch deutlicher, als der neue Präsident sogleich Neuwahlen zur Nationalversammlung ausschrieb: In den Wahlen vom 14. und 21. Juni blieben zahlreiche Wähler der bisherigen Mehrheit entweder zu Hause oder sie stimmten für die Partei des neuen Präsidenten. Die PS erhielt darum 37,5 % der Stimmen und die absolute Mehrheit von 54,9 % der Parlamentssitze. Die Kommunisten mußten sich mit 16,2 % der Stimmen und 9 % der Sitze begnügen. Eindrucksvoller konnte Mitterrands doppelter Sieg – sowohl über die seit de Gaulle regierende Mehrheit als auch über die Kommunisten – nicht ausfallen.

Damit wurde nach sieben Jahren, in denen Giscards auf weite Strecken sehr geschicktes Krisenmanagement die Herrschaft der Technokraten und Notabeln gestärkt hatte, ein Präsident, der vorwiegend gesellschaftliche Gruppen repräsentierte, die bislang von der Teilhabe an der Macht ausgeschlossen waren, mit einer Machtfülle ausgestattet, wie sie de

Gaulle nur in seinen besten Tagen gehabt hatte. Das kam dem Regime in doppelter Weise zugute: Es stärkte nicht nur die demokratische Legitimation, die es durch die Aussicht auf einen demokratischen Machtwechsel erworben hatte, sondern setzte auch neue Kräfte frei, die für die überfällige Anpassung an die Bedingungen der »postindustriellen« Ära dringend benötigt wurden.

16.4 Außenpolitik des Ausgleichs

Das Bemühen um Entdramatisierung und Überwindung künstlicher Polarisierungen, das Giscards wichtigsten Beitrag zur Ermöglichung dieser Art von demokratischem Wechsel darstellte, zeigt sich auch in der Außenpolitik des dritten Präsidenten der V. Republik. An den Grundlinien dieser Politik änderte sich gegenüber de Gaulle und Pompidou nur wenig – teils, weil sich Giscard unter den wachsamen Augen der gaullistischen Traditionalisten hier nur vorsichtig bewegen konnte, und zum Teil auch, weil er es gar nicht wollte. Doch trug seine Gesprächsbereitschaft nach allen Seiten viel dazu bei, daß Mißverständnisse abgebaut und überflüssige Reibungsflächen beseitigt werden konnten. Und gelegentlich gab es neben neuen Akzentsetzungen auch erste Schritte in Richtung auf einen Abbau der Widersprüche, die die gaullistische Konzeption der Außenpolitik aufwies.

Vergleichsweise neu war in Giscards Außenpolitik das »mondialistische« Element: das Bemühen um verstärkten Austausch mit den Staaten der Dritten Welt. Die Verteuerung der Rohölpreise, der Zusammenbruch des bisherigen Weltwährungssystems und die wachsende Schuldenlast der unterentwickelten Länder führten zur Ausweitung der traditionellen »zivilisatorischen Mission« Frankreichs zum Engagement für eine neue Weltwirtschaftsordnung und zur verstärkten Präsenz in der Dritten Welt. Das war einerseits konstruktiv gemeint – als Mittlerdienst zwischen Industrieländern und unterentwickelten Ländern, als Hilfe zur Konsolidierung der Verhältnisse in Afrika und als Beitrag zur Überwindung des Nahost-Konflikts. Andererseits sollte dieses Engagement aber auch die Versorgung mit Erdöl und anderen Rohstoffen sichern, Kapital der erdölexportierenden Staaten nach Frankreich lenken und Waffenexporte erleichtern. Beides ließ sich nicht immer miteinander vereinbaren; und so waren denn die Erfolge dieser Politik auch durchaus begrenzt.

Immerhin gelang es der französischen Diplomatie, die westlichen Industrienationen und eine Reihe von Ländern der Dritten Welt 1975 zur Konferenz über Internationale Wirtschaftliche Zusammenarbeit in Paris zusammenzubringen. Deren Verhandlungen endeten nach zwei Jahren ohne konkretes Ergebnis; sie erlaubten es Frankreich aber, sich als Sprecher der Dritten Welt gegenüber den Industrienationen zu profilieren. Konkreter waren die Erfolge beim Bemühen um eine Ausweitung der Assoziierungsabkommen, die die EWG mit den ehemaligen Kolonien Frankreichs geschlossen hatte: Sie führten 1975 zum Abkommen von Lomé, das die Öffnung des EG-Marktes für Produkte der Entwicklungsländer mit der Gewährung von Überbrückungskrediten bei schwankenden Exporterlösen verband und so ein stabilisierendes Element in die Nord-Süd-Beziehungen einführte. Und einen gewissen Erfolg hatte Giscard auch bei seinen Bemühungen um eine Annäherung der westlichen Nationen an die arabischen Staaten: Sie wurden zwar durch das von Präsident Carter vermittelte israelisch-ägyptische Separatabkommen von Camp David 1978 durchkreuzt, führten dann aber doch zur Nahost-Erklärung des EG-Gipfels von Venedig im Juni 1980, die den Rückzug Israels aus den seit 1967 besetzten Gebieten und die Anerkennung der Palästinensischen Befreiungsorganisation als Verhandlungspartner verlangte.

Fragwürdiger waren die Ergebnisse von Giscards Bemühungen um eine Stärkung der französischen Schutzmachtrolle in Afrika. Er sammelte nicht nur an die zwanzig Regierungschefs afrikanischer Staaten zu regelmäßigen Gipfelkonferenzen um sich, sondern eilte befreundeten Regierungen auch wiederholt militärisch zu Hilfe, so dem Regime Mobutus in Zaire 1977 und 1978, dem von der Polisario-Bewegung bedrohten Mauretanien 1977 und dem von Libyen bedrohten und vom Bürgerkrieg geschüttelten Tschad 1978 und 1980. Die Aktionen mochten sich jedesmal mit strategischen Interessen Frankreichs und des Westens rechtfertigen lassen; sie führten aber in den beiden ersten Fällen zur Stabilisierung eines äußerst grausamen Diktators und in den beiden letzten zu keinem dauerhaften Ergebnis. In Zentralafrika unterstützte die französische Politik jahrelang die Eskapaden des Diktators Bokassa; als er aber Anstalten traf, sich Libyen zu nähern, halfen französische Truppen im September 1979 auch mit, ihn zu stürzen. Entsprechend häufig gab es Kritik an Giscards afrikanischen Unternehmungen; eine Kursänderung oder auch nur eine präzisere Zieldefinition folgten daraus jedoch nicht.

In der Europapolitik bewegte sich Giscard d'Estaing wieder stärker auf die Bundesrepublik zu. Angesichts der Stärke der britischen Integrationsgegner, die selbst die Zugehörigkeit Großbritanniens zur EG für einige Zeit wieder ernsthaft in Frage stellten, gewann er sehr schnell die Überzeugung, daß Pompidous Hoffnungen auf eine besondere britisch-französische Allianz illusorisch gewesen waren und ein unabhängiges Europa nur in der Zusammenarbeit mit der Bundesrepublik erreicht werden konnte. Auch sah er deutlich, daß eine solche Zusammenarbeit das beste Mittel war, um national-neutralistischen Tendenzen in der deutschen Politik, die Pompidou so sehr gefürchtet hatte, das Wasser abzugraben. Da in der Bundesrepublik zur gleichen Zeit eine Ernüchterung einsetzte, was die systemüberwindende Dimension der Ostpolitik betraf, und mit Helmut Schmidt ein Kanzler die Leitung der bundesdeutschen Politik übernahm, für den Entspannungspolitik nur auf der Grundlage einer soliden Westbindung der Bundesrepublik vorstellbar war, trug diese Annäherung an die Bundesrepublik alsbald Früchte: Giscard und Schmidt, die sich schon als Finanzminister kennen und schätzen gelernt hatten, unternahmen in gemeinsamer Anstrengung Schritte zum Ausbau der EG und zu größerer Eigenständigkeit Europas gegenüber den Weltmächten.

Mit Unterstützung Schmidts setzte Giscard d'Estaing auf dem Pariser EG-Gipfel im Dezember 1974 die Einrichtung des »Europäischen Rates« durch: regelmäßige Treffen der Staats- und Regierungschefs der EG-Mitgliedsländer, die die bisherige Trennung von politischer Zusammenarbeit und wirtschaftlicher Integration aufhoben und so einen Ansatzpunkt für Integrationsfortschritte boten. Gemeinsam bahnten sie der Direktwahl des Europäischen Parlaments den Weg, die im Juli 1976 beschlossen wurde und drei Jahre später erstmals durchgeführt werden konnte. Gemeinsam setzten sie auch 1978 den Beschluß zur Einführung des »Europäischen Währungssystems« durch: die Verpflichtung der Mitgliedsländer, bei größeren Abweichungen der eigenen Währung von einer festgesetzten Parität auf dem Devisenmarkt zu intervenieren, und die Möglichkeit, hierzu Währungskredite von den Zentralbanken der Partnerländer zu nutzen. Sie erreichten damit zwar noch keine Garantie für einen Übergang zu einer gemeinsamen Währungs- und Wirtschaftspolitik, wohl aber einen Mechanismus, der den Gefahren der Desintegration der EG-Mitglieder im Zeichen der Wirtschaftskrise entgegensteuerte.

Auf weltpolitischer Ebene wurden die Effekte der neuen deutsch-französischen Zusammenarbeit erstmals auf der »Konferenz für Sicherheit und Zusammenarbeit in Europa« spürbar: In der Schlußphase der Konferenz 1974/75 engagierten sich die EG-Mitglieder mit großer Geschlossenheit für einen Abschluß, der die Ratifizierung des Status quo in Europa durch den Westen mit der verbalen Anerkennung der Menschenrechte durch die Sowjetunion honorierte. Ähnlich geschlossen traten sie den amerikanischen Bestrebungen entgegen, von den Prinzipien der Entspannungspolitik wieder abzurücken. Dabei trat Giscard mit öffentlicher Kritik an der Menschenrechtskampagne Präsident Carters und demonstrativem Verständnis für sowjetische Sicherheitsinteressen besonders prononciert hervor; in der Substanz bewegte er sich aber auf einer Linie, die auch von den EG-Partnern geteilt wurde. Gemeinsame Linien gab es auch in der Abwehr der Folgen des Dollar-Preisverfalls und im Kampf gegen die amerikanischen Versuche, die Europäer zu einer Änderung ihrer Wirtschaftspolitik zu zwingen. 1976 arbeiteten Paris und Bonn sogar bei der Abwehr eines amerikanischen Vorstosses zusammen, den Export europäischer Atomanlagen in Länder der Dritten Welt zu stoppen.

Die deutsch-französische Gemeinsamkeit führte allerdings nicht bis zu einer Stärkung der Gemeinschaftsorgane der EG. Dazu war der Widerstand der Gaullisten zu stark. Im Vorfeld der ersten Direktwahlen zum Straßburger Europaparlament im Juni 1979 inszenierten Michel Debré und Jacques Chirac eine dermaßen heftige antieuropäische Kampagne, daß Giscard gezwungen war, sich öffentlich auf die Wahrung des europapolitischen Status quo festzulegen und damit den Sinn des Übergangs zur Direktwahl in sein Gegenteil zu verkehren. Ebenso unterblieb eine grundlegende Revision der Verteidigungsdoktrin. Bei der Installierung der ersten Pluton-Raketen Anfang 1975 deutete Chirac als Premierminister zwar an, daß die französischen Waffen auch eine »europäische Dimension« hätten; tatsächlich zielten diese neuen Kurzstreckenraketen aber zunächst einmal auf das Territorium der Bundesrepublik, und als Generalstabschef Méry ein Jahr später das Konzept einer französischen Beteiligung an der Vorwärtsverteidigung der NATO an der Elbe vorstellte, gab es dafür keine offizielle Bestätigung. Die Verteidigungsplanung ließ erkennen, daß der konventionellen Bewaffnung wieder mehr Gewicht beigemessen wurde und an den taktischen Einsatz von Atomwaffen gedacht wurde; hinsichtlich des Zeitpunkts und der Umstände ihres Einsatzes gab es jedoch keine verbindlichen Aussagen.

Ebensowenig schützte der kooperative Ansatz der Giscardschen Politik vor neuen Alleingängen. Als Helmut Schmidt im Frühjahr 1980 im Kontakt mit den Westmächten eine Moskaureise vorbereitete, die das Ost-West-Gespräch nach der Verhärtung durch den NATO-Doppelbeschluß und den sowjetischen Einmarsch in Afghanistan wieder in Gang bringen sollte, arrangierte Giscard in aller Eile ein spektakuläres Treffen mit Breschnjew in Warschau. Er wollte damit verhindern, daß die Bundesrepublik die Führungsrolle im Dialog mit der Sowjetunion übernahm, erreichte aber nur, daß die Sowjetführung den europäischen Vorstellungen wenig Gewicht beimaß. Schmidts Bemühungen um eurostrategische Rüstungskontrollvereinbarungen unterstützte er aus Sorge vor einer Einbeziehung des französischen Atomarsenals nur halbherzig; und bei der Abwehr von unbedachten Reaktionen auf die sowjetische Polenpolitik ließ er ihn mit Rücksicht auf eine wachsende antisowjetische Stimmung in der französischen Öffentlichkeit ganz im Stich. Einmal mehr blieb so die französische Entspannungspolitik weit hinter ihren Möglichkeiten zurück; und das zu einem Zeitpunkt, da die neuerliche Zuspitzung des Ost-West-Konflikts kraftvolle Entspannungsinitiativen nötiger werden ließ denn je.

17. Die Ära Mitterrand

Der Wahlsieger Mitterrand stand vor einer doppelten Aufgabe: Er hatte zum einen den Reformstau abzuarbeiten, der sich in den Jahren der autoritären Modernisierung aufgehäuft hatte und den zu reduzieren Giscard d'Estaing nicht geglückt war. Zum anderen mußte er sich aber auch in der Konkurrenz der Industrienationen um die Bewältigung der weltweiten Wachstumskrise behaupten und dabei den neuen Produktionsbedingungen und neuen Ideen Rechnung tragen, die im »postindustriellen« Kontext entstanden. Beides war nicht leicht, und es war auch nicht so ohne weiteres miteinander zu vereinbaren. Die neue Regierungspartei war vorwiegend auf das erstere vorbereitet, hatte dabei aber noch nicht die Widersprüche aufgearbeitet, die sich aus dem teils wohlfahrtsstaatlichen, teils klassenkämpferischen Ansatz des Gemeinsamen Programms ergaben und mußte sich zudem mit dem Umstand auseinandersetzen, daß Teile der bisherigen bürgerlichen Mehrheit, Wirtschaftsführer und hohe Beamte auf den unverhofften und nach 23 Jahren gaullistischer und postgaullistischer Herrschaft auf jeden Fall ungewohnten Machtwechsel panikartig reagierten. In dieser Situation waren Integrations- und Innovationsfähigkeit der politischen Führung in besonderem Maße gefragt; von ihnen hing es ab, wieweit Mitterrand und die regierenden Sozialisten die Ära, die nun seinen Namen trug, auch tatsächlich inhaltlich prägen konnten.

17.1 Reformen und Revisionen

Angesichts der Vielzahl der Schwierigkeiten, vor denen er stand, kam es Mitterrand sehr zustatten, daß er, anders als etwa der Volksfront-Ministerpräsident Blum, über die ganze Machtfülle eines Präsidenten der V. Republik verfügte. Es war daher nur konsequent (und im Grunde schon seit seiner Kandidatur von 1974 abzusehen), daß er sie uneingeschränkt nutzte und dabei die Kritik, die er einst am »permanenten Staatsstreich« de Gaulles geübt hatte, in Vergessenheit geraten ließ. Lediglich die Beziehungen zur Regierungspartei gestaltete er weniger einseitig, als dies de Gaulle getan hatte; aber es kam seiner Autorität und der Effektivität seiner Exekutive nur zugute. Zusätzliche Macht erwarb er noch dadurch, daß er den Kommunisten vier Ministerämter (von 31) anbot: Das ließ ihn in den Augen der linken Wählerschaft als Vollstrecker der Linksunion erscheinen, der die Attacken der Kommunisten Lügen strafte, und band die Kommunisten mit ihrem Einfluß auf Teile der Arbeiterschaft zugleich in die Regierungsverantwortung ein. Die PCF-Führung nahm das Angebot an, obwohl ihr damit bei der absoluten PS-Mehrheit kaum tatsächlicher Einfluß eingeräumt wurde. Die Rücksicht auf die Erwartungen der Anhänger, die sich mit der Linksunion-Strategie identifiziert hatten, ließ ihr nach dem Scheitern der antisozialistischen Kampagne keine andere Wahl.

So war die Regierung unter dem Vorsitz von Pierre Mauroy, einem verbindlichen und populären Parteiführer aus dem sozialdemokratischen Norden, nur der Form nach eine Verwirklichung des Linksunion-Konzepts, das nun von der PCF in aller Eile wieder aktiviert wurde. Tatsächlich stellte sie ein höchst effektives Instrument in der Hand eines Präsidenten dar, der einen breitgefächerten Reformwillen verkörperte und nun die »110 Vorschläge«, die er zu Beginn seiner Wahlkampagne veröffentlicht hatte, zum Inhalt seines Mandats erklärte. Um den Überraschungseffekt seines Siegs zu nutzen und zugleich zu demonstrieren, daß er seine Wahlversprechen einhielt, ging er die Reformankündigungen, die dieses Programm enthielt, mit großer Eile und nahezu in allen Bereichen gleichzeitig an, überließ es aber weitgehend seiner Mannschaft, sie zu präsentieren und schränkte seine Auftritte in der Öffentlichkeit, anders als Giscard, auf wenige »staatsmännische« Momente ein.

Im Vordergrund der Regierungsaktivitäten stand zunächst ein sozialpolitisches Maßnahmenpaket, das, linkskeynesianischem Muster folgend, zugleich den Schlüssel zur Überwindung der Wirtschaftskrise liefern sollte. So wurde der gesetzlich garantierte Mindestlohn kräftig angehoben, ebenso die Mindestrenten und die Familienbeihilfen; die wöchentliche Arbeitszeit wurde bei vollem Lohnausgleich auf 39 Stunden reduziert, eine fünfte bezahlte Urlaubswoche für alle Arbeitnehmer verbindlich eingeführt und das Rentenalter auf 60 Jahre herabgesetzt. Außerdem wurden mit einer beträchtlichen Ausweitung der Haushaltsausgaben neue Investitionen unterstützt, zusätzliche Arbeitsplätze im öffentlichen Dienst geschaffen und Arbeitsbeschaffungsmaßnahmen insbesondere von Jugendlichen finanziert. Der von Barre eingeleitete Abbau von Subventionen für unrentabel gewordene Betriebe wurde erst einmal gestoppt; und als Auftakt zu einer umfassenden Steuerreform wurde eine Sonderabgabe für Großverdiener eingeführt. Auf diese Weise sollten zum einen die größten Diskrepanzen in der Einkommensverteilung abgebaut werden; zum anderen sollte aber auch die Nachfrage so stark gesteigert werden, daß die stagnierende Produktion auf breiter Front wieder in Gang kam.

Parallel dazu wurden drei Strukturreformen in Angriff genommen, die den Aufschwung langfristig absichern sollten: Erstens wurden die Nationalisierungen in dem im Gemeinsamen Programm vorgesehenen Umfang durchgeführt; damit gingen fünf große Industriegruppen, zwei Finanzholdings (Parisbas und Suez) und 36 Großbanken in öffentliches Eigentum über und erhöhte sich der Anteil des öffentlichen Sektors bei den Beschäftigten von 13 % auf 16 % und bei den Investitionen von 29 % auf 36 %. Zweitens wurde die Dezentralisierung dadurch vorangetrieben, daß die Regionen zu Gebietskörperschaften mit direkt gewählten Parlamenten erhoben wurden und Budgetrecht und Exekutivkompetenz von den Präfekten auf Gemeinden, Departements und Regionen übergingen. Dabei wurden Kompetenzen und Ressourcen zwar nur schrittweise und nach dem Erfolg der Opposition in den Kantonalwahlen vom März 1982 auch deutlich zögernder übertragen; gleichwohl entstanden hier neue Zwischengewalten, die in den Wirtschaftsprozeß regulierend eingreifen konnten und die Artikulationsmöglichkeiten der gesellschaftlichen Kräfte erweiterten. Und drittens wurde die Stellung der Arbeitnehmer in den Betrieben durch eine Reihe von Gesetzesmaßnahmen verbessert (nach dem Arbeitsminister Auroux-Gesetze genannt). Die Rechte ihrer Vertretungsorgane wurden präziser festgelegt, jährliche Verhandlungen über Gehälter und Arbeitszeiten verpflichtend festgelegt und für Großunternehmen auch Vertretungsorgane auf Konzernebene eingerichtet.

Weitere Reformen zielten auf die Beseitigung obrigkeitsstaatlicher Strukturen, die die autoritäre Modernisierung entweder überdauert oder sich neu gefestigt hatten. Der sozialistische Justizminister Robert Badinter setzte eine umfangreiche Justizreform in Gang, die mit der Abschaffung der Todesstrafe und der repressiven Polizeigesetze der Ära Giscard ihre Höhepunkte fand. Gleichzeitig begann der kommunistische Gesundheitsminister Jack Ralite mit einer Reform des Krankenhauswesens, die insbesondere auf die Beseitigung der Macht der Chefärzte zielte und mit der Abschaffung der Privatabteilungen in den Krankenhäusern einen ersten Markstein erreichte. Rundfunk und Fernsehen wurden dem staatlichen Zugriff dadurch etwas entzogen, daß nun eine autonome »Hohe Behörde für das Rundfunkwesen« über die Unabhängigkeit und die Einhaltung der öffentlichen Verpflichtungen der Programme wachte; allerdings wurden dieser Autonomie gleich wieder dadurch Grenzen gesetzt, daß die Mitglieder der Behörde zu gleichen Teilen vom Staatspräsidenten, vom Präsidenten der Nationalversammlung und vom Präsidenten des Senats ernannt wurden. Ein Pressegesetz suchte zudem der Konzentration publizistischer Macht in der Hand weniger Großverleger Einhalt zu gebieten; es sah vor, daß nicht mehr als 10 % der Gesamtauflage eines jeden Pressebereichs in einer Hand vereinigt sein durften.

Soweit diese Reformen die Beseitigung vorhandener Privilegien bedeuteten, stießen sie auf heftigen Widerstand. In der Regel konnten sie aber mit entsprechender Hartnäckigkeit und Nutzung aller Machtmittel, die der Regierungsmehrheit zur Verfügung standen, durchgesetzt werden.

Lediglich bei der Krankenhausreform wurden Abstriche vorgenommen, als Ärzte und zum Teil auch Patienten auf die Straße gingen; Ralite mußte sein Amt im März 1983 abgeben. Das Pressegesetz, das offenkundig eine Beschränkung der Macht des konservativen Großverlegers Robert Hersant im Visier hatte, wurde im Sommer 1984 vom Verfassungsgericht storniert. Und der Versuch, die (meist katholischen) Privatschulen in das öffentliche Schulwesen einzubeziehen – ein alter Programmpunkt der Sozialisten und insbesondere der Lehrergewerkschaft FEN –, wurde unter dem Druck der Öffentlichkeit ganz aufgegeben. Als die sozialistische Fraktion den gemäßigten Schulgesetzentwurf der Regierung durch einschneidende Zusatzanträge verschärfte, die den Privatschulen die Existenzgrundlagen nahmen, organisierten Privatschulanhänger mit kräftiger Unterstützung durch die Opposition im Juni 1984 eine Massendemonstration, die mit 1,5 Millionen Teilnehmern weit über die Aufmärsche des Mai 68 hinausging. Mitterrand sah darin zu Recht ein Alarmsignal und zog den Entwurf zurück.

Stärker als durch den Widerstand interessierter Kreise wurde das Reformwerk freilich durch die wirtschaftliche Entwicklung in Frage gestellt. Die Kaufkraftsteigerung, die infolge der fortdauernden Inflation auch nicht so kräftig ausfiel wie geplant, kam erneut vorwiegend dem Import zugute; und der Zuwachs an staatlichen Investitionen wurde durch die Zurückhaltung privater Anleger neutralisiert, die den Ausgang der Reformmaßnahmen abwarten wollten. Folglich stagnierte die Produktion weiter und nahm die Arbeitslosigkeit, bedingt durch die demographische Entwicklung und weitere Produktivitätsfortschritte, sogar noch einmal kräftig zu. Aus den 1,6 Millionen Arbeitslosen, die zum Ende der Amtszeit Giscards gemeldet waren, wurden schon im Laufe des Jahres 1981 1,8 Millionen und 1982 2 Millionen, knapp 9% der Arbeitsbevölkerung. Dieser Fehlschlag des keynesianischen Krisenmanagements war umso verhängnisvoller, als die staatlichen Mehrausgaben die Staatsverschuldung beträchtlich ausweiteten (auf über ein Drittel des Bruttosozialprodukts) und der Importsog zu einer Verdoppelung des Außenhandelsbilanzdefizits führte. Damit drohte nicht nur eine Steigerung des Zinsniveaus, die die Investitionshemmnisse auf Dauer festschrieb, sondern auch das Diktat empfindlicher Sparmaßnahmen durch die Gläubigerländer.

Gegen den Widerstand des CERES-Flügels und der Kommunisten, die einer Absicherung des bisherigen Kurses durch protektionistische Abkoppelung vom Weltmarkt und vom Europäischen Währungssystem das Wort redeten, setzte Finanzminister Jaques Delors darum in zwei Etappen einen grundlegenden Kurswechsel durch: Zunächst wurden 1982 Preise und Löhne für vier Monate eingefroren und dann die automatische Anpassung der Löhne an die Preisentwicklung aufgehoben, der Haushaltszuwachs wurde abgebremst, die Mehrwertsteuer erhöht und der Sozialversicherungsbeitrag bei verminderten Leistungen angehoben.

Konnten diese Maßnahmen noch als »Pause« in der Verfolgung des nachfrageorientierten Kurses gewertet werden, so erfolgte mit dem Maßnahmenpaket vom März 1983 die endgültige Anpassung an den Austeritätskurs der übrigen Industrieländer: Die Haushaltsausgaben wurden erneut kräftig gekürzt (so daß der Ausgabenzuwachs von 27,6 % 1982 auf 8,1 % 1984 fiel); und dann sorgten eine Zwangsanleihe für mittlere und höhere Einkommen, eine Sonderabgabe zugunsten der Sozialversicherung und eine Erhöhung der öffentlichen Tarife für höhere Einnahmen und Dämpfung der Binnennachfrage. Der Kürzung der Haushaltsansätze entsprechend setzte 1984 ein Abbau der Subventionierung kranker und im Wettbewerb bedrängter Industriebranchen ein. Gleichzeitig wurden die früheren Steuerreformpläne zu den Akten gelegt und mit einer Senkung der Einkommens- und Gewerbesteuer ein neuer Versuch unternommen, die private Investitionsneigung zu fördern.

Begleitet wurde die wirtschaftspolitische Neuorientierung von einer ideologischen Akzentverschiebung. In intellektuellen Kreisen hatte die verbreitete Faszination durch den Marxismus schon Ende der 70er Jahre einem dezidierten und meist überzogenen Antikommunismus Platz gemacht (besonders emphatisch bei den »Neuen Philosophen« wie André Glucksmann und Bernhard-Henri Lévy). Dem folgte in der breiten Öffentlichkeit seit dem Beginn der Mitterrand-Ära eine neue Hochschätzung liberalen Gedankenguts, oft gegen die regierenden Sozialisten zu polemischem Laissez-faire-Liberalismus zugespitzt. Vor diesem Hintergrund verarbeiteten die Sozialisten ihre Erfahrungen mit der Macht nicht nur zum Abschied von dem immer schon mehr rituellen als realen Klassenkampf-Vokabular, sondern zur Entwicklung eines pluralistischen Reformkonzepts auf der Grundlage der Marktwirtschaft, das libertär-syndikalistische Emanzipationsvorstellungen mit technokratischem Modernismus verband. Jean-Pierre Chévènement, der Wortführer des CERES-Flügels, trug nach seiner Niederlage im Richtungsstreit mit Delors den Austeritätskurs mit und entwickelte als Unterrichtsminister einen jakobinisch ausgerichteten Republikanismus; das CERES wandelte sich zu einer Gruppe für »Sozialismus und Republik«. Der Parteitag von Toulouse im Oktober 1985 bestätigte den Übergang zu einer pluralistischen Sammelpartei der linken Mitte, wenn auch an Michel Rocard, dem eigentlichen Wegbereiter eines realistischen Sozialismus-Konzepts vorbei und ohne breite Diskussion in der Partei.

Die Kommunisten trugen die praktische und ideologische Wende eine Zeitlang mit wachsendem Mißmut mit. Als aber mit der Entscheidung für den Subventionsabbau die Arbeitsplätze ihrer traditionellen Klientel unter den Stahl- und Automobilarbeitern in Frage gestellt wurden und die Partei dann in den Wahlen zum Europäischen Parlament am 17. Juni 1984 noch einmal einen gewaltigen Einbruch erlebte – ihr Stimmenanteil sank von 16,1 % auf 11,2 % –, da setzte sich in der Parteiführung eine Mehrheit für den Rückzug ins Getto durch. Die Gelegenheit dazu bot die

Kabinettsumbildung im Anschluß an die Rücknahme des Schulgesetzes: Als Mauroy, der nach dreijähriger Amtszeit vielen Parteifreunden als »verbraucht« galt, die Desavouierung der Schulpolitik seiner Regierung durch den Präsidenten zum Anlaß nahm, um seinen Rücktritt einzureichen, berief Mitterrand mit Laurent Fabius einen besonders agilen Vertreter der »modernistischen« Neuorientierung zum neuen Premierminister. Den Kommunisten wurden wohl noch einmal drei Ministerämter offeriert; aber das war zu wenig, um sie noch einmal umzustimmen. So nahmen sie von der Regierungsbeteiligung Abschied und gingen schrittweise zu einer oppositionellen Position über – voller Erbitterung über die erlittenen Niederlagen und ohne der verwirrten Anhängerschaft, soweit sie ihnen noch treu geblieben war, eine neue Perspektive aufzeigen zu können.

Die Sozialisten nahmen das Ausscheiden der Kommunisten einigermaßen gelassen hin: Geschwächt und desorientiert, wie sie waren, waren sie nicht mehr in der Lage, das ohnehin in Auflösung begriffene traditionelle Arbeitermilieu gegen die Regierung zu mobilisieren. Umso entschiedener konnte die Regierung Fabius nun den Modernisierungskurs fortführen. Neben technologischen Innovationen wurden nun auch kleine und mittlere Unternehmen gezielt gefördert; die Dezentralisierung wurde bis zu Teilprivatisierungen im öffentlichen Sektor vorangetrieben; und bei der Sanierung von Krisenregionen wurde verstärktes Gewicht auf die Konzertierung aller Beteiligten gelegt. Insgesamt unternahm die Mitterrand-Equipe damit einen neuen Anlauf zur Dynamisierung der französischen Gesellschaft, freilich weniger autoritär angelegt als bei de Gaulle und darum weniger anfällig für Kompromisse mit den traditionellen Eliten. Sie verstand sich dabei als Kern einer neuen Reform-Mehrheit, die sich nicht mehr an eine übermächtige rechte Mitte verkaufen mußte, auch wenn es für ein Bündnis mit den Kommunisten keine Grundlagen mehr gab. Entsprechend beschleunigte sich der Abbau der Rechts-Links-Polarisierung, die tatsächlichen Strukturreformen so lange im Wege gestanden hatte, und paßte sich das politische System allmählich dem Bewußtseinsstand der Bevölkerungsmehrheit an, die eher auf Konsens denn auf Konfrontation bedacht war.

17.2 Außenpolitische Irritationen

In der Außenpolitik gab es keine derart spektakulären Umbrüche. Vielmehr machte Mitterrand schon zu Beginn seiner Präsidentschaft unmißverständlich klar, daß er in den zentralen Fragen der Außenpolitik Kontinuität wahren wollte. Schon am 3. Juni 1981, noch vor den Parlamentswahlen, kündigte er an, daß die nächsten Atomversuche im Südpazifik wie von seinem Vorgänger geplant stattfinden würden; und kurz nach den Wahlen erteilte er den Auftrag zum Bau eines siebten Atomraketen-U-Boots, den Giscard noch hinausgezögert hatte. Unbeschadet aller Kritik an der Konzeption de Gaulles, die im Gemeinsamen Programm enthalten war, blieb die »force de frappe« Kern der französischen Sicherheitspolitik; und da die Entscheidung über ihren Einsatz nur vom Präsidenten getroffen werden konnte, blieb die Gestaltung der Außenpolitik auch weiterhin bis in alle Einzelheiten hinein in seiner Hand. Um trotz des Rüstungsfortschritts der Supermächte zu erhalten, was die »force de frappe« an Unabhängigkeit und Sicherheit bot, wurden neue Anstrengungen zu ihrem Ausbau genommen, ohne Rücksicht auf die Kosten und auf den Protest der Südpazifik-Anrainer und der Umweltschützer.

Um die Glaubwürdigkeit der »force de frappe« zu erhalten, engagierte sich Mitterrand auch – noch deutlicher als Giscard d'Estaing – für die Aufstellung neuer amerikanischer Mittelstreckenraketen in der Bundesrepublik und in anderen NATO-Ländern, wie sie im sogenannten »Doppelbeschluß« der NATO vom Dezember 1979 als Gegenzug zur Bedrohung Westeuropas durch die sowjetischen SS-20-Raketen vorgesehen war. Die westdeutsche Friedensbewegung, die gegen diesen Beschluß Front machte, wurde als Neuauflage des deutschen Nationalismus diffamiert, der in blindem Wiedervereinigungsstreben dem sowjetischen Druck auf das westliche Europa nachgebe. Als sich die westdeutsche Sozialdemokratie unter dem Eindruck der Friedensbewegung von dem Doppelbeschluß abwandte, zögerte Mitterrand nicht, bei einem Staatsbesuch in der Bundesrepublik im Januar 1983 öffentlich für die Aufstellung der neuen Raketen einzutreten. Das sowjetische Ansinnen, auch die französischen und britischen Atomraketen in die Verhandlungen über ein eurostrategisches Gleichgewicht auf niedrigerem Niveau einzubeziehen, lehnte er strikt ab.

Mußte allein schon die Haltung in der Nachrüstungsfrage dazu führen, daß sich das Verhältnis zur Sowjetunion verschlechterte, so sorgten die antisowjetische Strömung in der französischen Öffentlichkeit und die seit dem Auftreten der Friedensbewegung rapide anwachsende Furcht vor einem Abdriften der Bundesrepublik vollends dafür, daß die Entspannungspolitik der Giscard-Ära auf der Strecke blieb. Mitterrand hatte die antisowjetischen Emotionen schon im Wahlkampf dazu genutzt, um mit Attacken auf die überstürzte Warschau-Reise Punkte gegen Giscard d'Estaing zu sammeln; danach pflegte er sie weiter, um seine Unabhängigkeit von den Kommunisten zu demonstrieren und den Aufstieg der Sozialisten auf Kosten der Kommunisten voranzutreiben. Außenpolitisch führte das zu einem weitgehenden Schulterschluß mit der Reagan-Regierung, die öffentliche Angriffe auf die sowjetischen Menschenrechtsverletzungen mit neuen Rüstungsanstrengungen verband. Allein in bezug auf Mittelamerika entwickelte Mitterrand deutliche Gegenpositionen zu Reagan; die Verhärtung des amerikanischen Kurses gegenüber der Sowjetunion trug er dagegen grundsätzlich mit. Verhaltene Mahnungen von deutscher Seite, die Notwendigkeit von Verhandlungen nicht zu vergessen und sich auf die Tugenden der indirekten Einflußnahmen zu besinnen, wurden überhört; und in der Öffentlichkeit entwickelte sich eine heftige Kampagne gegen deutsche Leisetreterei gegenüber sowjetischer Gewaltpolitik.

Daß das französische Festhalten an der ungleichen Risikoverteilung bei wachsender Exponierheit des Stationierungslandes Bundesrepublik selbst dazu beitrug, das westdeutsche Unbehagen zu fördern, wurde dabei kaum gesehen; stattdessen diente die Kritik an den Entspannungstendenzen der deutschen Politik vielfach auch dazu, sich über die Fragwürdigkeit der eigenen Sicherheitskonzeption hinwegzutäuschen. Mit der Zeit wurde den Verantwortlichen wohl deutlich, daß die Diffamierung der westdeutschen Entspannungspolitik allein nicht genügte, um die Bundesrepublik auf die Dauer in der Westbindung zu halten; sie taten sich aber schwer, aus dieser Einsicht praktische Schlußfolgerungen abzuleiten. Mitterrand sprach zwar im Herbst 1981 vage davon, daß die Europäer über ein »politisches Ganzes« nachdenken sollten, »das über eine autonome Verteidigung verfügt«; konkret ließ er sich aber nur darauf ein, die sicherheitspolitische Zusammenarbeit im Rahmen der Westeuropäischen Union und des Deutsch-französischen Vertrages zu aktivieren. Zu einer expliziten Ausdehnung der französischen Sicherheitsgarantie auf das Territorium der Bundesrepublik konnte er sich nicht durchringen.

Immerhin führte die Sorge vor einem Verlust des westdeutschen Sicherheitsglacis von 1983 an zu einer Intensivierung der Bemühungen um einen Ausbau der Europäischen Gemeinschaft. Mitterrand band nicht nur die französische Wirtschaft gegen die Verlockungen des Protektionismus definitiv in den europäischen Wirtschaftsraum ein und forderte danach konsequent die Weiterentwicklung des Europäischen Währungssystems zur Währungsunion; vor dem Straßburger Europaparlament machte er sich im Juni 1984 auch den Entwurf für eine Europäische Verfassung zu eigen, den die Abgeordneten des ersten direkt gewählten Parlaments der Gemeinschaft ausgearbeitet hatten; ebenso verlangte er die Stärkung der Kompetenzen der EG-Kommission und die Einschränkung des Vetorechts im Ministerrat. Anders als Giscard konnte er sich bei diesem Programm auf eine breite Zustimmung in der öffentlichen Meinung stützen; selbst Chirac, der die Europawahlen von 1979 noch dazu genutzt hatte, um sich mit einer dezidiert antieuropäischen Kampagne gegen Giscard zu profilieren, trat nun für eine Stärkung der Gemeinschaftsorgane ein. Es war danach im wesentlichen französischen Initiativen zu verdanken, daß der Europäische Rat mit der Einheitlichen Europäischen Akte vom Dezember 1985 einen zumindest partiellen Verzicht auf die Einstimmigkeitsregel beschloß. Ebenso ging die organisierte Zusammenarbeit europäischer Staaten bei der Förderung technologischer Spitzenforschung (EUREKA), die 1986 beschlossen wurde, auf einen französischen Vorstoß zurück.

Nachdem die Stationierung der neuen Mittelstreckenraketen in den europäischen NATO-Ländern begonnen hatte, bemühte sich Mitterrand auch wieder, die Beziehungen zur Sowjetunion und zu den osteuropäischen Ländern aktiv zu gestalten. Die wirtschaftliche Kooperation mit dem Ostblock war bei aller antisowjetischen Rhetorik ohnehin nie aufgegeben worden: Der Verurteilung der Verhängung des Kriegsrechts in Polen Ende 1981 waren keineswegs wirtschaftliche Sanktionen gegen die Sowjetunion gefolgt; und bei der Durchsetzung eines umfangreichen Erdgas-Röhren-Kompensationsgeschäftes mit der Sowjetunion hatte sich Frankreich zusammen mit der Bundesrepublik gegen amerikanische Embargo-Forderungen behauptet. Im Juni 1984 reiste Mitterrand zu einem Staatsbesuch nach Moskau, der neben einem neuen Wirtschaftsabkommen zumindest atmosphärische Verbesserungen der Beziehungen einbrachte, und danach intensivierte er auch wieder das Gespräch mit osteuropäischen Regierungen. Inhaltlich bewegte er sich dabei aber kaum über die bekannten Deklamationen hinaus; und da auch das heimische Publikum wenig Verständnis für die neuen Ostkontakte zeigte, blieb ihr Ergebnis denkbar mager. Als Mitterrand im Dezember 1985 den zuvor als Totengräber der polnischen Freiheit attackierten General Jaruselski zum Staatsbesuch in Paris empfing, ging sogar Premierminister Fabius auf Distanz.

Selbst die Kritik an Reagans »Strategischer Verteidigungs-Initiative« führte nicht zu einer Reaktivierung der Entspannungspolitik. Mitterrand lehnte das 1984 in Angriff genommene SDI-Programm kategorisch ab, weil es, falls es je Erfolg haben sollte, zur Etablierung eines ähnlichen Raketenabwehrsystems der sowjetischen Seite führen mußte und damit die französische Abschreckungsdrohung endgültig unglaubwürdig zu machen drohte. Er fand hierfür jedoch nicht die Unterstützung der Regierung Kohl/Genscher, die sich unterdessen selbst den amerikanischen Positionen angenähert hatte, und blieb darum innerhalb der europäischen Gemeinschaft ziemlich isoliert. Außerdem blieb er sorgsam darauf bedacht, die Übereinstimmung mit der Sowjetunion in dieser Frage nicht allzu deutlich hervorzukehren. Eine wirksame Anti-SDI-Kampagne konnte auf diese Weise nicht zustandekommen: Als Präsident Reagan die europäischen NATO-Partner vor seinem Gipfeltreffen mit Gorbatschow im November 1985 zur Konsultation nach Washington einlud, begnügte sich Mitterrand damit, der Konferenz fernzubleiben.

Zu mehr Konsequenz in der Revision seiner sicherheits- und entspannungspolitischen Positionen kam Mitterrand nicht mehr, weil unterdessen die Aussicht auf einen Wahlsieg der Opposition bei den Parlamentswahlen vom März 1986 seine außenpolitische Handlungsfreiheit einschränkte. Die Teilung der Macht, die damit bevorstand, gefährdete zwar nicht die Fortführung des bisherigen Kurses, da dieser in den Grundzügen von einem breiten Konsens der politischen Kräfte mitgetragen wurde. Sie erschwerte aber spektakuläre Initiativen, die wohl in der Logik des Bemühens um französische und europäische Autonomie lagen, aber gleichwohl einen Bruch mit Irrtümern der Vergangenheit bedeuteten. So blieb die französische Außenpolitik vorwiegend defensiv eingestellt: darum bemüht, gegenüber neuen Entspannungsinitiativen Washingtons und Bonns nicht zu kurz zu kommen, aber nicht in der Lage, selbst neue Gestaltungskraft zu entwickeln.

17.3 Von der Linksregierung zur Kohabitation

Der Sieg der Opposition bei den Parlamentswahlen von 1986 rückte näher, weil es Mitterrand nicht gelang, die Fülle der unterschiedlichen Reformhoffnungen, die ihn 1981 ins Amt getragen hatten, so zu bündeln, daß daraus eine stabile Mehrheit für seine Partei entstand. Drei Jahre nach der Kurskorrektur von 1982/83 konnte er wohl einige Erfolge im Kampf gegen die Wirtschaftskrise aufweisen: Dank der Abkoppelung der Löhne von der Preisentwicklung sank die Inflationsrate, die 1981 noch 13,1 % betragen hatte, bis 1986 auf 3,4 %, einen Stand, den es seit 1968 nicht mehr gegeben hatte. Von 1982/83 an stiegen die Unternehmensgewinne wieder stärker als die Löhne; dabei konnten die privaten Haushalte bis 1984 immer noch einen leichten Kaufkraftzuwachs verzeichnen, und danach fiel der Kaufkraftverlust nur geringfügig aus. Die industrielle Produktion stieg allmählich wieder an (1984 um 2 %), und das Außenhandelssaldo ließ sich bis 1985 ganz abbauen; damit war die Gefahr einer Intervention des Internationalen Währungsfonds gebannt. Jedoch beruhte dieser Ausgleich der Handelsbilanz weniger auf einer Rückeroberung des inneren Marktes als auf einem weltweiten Konjunkturaufschwung und insbesondere auf prekären Exporterfolgen in den USA; die Modernisierungsanstrengungen trugen in der kurzen Zeit nicht genügend Früchte, um die französische Wirtschaft international wieder voll konkurrenzfähig werden zu lassen. Die Arbeitslosigkeit konnte darum nicht nur nicht abgebaut werden, sie stieg infolge des Subventionsabbaus sogar noch weiter an – von 2 Millionen oder 9 % in den Jahren 1982 und 1983 auf 2,5 Millionen oder 11 % im Jahr 1985.

Nicht zuletzt deswegen ging Mitterrands parteistrategisches Kalkül nur zum Teil auf: Es gelang ihm zwar, die Anhängerschaft der Kommunisten nachhaltig zu dezimieren; doch gingen die Wähler, die den Kommunisten untreu wurden, keineswegs alle zu den Sozialisten über. Ein Teil derjenigen, die von der Praxis der Linksunion enttäuscht waren, flüchtete sich in die Stimmenthaltung; andere fühlten sich vom neogaullistischen Populismus angezogen, und wieder andere fanden den Weg von einer ressentimentgeladenen und nationalistischen PCF, die zunehmend absteigende Gesellschaftsgruppen vertrat, zur extremen Rechten. In den gleichen Europawahlen vom Juni 1984, in denen sich der kommunistische Stimmenanteil gegenüber 1979 nahezu halbierte, erreichte die »Nationale Front« unter Jean-Marie LePen, zuvor eine wenig bedeutsame rechtsextreme Splittergruppe, spektakuläre 11,1 % der Stimmen, fast ebensoviel wie die Kommunisten. Fremdenhaß und illiberale Affekte fanden, nachdem der Gaullismus an Integrationskraft verloren hatte, in den Krisenregionen neuen Nährboden und ließen die extreme Rechte wieder zu einem politischen Faktor werden. Außerdem rückte ein Teil der Wähler der Mitte, die 1981 aus Protest gegen den Immobilismus Giscards für Mitterrand gestimmt hatten, wieder von der neuen Mehrheit ab, teils vom sozialistischen Krisenmanagement enttäuscht oder von dessen anfänglichem Radikalismus abgestoßen und teils mit dem, was an Wandel erreicht war, genügend zufriedengestellt, um wieder zu ihrer angestammten politischen Heimat zurückzufinden.

Um den damit drohenden Verlust der Regierungsmehrheit in der Nationalversammlung möglicherweise doch noch zu verhindern, auf jeden Fall aber in seiner Bedeutung abzuschwächen, griff Mitterrand 1984/85 zu zwei Kunstgriffen: Zum einen forcierte er mit der Berufung von Fabius den Modernisierungskurs und präsentierte er den aufsteigenden neuen Mittelschichten somit eine Regierungsmannschaft, der bei der Bewältigung der Krise vielleicht doch mehr Kompetenz zuzutrauen war als den Rechtsparteien, die sich in der Opposition weder personell noch programmatisch sonderlich erneuert hatten. Zum anderen setzte er den Übergang vom Mehrheitswahlrecht zu einem eingeschränkten Verhältniswahlrecht (Verhältniswahlen auf Départementsebene) durch: Das setzte die PS zwar dem Risiko aus, Wähler der Mitte an neue Mitte-Links-Gruppierungen zu verlieren, bot aber auch die Chance, Mitte-Rechts-Gruppierungen aus der UDF herauszubrechen und damit der PS zu einem neuen Juniorpartner zu verhelfen; vor allem aber versprach es, die Stimmen für die Extreme Rechte in Parlamentssitze umzumünzen und so den Zuwachs von UDF und RPR in Grenzen zu halten. Sollte das nicht genügen, um den Sieg der Opposition zu verhindern, so stärkte die zu erwartende Auflockerung der Parteienlandschaft auf jeden Fall den Präsidenten gegenüber dem Parlament und erweiterte sie den Manövrierraum einer sozialistischen Partei, die zur Rückkehr an die Macht mehr brauchte als die ohnehin fragwürdig gewordene Unterstützung durch die Kommunisten.

Beide Manöver zahlten sich aus: In den Wahlen vom 16. März 1986 ging die Mehrheit für die Linksunion zwar wie seit langem erwartet verloren; die Sozialisten blieben aber mit 31,2 % stärkste Partei (6 % weniger als in der Ausnahmesituation der Parlamentswahlen von 1981, aber zugleich 5 % mehr als im ersten Wahlgang der Präsidentschaftswahlen von 1981); und die Nationale Front sorgte mit 9,7 % dafür, daß UDF und

RPR die absolute Mehrheit verfehlten. Nur mit Hilfe einiger »unabhängiger« Abgeordneter der gemäßigten Rechten kamen sie auf eine hauchdünne Mehrheit von zwei Stimmen. Gleichzeitig setzten die Kommunisten mit 9,8 % ihren offensichtlich unaufhaltsamen Abstieg weiter fort. Damit war die reformistische Neuorientierung der PS eindrucksvoll bestätigt worden. UDF und RPR aber standen bei einer fragilen Mehrheit vor großen Schwierigkeiten, sich in der Regierungsverantwortung zu behaupten, und wurden außerdem dadurch geplagt, daß Chirac, Giscard und Barre weiter um die Kandidatur für die Präsidentschaft rivalisierten.

Trotz des engen Spielraums der siegreichen Rechten entschied sich Mitterrand jetzt allerdings für eine sehr »parlamentarische« Interpretation der Verfassung: Er suchte nicht etwa ein Übergangskabinett der Mitte zustande zu bringen, sondern berief ohne weitere Umstände Jacques Chirac als Führer der stärksten Fraktion der neuen Mehrheit zum Premierminister. Auf die Zusammensetzung und die Politik der neuen Regierung nahm er nur soweit Einfluß, wie es sich aus der verfassungsmäßigen Verantwortung des Präsidenten für die Sicherheit und den Abschluß von Verträgen ableiten ließ; außerdem behielt er sich vor, die Unterzeichnung von Ordonnanzen zu verweigern, die einen allzu großen Bruch mit der Vergangenheit implizierten. Ansonsten ließ er die Rechte weitgehend ungestört regieren. Damit demonstrierte er nicht nur Respekt vor dem Wählerwillen und Abneigung gegen eine Verwischung der Verantwortlichkeiten; er setzte die Rechtsmehrheit auch einem Härtetest aus, von dem er hoffte, daß sie sie nicht bestehen würde: Die Verwirklichung des Programms der neuen Mehrheit sollte den umkämpften Wählern der Mitte vor Augen führen, daß das Krisenmanagement der Sozialisten in den letzten Jahren doch besser gewesen war als sein Ruf, und ihnen dann die gewandelte PS erneut als Alternative empfehlen.

Chirac nahm die Herausforderung an, weil er nur in der Bewährung als Premierminister eine Chance hatte, sich als Kandidat der Rechten bei den Präsidentschaftswahlen von 1988 durchzusetzen. Damit begann ein Kräfteringen in verhaltenen Formen, das von der konsensorientierten Mehrheit der Wählerschaft gerne gesehen wurde und den republikanischen Konsens auch weiter stärkte. Nachdem die Regierungsarbeit der Sozialisten einiges zum Abbau der traditionellen Ungleichgewichte und zur Stärkung der Zwischengewalten auf Kosten der alten Eliten getan hatte, kämpften nun zwei Formationen um die Macht, die sich in der Zusammensetzung und im programmatischen Anspruch nicht mehr fundamental voneinander unterschieden und die beide – bei einer Fülle möglicher Variationen im Einzelnen – grundsätzlich mehrheitsfähig waren. Auf die Entpolarisierung der Gesellschaft folgte so die Entpolarisierung des politischen Systems, ohne daß diese zu neuer Unregierbarkeit führte: Vielmehr zwang die Institution des Staatspräsidenten die unterschiedlichen Gruppierungen, die sich jetzt stärker artikulieren konnten, auch weiterhin zur Bündelung ihrer Interessen.

So verfügte Frankreich zum Ende der Ära Mitterrand über gute Voraussetzungen, um sich in der Krise des ausgehenden 20. Jahrhunderts zu behaupten: Wohl hatte es im wirtschaftlichen Bereich immer noch an den Lasten zu tragen, die sich aus der historischen Verspätung der französischen Industrialisierung und aus manchen Versäumnissen der Vergangenheit ergaben. Bei ihrer Bewältigung konnten sich die Franzosen aber auf ein politisches System stützen, das Flexibilität mit Effektivität verband und darum von einem breiten Konsens getragen wurde. Und in konzeptioneller Hinsicht bot der Abschied vom transzendental überhöhten Freund-Feind-Denken, das das politische Leben seit der Revolution von 1789 geprägt hatte, zumindest die Chance, die essentiellen Fragen auch dort in den Blick zu bekommen, wo noch eingefahrene Befangenheiten vorherrschten.

Schlußbetrachtung

Die französische Geschichte im 20. Jahrhundert ist noch nicht zu Ende; und sie läßt sich auch nicht auf ein zentrales Thema konzentrieren. Dennoch lassen sich im Rückblick einige Grundzüge ausmachen, die diese Geschichte nachhaltig geprägt haben:

Da ist zunächst die Entwicklung von der vorindustriellen Bürgergesellschaft zur modernen Industriegesellschaft mit ihren Zivilisations- und Wachstumskrisen. Sie verlief, bedingt durch die Art der natürlichen Ressourcen und die inneren und äußeren Machtverhältnisse, die sich daraus ergaben, vergleichsweise langsam, ohne dramatische Beschleunigungen oder Sprünge. In der »Belle Epoque« gab es einen gewissen Wachstumsschub, dann wieder Ende der 20er Jahre und vor allem in der beispiellosen Hochkonjunkturperiode der 50er und 60er Jahre, die das Gesicht des Landes stärker verändert hat als jede andere Epoche davor oder danach. Aber dazwischen lagen Perioden, die den Eindruck nahezu völligen Stillstands hervorriefen; und nach den Rückschlägen der Weltwirtschaftskrise und des Zweiten Weltkrieges kostete es unendliche Mühe, die Stagnation zu überwinden. Entsprechend blieb Frankreich immer etwas gegenüber dynamischeren Industrienationen zurück: Die Bedeutung des Agrarsektors ging langsamer zurück, die Produktivität blieb geringer, die Gesellschaft vielfältiger, die Arbeiterbewegung schwächer, die Beziehungen zwischen Kapital und Arbeit archaischer, die Transmissionsriemen zwischen dem Einzelnen und dem Staat weniger ausgebildet und das soziale Netz prekärer. Bis Ende der 30er Jahre, solange die Kräfte der Beharrung überwogen, blieb der Staat zudem ausgesprochen schwach; danach wurde seine Bedeutung für die Modernisierung außerordentlich groß.

Der relative Rückstand im Industrialisierungsprozeß kam die Franzosen wiederholt teuer zu stehen: Vor dem Ersten Weltkrieg wurde der dynamische Aufstieg des Deutschen Reiches zu einem Problem für die französische Autonomie; danach scheiterte der Versuch, die Startvorteile von 1919 zu einer hegemonialen Lösung der Sicherheitsprobleme zu nutzen, an der inneren Schwäche gegenüber der deutschen Konkurrenz; und an den Folgen der Weltwirtschaftskrise hatte Frankreich weit länger zu tragen als die führenden Industrienationen. Nach dem Zweiten Weltkrieg gelang es wohl in einer bemerkenswerten Anstrengung, den Abstand zu den übrigen Industrienationen zu verringern; gleichwohl blieb der Produktivitätszuwachs erneut hinter der deutschen Konkurrenz zurück und hatte Frankreich dann weit größere Schwierigkeiten, sich in der 1973 einsetzenden postindustriellen Krise zu behaupten. Für die große Masse der Franzosen blieben die Lebensumstände schwieriger und das Pro-Kopf-Einkommen geringer; das Kapital behielt die fatale Neigung, sich ins gewinnträchtigere Ausland zu flüchten; und die Möglichkeiten französischer Politik blieben regelmäßig hinter den nationalen Ambitionen zurück.

Die geringere Dynamik des französischen Industrialisierungsprozesses trug aber auch dazu bei, daß Frankreich die Erfahrung einer faschistischen Revolution erspart blieb. Sie war infolge der Unfähigkeit der bürgerlichen Republik, die Massen der Industriegesellschaft zu integrieren, grundsätzlich nicht auszuschließen und wurde durch ihre Führungs- und Entscheidungsschwäche noch zusätzlich gefördert. Aber dann waren die Einbrüche in die traditionellen Lebensverhältnisse doch nicht dramatisch genug und die Folgen der Weltwirtschaftskrise auch nicht hinreichend spektakulär, um die Enttäuschung über das Versagen der republikanischen Ordnung so groß werden zu lassen, daß die tendenziell faschistische Bewegung eine Schubkraft erhielt, die nicht mehr gestoppt werden konnte. Hinzu kam, daß die republikanische Ordnung, bedingt durch das lange andauernde Gleichgewicht der gesellschaftlichen Kräfte, eine solche Prägekraft entwickelt hatte, daß sich weder die bürgerlichen und kleinbürgerlichen Schichten so schnell von ihr abwandten noch die Arbeiterbevölkerung ganz den Bezug zu ihr verlor. Unter diesen Voraussetzungen konnte ein Volksfrontbündnis zustande kommen, das der faschistischen Gefahr weniger durch das entgegenwirkte, was es, innerlich vielfach gespalten, in der Regierungsverantwortung bewirkte, als vielmehr durch den Umstand, daß es überhaupt existierte und von einer Wählermehrheit getragen wurde.

Die Zusammenarbeit der republikanischen Kräfte über ideologische Grenzen und Klassenschranken hinweg hat die Gefahr eines Hinübergleitens zu einem illiberalen Regime immer wieder gebannt; von der Dreyfus-Affäre bis zum Ansturm der Ligen in den 30er Jahren; und nachdem die Republikgegner infolge der besonderen Umstände des Zusammenbruchs von 1940 doch noch eine Chance erhalten hatten, ermöglichte diese Zusammenarbeit einen soliden demokratischen Neuanfang. Sie reichte aber nicht aus, um die Schwächen der Republik, ihren Mangel an Integrations- und Entscheidungsfähigkeit, zu überwinden. Dazu war die Arbeiterbewegung in doppelter Weise zu schwach: Sie vermochte zum einen nicht genügend Druck auf das bürgerliche Lager auszuüben, um substantielle Reformen zu erzwingen, und sie vermochte sich zum anderen, eben weil sie schwach war, nicht auf eine einheitliche Strategie zu einigen, die ihrer Schwäche abgeholfen hätte. Reformistische und revolutionäre Ansätze unterliefen sich gegenseitig und führten damit eine Situation herbei, in der die radikale Verweigerungshaltung eines Teils der

Arbeiterbewegung, zunächst im revolutionären Syndikalismus und dann in der kommunistischen Partei, zur besten Garantie für die Wahrung des Status quo wurde. Die Unzufriedenheit der Arbeiter machte sich folglich immer wieder in spektakulären Protestaktionen Luft, im Juni 1936 ebenso wie im November 1947 und auch noch im Mai 1968; eine durchdachte Emanzipationsstrategie kam aber nicht zustande.

Infolge der Schwäche der Arbeiterbewegung ließen sich Modernisierungsbestrebungen lange Zeit nur von oben durchsetzen, unter starkem Anteil der Technokraten, gestützt auf plebiszitäre Akklamation und auf Kosten der Selbstbestimmung der breiten Bevölkerungsmehrheit. Von der Praxis der Regierung Daladier führt hier eine Linie zum Regime von Vichy, das, solange es noch nicht zum bloßen Werkzeug nationalsozialistischer Gewaltherrschaft geworden war, eine eigentümliche Mischung von romantischer Vergangenheitsbeschwörung und technokratischer Erneuerung darstellte, und weiter bis zur Herrschaft de Gaulles, die Frankreich über die Bewältigung des Abschieds von Algerien hinaus den nachhaltigsten Modernisierungsschub bescherte. Zwischenzeitlich wurde die Tendenz zur Modernisierung von oben durch die Integration der Kommunisten in die Reformmehrheit der Befreiungsära unterbrochen, die das Gewicht der Arbeiterklasse im Machtgefüge nachhaltig stärkte und damit der autoritären Zuspitzung der technokratischen Modernisierung einen Riegel vorschob. Freilich brach dieses Bündnis im Kalten Krieg bald wieder auseinander und blieb der demokratische Modernisierungsanlauf der ersten Nachkriegsjahre darum mit der Zeit in erneuter Handlungsunfähigkeit stecken. Die erneute Spaltung der Arbeiterbewegung und die Unfähigkeit vieler bürgerlicher Politiker, über den Schatten ihrer Traditionen zu springen, schufen das Umfeld, in dem de Gaulle seine Vorstellungen von einer plebiszitär-technokratischen Erneuerung durchsetzen konnte.

Zu einer Demokratisierung des Modernisierungsprozesses kam es erst durch das Aufbrechen des kommunistischen Protestgettos, das Mitterrand, begünstigt durch die Entspannung in der internationalen Politik und die allmähliche Erosion des klassischen Arbeitermilieus, mit der Strategie der Linksunion in Angriff genommen hat. Die Aktivierung zahlreicher Reformkräfte, die dadurch möglich wurde, sorgte zunächst dafür, daß das auf die charismatische Führung durch de Gaulle zugeschnittene politische System auch als reguläres parlamentarisches System mit wechselnden Mehrheiten funktionieren konnte und brachte dann zu Beginn der 80er Jahre eine Reformequipe in die Regierungsverantwortung, die nicht mehr durch die Kräfte der Beharrung blockiert wurde. Unter der Ägide der sozialistischen Reformer wurden die Zwischengewalten stärker, die Eigenverantwortung gesellschaftlicher Gruppen größer und verlor die ideologische Überhöhung politischer Gegensätze an Bedeutung. Dieser doppelte Umbruch veränderte das Gesicht der französischen Republik mindestens ebenso stark wie der Sieg der Résistance-

Koalition 1944 oder die Berufung de Gaulles 1958 und stellte damit einmal mehr ihre Regenerationsfähigkeit unter Beweis.

Die Fähigkeit zur Erneuerung angesichts neuer Herausforderungen war zugleich eine wichtige Voraussetzung für Frankreichs Selbstbehauptung in der internationalen Politik. Der Übergang zur Verständigungspolitik Briands nach dem Scheitern der Hegemonialpläne Clemenceaus zeigt das ebenso eindrucksvoll wie die Hinwendung zur europäischen Integration, die Léon Blum und Robert Schuman angesichts der Schwierigkeiten französischer Deutschlandpolitik im Ost-West-Konflikt auf den Weg brachten, und die Kombination von Entspannungspolitik und »force de frappe«, die de Gaulle als Antwort auf die Blockkonfrontation der Supermächte entwickelte. Jede dieser Neuerungen mußte gegen Widerstände durchgesetzt werden, fand dann aber breite Zustimmung und trug damit auch zur inneren Konsensbildung bei. Dabei erwies sich die erste als ungenügend, um einen deutschen Revisionismus einzudämmen, der sich die Gunst der internationalen Konstellation rücksichtslos zunutze machte. Die beiden anderen aber, entwickelt in einer weltpolitischen Konstellation, die Frankreich trotz allen Bedeutungsverlusts der europäischen Staaten mehr Sicherheit bot als die Ordnung von Versailles, ermöglichten es, Sicherheit, Eigenständigkeit und Einfluß in einer Weise miteinander zu kombinieren, die nach dem Zusammenbruch von 1940 und dem Aufstieg der neuen Weltmächte keineswegs mehr selbstverständlich war. Obwohl die Praxis dieser neuen Politik vielfach hinter ihren Möglichkeiten zurückblieb, wurden hier vergleichsweise solide Grundlagen der Selbstbehauptung geschaffen.

Neben den gelungenen Erneuerungen gab es freilich auch eine Reihe von Versäumnissen, die dann teuer bezahlt werden mußten: Die Weigerung der bürgerlichen Republik, ihre Arbeiter zu integrieren; das Zurückschrecken vor einer Anti-Hitler-Koalition, die auch innenpolitisch eindeutige Optionen verlangte; das Unvermögen, den Realitäten des französischen Kolonialreiches ins Auge zu sehen; die Vernachlässigung des Problems politischer Interessenartikulation in den Anfangsjahren der V. Republik. Keines dieser Versäumnisse war notwendig; und es hat von Jean Jaurès bis zu Pierre Mendès France nie an Mahnern gefehlt, die auf sie aufmerksam gemacht haben. Aber jedesmal sprachen gewichtige Partikularinteressen dagegen, das Notwendige rechtzeitig zu tun, und führte dann eine verbreitete Neigung zur Selbsttäuschung zu schwierigen, oft ausweglosen Situationen: Blums vergeblicher Balanceakt zwischen streikenden Arbeitern und boykottierenden Kapitaleignern; Daladiers Ohnmacht beim Münchner Abkommen; Mollets Zurückweichen vor den Algerienfranzosen; Giscards vergebliche Suche nach einem Wandel ohne Risiko. Die Beispiele zeigen, daß der Preis nicht immer von denjenigen gezahlt werden mußte, die die Kosten verursacht hatten, und Einsicht allein nicht genügte, um den Erfolg zu sichern – Erfahrungen, mit denen die französischen Politiker freilich nicht allein stehen.

Die Neigung zur Selbsttäuschung und zur politischen Rhetorik wurde in gewisser Weise durch eine bemerkenswerte Fähigkeit zur Konsensbildung ausgeglichen. Die politischen Auseinandersetzungen wurden oft mit leidenschaftlicher Radikalität geführt, die keinen Ausgleich mehr zuzulassen schien: Für oder gegen Dreyfus, die dreijährige Dienstzeit, die Intervention im Spanischen Bürgerkrieg, das Münchner Abkommen, die EVG oder die Linksunion. In schwierigen Situationen gelang es aber immer wieder, einen Minimalkonsens herzustellen, der eine Konzentration auf das Notwendigste ermöglichte. Das gilt für die »Union sacrée« ebenso wie für die Volksfront, für das Réstistancebündnis ebenso wie für die Anfänge der V. Republik. Eine bei aller Erregbarkeit pragmatische Grundhaltung, ein Kern von Patriotismus, ein instinktives Festhalten an der Idee der Republik ermöglichten es, die tiefgreifenden Spaltungen zu relativieren. Der Konsens, der auf diese Weise entstand, war oft oberflächlich und darum selten dauerhaft; er genügte aber, um manche Versäumnisse wenigstens im Nachhinein zu korrigieren. Im Laufe der 70er und 80er Jahre wurde der Konsens in innen- wie in außenpolitischen Fragen, bedingt durch die wachsende Bedeutung der realitätsorientierten neuen Mittelschichten, zunehmend solider und substantieller; Fehleinschätzungen blieben aber auch jetzt nicht aus.

In welchem Maße es den Franzosen gelingen wird, mit der Herausforderung des ausgehenden Jahrhunderts fertig zu werden, ist danach eine offene Frage. Die Schwierigkeiten, sich in der internationalen Wirtschaftskonkurrenz zu behaupten, rufen nach einer konstruktiven Nutzung der neuen Strukturen und Instrumente, die in der Mitterrand-Ära durchgesetzt wurden. Wachsende Rüstungskosten und zunehmende Fragwürdigkeit der »force de frappe« verlangen nach einer Europäisierung der französischen Sicherheitskonzeption. Fortdauernde Turbulenzen im Ost-West-Konflikt lassen eine Erneuerung der französischen Entspannungspolitik im europäischen Verbund geboten erscheinen. All das ist nicht einfach, erfordert den Verzicht auf vertraute Gewohnheiten und die Bereitschaft zu entschlossenem Handeln. Wer den Weg Frankreichs bis hierhin verfolgt hat, wird gewiß wünschen (und, soweit er dazu in der Lage ist, auch das seine dazu beitragen), daß diesmal die Innovationskraft den Hang zur Selbsttäuschung überwiegt.

Literaturhinweise

Die Literatur zur Geschichte Frankreichs im 20. Jahrhundert ist reichhaltig und ungleichmäßig zugleich. Die folgende Auswahl konzentriert sich zum einen auf Standardwerke, die dem Leser ein gezieltes Weiterarbeiten ermöglichen, mit tendenzieller Bevorzugung von Werken jüngeren Datums und Werken in deutscher Sprache; zum anderen nennt sie Forschungsarbeiten, die für die vorliegende Synthese von besonderer Bedeutung waren.

Allgemeines, Gesamtdarstellungen

Wilfried Loth u. a., Frankreich-Ploetz. Französische Geschichte zum Nachschlagen. Freiburg/Würzburg 1985

Jean-Jacques Chevallier, Histoire des institutions et régimes politiques de la France de 1789 à nos jours. 4. Aufl. Paris (Dalloz) 1972 (ein ausgezeichnetes Handbuch)

Stanley Hoffmann, Sur la France. Paris (Seuil) 1976 (drei grundlegende Essays über die Probleme der französischen Modernisierung, von der »republikanischen Synthese« bis zum Amtsantritt Giscard d'Estaings)

Gilbert Ziebura (Hrsg.), Wirtschaft und Gesellschaft in Frankreich seit 1789. Köln 1975. (Eine Auswahl älterer Aufsätze, mit einem bemerkenswerten Beitrag des Hrsg. über den französischen Imperialismus)

Pierre Sorlin, La société française, Bd. 1: 1840–1914, Bd. 2, 1914–1968. Paris (Arthaud) 1969–1971 (eine lebendige Synthese)

Fernand Braudel/ Ernest Labrousse (Hrsg.), Histoire économique et sociale de la France. Bd. 4: L'ère industrielle et la société d'aujourd'hui (siècle 1880–1980), 3 Bde., Paris (Presses universitaires de France) 1979–1982

Jean-Charles Asselain, Histoire économique de la France du XVIIIᵉ siècle à nos jours. 2 Bde., Paris (Seuil) 1984 (eine knappe und präzise Analyse)

Yves Lequin, Histoire des Français, XIXᵉ–XXᵉ siècles. 3 Bde., Paris (A. Colin) 1983–1984 (eine reichhaltige und ausgezeichnet illustrierte Gesellschaftsgeschichte)

Henry W. Ehrmann, Das politische System Frankreichs. Eine Einführung. München 1976

Alfred Grosser/François Goguel, Politik in Frankreich. Paderborn 1980. (Das politische System der 70er Jahre, unter Rückgriff auf historische Entwicklungen erklärt)

Raymond Poidevin/Jacques Bariéty, Frankreich und Deutschland. Die Geschichte ihrer Beziehungen 1915–1975. München 1982 (Bericht auf der Grundlage der jüngsten Archivstudien, für die Zeit seit dem Zweiten Weltkrieg nur noch sehr knapp)

Biographien

Jean-Claude Allain, Caillaux. 2 Bde., Paris (Imprimerie nationale) 1978–1981

Jean-Noel Jeanneney, François de Wendel en République: l'argent et le pouvoir, 1914–1940. Paris (Seuil) 1976

Jean Rabaut, Jaurès. Paris (Perrin) 1971
David R. Watson, Georges Clemenceau. A Political Biography. London 1974
Pierre Miquel, Poincaré. Paris (Fayard) 1961
Ferdinand Siebert, Aristide Briand 1862–1932. Ein Staatsmann zwischen Frankreich und Europa. Erlenbach/Zürich/Stuttgart 1973
Pierre-Olivier Lapie, Herriot. Paris (Fayard) 1967
Herbert Lottman, Philippe Pétain. Paris (Seuil) 1984
Geoffrey Warner, Pierre Laval and the Eclipse of France. London 1968
Jean Lacouture, Léon Blum. Paris (Seuil) 1977
Philippe Robrieux, Maurice Thorez. Vie secrète et vie publique. Paris (Fayard) 1975
Raymond Poidevin, Robert Schuman. Homme d'Etat. Paris (Imprimerie nationale) 1987
Sylvie Guillaume, Antoine Pinay. Paris (FNSP) 1983
Jean Lacouture, De Gaulle. 3 Bde., Paris (Seuil) 1984–1986
Jean Lacouture, Mendès France. Paris (Seuil) 1981
Franz-Olivier Giesbert, François Mitterrand ou la tentation de l'histoire. Paris (Seuil) 1977
Eric Roussel, Georges Pompidou. Paris (Lattès) 1984

Parteien

René Rémond, Les Droites en France. Paris (Aubier Montaigne) 1982 (aktualisierte Neuausgabe eines 1954 erschienenen Klassikers)
Jean Charlot, Le phénomène gaulliste. Paris (Fayard) 1970
Jean Touchard, Le gaullisme 1940–1969. Paris (Seuil) 1978 (Vorlesungsskript; auf die Analyse der Äußerungen de Gaulles konzentriert)
Jean-Thomas Nordmann, Histoire des Radicaux 1920–1973. Paris (La Table ronde) 1974
Serge Berstein, Histoire du Parti Radical 1919–1939. 2 Bde., Paris (FNSP) 1980–1982
Jean Touchard, La gauche en France depuis 1900. Paris (Seuil) 1977 (Vorlesungsskript; eine informative und anregende historische Typologie)
Georges Lefranc, Le Mouvement socialiste sous la Troisième République, 1875–1940. Paris (Payot) 1963 (2. Aufl. 1977 mit ausführlicher kommentierender Bibliographie 1964–1975)
Wilfried Loth, Der französische Sozialismus in der Vierten und Fünften Republik, in: Neue Politische Literatur 22 (1977), S. 221–243 (Literaturbericht und Bilanz)
Roger Quilliot, La S.F.I.O. et l'exercice du pouvoir 1944–1958, Paris (Fayard) 1972 (auf der Grundlage des Parteiarchivs)
Jean Poperen, La gauche française. Le nouvel âge: 1958–1965. Paris (Fayard) 1972
Jean Poperen, L'unité de la Gauche (1965–1975), Paris (Fayard) 1975
Hugues Portelli, Le Socialisme français, tel qu'il est. Paris (Presses universitaires de France) 1980
Adolf Kimmel, Der französische Kommunismus, in: Neue Politische Literatur 14 (1969), S. 473 ff.; 15 (1970), S. 222 ff.; 19 (1974), S. 64–82
Adolf Kimmel, Zwischen Stalinismus und Eurokommunismus, in: Neue Politische Literatur 22 (1977), S. 244–257
(Kritische Literaturberichte)
Jacques Fauvet, Histoire du parti communiste 1920–1976. Paris (Fayard) 1977
Philippe Robrieux, Histoire intérieure du parti communiste. 3 Bde. Paris (Fayard) 1980–1982
Annie Kriegel, Les Communistes français. Essai d'ethnographie politique. Paris (Seuil) 1968, 2. Aufl. 1970 (grundlegende Informationen zur »Gegengesellschaft«)
Georges Lavau, A quoi sert le Parti communiste français? Paris (Fayard) 1981 (die beste Analyse; Herausarbeitung der »tribunizischen« Funktion)

Die Dritte Republik

Charles Bloch, Die Dritte Französische Republik. Entwicklung und Kampf einer parlamentarischen Demokratie. Stuttgart 1972 (viele Fakten und dezidierte Urteile)

Jean-Marie Mayeur, La vie politique sous la Troisième République 1870–1940. Paris (Seuil) 1984 (die jüngste Gesamtdarstellung)

Jean-Pierre Azéma/Michel Winock, »Naissance et mort...«: La IIIe République (1870–1940). Paris (Calmann-Lévy) 1970, Neuausgabe (Pluriel) 1986 (Die Gründe für die Stabilität der Republik und für ihr Scheitern; ein überzeugender Essay)

Theodore Zeldin, France 1848–1945. Vol. I: Ambition, Love and Politics, vol. II: Intellect, Taste and Anxiety. London 1973–1977, 2. Aufl. 1980; französische Ausgabe: Histoire des passions françaises, 1948–1945. 5 Bde., Paris (Seuil) 1980–1981 (eine Fundgrube: unsystematisch, aber mit vielen brillanten Skizzen)

Der Weg ins 20. Jahrhundert

Claude Nicolet, L'idée républicaine en France. Paris (Gallimard) 1982

Jean-Marie Mayeur, Les débuts de la IIIe République 1871–1898. Paris (Seuil) 1973

Pierre Barral, Les fondateurs de la troisième République. Paris (Colin) 1968

Odile Rudelle, La République absolue, 1870–1889. Paris (Publications de la Sorbonne) 1982

Philippe Levillain, Boulanger, fossoyeur de la monarchie. Paris (Flammarion) 1982

Madeleine Rébérioux, La République radicale? 1898–1914. Paris (Seuil) 1975

Jean-Baptiste Duroselle, La France da la Belle Époque. La France et les Français, 1900–1914. Paris (Edition Richelieu) 1972

Der Erste Weltkrieg

Jean-Jacques Becker, 1914. Comment les Français sont entrés dans la guerre. Paris (FNSP) 1977

Jean-Jacques Becker, Les Français dans la Grande Guerre. Paris (Robert Laffont) 1980

Jean-Baptiste Duroselle, La France et les Français, 1914–1920. Paris (Edition Richelieu) 1972

1914–1918. L'autre front. Cahiers du Mouvement social. Paris 1977 (Soziale Konflikte und die Aktion von Albert Thomas)

Louis Koeltz, La guerre de 1914–1918. Les opérations militaires. Paris (Sirey) 1966

Guy Pedroncini, Les mutineries de 1917. Paris (Presses universitaires de France) 1967

Guy Pedroncini, Pétain, général en chef, 1917–1918. Paris (Presses universitaires de France) 1974

Georges Wormser, Le septennat de Poincaré. Paris (Fayard) 1977 (über die Jahre als Staatspräsident 1913–1919)

Die Nachkriegsjahre

Philippe Bernard, La fin d'un monde 1914–1929. Paris (Seuil) 1975

Annie Kriegel, Aux origines du communisme français, 1914–1920. Paris/La Haye (Mouton) 1964, Neuausgabe Paris (Flammarion) 1969

Charles Maier, Recasting Bourgeois Europe. Stabilization in France, Germany and Italy in the Decade After World War I, Princeton 1975

Antoine Prost, Die Demobilmachung, der Staat und die Kriegsteilnehmer in Frankreich, in: Geschichte und Gesellschaft 9 (1983), S. 178–194

Antoine Prost: Les Anciens combattants et la société française. 1914–1939. 3 Bde., Paris (FNSP) 1977

Alfred Sauvy, Histoire économique de la France entre les deux guerres. 4 Bde., Paris (Fayard) 1965–1975

Jean-Noël Jeanneney, Leçon d'histoire pour une gauche au pouvoir. La faillite du Cartel (1924–1926). Paris (Seuil) 1977. 2. Aufl. 1982

Henri Dubief, Le déclin de la IIIᵉ République 1929–1938. Paris (Seuil) 1976

Serge Berstein, Le 6 février 1934. Paris (Collection Archives) 1975

Die Außenpolitik der Nachkriegsära

Georges Soutou, La France et les Marches de l'Est, 1914–1919, in: Revue historique 260 (1978), S. 341–388

Gitta Steinmeyer, Die Grundlagen der französischen Deutschlandpolitik 1917–1919, Stuttgart 1979

Walter A. McDougall, France's Rhineland Diplomacy 1914–1924: The Last Bid for a Balance of Power in Europe. Princeton 1978

Henning Köhler, Novemberrevolution und Frankreich. Die französische Deutschlandpolitik 1918–19. Düsseldorf 1980

Jacques Bariéty, Les relations franco-allemandes après la première Guerre Mondiale, 10 novembre 1918–10 janvier 1925. De l'exécution à la négociation. Paris (Pédone) 1977

Marc Trachtenberg, Reparations in World Politics. France and European Diplomacy 1916 to 1923. New York 1980

David Stevenson, French War Aims against Germany 1914–1919. Oxford 1982

Marc Trachtenberg, Versailles after Sixty Years, in: Journal of Contemporary History 17 (1982), S. 487–506

Stephan A. Schuker, The End of French Predominance in Europe. The Financial Crisis of 1924 and the Adoption of the Dawes Plan. Chapel Hill 1976

Clemens A. Wurm, Die französische Sicherheitspolitik in der Phase der Umorientierung 1924–1926. Frankfurt/Main 1979

Clemens A. Wurm, Frankreich, die Reparationen und die interalliierten Schulden in den 20er Jahren, in: *Gerald D. Feldman (Hrsg.):* Die Nachwirkungen der Inflation auf die deutsche Geschichte 1924–1933. München 1985, S. 315–334

Jon Jacobson, Locarno Diplomacy. Germany and the West 1925–1929. Princeton 1972

Jon Jacobson, Is There a New International History of the 1920s?, in: American Historical Review 88 (1983), S. 617–645 (Kritischer Literaturbericht)

Extreme Rechte und Faschismus

Eugen Weber, Action française. Royalism and reaction in twentieth century France. Stanford 1962; französische Neuausgabe: L'Action française. Paris (Fayard) 1985

Robert Soucy, The nature of Fascism in France, in: Journal of Contemporary History 1 (1966), S. 27–55

Robert Soucy, Fascism in France: the case of Maurice Barrès. Berkeley 1972

Zeev Sternhell, La droite révolutionnaire, 1885–1914. Les origines françaises du fascisme. Paris (Seuil) 1978. 2. Aufl. 1984

Philippe Burnin, La dérive fasciste. Doriot, Déat, Bergery 1933–1945. Paris (Seuil) 1986

Zeev Sternhell, Ni droite ni gauche. L'idéologie fasciste en France. Paris (Seuil) 1983

Klaus-Jürgen Müller, Protest-Modernisierung-Integration. Bemerkungen zum Problem faschistischer Phänomene in Frankreich 1924–1934, in: Francia 8 (1980), S. 465–524

Dieter Wolf, Die Doriot-Bewegung. Ein Beitrag zur Geschichte des französischen Faschismus. Stuttgart 1967

Zeev Sternhell, Anatomie d'un mouvement fasciste en France: Le Faisceau de G. Valois, in: Revue française de science politique 26 (1976), S. 5–40

Philippe Machefer, L'Union des Droites, le P.S.F. et le Front de la Liberté, 1936–1937, in: Revue d'histoire moderne et contemporaine 17 (1970), S. 112–126

Die Volksfront

Jean Bouvier (Hrsg.), La France en mouvement 1934–1938. Paris (Champ Vallon) 1986

Louis Bodin/Jean Touchard, Le Front populaire. Paris (Colin) 1961, 3. Aufl. 1972 (Lehrbuch, zur Einführung)

Georges Lefranc, Histoire du Front populaire 1934–1938. Paris (Payot) 1965, erweiterte Auflage 1974 (immer noch die beste Gesamtdarstellung, von einem in der Gewerkschaftsbewegung engagierten Zeitzeugen)

Léon Blum, chef de gouvernement. 1936–1937. Colloque tenu en 1965. Paris (Colin) 1967, 2. Aufl. 1982 (Repräsentatives Kolloquium)

Jacques Danos/Marcel Gibelin, Die Volksfront in Frankreich. Generalstreik und Linksregierung im Juni 1936. Hamburg 1982

Jean-Pierre Joubert, Marceau Pivert et le Pivertisme. Révolutionnaires de la SFIO. Paris (FNSP) 1977

Guy Bourdé, La défaite du Front populaire. Paris (Maspéro) 1977

Jean-Pierre Rioux, Le Front populaire 40 ans après, ou le cadavre dans le placard, in: Esprit 1977, Nr. 6, S. 93–102 (eine Bilanz)

Auf dem Weg zur Niederlage

Jean-Baptiste Duroselle, La décadence 1932–1939. Paris (Imprimérie nationale) 1979 (Gesamtdarstellung der Außenpolitik auf breiter Quellengrundlage)

Les relations franco-allemandes 1933–1939. Paris (CNRS) 1976

Les relations franco-britanniques de 1935 à 1939. Paris (CNRS) 1975

Deutschland und Frankreich 1936–1939. München/Zürich 1981 (drei Tagungsbände)

Anthony Adamthwaite, France and the Coming of the Second World War 1936–39. London 1977

Édouard Daladier, chef de gouvernement, avril 1938–septembre 1939. Paris (FNSP) 1977

La France et les Français en 1938–1939. Paris (FNSP) 1978 (2 Bände zu einem 1975 veranstalteten Kolloquium, das das Bild der Ära Daladier grundlegend erneuert hat)

Jean-Pierre Azéma, Die französische Politik am Vorabend des Krieges, in: *Wolfgang Benz/Hermann Graml (Hrsg.),* Sommer 1939. Die Großmächte und der Europäische Krieg. Stuttgart 1979, S. 280–313

Guy Rossi-Landi, La Drôle de guerre. La vie politique en France, 2 septembre 1939–10 mai 1940. Paris (Colin) 1971

Français et Britanniques dans la drôle de guerre. Paris (CNRS) 1978 (Beiträge eines 1976 veranstalteten Kolloquiums)

Guy Chapman, Why France Collapsed. London 1968 (über die strategischen Fehler)

Emmanuel Berl, 10 juillet 1940. La fin de la IIIᵉ République. Paris (Gallimard) 1968

Das Regime von Vichy und die Résistance

Jean-Pierre Azéma, De Munich à la Libération 1938–1944. Paris (Seuil) 1979 (die beste Gesamtdarstellung der Kriegsjahre)

Yves Durand, Vichy 1940–1944. Paris (Bordas) 1972 (eine knappe und präzise Einführung)
Robert O. Paxton, Vichy France. Old Guard and New Order 1940–1944. London 1972 (Die Regierungsaktivitäten auf der Grundlage deutscher Akten)
Eberhard Jäckel, Frankreich in Hitlers Europa. Die deutsche Frankreichpolitik im Zweiten Weltkrieg. Stuttgart 1966
Jean-Baptiste Duroselle, L'Abîme 1939–1945. Paris (Imprimérie Nationale) 1982 (der zweite Band der Reihe »Politique étrangère de la France«, mit erstmaliger Auswertung der Archive von Vichy und der Widerstandsorganisationen)
Alan S. Milward, The New Order and the French Economy. Oxford 1970 (Über die Ausbeutung durch die Besatzungsmacht)
Pascal Ory, Les Collaborateurs, 1940–1945. Paris (Seuil) 1977, 4. Aufl. 1986 (ein brillanter Essay)
Michail R. Marrus/Robert O. Paxton, Vichy et les juifs. Paris (Calmann-Lévy) 1981 (Mitarbeit und vorauseilender Gehorsam)
Roger Bourderon, Le régime de Vichy était-il fasciste?, in: Revue d'histoire de la deuxième guerre mondiale 91 (1973), S. 23–45 (Ja!)
Henri Michel, Histoire de la France libre. Paris (Presses universitaires de France) 1963 (ein »Que sais-je«-Band zur Einführung)
Henri Michel, Histoire de la Résistance en France (1940–44). Paris (Presses universitaires de France) 1975 (ein Überblick aus gaullistischer Perspektive)
Henri Noguères, Histoire de la Résistance en France. 5 Bde., Paris (Laffont) 1967–1981 (Gesamtdarstellung mit vielen neuen Informationen)
Stéphane Courtois, Le PCF dans la guerre. De Gaulle, la Résistance, Staline … Paris (Ramsay) 1980
Marc Sadoun, Les socialistes sous l'occupation. Résistance et collaboration. Paris (FNSP) 1982
La Libération de la France. Actes du colloque international tenu à Paris du 28 au 31 octobre 1974. Paris (CNRS) 1976

Seit dem Zweiten Weltkrieg: Einführungen und Längsschnitte

Ernst Weisenfeld, Frankreichs Geschichte seit dem Krieg. Ereignisse, Gestalten, Hintergründe 1944–1980. München 1980, 2. Aufl. 1982 (Ein anschaulicher Bericht, ohne wissenschaftlichen Apparat)
Jacques Chapsal, La vie politique en France de 1940 à 1958. Paris (Presses universitaires de France) 1984
Jacques Chapsal, La vie politique sous la Ve République. Paris (Presses universitaires de France) 1981, 2. Aufl. 1984 (zwei umfangreiche Handbücher mit präzisen Informationen und annotierten Bibliographien)
Maurice Parodi, L'économie et la société française depuis 1945. Paris (Colin) 1981 (ein informatives Lehrbuch)
Jean-Jacques Carré/Paul Dubois/Edmond Malinvaud, La Croissance française. Un essai d'analyse économique causale de l'après-guerre. Paris (Seuil) 1972 (die grundlegenden Daten und Zusammenhänge)
Alfred Grosser, Frankreich und seine Außenpolitik. 1944 bis heute. München 1986 (Informativ und anschaulich; in den Urteilen manchmal zu plakativ)
Gilbert Ziebura, Die deutsch-französischen Beziehungen seit 1945. Mythen und Realitäten. Pfullingen 1970 (eine gedankenreiche Zwischenbilanz)
Ernst Weisenfeld, Welches Deutschland soll es sein? Frankreich und die deutsche Einheit seit 1945. München 1986 (eine Problemstudie mit aufschlußreichen Informationen)

Die zweite Nachkriegszeit

Jean-Pierre Rioux, La France de la Quatrième République. Bd. 1: L'ardeur et la nécessité 1944–1952. Paris (Seuil) 1980
Paul-Marie de La Gorce, Naissance de la France moderne. Bd. 1: L'Après-guerre (1944–1952). Paris (Grasset) 1978
Jacques Julliard, »Naissance et mort...«: La IVe République (1947–1958). Paris (Calmann-Lévy) 1968, 2. Aufl. 1980 (ein großer Essay)
Grégoire Madjarian, Conflits, pouvoir et société à la Libération. Paris (Union générale d'édition) 1980 (Auswertung von Akten der Präfekturen)
Wilfried Loth, Die französische Linke und die »Einheit der Arbeiterklasse« 1943–1947, in: Vierteljahrshefte für Zeitgeschichte 35 (1987)
Wilfried Loth, Die französischen Kommunisten und der Beginn des Kalten Krieges. Die Entlassung der kommunistischen Minister im Mai 1947, in: Vierteljahrshefte für Zeitgeschichte 26 (1978), S. 9–65
Jean Charlot, Le Gaullisme d'opposition 1946–1958. Paris (Fayard) 1983
Jacques Fauvet, La IVe République. Paris (Fayard) 1959, Taschenbuchausgabe 1971 (Das politische Leben in Paris, analysiert von einem der luzidesten zeitgenössischen Beobachter)
Philip M. Williams, Crises and Compromises. Politics in the Fourth Republic. London 1964 (reichhaltige Synthese)
La Quatrième République. Bilan trente ans après la promulgation de la Constitution du 27 octobre 1946. Paris (LGDJ) 1978 (Texte eines 1977 in Nizza veranstalteten Kolloquiums; wichtig auch für die Entkolonialisierungsproblematik)

Die Außenpolitik der IV. Republik

Alfred Grosser, La Quatrième République et sa politique extérieure. Paris (Colin) 1961, 3. Aufl. 1972 (die beste Darstellung aus vor-archivalischer Zeit)
Walter Lipgens, Bedingungen und Etappen der Außenpolitik de Gaulles 1944–1946, in: Vierteljahrshefte für Zeitgeschichte 21 (1973), S. 52–102 (kritisch)
Wilfried Loth, Sozialismus und Internationalismus. Die französischen Sozialisten und die Nachkriegsordnung 1940–1950. Stuttgart 1977 (zur Haltung der Partei und zur außenpolitischen Praxis der von ihr getragenen Regierungen)
Wilfried Loth, Die deutsche Frage in französischer Perspektive, in: *Ludolf Herbst (Hrsg.),* Westdeutschland 1945–1955. München 1986, S. 37–50
Claus Scharf/Hans-Jürgen Schröder (Hrsg.), Die Deutschlandpolitik Frankreichs und die französische Zone 1945–1949. Wiesbaden 1983
Wilfried Loth, Die europäische Integration nach dem Zweiten Weltkrieg in französischer Perspektive, in: *Helmut Berding (Hrsg.),* Wirtschaftliche und politische Integration in Europa im 19. und 20. Jahrhundert. Göttingen 1984, S. 225–246
Raymond Poidevin (Hrsg.), Histoire des débuts de la construction européenne (mars 1948–mai 1950). Brüssel 1986
Hans-Erich Volkmann/Walter Schwengler (Hrsg.), Die Europäische Verteidigungsgemeinschaft. Stand und Probleme der Forschung. Boppard 1985
Pierre Guillen, Frankreich und der europäische Wiederaufschwung. Vom Scheitern der EVG zur Ratifizierung der Verträge von Rom, in: Vierteljahrshefte für Zeitgeschichte 28 (1980), S. 1–19
Hanns-Jürgen Küsters, Die Gründung der Europäischen Wirtschaftsgemeinschaft. Baden-Baden 1982

Der Abschied vom Kolonialreich

Raoul Girardet, L'idée coloniale en France (1871–1962). Paris (La Table ronde) 1972
Edward Mortimer, France and the Africans 1944–1960. A political history. New York 1969

Jacques Tronchon, L'Insurrection malgache de 1947. Essai d'interprétation historique. Paris (Maspero) 1974
Philippe Devillers, Histoire du Vietnam 1940–1952. Paris (Seuil) 1952 (Immer noch die grundlegende Darstellung)
Marianne Sullivan, France's Vietnam Policy. A Study in French-American Relations. Westport/Conn. 1978 (auch zur V. Republik)
Jean Lacouture/Philippe Devillers, Vietnam: De la guerre française à la guerre américaine. Paris (Seuil) 1969 (Die Genfer Indochinakonferenz)
Charles-André Julien, L'Afrique du Nord en marche. Nationalisme musulman et souveraineté française. Paris (Julliard) 1972 (vom besten Kenner der Verhältnisse)
Dwight Ling, Tunisia from Protectorate to Republic. Bloomington 1967
Stéphane Bernard, Le Conflit franco-marocain 1943–1956. 3 Bde., Brüssel 1963
Charles-Robert Ageron, Histoire de l'Algérie contemporaine. Bd. 2: 1871–1954. Paris (Presses universitaires de France) 1979
Bernard Droz/Evelyne Lever, Histoire de la guerre d'Algérie 1954–1962. Paris (Seuil) 1982. 2. Aufl. 1984 (die beste Synthese)
Hartmut Elsenhans, Frankreichs Algerienkrieg 1954–1962. Entkolonialisierungsversuch einer kapitalistischen Metropole. München 1974 (eine Fülle von Informationen; [Über-]Betonung der Bedeutung der Kapitalinteressen)

Von der IV. zur V. Republik

Jean-Pierre Rioux, La France de la Quatrième République. Bd. 2: L'expansion et l'impuissance 1952–1958. Paris (Seuil) 1983
Paul-Marie de La Gorce, Naissance de la France moderne, Bd. 2: Apogée et mort de la IVᵉ République. Paris (Grasset) 1979
Michel Winock, La République se meurt. Chronique 1956–1958. Paris (Seuil) 1978. 2. Aufl. 1985
René Rémond, 1958. Le retour de De Gaulle. Paris (Complexe) 1983
Pierre Viansson-Ponté, Histoire de la république gaullienne. Bd. 1: La fin d'une époque (mai 1958–juillet 1962). Paris (Fayard) 1970

Die gaullistische Republik

Pierre Viansson-Ponté, Histoire de la république gaullienne. Bd. 2: Le temps des orphelins (août 1962–avril 1969). Paris (Fayard) 1971 (detalliert, lebendig und urteilsfreudig)
William G. Andrews/Stanley Hoffmann (Hrsg.), The Fifth Republic at twenty. Albany/New York 1980 (Zwischenbilanzen amerikanischer und französischer Beobachter; ein Kolloquium von 1978)
Hubert Beuve-Méry, Onze ans de règne (1958–1969). Paris (Flammarion) 1974 (Sammlung von Leitartikeln in »Le Monde«)
Udo Hornberger, Sozialdemokratie oder Linksunion. Parteireform und Bündnispolitik der französischen nichtkommunistischen Linken zwischen 1962 und 1968. Stuttgart 1980
Olivier Duhamel, La gauche et la Vᵉ République. Paris (Presses universitaires de France) 1980 (Zur Haltung der Linken ebenso wie zur Analyse des politischen Systems)
Roger-Gérard Schwartzenberg, La campagne présidentielle de 1965. Paris (Presses universitaires de France) 1967
Philippe Beneton/Jean Touchard, Les interprétations de la crise de mai–juin 1968, in: Revue française de science politique 1970, S. 503–544
Adrien Dansette, Mai 1968. Paris (Plon) 1971
Roger-Gérard Schwartzenberg, La guerre de succession. Paris (Presses universitaires de France) 1969 (die Präsidentschaftswahl 1969)

Charles Debbasch, La France de Pompidou. Paris (Presses universitaires de France) 1974

Gilles Martinet, Le système Pompidou. Paris (Seuil) 1973 (eine Kritik)

Georges Pompidou, Pour rétablir une vérité. Paris (Flammarion) 1982

Général Massu, Baden 68. Souvenirs d'une fidelité gaulliste. Paris (Plon) 1983 (zwei Zeugnisse zu de Gaulles Beinahe-Resignation im Mai 68)

Die Außenpolitik des Gaullismus

Edward A. Kolodziej, French International Policy under de Gaulle and Pompidou. New York 1974

Philip G. Cerny, The Politics of Grandeur. Ideological Aspects of de Gaulle's Foreign Policy. Cambridge 1980

Inge and Stanley Hoffmann, De Gaulle artiste de la politique. Paris (Seuil) 1973 (Essay über die Außenpolitik als Innenpolitik)

Robert Bloes, Le »Plan Fouchet« et le problème de l'Europe politique. Brügge 1970

Hans von der Groeben, Aufbaujahre der europäischen Gemeinschaft. Das Ringen um den Gemeinsamen Markt und die Politische Union (1958–1966). Baden-Baden 1982

Klaus Hildebrand, Der provisorische Staat und das ewige Frankreich. Die deutsch-französischen Beziehungen 1963–1969, in: Historische Zeitschrift 240 (1985), S. 283–311

Wilfrid L. Kohl, French Nuclear Diplomacy. Princton /N. J. 1971

Lothar Rühl, La Politique militaire de la Cinquième République. Paris (FNSP) 1976

Michael Harrison, The Reluctant Ally. France and Altlantic Security. Baltimore 1981

Haig Simonian, The Privileged Partnership. Franco-German Relations in the European Community 1969–1984. Oxford 1985 (auch zu den folgenden Kapiteln)

Die Ära Giscard d'Estaing

Howard R. Penniman (Hrsg.), France at the polls. The presidential election of 1974. Washington 1974

Jean Bothorel, Histoire du septennat giscardien. Bd. 1: Le Pharaon (19 mai 1974–22 mars 1978). Paris (Grasset) 1983

Adolf Kimmel, Die V. Republik am Wendepunkt?, in: Zeitschrift für Politik 25 (1978), S. 57–91

Wilfried Loth, Sozialisten und Kommunisten in Frankreich: Zwischenbilanz einer Strategie, in: Europa-Archiv 30 (1975), S. 39–50

Albert Du Roy/Robert Schneider, Le roman de la rose. D'Epinay à l'Elysée, l'aventure des socialistes. Paris (Seuil) 1982

Howard R. Penniman (Hrsg.), The French national Assembly: Elections of 1978. Washington 1979

J. R. Frears, France in the Giscard Presidency. London 1981 (Ideen und Aktionsfelder Giscards, dem britischen Leser vorgestellt)

Jean-Christian Petitfils, La démocratie giscardienne. Paris (Presses universitaires de France) 1981

Pouvoirs Nr. 9, Le giscardisme. Paris (Presses universitaires de France) 1979

Alain Duhamel, La République giscardienne. Paris (Grasset) 1980 (das überzeugendste Gesamtbild)

Die Ära Mitterrand

Pouvoirs Nr. 20, 81 – La gauche au pouvoir. Paris (Presses universitaires de France) 1982

Johannes M. Becker (Hrsg.), Das französische Experiment. Linksregierung in Frankreich 1981 bis 1985. Berlin/Bonn 1985 (Berichte und eine Diskussion marxistisch orientierter Beobachter)

Henrik Uterwedde, Mitterrands Wirtschaftspolitik – Was bleibt vom Sozialismus?, in: Aus Politik und Zeitgeschichte B 19/85, S. 3–13

Claus Leggewie, Der König ist nackt. Ein Versuch, die Ära Mitterrand zu verstehen. Hamburg 1986 (ein anregender Essay, vorzugsweise an die Adresse der westdeutschen Linken)

Jean-Yves Lhomeau/Jean-Marie Colombani, Le mariage blanc. Paris (Grasset) 1986 (die ersten Monate der Kohabitation)

Roger Quilliot, Sur le pavois. Paris (Revue politique et parlementaire) 1985 (Bericht über die Regierungsjahre der PS)

Personen- und Sachregister

271

Kohlhammer

Michael Erbe

Geschichte Frankreichs von der Großen Revolution bis zur 3. Republik 1789–1884

1982. 280 Seiten, 16 Tabellen, 11 Karten, 2 Tafeln.
Leinen DM 59,–
ISBN 3-17-007769-4

»… Dabei gelingt es ihm, den besonderen französischen Weg in das Industriezeitalter als Harmonie zwischen Fortschritt und Idylle zu zeigen. Eine gute Ergänzung des Textes stellen die Karten und Tabellen dar.«
Das Historisch Politische Buch

Ilja Mieck

Die Entstehung des modernen Frankreich 1450–1610

Strukturen, Institutionen, Entwicklungen
1982. 316 Seiten mit 36 Abbildungen. Leinen DM 64,–
ISBN 3-17-007681-7

Wolfgang Mager

Frankreich vom Ancien Régime zur Moderne

Wirtschafts-, Gesellschafts- und politische Institutionengeschichte 1630–1830
1980. 330 Seiten mit 36 Abbildungen und 32 Tabellen.
Leinen DM 59,–
ISBN 3-17-004695-0

Heinz-Otto Sieburg

Geschichte Frankreichs

3. Auflage 1983
456 Seiten. Leinen DM 48,–
ISBN 3-17-008035-0

Verlag W. Kohlhammer
Stuttgart · Berlin · Köln · Mainz